JN494077

외식업 마케팅의 이해와 활용

식당, 카페 매출 증대를 위한 오프라인 · 온라인 마케팅

외식업 마케팅의 이해와 활용

식당, 카페 매출 증대를 위한 오프라인 · 온라인 마케팅

초판 발행 2023년 2월 20일

지은이 김영갑
펴낸이 류원식
펴낸곳 교문사

편집팀장 김경수 | **책임진행** 심승화 | **디자인** 신나리 | **본문편집** 김도희

주소 10881, 경기도 파주시 문발로 116
대표전화 031-955-6111 | **팩스** 031-955-0955
홈페이지 www.gyomoon.com | **이메일** genie@gyomoon.com
등록번호 1968.10.28. 제406-2006-000035호

ISBN 978-89-363-2465-0 (93320)
정가 29,000원

저자와의 협의하에 인지를 생략합니다.
잘못된 책은 바꿔 드립니다.

UNDERSTANDING AND APPLICATION OF RESTAURANT MARKETING

외식업 마케팅의 이해와 활용

식당, 카페 매출 증대를 위한 오프라인 · 온라인 마케팅

김영갑 지음

교문사

머리말

외식사업을 하는 경영자들이 가장 가지고 싶어 하는 능력은 무엇일까?

대부분의 경영자들은 대박을 이룰 수 있는 마케팅 지식과 역량을 원한다.

하지만 어디서부터 어떻게 마케팅을 배우고 익혀야 할지 막막하다. 마케팅을 잘하기 위해서 가장 먼저 해야 할 일은 마케팅을 정의하는 일이다. 마케팅을 정의하려면 어떻게 해야 할까? 마케팅 전문서적을 읽어 본다. 나에게 적합한 마케팅의 정의를 찾아야 한다. 마케팅을 정확하게 규정했다면, 다음 단계로 넘어갈 수 있다.

마케팅의 개념을 안다고 마케팅을 할 수 있는 게 아니다. 마케팅의 과정, 즉 마케팅 프로세스를 이해하고 실행할 수 있어야 한다. 일반적으로 마케팅은 경영철학을 수립하는 단계부터 시작해야 한다. 경영철학, 즉 미션, 비전, 핵심가치를 설정한 경영자는 마케팅이 무엇이고 어떻게 수행해야 하는지 알고 실행할 준비가 되었다고 볼 수 있다. 그런데 여기서 실행의 주체가 누가 되어야 하는지 제대로 알아야 한다.

그동안 마케팅은 경영자와 관리자의 의사결정에 의하여 마케팅 부서가 실행을 하였다. 그러나 실무에서 마케터가 마케팅 업무를 직접 실행하는 경우는 드물다. 조사와 분석은 마케팅 리서치 회사가 담당하고, 광고와 홍보는 외부의 커뮤니케이션 전문회사가 전담한다. 촉진활동의 경우도 대부분 외주 업체들이 대행한다.

외식사업을 영위하는 사업자들의 점포를 대상으로 마케팅의 전반적인 체계와 내용을 면밀히 검토하면, 내부에서 수행하는 마케팅 업무가 거의 없는 경우가 많다. 외식업체가 마케팅의 중요성은 강조하면서 주도적인 역할은 대부분 외부의 제3자에게 위탁하는 경우가 대다수이다. 마케팅을 제대로 하고 싶다면 모든 활동을 내부로 가지고 와야 한다.

이 책은 외식사업 경영자들이 마케팅을 제대로 이해하고 아웃소싱보다는 내부 조직이 마케팅을 효율적으로 실행하는 데 도움을 주기 위해 다음과 같이 구성하였다. 총 13개의 장에 걸쳐서 '외식사업 마케팅의 개요, 외식사업 마케팅 프로세스, 전략적 계획 수립, 외식사업 마케팅 환경분석, 외식사업 마케팅 STP전략, 외식사업 제품관리, 외식사업 가격관리, 외식사업 상권·입지전략, 외식사업 촉진, 외식사업 물리적 환경, 외식사업 서비스 프로세스관리, 외식사업 사람관리, 외식사업 인터넷 마케팅'과 같은 순서로 기술하였다. 기존의 다른 도서에서 크게 다루지 않았던 인터넷 마케팅을 추가하는 등의 노력에도 불구하고 아직 부족한 부분이 많을 것이다. 향후 추가 연구와 독자들의 조언을 들어 지속적으로 보완해나가야 할 과제가 많다.

외식사업 마케팅을 실무에서 활용하기 위하여 이 책을 선택한 독자라면 '1장 외식사업 마케팅 개요'부터 '13장 외식사업 인터넷 마케팅'까지 순서대로 읽고 현장에 적용하길 권한다. 다만, 대학이나 대학원에서 교재용으로 이용할 때는 한 학기에 전체 내용을 다루기 어려울 수 있으므로 각론으로 공부할 가능성이 높은 '3장 전략적 계획 수립, 8장 외식사업 상권·입지전략, 12장 외식사업 사람관리'는 제외하고 수업을 진행해도 무방하다.

책을 마무리하기까지 많은 분들의 도움을 받았다. 항상 응원해주는 가족과 지인들이 있었기에 어려운 과정을 잘 이겨낼 수 있었다. 무엇보다 바쁜 일정 속에서도 많은 관심과 노력을 기울여 주신 교문사 류원식 대표님을 비롯한 임직원 여러분께 진심으로 감사드린다.

한양사이버대학교 사이버2관 연구실에서

저자 김영갑

차례

5장 외식사업 마케팅 STP전략

6장 외식사업 제품관리

7장 외식사업 가격관리

8장 외식사업 상권·입지전략

9장 외식사업 촉진

10장 외식사업 물리적 환경

11장 외식사업 서비스 프로세스관리

12장 외식사업 사람관리

13장 외식사업 인터넷 마케팅

1장

학습목표

- 마케팅의 정의와 마케팅 역사의 변화를 설명한다.
- 마케팅을 구체적으로 이해하기 위한 기본개념인 욕구와 가치 등을 설명한다.
- 외식업체에 마케팅이 필요한 이유를 설명한다.
- 외식업체의 소비자가 원하는 마케팅이 무엇인지 설명한다.

1 마케팅 개념과 철학의 변화

소비자들은 매일 언론매체와 인터넷 사이트, 이메일, SNS 등에서 수많은 광고와 홍보 등을 접한다. 그리고 많은 사람과 커뮤니케이션을 하며 살고 있다. 길을 걸으면서는 독창적이고 기발한 아이디어가 접목된 다양한 간판을 보며 버스나 택시, 지하철에서도 광고를 만난다. 또한 스마트폰에 광고성 메시지가 하루에도 수십 통씩 날아온다. 노출된 전화번호를 통해 이곳저곳에서 상품을 파는 전화가 걸려오는 것도 일상이다.

많은 기업에서 자사의 제품과 서비스를 판매하고자 다양한 노력을 하고 있다. 소비자를 설득하고자 하는 기업의 노력은 상상을 초월하며, 여러 가지 제품과 서비스의 홍수 속에서 소비자의 선택을 받기 위한 기업 간 경쟁은 갈수록 치열해지고 있다. 이러한 상황에서 소비자들은 선택의 어려움을 호소하고 있다.

어디서나 발생하고 있는 기업과 소비자와 관련된 현상은 기업이 수행하는 마케팅활동의 결과물이다. 마케팅활동은 제품과 서비스가 다양한 경로를 통해 생산자로부터 소비자에게로 이동하는 데 반드시 필요하다. 세상에 존재하는 모든 기업은 '마케팅(Marketing)'이라는 관리과정을 수행하지 않을 수 없다. 마케팅이란 도대체 어떤 것일까?

다양한 마케팅의 정의를 살펴보면 다음과 같다.

마케팅의 정의

"마케팅은 조직이나 개인이 자신의 목적을 달성하기 위한 교환을 창출하고 유지할 수 있도록 시장을 정의하고 관리하는 과정이다."

– 한국마케팅학회(KMA)

"마케팅이란 개인이나 조직의 목적을 충족시켜 주는 교환을 창조하기 위하여 아이디어, 제품, 서비스의 창안, 가격 결정, 촉진, 유통을 계획하고 실행하는 과정이다."

– 미국마케팅학회(AMA)

"마케팅이란 개인과 집단이 제품과 가치를 창조하고 타인과의 교환을 통하여 그들의 욕구와 욕망을 충족시키는 사회적 또는 관리적 과정이다. 마케팅의 목적은 판매를 불필요하게 만드는 것이다. 즉 마케팅은 고객을

(계속)

잘 알고 이해하여 제품과 서비스를 그들에게 맞춤으로써 저절로 판매되게 만드는 것이다."

– 피터 드러커(Peter Drucker)

"환대 및 여행기업이 고객의 욕구와 필요 그리고 조직의 목표를 충족시키도록 고안된 활동을 계획 · 조사 · 실행 · 통제 · 평가하는 지속적이고 순차적인 과정이다."

– 알라스테어 M. 모리슨(Alastair M. Morrison)

위의 정의는 모두 다른 의미처럼 느낄 수 있지만, 모든 마케팅의 궁극적인 지향점은 고객만족이라고 할 수 있다. 다만 개별적인 고객 중심 사고에서 사회 중심 사고로 전환되어 간다는 차이가 있을 뿐이다. 즉, 맛있는 음식으로 고객을 만족시켰다고 하더라도 음식이 위생적이지 않았거나 소비자의 건강에 좋지 않은 영향을 미칠 소지가 있었다면 지속적인 사랑을 받을 수 없다.

최근에는 탄소배출량을 고려한 제품 생산과 그린 마케팅이 대두·강화되고 있으며 사회공헌 마케팅이 관심의 대상이다. 특히 소비자활동이 활발해지면서 사회공헌 마케팅은 선택이 아닌 필수가 되고 있다.

이와 같이 마케팅은 생산 중심(production centered), 제품 중심(product centered), 판매 중심(selling centered), 마케팅 중심(marketing centered), 관계지향 마케팅(customer related marketing), 사회적 마케팅 중심(societal marketing centered)으로 세분화된 변천과정을 지나왔다. 이러한 흐름을 마케팅 철학의 변화라는 관점에서 좀 더 구체적으로 살펴보면 〈그림 1-1〉과 같다.

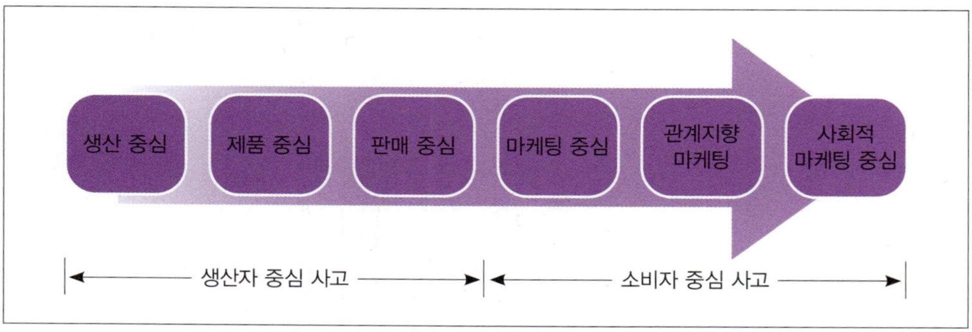

그림 1-1 마케팅 철학의 발전과정

1) 생산 중심의 마케팅 철학

산업혁명은 대량생산이란 개념을 만들었고 그로 인해 '생산 중심의 마케팅 시대'가 도래하게 되었다. 당시에는 기업이 제품을 만들기만 하면 팔렸기 때문에 대량생산을 통해 소비자가 원하는 수량만 맞추면 기업활동에 아무 문제가 없었다. 이 시대의 기업에게 마케팅 관리 목표는 '이익 극대화'였고, 실제로 이때는 마케팅이라는 개념보다는 생산의 확대가 더욱 필요했다. 이러한 이유로 기업은 고객의 편의나 만족도를 높이기 위한 활동보다는 생산시설과 유통망을 늘리는 데 더욱 노력했다(그림 1-2).

국내의 외식산업에도 생산 중심의 마케팅 철학이 적용되던 시절이 있었다. 70년대와 80년대 초반까지만 해도 누구나 음식점을 창업하면 쉽게 돈을 벌 수 있다고 여겼다. 심지어 가정에서 요리하는 수준의 실력으로 음식점을 창업해도 유지와 발전에 큰 문제가 없는 경우가 많았다.

2) 제품 중심의 마케팅 철학

대량생산이 가능한 기업들의 제품 생산량이 늘어나자, 공급이 수요보다 커지게 되었다. 즉, 제품을 필요로 하는 소비자의 수요보다 생산량이 많아지자 팔리지 않는 제품이 재고

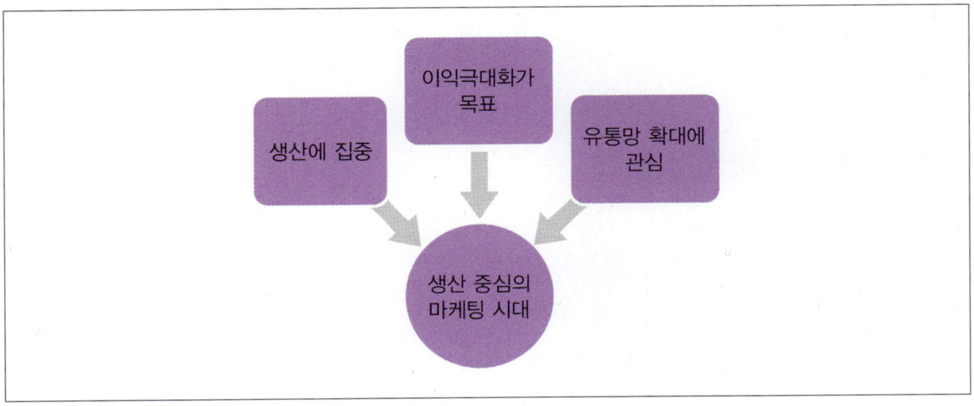

그림 1-2 생산 중심의 마케팅 철학

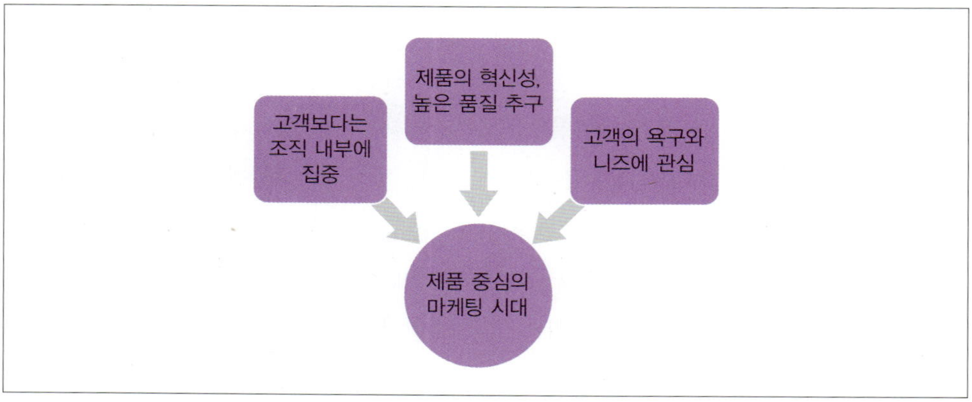

그림 1-3 제품 중심의 마케팅 철학

로 쌓이게 된 것이다. 이렇게 생산된 제품이 판매되지 않자 기업들은 '제품 중심의 마케팅'에 관심을 갖게 되었다. 물론 이때도 생산 중심의 마케팅 철학과 동일하게 고객보다는 기업 조직에 더욱 관심이 집중되었다. 다만 과다한 생산으로 인해 공급이 수요를 초과하면서 기업이 생산한 제품이나 서비스가 재고로 남았다. 기업은 소비자의 욕구를 파악하고 그것을 만족시킬 만한 제품을 생산·판매해야 한다고 생각하였다. 기업이 혁신적이면서도 고품질의 제품을 만들고자 노력하면서 마케팅 철학 역시 생산 중심에서 제품 중심으로 수정되었다(그림 1-3).

국내 외식산업계는 80년대에 들어서면서 생산 중심에서 제품 중심의 마케팅 철학으로 옮겨가게 되었다고 볼 수 있다. 외국 음식과 레스토랑이 국내에 소개되면서 좀 더 맛있고 경쟁력 있는 메뉴를 개발해야 성공할 수 있다는 인식이 외식업계에서 싹트기 시작했다.

3) 판매 중심의 마케팅 철학

제품 중심의 사고를 가지고도 판매가 한계에 달하자 판매 중심의 마케팅 철학이 대두되기 시작하였다. 기업은 공격적인 촉진활동에 관심을 가졌고, 이때 고객과 적극적으로 접촉하여 구매를 설득하는 활동이 나타났다(그림 1-4). 기업은 생산된 제품 판매를 위해 광고와 홍보에 집중하고 다양한 할인상품을 만들어 어떻게든 수요를 창출하고자 했다. 물

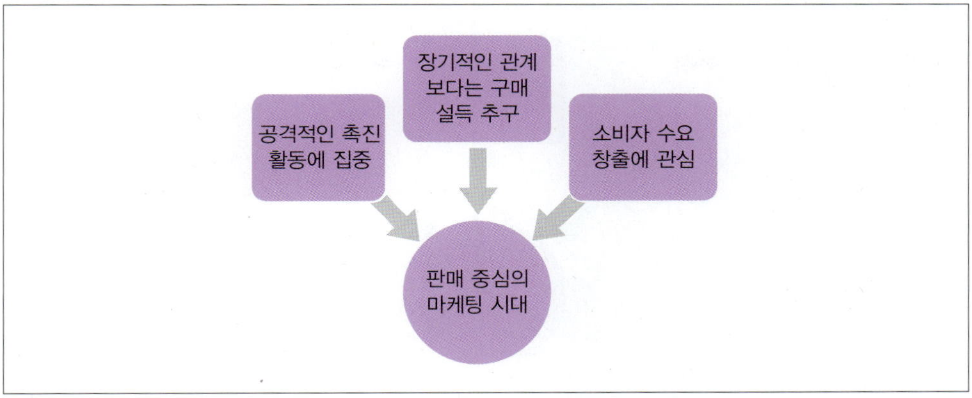

그림 1-4 판매 중심의 마케팅 철학

론 여전히 제품과 서비스의 판매에만 집중했기 때문에 고객과 장기적인 관계를 맺고 유지하는 데는 전혀 관심이 없었다. 이는 결과적으로 소비자의 욕구를 충족시키지 못하기 때문에 시장에서 퇴출되는 기업이 속출하였다.

국내 외식산업계는 90년대에 들어서면서 판매를 위한 광고와 홍보의 중요성을 서서히 인식하였다. 그 결과, 패밀리 레스토랑과 외국계 프랜차이즈 브랜드의 광고 및 홍보가 활발해지고, 고객 유인을 위한 판매 촉진활동이 대중에게 전달되기 시작했다.

4) 마케팅 중심의 철학

판매 중심의 마케팅 철학도 그 약효가 떨어지면서 진정한 마케팅 중심의 철학이 대두되었다. 이때 경영자와 마케터는 제품이나 서비스가 잠재 소비자의 욕구를 만족시켜야 한다는 점에 집중하기 시작했다. 이 시기부터 기업에서는 마케팅이 소비자 지향적인 경영원리라고 생각하기 시작했다. 그리고 잠재적인 소비자의 수요에 합치하는 제품과 서비스를 제공함과 동시에 시장과 고객의 정보를 끊임없이 수집·분석하여 시장기회를 탐색하고 조직의 모든 활동을 통합시키고 조정하는 활동이라고 보기 시작했다. 제품 중심 철학의 목적이 매출 증대를 통한 이익 확보라면, 마케팅 중심 철학은 고객만족을 통한 이익의 증대라는 점이 큰 차이다(그림 1-5).

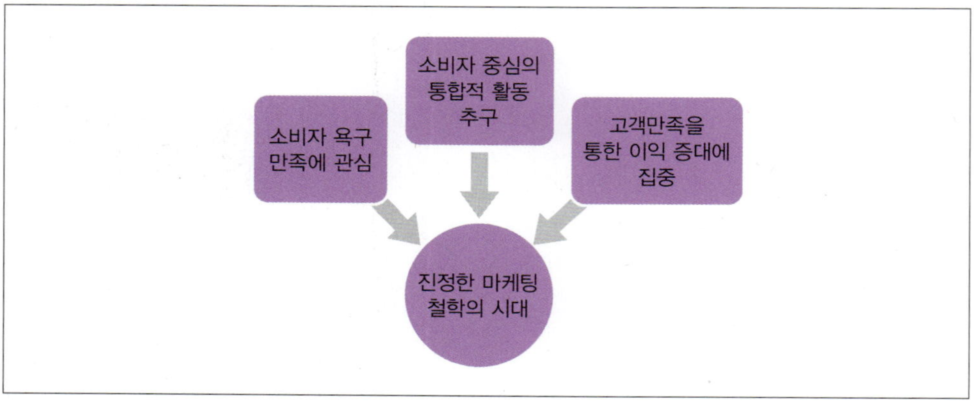

그림 1-5 마케팅 중심의 철학

마케팅 중심 철학이 국내 외식산업계에 확산되면서, 잘 만든 음식에 집중하던 외식업계의 관행이 깨지기 시작하였다. 외식기업들은 소비자 조사를 통해 그들이 원하는 메뉴를 개발하는 데 투자했으며, 조리 교육뿐만 아니라 마케팅 교육을 받은 전문가가 나타나면서, 셰프가 잘 만든 음식이 아니라 소비자가 원하는 음식을 만들어야 한다는 인식이 확산되기 시작하였다.

5) 관계지향·사회지향 마케팅 철학

관계지향 마케팅 철학은 기존의 마케팅활동이 주로 신규고객을 창출하는 데 집중되었던 것에 대한 의문에서 출발하였다. 신규고객보다는 기존고객에 관심을 갖고 투자를 하는 것이 더 효과적·효율적이라는 연구 결과가 나타나면서 고객관계관리(Customer Relationship Management: CRM)의 중요성이 강조되기 시작한 것이다(그림 1-6).

최근의 마케팅은 고객만족이 마케팅관리활동의 최우선 과제인가에 대한 의문을 제기하고 있다. 즉, 마케팅 사고가 고객 중심에서 사회 중심으로 전환되어야 한다는 것이다. 탄소배출량을 고려한 제품 생산과 그린 마케팅의 대두 등은 이러한 사회 중심적 마케팅활동이 확산되고 있는 예이다. 특히 소비자의 활동이 활발해지면서 사회지향 마케팅활동이 더욱 중요해질 것으로 예상된다.

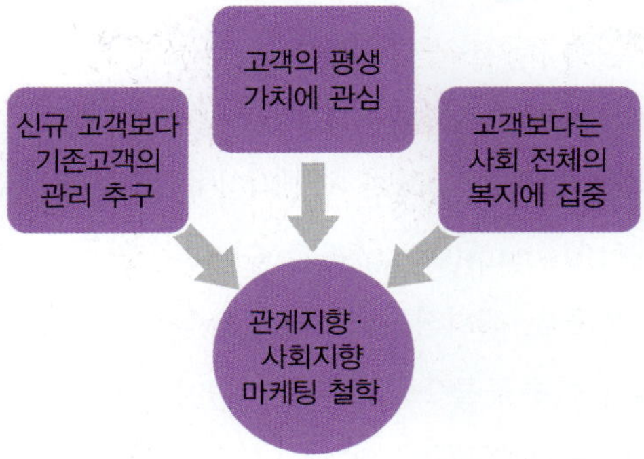

그림 1-6 관계지향·사회지향 마케팅 철학

최근 외식산업계는 자기 점포를 찾는 고객에게만 관심을 가지던 것에서 벗어나, 지역사회와 어려운 이웃에게 봉사하겠다는 마인드를 가지기 시작하였다. 이에 따라 소상공인도 사회공헌활동에 참여해야 하며, 식재료와 서비스는 최상의 품질을 유지해야 하고, 위생과 청결을 위한 투자를 아끼지 않아야 한다는 인식이 여기저기에서 나타나고 있다.

2 마케팅을 이해하기 위한 기본개념

실질적인 마케팅관리활동을 실행하기 위해서는 앞서 살펴본 마케팅의 개념과 역사 외에도 인간의 욕구, 제품, 가치, 만족, 교환, 관계 마케팅 등에 대한 개념을 명확히 알아야 한다. 특히 마케팅의 엔진, 즉 마케팅을 가능하게 하는 힘의 원천이라고 할 수 있는 인간의 욕구는 마케터가 반드시 이해해야 할 핵심 개념이다.

1) 인간 욕구의 3가지 레벨

마케팅을 가능하게 만드는 힘의 원천은 인간의 욕구다. 따라서 마케팅을 이해하려면 이러한 인간의 욕구에 대한 명확한 이해가 선행되어야 한다. 욕구는 본원적 욕구(needs), 구체적 욕구(wants), 수요(demands)로 구분할 수 있다(그림 1-7). 먼저 본원적 욕구는 인간이 가진 최저수준의 욕구로, 생리적·본능적 욕구를 의미한다. 예를 들어, 배가 고픈 사람이 무언가를 먹고 싶다는 욕구를 느낄 경우 이를 본원적 욕구라고 한다.

구체적 욕구는 본원적 욕구가 좀 더 체계화되어 나타나는 구체화된 욕구를 의미한다. 이는 본원적 욕구와 달리 개인의 성향과 가치관, 환경 등에 따라 다르게 나타나는 특징이 있다. 예를 들어, 배가 고파 무엇인가 먹고 싶다는 본원적 욕구로부터 시작하여 부대찌개가 먹고 싶다는 구체적인 생각이 바로 구체적 욕구에 해당된다.

마지막으로 수요는 구체적 욕구에 구매력이 추가된 욕구이다. 부대찌개라는 구체적 욕구에 사 먹을 돈과 의지가 더해지면 수요가 된다. 따라서 수요는 구매력을 포함하는 좀 더 포괄적인 욕구이다. 소비자가 돈이 없어도 누군가를 설득하여 구매력을 확보한다면 수요가 있다고 할 수 있고, 소비자에게 돈이 있어도 구매할 의지가 없다면 수요가 없다고 할 수 있다. 따라서 마케팅의 직접적인 관심은 3가지 욕구 중에서도 수요에 집중되어야 한다.

마케터는 지금껏 살펴본 3가지의 욕구를 정확하게 이해하고 있어야 한다. 소비자의 욕구를 정확히 알고 대응해야만 고객에게 만족과 감동을 줄 수 있기 때문이다. 예를 들어, 직장에서 점심을 먹을 음식점을 찾는 일과 저녁 회식을 위해 음식점을 찾는 것 사이에는 커다란 욕구의 차이가 있다. 점심시간에는 저렴한 가격과 배고픔 해결에 초점을 맞출 수

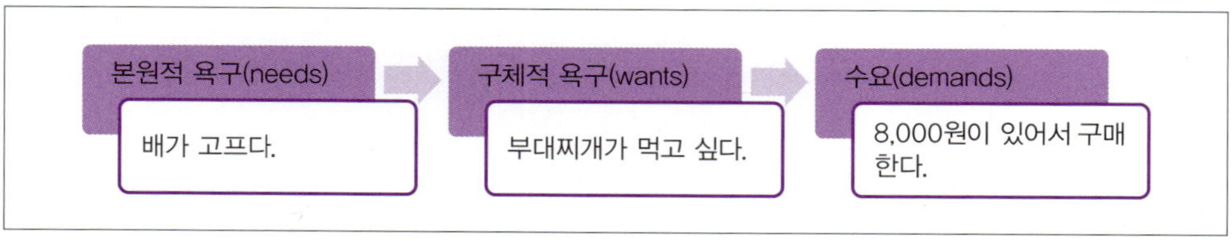

그림 1-7 인간 욕구의 3가지 레벨

있겠지만, 저녁 회식에서는 배고픔이라는 생리적 욕구 해결보다는 좀 더 높은 차원의 욕구 해결을 위한 음식점과 메뉴를 찾을 가능성이 크다. 마케터는 이와 같이 고객의 진정한 욕구를 정확하게 파악해야 외식업체의 목표 달성에 기여할 수 있다.

2) 제품

일반적으로 제품이란 '소비자의 욕구를 충족시킬 수 있는 그 어떤 제공물'로 정의된다. 그런데 실제로 소비자의 욕구를 충족시키는 것은 유형의 제품일 수도 있고, 무형의 서비스일 수도 있다. 따라서 마케터는 제품이나 서비스가 소비자에게 더욱 매력적으로 보이게 만들어야 한다. 결국 제품은 유형이든 무형이든 소비자의 본원적 욕구(needs)와 구체적 욕구(wants)를 충족시켜 수요(demands)를 발생시키는 그 어떤 제공물이어야 한다.

3) 가치

마케터가 시장에서 목표고객에게 높은 가치를 제공할 수 있다면, 해당 제품과 서비스의 판매는 매우 성공적으로 이루어진다. 그래서 마케터는 가치를 높이는 데 집중하게 된다. 문제는 가치가 무엇인지에 대한 정확한 개념 정립이다.

가치는 소비자가 얻을 수 있는 것과 해당 소비자가 지불하는 비용의 비율로 정의할 수 있다. 소비자는 효용 또는 품질을 얻는 대가로 비용(가격)을 지불하기 때문이다. 결과적으로 가치는 효용(품질)과 비용(가격) 사이에 존재하는 비율이며, 이를 공식으로 표현하면 다음과 같다.

가치 = 효용 ÷ 비용 = 품질 ÷ 가격

이 같은 공식을 활용하면, 가치를 높이는 방법을 알 수 있다. 첫째, 품질을 높이면 가치가 높아진다. 만약 외식업체가 품질을 더는 높일 수 없다면, 가격을 낮추어야 가치가 높아진다. 따라서 마케터는 가치를 높이기 위해 2가지 중 하나를 선택하거나, 더 높은 가치를 위해 2가지를 모두 높이거나 낮추겠다는 결정을 내릴 수 있다.

예를 들어, 품질이 10이고 가격도 10인 외식업체가 있다고 가정해보자. 이 업체가 고객에게 제공하는 가치는 1인데, 경쟁업체가 나타나서 1.2라는 가치를 제공함으로써 고객이 이탈하는 경우라면 이 외식업체 역시 가치를 높이기 위한 노력을 해야 한다. 품질을 15로 높이고 가격을 10으로 유지하면, 가치는 1.5로 높아진다. 반대로 품질은 그대로 두고 가격을 5로 낮추어도 가치는 1.5로 높아진다. 경쟁자보다 상대적으로 가치가 낮아진 외식업체는 품질을 높이거나 가격을 낮추어서 자신의 가치를 높일 수 있다.

4) 만족

만족이란 소비자가 구매 전에 기대했던 성과와 구매 후에 얻은 성과 사이의 차이로 인한 기쁨과 실망에 대한 개인적 감정을 의미한다. 즉, 만족은 인지된 성과와 기대 사이에 존재하는 관계로, 이를 공식으로 표현하면 다음과 같다.

만족 = 구매 후 성과 > 구매 전 기대 불만족 = 구매 후 성과 < 구매 전 기대

예를 들면, 소비자가 해당 음식점이 제공하는 메뉴의 가격, 맛, 분위기 등을 90점 정도로 예상했는데, 실제 음식을 주문하고 식사를 마치기까지의 경험을 점수로 환산한 결과 80점으로 느껴졌다면 이 고객은 '구매 전 기대'보다 '구매 후 성과'가 낮으므로 불만족하게 된다.

5) 교환

외식업체는 제품이나 서비스를 소비자에게 제공하고 자신이 원하는 반대급부, 즉 수익을 얻고자 한다. 마케팅은 경쟁자보다 목표고객의 욕구를 더 잘 충족시켜줄 수 있는 제품이나 서비스를 개발하고, 이익 실현이 가능한 가격에 판매함으로써 목표를 달성하도록 도와준다.

교환을 외식업체와 소비자의 입장에서 보면, 각각 판매행위와 구매행위로 구분된다. 다만 제3자의 입장에서 보면 교환행위가 된다. 거래 당사자는 교환이라는 활동을 통하여 교환 이전보다 자신의 효용이 증대되기를 바란다. 만약 교환으로 효용이 증대되지 않는다면 교환은 발생하지 않는다. 생산활동이 가치를 창조하는 것과 마찬가지로 마케팅에서의 관심 대상인 교환 역시 가치의 창조과정이 되어야 한다. 결과적으로 외식업체는 교환이 지속적으로 이루어지게 하기 위해 고객에게 높은 가치를 제공하여 만족하게끔 해야 한다.

6) 관계 마케팅

외식업체와 소비자 간의 교환이 이루어져 가치가 창출됨으로써 계속적인 거래가 이루어지면 외식업체와 소비자 간에 우호적 관계가 성립된다. 외식업체는 기존고객과의 우호관계를 계속 유지함으로써 소비자가 거래를 지속적으로 반복하기를 원한다. 이와 같이 우호적이면서도 지속적인 관계를 창출하여 매출을 발생시키고 브랜드충성도를 높이는 활동을 관계 마케팅이라고 한다. 초기의 시험구매에서 소비자가 만족하고, 이러한 만족이 반복 구매로 이어짐으로써 평생고객이 되면, 외식업체와 소비자 간의 지속적 가치지향적 관계가 형성된다.

3 외식 마케팅의 정의

외식사업을 하는 경영자들의 마케팅이라는 단어 사용빈도가 갈수록 증가하고 있다. 경쟁이 치열해지고 식재료, 인건비, 임차료와 같은 원가 상승으로 수익이 하락하면서 이를 극복하는 방안으로서의 마케팅에 대한 관심이 증가하고 있기 때문이다. 이제 마케팅은 대기업뿐만 아니라 작은 음식점에서도 반드시 알고 실천해야 하는 활동이 되었다. 그런데 대부분의 외식업체 경영자들은 이렇게 필수적인 내용을 잘못 이해하는 경우가 많다. 마케팅을 열심히 하라고 직원에게 열변을 토하는 경영자도 "사장님, 마케팅이 뭔가요?"라고 물으면 쉽게 답하지 못한다. 경영자의 답변은 "글쎄, 열심히 판매하는 것이 마케팅 아닌가?"라고 확실하게 대답하지 않은 채, 오히려 다시 질문한다. "의미는 알지만 말로 하려니까 잘 표현이 안 되네."라며 뒤끝을 흐리기도 한다. 하지만 우리는 말로 표현할 수 없는 대상을 행동으로 옮길 수 없다. 정확하게 말하지 못하는데 어떻게 할 수 있을까?

우리는 앞에서 마케팅의 정의를 살펴보았다. 그러므로 여기서는 외식업체의 관점에서 좀 더 구체적인 마케팅의 정의에 관해 논의해보기로 한다. 이러한 논의 후에는 반드시 자신만의 정의를 정리·실천·평가하는 과정을 거쳐야 한다.

피터 드러커(Peter Drucker)는 마케팅을 "개인과 집단이 제품과 가치를 창조하고 타인과의 교환을 통하여 그들의 욕구와 욕망을 충족시키는 사회적 또는 관리적 과정"이라고 했다. 그는 마케팅을 "판매가 불필요하게 만드는 활동"이라고 설명한다. 즉, 마케팅은 "고객을 잘 알고 이해하여 제품과 서비스를 그들에게 맞춤으로써 저절로 판매되게 만드는 활동"이다. 이것을 하기 위해서는 소비자를 이해하고 목표고객을 정하는 과정, 목표고객이 원하는 제품과 서비스를 생산하는 과정, 생산된 제품과 서비스를 고객들이 구매한 후 만족하게 만드는 과정을 순차적으로 수행할 만한 능력을 갖추어야 한다(그림 1-8).

외식업체의 마케팅이 타 업종과 업태의 마케팅과 특별히 다르거나 다른 요소를 가지고 있다고 말하기는 어렵다. 하지만 생산과 소비가 동시에 일어나고 눈에 보이는 제품보다 무형의 서비스가 가진 가치가 더욱 중요하다는 측면에서, 외식업체의 마케팅에는 "고객을

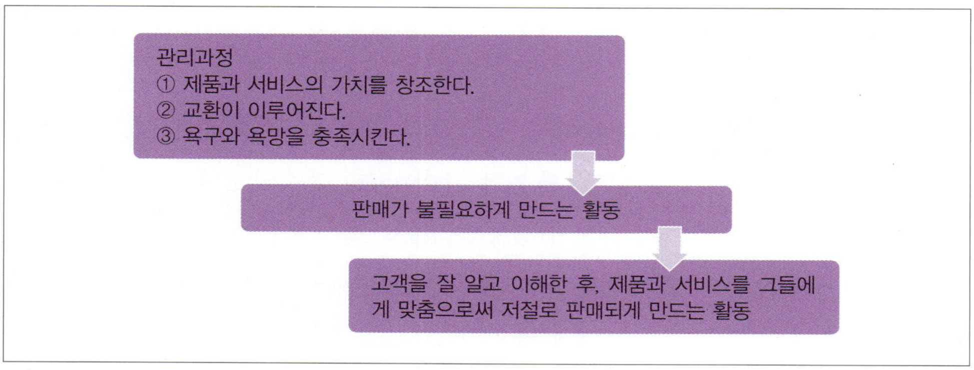

그림 1-8 피터 드러커의 마케팅 정의

외식업체를 위한 마케팅의 정의

목표상권의 목표고객에 대한 조사 · 분류 · 분석을 통해 정확한 외식동기와 욕구를 이해한 후, 제품과 서비스 그리고 디자인의 조합을 그들에게 맞춤으로써 시험구매를 하도록 만들고, 시험구매가 일어나는 시점에 평생교객이 되도록 만드는 활동

만족시키기 위한 모든 서비스와 디자인의 조합"과 같은 새로운 정의를 접목할 필요가 있다.

4 마케팅의 정의에 함축된 의미

앞서 살펴본 바와 같이, 마케팅의 정의 및 프로세스는 시대별·연구자별로 다양하게 제시되고 있다. 따라서 다양한 정의와 프로세스가 내포하는 의미를 정리함으로써 각 정의의 통일된 가치를 음미해보도록 한다. 여기서는 지금까지 살펴본 마케팅의 개념과 프로세스에 포함된 공통적인 함의를 살펴본다.

• 첫째, 마케팅의 주 연구 대상은 교환이다. 이미 마케팅을 이해하기 위한 기본개념으로 살펴본 교환에 대해 좀 더 심층적으로 알아본다. 마케팅활동의 목표는 교환 당사자 모두를 만족시키는 교환의 창출이다. 예를 들면, 외식업체의 경영자와 해당 외식업체를 방문하는 소비자 사이의 교환관계를 살펴보자. 경영자는 자신이 제공하는 제품과 서비스의 원가보다 높은 가격을 받음으로써 최대의 이익을 얻고자 한다. 반면, 소비자는 자신이 지불하는 가격보다 높은 가치를 얻고자 한다. 이 같은 교환과정에서 외식업체와 소비자 모두가 만족하기란 쉽지 않다. 하지만 모두가 만족할 수 있는 최적의 조건을 모색해야 한다. 경영자만 만족하는 교환관계는 소비자의 반복 구매를 일으키지 못하여 교환관계가 종결될 것이며, 소비자만 만족하는 교환관계는 외식업체의 파산으로 이어진다.

• 둘째, 고객이 만족하는 교환이 발생하려면 지불하는 가격보다 얻는 혜택이 커야 한다.

하지만 이것이 과연 가능할까? 다행스럽게도 소비자들은 개인 간의 제품과 서비스에 대한 가치평가 또는 다양한 요소에 대한 인식의 차이가 존재하여 지불한 가격보다 큰 혜택을 받았다고 인식할 수 있다. 만약 모든 소비자의 제품과 서비스에 대한 가치평가가 수학 문제의 정답처럼 동일하다면, 교환은 이루어지지 않을 가능성이 높다. 소비자는 자신이 지불하는 가격수준과 자신이 얻게 될 효용수준을 과학적으로 측정하여 비교하는 것이 아니라 단지 인지적으로 비교하기 때문에 외식업체 입장에서는 소비자가 만족하는 교환관계를 만들어낼 수 있다. 예를 들면 소비자가 지불하는 비용은 금전비용, 시간비용, 행동비용, 심리비용 등 매우 다양하다. 그리고 소비자가 받는 혜택도 기능적 혜택, 사회적 혜택, 개인적 혜택 등으로 다양하다. 외식업체는 단순히 가격만을 관리하는 것이 아니라 시간비용부터 심리비용을 줄여 소비자가 가격이 낮다고 인식하게 만들 수 있다. 음식뿐만 아니라 기능적·사회적·개인적 혜택을 늘려 더 많은 혜택을 받았다고 인식하게 만들 수도 있다.

• 셋째, 마케팅은 대기업이 조직 차원에서 수행하는 활동뿐만 아니라 소규모 개인사업자나 심지어 개인 차원에서도 충분히 실행할 수 있는 관리활동이다. 마케팅은 조직이나 조

그림 1-9 개인 차원의 블로그 마케팅

자료: 네이버 블로그(https://blog.naver.com/webkim, 2022)v

직을 위하여 일하는 조직원의 차원에서 주로 인식되지만, 실제로는 개인 차원에서도 교환이라는 행위가 이루어지면 마케팅이라는 의미를 부여할 수 있다. 예를 들어 개인이 정보를 수집하고 정보를 공유하기 위해 인터넷 블로그활동을 한다면, 결과적으로 자기만의 차별화된 브랜드 이미지를 창출하고 개인의 경쟁력이 증대되므로 기업이 수행하는 것과 동일한 마케팅활동이라 할 수 있다(그림 1-9).

- 넷째, 마케팅활동은 영리 부문에만 한정되지 않는다. 비영리 단체나 개인도 만족스러운 상호교환을 이루어내기 위해 마케팅활동을 한다. 그 예로, '아름다운 가게'와 같은 공익단체가 모금활동을 위해 마케팅활동을 펼치는 것을 들 수 있다. 또 제품이나 서비스뿐만 아니라 아이디어, 생각, 사상도 마케팅의 대상이 될 수 있다. 예컨대 환경캠페인이나 그린캠페인을 효과적으로 전개하기 위해서 마케팅 원리를 적용하기도 한다.

마케팅활동의 시작은 생산된 제품이나 서비스를 판매하기 위한 관점보다는 제품의 개념 설정 또는 착상이라는 점을 알아야 한다. 마케팅은 무언가를 제시하거나 만들기 전에 미리 누가 어떤 제품을 구매해줄 것인가를 고려하는 데서 시작된다. 고객을 연구하고 그들이 원하는 바를 충족시키고자 하는 고객 중심적 사고가 바로 판매와 마케팅을 구분하는 핵심적인 영역이다.

그림 1-10 스타벅스의 지역사회 공헌활동 사례

자료: 스타벅스 홈페이지(https://www.starbucks.co.kr, 2022)

5 외식사업 마케팅이 필요한 이유

1970년대까지만 해도 외식업체들에게 마케팅이란 반드시 해야 하는 업무가 아닌, 외식사업경영을 위한 하나의 옵션에 불과했다. 하지만 현재는 치열한 경쟁에서 경쟁우위를 유지하고, 높은 수익성을 창출하기 위해 반드시 수행해야 하는 업무가 되었다. 우리나라 외식기업들의 광고선전비와 판매촉진비 지출 사례를 보면, 매년 마케팅비용이 증가하고 있음을 알 수 있다(표 1-1). 그만큼 마케팅이 수익성 확보에 필수불가결한 활동이 된 것이다.

외식업체 경영자는 경쟁우위를 유지하고 수익성을 확보하기 위하여 소비자를 만족시키는 데 필요한 마케팅활동을 하고, 소비자에게 멋진 경험을 제공해야 한다. 그러기 위해 소비자를 이해하고, 목표고객에게 가치를 제공할 수 있는 다양한 마케팅 믹스를 창출해야

표 1-1 국내 외식기업의 마케팅비용 지출 사례

구분		매출액(백만 원)		광고선전비(백만 원)				판매촉진비(백만 원)			
		2021	2020	2021	비율	2020	비율	2021	비율	2020	비율
1	스타벅스	2,385,600	1,928,400	23	0.0%	25	0.0%	18,003	0.7%	29,108	1.5%
2	파리크라상	1,851,198	1,770,512	116,590	6.3%	106,297	6.0%	26,559	1.4%	30,978	1.7%
3	비알코리아	750,721	652,321	62,412	8.3%	54,315	8.3%	7,595	1.0%	4,886	0.7%
4	롯데리아	674,804	663,555	21,341	3.1%	14,381	2.1%	194	0.0%	187	0.0%
5	교촌에프앤비	493,460	435,823	5,899	1.2%	5,798	1.3%	168	0.0%	140	0.0%
6	비에이치씨	477,088	400,394	7,543	1.5%	7,215	1.8%	1,858	0.3%	1,854	0.4%
7	제너시스비비큐	362,399	319,952	12,079	3.3%	11,363	3.5%	3,210	0.8%	1,261	0.3%
8	본아이에프	248,242	195,154	4,001	1.6%	6,952	3.5%	6,023	2.4%	3,688	1.8%
9	엔타스	65,451	54,740	516	0.7%	87	0.1%	26	0.0%	48	0.0%
10	강강술래	61,893	63,654	233	0.3%	286	0.4%	186	0.3%	286	0.4%
11	네네치킨	58,634	55,110	10,747	18.3%	6,078	11.0%	140	0.2%	134	0.2%
12	한우리외식산업	16,431	15,896	4	0.0%	2	0.0%	20	0.1%	26	0.1%

자료: 금융감독원 전자공시시스템(2022)

한다.

외식업체의 경쟁 정도를 측정하기 위한 미국의 조사 결과에 따르면, 고객들이 외식업체의 서비스를 '최고'라고 평가할 경우 약 80%의 고객이 재방문하겠다고 답변한 것으로 나타났다. '훌륭하다'라고 평가한 경우에는 40%만이 재방문하겠다고 답했다고 한다. 이 같은 연구 결과를 통해 알 수 있는 사실은, '훌륭하다' 정도의 서비스로는 고객을 만족시키기에 충분하지 않으며 '최고'라고 평가받을 만한 서비스를 제공해야 생존경쟁에서 살아남을 수 있다는 점이다. 최근 자신이 방문했던 외식업체에서의 식사 경험을 상기해보자. 만약 그 외식업체에 대해 '훌륭하다'라고 느꼈더라도, 머지않은 시기에 재방문할 것이라는 생각이 들지는 않을 것이다. 우리 주변에는 이미 훌륭한 정도의 서비스를 제공하는 외식업체가 상당히 많다. 하지만 우리가 그 외식업체를 '정말 특별하다'라고 느꼈다면 재방문은 물론이거니와 다른 사람에게 전파하고 적극적으로 방문해보라고 권유할 것이다.

이와 같이 고객에게 최고의 평가를 받아야 한다는 측면에서, 최근에는 기업이든 소상공인이든 모두가 외식사업 마케팅전략을 충분히 활용하여 외식업체를 경영하고 있다. 특히 가맹점을 많이 보유한 프랜차이즈 기업은 개인 점포보다 고객을 유치하기 위한 매우 공격적인 마케팅활동을 해야 한다. 그들은 광고 에이전시나 홍보기업에서 일한 경험이 있는 관리자를 고용하면서, 마케팅활동에 많은 비용을 지출한다. 반면에 독립 외식업체나 소규모 체인 운영자들은 적극적인 마케팅활동을 할 수 없는 상황이어서 그들이 가진 자원을 더욱 효율적으로 사용할 만한 창의적인 마케팅전략을 끊임없이 찾아야 한다.

결론적으로 이제는 작은 외식업체부터 대규모 프랜차이즈 기업까지 모두가 외식사업 마케팅을 위해 목표고객을 이해하고, 그들을 설득할 만한 다양한 마케팅 믹스를 창출하기 위한 전문적인 학습과 실천, 그리고 검증을 시도해야 한다.

6 외식동기, 상황 및 선택속성

성공적인 마케팅의 전제조건에는 소비자분석이 있다. 소비자가 무엇을 원하는지 정확히 알고 대응해야 그들을 본인의 매장으로 유인하고 반복 구매하도록 만들 수 있기 때문이다. 이처럼 소비자가 해당 점포를 선택하는 이유를 '선택속성'이라고 하는데, 소비자의 외식업체 선택속성을 파악하기 위해서는 우선 사람들이 외식업체를 찾는 본질적인 이유를 알아야 한다. 이를 위해 외식업체의 어원에 대해 생각해보자. 외식업체, 즉 'Restaurant'의 어원은 불어의 'De Restaurer'에서 유래되었는데, 이 말은 영어의 'Restore'에 해당되는 단어로 그 뜻을 살펴보면 '회복한다', '기력을 회생시킨다'라는 내용이 나온다. 이를 통해 우리는 최초의 외식업체가 '사람들이 음식물을 섭취함으로써 기력을 되찾기 위한 목적으로 방문한 곳'이라는 사실을 알 수 있다.

세상이 발전하면서 소비자의 취향이 지속적으로 변하고 있다. 양적 측면과 질적 측면 모두에서 소비자의 성향과 욕구가 매우 다양하게 분출되고 있다. 외식업체를 이용하는 목적과 동기는 〈그림 1-11〉과 같이 다양해졌다.

과거에는 주로 외식업체를 방문하는 목적이 식사 자체였다면, 최근에는 〈표 1-2〉처럼 분위기를 즐기거나 이벤트를 목적으로 외식업체를 찾는 고객도 늘고 있다.

소비자들이 외식업체 선택 시 고려하는 요인을 명확하게 이해하기 위해서는, 외식동기뿐만 아니라 외식을 하게 되는 상황도 정확히 파악해야 한다. 다음의 〈그림 1-12〉는 네이버 검색에서 이용되고 있는 외식상황 카테고리이다.

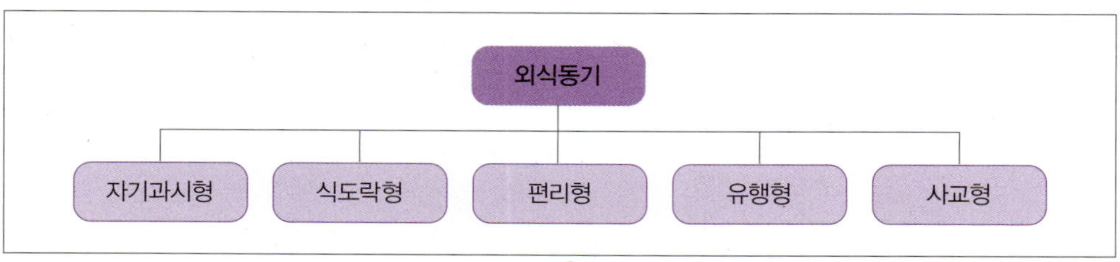

그림 1-11 외식동기

자료: 고재윤 외(2007). 외식동기를 통한 패밀리 레스토랑 여성고객시장 세분화전략에 관한 연구.

표 1-2 외식업체의 이용목적에 따른 소비자 분류

소비자의 형태	특징
메뉴 선호형	음식의 품질과 맛 그리고 선호하는 메뉴가 있는 곳을 기준으로 외식업체를 선택하며, 할인카드나 쿠폰과 같은 가격요인이나 수용 규모, 전국적인 체인망과 같은 외식업체의 규모적인 측면은 고려하지 않는 유형
편리성 선호형	외식업체를 선택하는 기준이 수용능력, 편리한 주차, 접근의 용이성에 집중되어 있는 반면, 메뉴와 관련된 항목은 크게 고려하지 않는 특징을 가지고 있음. 이러한 유형의 소비자는 대부분 여성으로 구성되어 있음
분위기 및 이미지 선호형	건물의 외관과 간판, 조용하고 안락하며 음악이 어우러지는 분위기 등을 선호하는 소비자로 주로 분위기와 이미지를 기준으로 외식업체를 선택하며 메뉴와 가격 그리고 수용능력 등은 고려하지 않음. 이러한 유형의 소비자는 할인쿠폰과 마일리지 카드에 민감하게 반응하는 특징이 있으며, 본 연구에서는 주로 남성이 이러한 유형에 속함.
이벤트 선호형	음식과 추가적인 빵 제공, 생일파티 등 재미있는 볼거리, 어린이 메뉴와 놀이시설 등을 선호하는 소비자층. 이 유형에 속하는 소비자는 주로 어린이를 고려한 이벤트를 기준으로 외식업체를 선택하며 가격, 음식, 평판과 이미지, 편리한 주차 등은 고려하지 않는 특징이 있음

자료: 김영갑 외(2009). Q방법론에 의한 패밀리 레스토랑 소비자의 세분화 연구.

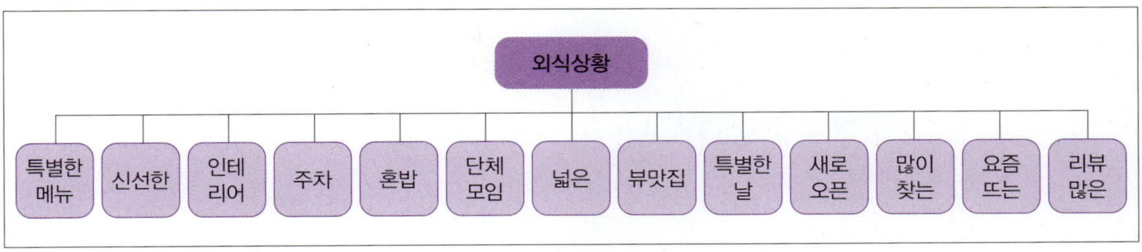

그림 1-12 소비자들이 음식점을 선택할 때 고려하는 외식상황

자료: 네이버 맛집 검색(2022)

외식상황은 단순히 분위기만으로 구분하는 것이 아니라 〈그림 1-13〉과 같이 과업적 성격, 심리적 상황, 날씨, 동반자의 관계, 시간적 상황 등 다양한 요소의 영향을 받으므로 각 상황에 따라서 외식업체 선택에 차이가 난다는 점에 유의해야 한다.

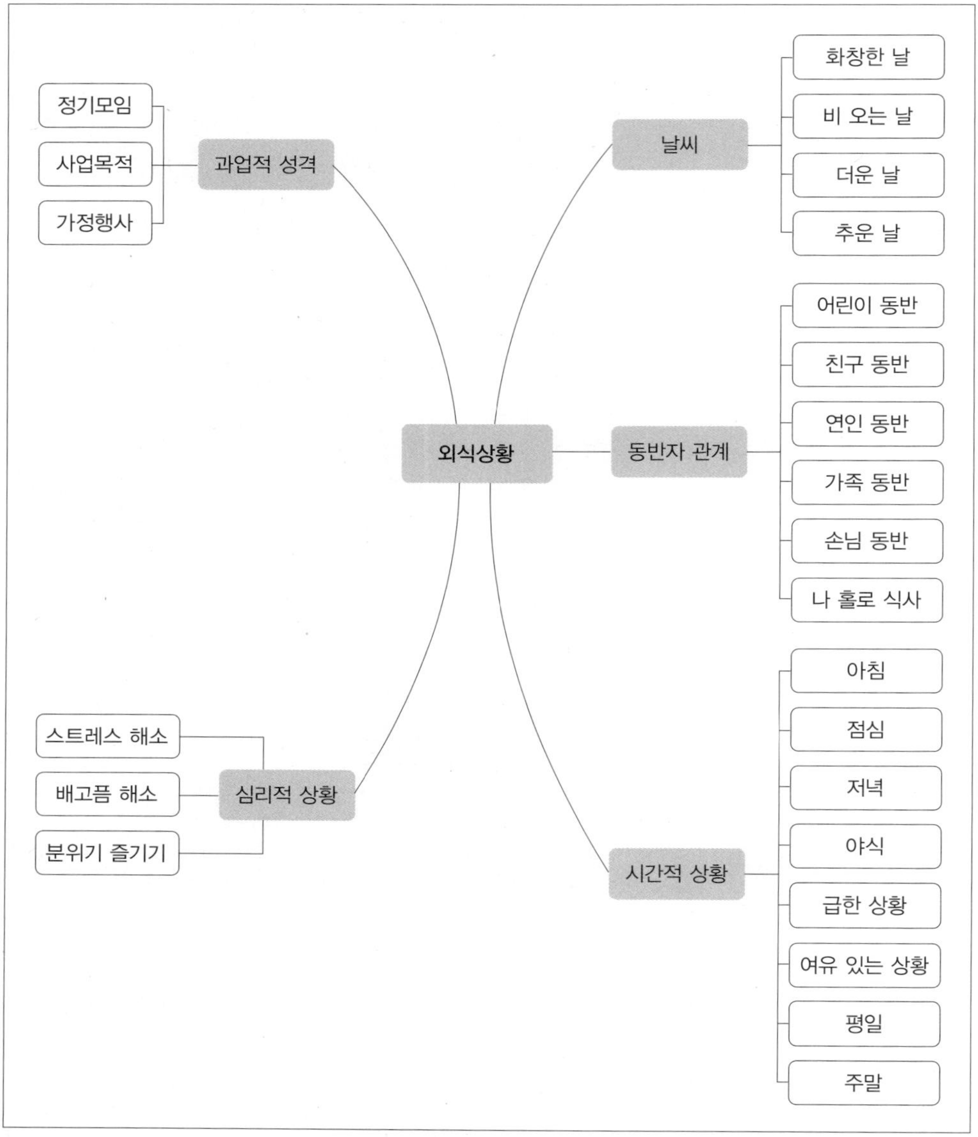

그림 1-13 외식상황의 유형과 사례

자료: 이정실(2002). 외식 고객의 상황에 따른 레스토랑 업종 및 업태 선택차이.

1) 소비자가 외식업체를 선택할 때 고려하는 본질적 요인

외식업체는 배고픔을 해소시켜주는 동시에 즐거움과 쾌락을 함께 제공하는 공간으로, 단순히 허기를 채워주는 생리적 욕구만 충족시켜주는 곳이 아니다. 외식업체는 소비자의 건강과 위생적인 부분을 포함하는 안전 욕구도 충족시켜야 하고, 가족이나 동료와의 사교 및 화합을 도모하는 욕구 또한 충족시켜야 한다. 즉, 외식업체는 맛있는 음식을 즐기면서 즐거움과 행복을 얻을 수 있는 복합적인 기능을 수행하는 공간이어야 한다.

외식업체가 반드시 갖추어야 하는 본질적 요인은 메뉴 자체가 가진 속성에서 찾아야 한다. 외식업체를 구성하는 다양한 요인이 아무리 훌륭하더라도 결국 음식 자체의 양과 질적 요건이 소비자를 만족시키지 못한다면 그 외의 요인이 무슨 의미일까. 따라서 외식업체는 본질적 요인에 해당하는 '음식의 맛, 가격, 스타일링, 다양성, 특별한 메뉴, 양, 조리법, 영양가' 등을 소비자의 본원적 욕구, 즉 니즈에 부합하도록 제공해야 한다(그림 1-14).

- **음식의 맛** 소비자가 외식업체를 선택할 때 가장 먼저 고려하는 항목이다. 맛은 소비자가 외식업체와 메뉴를 선택하느냐 또는 선택하지 않느냐를 결정할 때 고려하는 핵심요소이다. 외식업체를 선택하는 가장 중요한 요인을 묻는 대부분의 연구에서 소비자는 가장 중요한 요인으로 음식의 맛을 꾸준히 선택하고 있다. 다만 맛의 기준이 모호하기 때문에 표준화된 과학적 기준을 제시하기 곤란하다는 점에서 관리의 어려움이 있다.
- **음식의 가격** 외식업체를 선택할 때 잠재적으로 작용하는 요인이다. 가격이 비싸거나 적당하다는 개념에는 주관적인 느낌이 많이 포함되며 메뉴 구매 후의 만족과 불만족에 따라 가격의 의미가 다르게 나타날 수도 있다. 고객이 높은 가격을 지불해도 음식의 맛

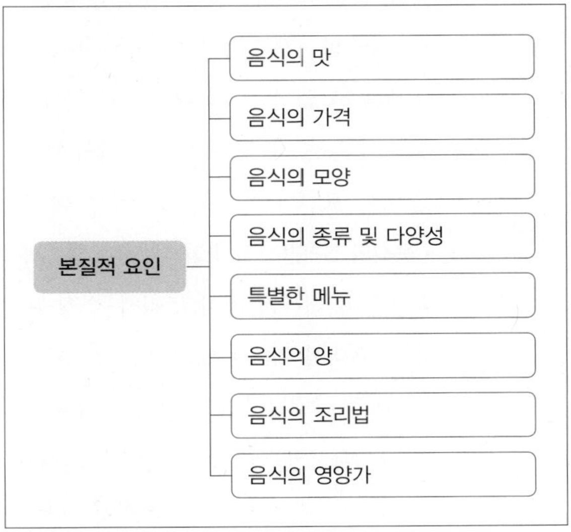

그림 1-14 외식업체 선택의 본질적 요인

과 양이 좋은 경우 가격이 적당하다고 생각할 수 있다.

• **음식의 스타일링** 음식의 맛을 한층 더 높게 인식하게 만드는 요인이다. 또 모양에 대한 소비자의 취향에 따라 메뉴가 선택될 수도 있다. 예를 들어 어떤 고객은 화려한 장식을 선호하고, 어떤 고객은 푸짐한 모양을 좋아할 수 있다. 이는 음식의 맛뿐만 아니라 음식의 모양이 선택요인에 영향을 준다는 것을 의미한다. 최근에는 '푸드디자인'이나 '푸드스타일링'의 개념이 정착되면서 이를 활용하려는 노력이 확산되고 있다. 이제 음식을 눈으로 먹는 시대가 되었다.

• **음식의 종류 및 다양성** 고객이 가정에서 흔히 먹는 메뉴보다 특별한 경험을 제공해야 한다는 차원에서 중요한 요인이다. 고객은 좀 더 많은 메뉴 중에서 각자의 욕구에 적합한 메뉴를 선택하고자 한다. 즉 고객이 메뉴에서 만족감을 얻을 수 있도록 계절별 메뉴 또는 이벤트 메뉴 등을 제공해야 한다. 일반 가정에서 쉽게 먹을 수 있는 메뉴라면 굳이 외식업체를 찾을 이유가 없다. 무엇보다 고객의 선택 폭을 넓히고, 메뉴에 싫증을 느끼지 않도록 하기 위해서는 다양성을 갖추어야 한다.

• **특별한 메뉴의 유무** 고객의 다양한 욕구에 부응하기 위한 요인이다. 건강추구형의 고객을 위한 건강식, 여성을 위한 다이어트식, 어린이를 위한 어린이식, 계절에 맞는 계절식 등의 유무는 외식업체의 선택에 영향을 미칠 수 있다.

• **음식의 양** 객관적인 개념의 의미는 같을지라도 고객마다 느끼는 주관적 의미는 다르게 나타날 수 있다. 고객은 각자의 식사량에 맞추어 메뉴를 선택한다. 식사량이 많은 고객이라면 맛은 좋지만 양이 적은 메뉴를 잘 선택하지 않을 것이다. 그들에게는 맛의 요인보다는 양의 요인이 메뉴를 선택하는 데 있어 더욱 중요하게 작용할 수 있다.

• **음식의 조리법** 고객의 개성과 취향에 따라 선호하는 방법이 다르게 나타난다. 담백하고 깔끔하며 기름기 없이 조리하는 것을 좋아하는 고객이 있고, 기름지고 다양한 메뉴를 원하는 고객이 있다. 또 다양한 소스를 즐기고 싶은 고객처럼 모두 다른 취향을 가지고 있다. 같은 식재료라도 어떻게 조리하느냐에 따라 소비자가 지각하는 맛과 건강에 대한 이미지는 다르게 인식될 수 있다. 돼지고기의 경우 국내에서는 직화구이가 가장 인기 있지만, 건강에 좋은 음식 조리법이 각광받으면서 찜으로 익히는 조리법을 선호하는 경우도 있다.

• **음식의 영양가** 현대에 더욱 중요하게 인식되는 요소이다. 인스턴트 음식을 기피하는 사람들이 많아지고, 영양에 관심을 갖는 사람들이 증가하고 있다. 음식의 맛과 양보다는 건강에 좋은 영양가를 고려해 메뉴를 선택하고 음식점을 선택하는 고객이 늘고 있다. 국가와 지방자치단체는 이러한 추세에 부응하여 식품에 대한 영양표시를 적극 권장하고 있다. 정크푸드를 파는 곳으로 인식되던 패스트푸드점에서 영양표시제를 적극 시행하면서 좋은 성과를 거두는 사례도 생겼다.

2) 소비자가 외식업체를 선택할 때 고려하는 환경적 요인

메뉴와 관련된 속성 외에 소비자가 외식업체를 선택할 때 고려하는 요소로 환경적 요인이 있다. 대표적인 환경적 요인으로는 '외식업체의 이미지, 분위기, 광고와 홍보, 인적 서비스, 위치, 트렌드'가 있다(그림 1-15). 과거에는 소비자가 외식업체 선택 시 본질적 요인에 더 많은 관심을 가졌다면, 경제가 발전하면서 소비자들이 환경적 요인에 더 많은 관심을 갖고 있다.

외식업체의 환경적 요인에 대한 중요성이 날로 커지고 있지만, 소규모 외식업체에서는 투자비용의 한계로 인해 환경적 요인에 많은 관심을 기울이지 못하고 있다. 대형 외식업체가 증가하고 경쟁이 치열해질수록 환경적 요인이 고객만족에 미치는 영향은 더욱 커지게 된다. 따라서 창업 전에 충분한 검토와 준비로 경쟁력을 확보할 수 있는 콘셉트를 찾아야 한다. 특히 외식업체의 수명이 짧은 이유 중에 가장 큰 원인이 환경적 요인임을 이해해야 한다. 이 부분에 대한 재투자가 거의 이루어지지 않으면 소비자에게 외면받는다. 즉 초기에는 소비자의 선택속성을 만족시켜줄 수준이었다고 해도, 일정 기간마다 리뉴얼을 하지 않으면 소비자의 발길이 뜸해지기 시작한다.

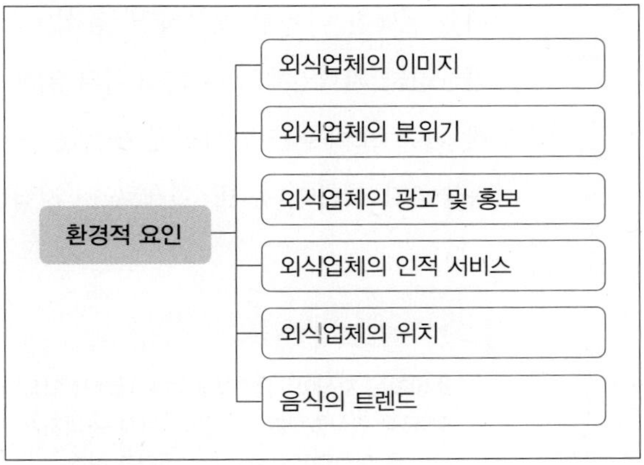

그림 1-15 외식업체의 환경적 요인

3) 외식업체의 선택속성

외식업체의 본질적 요인과 환경적 요인을 소비자의 관점에서 좀 더 체계적으로 이해하기 위해서 선택속성에 관해 알아야 한다.

소비자가 외식업체를 선택하는 행동에 영향을 미치는 선택속성에 대한 연구는 1983년 미국 레스토랑협회(The National Restaurant Association: NRA)가 실시한 '패밀리 레스토랑 이용고객의 행동과 태도조사'에서 시작되었다. 조사 결과에 따르면, 소비자는 음식 맛을 가장 중요한 선택요소로 꼽았다. 그리고 서비스에서는 직원의 미소, 분위기에서는 청결에 대한 기대가 가장 높게 나타났다. 다만 실제로 패밀리 레스토랑을 찾는 이유로는 편리성을 꼽았다. 이후 다수의 연구자들이 외식업체 선택속성에 대한 연구를 활발하게 하고 있다.

다수의 연구에서 제시하는 외식업체의 선택속성 중 중요한 것으로 제시되는 항목은 '음식의 질, 서비스의 질, 가격, 위생 및 청결'이다. 최근 국내의 여러 연구에 따르면 '위생 및 청결'이 외식업체 선택 시 가장 중요한 요인으로 꼽히고 있다. 다만 이러한 선택속성은 외식업체의 유형, 이용 동기, 고객층의 소득수준 등에 따라 중요성이 다르게 나타난다.

외식업체의 선택속성에 대한 연구는 소비자 조사를 통해 이루어진다. 그런데 실제로 소비자가 중요하다고 표현한 속성이 그들의 실제 마음속의 생각과 일치하는지, 또는 측정 가능한 것인지에 대한 의문이 생길 수 있다. 예를 들면, 소비자를 대상으로 특정 외식업체를 선택한 이유를 질문하면 '음식의 맛'을 첫 번째로 꼽는 경우가 가장 많은데, 이를 실현하려는 외식업체의 경우 음식의 맛에 대한 객관적인 기준이 모호하다는 문제에 부딪히게 된다. 소비자를 만족시킬 수 있는 맛의 기준을 어디에 두어야 하는지를 아는 것이 불가능하기 때문이다. 또 실제로는 '저렴한 가격 대비 품질(학문적으로는 가치라고 표현)'

외식업체 선택속성

소비자는 자신이 가진 예산 범위 내에서 외식업체의 이용 여부, 외식업체의 종류와 시기, 메뉴 등을 고려하여 특정 외식업체를 선택한다. 이때 '소비자가 외식업체를 선택하기 위한 의사결정 과정에서 고려하는 모든 요소'를 외식업체의 선택속성이라고 한다.

때문에 해당 외식업체를 선택하고서는 소비자조사 응답에서 해당 음식점의 선택 이유를 '맛있어서'라고 표현하는 경우도 생각해볼 수 있다.

4) 핵심 선택속성에 집중

고객이 외식업체를 선택할 때 고려하는 속성은 한 가지 요인이 아니다. 소비자들은 보편적으로는 매우 다양한 요인을 고려하여 외식업체를 결정한다. 이러한 요인은 시대에 따라서 변화하고 있으며, 외식업체의 업태와 외식업체를 이용하는 상황에 따라서도 달라진다.

소비자는 외식업체를 선택하는 평가기준으로 맛, 영양, 청결, 직원의 친절 등의 속성을 이야기하지만, 개인마다 각 속성에 대한 중요도가 다를 수 있다. 미국 레스토랑협회는 표준설문에 기초한 조사를 통하여 체인 유형의 외식업체를 선택하는 속성으로 '서비스 질, 청결, 음식의 질, 서비스 시간, 메뉴의 다양성, 직원의 친절, 주위 환경, 편리한 입지, 가격에 맞는 가치'를 제시하였다.

선택속성에 관한 많은 연구를 시기별로 분류하여 검토해보면, 1980년대에는 '음식, 서비스, 메뉴, 장소 및 분위기, 가격, 위생, 청결' 등을 외식업체의 중요한 선택속성으로 제시하였다. 하지만 1990년대에 들어오면서 '음식의 양, 서비스 품질, 재미있는 분위기, 흡연석 유무, 음식의 서비스 시간, 다양한 메뉴, 음식의 견본 및 디스플레이 제공 여부, 메뉴, 주차의 편리성, 주문 배달 및 포장 서비스' 등 오락적 요소 및 다양한 속성이 추가로 언급되고 있다. 2000년대에 들어서는 고객 행동에 영향을 주는 프로모션과 관련된 '쿠폰이나 제휴카드' 등 추가적인 선택속성이 등장하였다. 지속적으로 증가하는 외식업체의 선택속성은 '가격, 장소(분위기, 편리한 위치, 건물의 외양), 촉진(시간대 할인, 제휴카드, 시식쿠폰), 제품(맛, 양, 영양, 다양성), 사람(직원의 신속함, 태도, 용모)' 등의 속성으로 정리되지만 고객의 외식업체 선택속성은 갈수록 복잡해지고 있다.

창업자·경영자·마케터는 소비자의 외식업체 선택속성을 이해하고 활용할 수 있어야 한다. 목표고객이 가장 중요하게 생각하는 요인이 무엇인지도 모른 채 마케팅을 한다면 성공할 수 있을까? 소비자의 본원적 욕구, 즉 니즈를 정확히 파악하지 못하면 소비자를 만족시키기 어렵다. 따라서 외식업체를 이용할 것으로 예상되는 고객의 선택속성을 파악

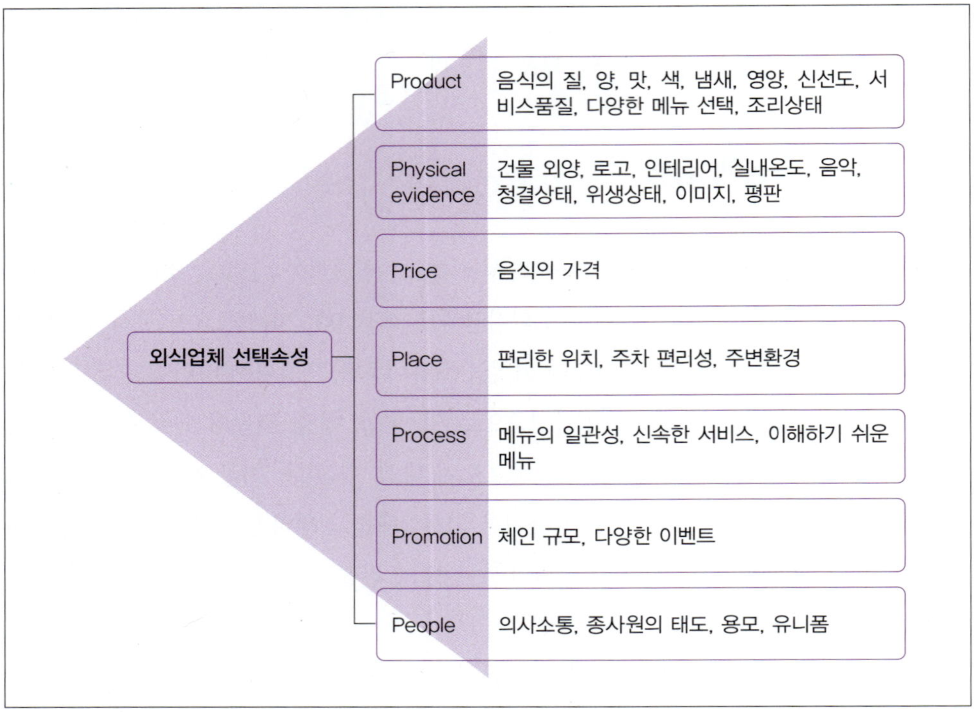

그림 1-16 외식업체의 선택속성

하는 것이 외식업체 마케팅을 위한 최우선 과제임을 명심해야 한다.

7 고객가치의 창조

맥도날드 형제로부터 '맥도날드'를 인수하여 프랜차이즈 기업으로 성공시킨 레이 크록(Ray Kroc)은 '품질, 서비스, 청결 그리고 가치 있는 음식'을 공식으로 만들고 가족고객을 위한 가치를 창조하였다. 그는 저가격의 가치를 선호하였으며 Q(Quality, 품질), S(Service, 서비스), C(Cleanness, 청결 및 위생)와 V(Value, 가치)를 성공의 공식으로 생각하였다. 맥도날드의 사례에서 가치는 낮은 가격과 연결된다. 그러나 가치가 항상 낮은 가격만을 의미하는 것은 아니다.

한편으로 외식업체 경영자들은 객관적인 가치보다는 가치 인식에 더 집중하기도 한다. 가치 인식에 집중하기 위해서는 먼저 고객 마음속에 있는 '가치' 또는 '매우 높은 가치' 또는 '적정한 가치' 등의 정의를 이해해야 한다. 경영자가 생각하는 가치와 고객이 생각하는 가치 사이에 차이가 있기 때문이다. 예를 들어, 소비자는 전통적으로 제품이나 서비스 품질이 매력적이고 가격이 합리적이라고 생각할 때, 더 큰 가치를 느낀다. 그러나 생각했던 가격보다 실제 가격이 높은 경우 인식하는 가치가 감소되는 경향이 있다. 따라서 소비자가 기대하는 것보다 더 나은 최상의 조합을 만들기 위해서는 품질, 서비스 그리고 가격 등의 요소를 잘 다루어야 한다. 결국 외식업체 경영자는 소비자가 "내가 지불한 돈만큼의 가치를 얻었다."라고 느끼기를 원한다. 실제로 시장에서 소비자는 그렇게 느꼈을 때만 해당 외식업체를 재방문하게 된다. 그리고 소비자는 가치가 있다고 느낀 외식업체를 다른 사람에게 알리려고 노력한다.

소비자는 지불하는 가격에 따라 제품의 품질과 서비스를 판단하는 경향이 있다. 일반적으로 소비자가 가격이 적절하다고 판단할 때 최상의 결과가 나온다. 그러나 거시적 관점에서 지역사회의 수많은 외식업체 중 한 곳에 더 많은 소비자가 방문하게 만들고 높은 가치를 인식하게 하려면, 다른 외식업체가 제공하지 않는 유형 또는 무형의 차별화된 효익을 제공해야 한다. 예를 들어, 어떤 소비자는 외식업체의 독특한 분위기를 보고 해당 업체를 방문하고, 어떤 소비자는 발레파킹이 편리하거나 또는 영업시간이 길다는 이유로 해당 업체를 방문한다. 어떤 소비자는 메뉴판에 없는 메뉴를 기꺼이 준비해주는 외식업체 경영자의 의지에 매료되어 해당 업체에 방문하기도 한다. 외식업체가 소비자를 끌어들이고자 하는 노력은 쉽게 드러나며, 소비자는 그것을 누리기 위하여 기꺼이 금액을 지불한다.

한편 소비자가 이러한 가치 요소를 고려하여 가격을 지불한다는 것을 알더라도, 외식업체 경영자가 소비자의 필요와 욕구를 정확하게 파악하지 못하면, 정확한 가격을 설정하는 것은 불가능하다. 예를 들어 외식업체 경영자가 단골고객과 대화를 나눈 결과, 대부분의 고객이 가격보다 시간을 더 귀중하게 생각하고 있다는 것을 알게 되었다고 가정하자.

이 경우 특별한 룸은 대기시간을 줄일 수 있는 프리미엄 옵션을 추가해서 대기시간을 줄이려는 고객에게 판매하는 방법을 강구할 수 있다.

일반적인 형태의 음식점은 아니지만, 세계적으로 '숨은(Hidden) 레스토랑'이 증가하고 있다. 일명 '닫은(Closed) 레스토랑', '사적(Private) 레스토랑'이라고 부르는 특별한 공간에서 예약 또는 초청 형식으로 운영되는데, 숨은 레스토랑의 또 다른 매력은 비밀스런 곳에서 이색적인 공간을 체험하며 메뉴를 디테일하게 설명해주는 셰프와 친밀하게 소통하는 것으로 높은 가치를 느끼게 한다.

가치를 창조하기 위한 또 다른 방법도 있다. 아무도 갖지 못한 것을 제공하는 것이다. 즉 다른 외식업체에서는 경험할 수 없는 새로운 가치를 제공하면 된다. 그러한 노력의 일환으로 가장 많이 활용되는 효과적인 기술 중 하나는 오래된 제품을 새롭게 바꾸는 것이다. 전국에 체인망을 갖춘 맥도날드의 차별성은 청결과 일관된 제품이다. 이러한 맥도날드와 구별되기 위하여 버거킹은 직화방식을 이용한다는 차별성을 강조함으로써 고객들에게 가치를 증대시키고 있다(그림 1-18). 웬디스의 경우에는 냉동제품이 아닌 신선한 햄버거를 제공하거나 의자가 붙어 있지 않는 편안한 테이블을 설치하는 것, 그리고 다른 몇 가지 특징으로 성인들에게 더 많은 가치를 제공하는 차별성을 부각시키고 있다. 이러한

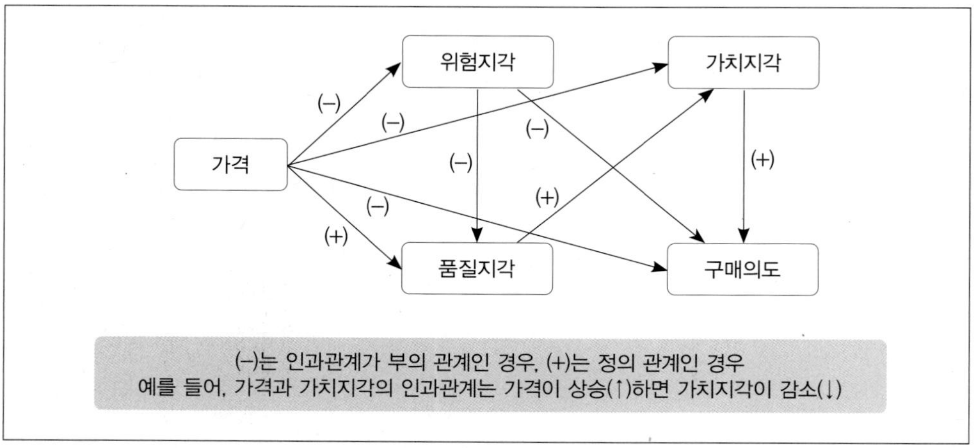

그림 1-17 가치모형

자료: 김영갑(2008). 가격수준, 소비자지각 및 구매의도 간의 구조적 관계: 외식메뉴를 중심으로.

방식을 통하여 패스트푸드 업체들은 각자의 차별화를 이루고 경쟁적 우위를 얻고자 노력한다.

소비자에게 외식업체의 직원이 제공하는 서비스는 가치를 구성하는 매우 중요한 요인 중 하나이다. 또한 그것은 외식업체를 차별화시킬 수 있는 매우 중요한 영역이기도 하다. 만약 외식업체가 서비스를 잘하고 그것을 지속적으로 유지할 수 있다면, 차별화뿐만 아니라 소비자들로부터 찬사를 받게 될 것이다. 그렇기에 성공적인 마케팅을 위해서는 외식업체 조직 내의 서비스문화를 새롭게 창조해야만 한다. 그 문화는 서빙과 고객만족에 초점이 맞추어져야 한다. 모든 직원이 문화를 기꺼이 받아들여야 하고, 고객만족을 위해 노력한 직원에게는 보상을 해야 한다.

그림 1-18 버거킹의 차별화 마케팅

자료: 버거킹 홈페이지

무엇보다도 특별하고 지속적인 가치를 소비자에게 제공하기 위해 외식업체의 경영자는 '마케팅 콘셉트'를 명확하게 수립해야 한다. 이러한 콘셉트는 다음과 같이 3가지로 구성된다.

- 기업의 모든 직원은 소비자 중심적이어야 한다. 외식업체는 서비스를 판매하는 곳이다. 음식은 편의점이나 할인마트에서도 판매하고 있기 때문이다.

차별화의 개념

차별화는 독특함을 추구하는 과정이다. 그것은 상당한 노력이 요구되며, 고객에게 가치를 제공함으로써 경쟁자보다 더 우월한 위치를 점하게 도와준다.

더 알아보기

가치지각

가치지각(perceived value, 가치 인식)이란 외식업체가 제공하는 제품이나 서비스의 품질지각과 정비례 관계에 있다. 그러나 고객이 외식업체에 지불하는 가격과는 반비례 관계를 갖는다. 이를 공식으로 표현하면 다음과 같다.

가치지각 = 품질지각 ÷ 가격

가치지각을 높이려면 품질지각을 높이거나 아니면 가격을 낮추는 노력이 필요하다. 저가격전략을 쓰는 경우가 아니라면, 결국 가치지각을 높이기 위해서는 품질지각을 높이는 전략만이 유효하다.

- 마케팅은 조직에서 통합적으로 수행되어야 한다. 모든 사람은 마케팅과 소비자 중심적인 사항을 기꺼이 받아들여야 한다.
- 경영자는 기업의 목표를 수립해야 한다. 성공한 기업의 경영자들은 '원가관리, 이익, 그리고 고객을 유치하고 유지하는 것'이 모두 동일하게 중요하다고 하였다. 외식업체의 경영자는 고객가치를 감소시켜 일시적으로 이익을 증대시키는 의사결정을 할 수 있지만, 결과적으로 그러한 의사결정은 고객과 이익을 지속적으로 감소시키는 결과를 초래한다. 따라서 외식업체의 경영자는 목표를 명확히 설정하고 이를 집중적으로 관리하려고 노력해야 한다.

고객가치가 창조될 때, 외식업체는 그것을 얻기 위해 지불한 비용보다 더 많은 고객과 이익을 얻는다. 이러한 이익은 지나치게 공을 들이거나 값비싼 비용을 치러야만 얻는 것

마케팅 콘셉트

마케팅 콘셉트는 고객 중심사고, 그리고 조직과 기업목표를 결합한 통합적 마케팅으로 구성된다.

이 결코 아니다. 구운 고기에 특별한 소스를 첨가하여 스페셜 메뉴를 만든 후, 2,000원 정도를 더 받는 것처럼 아주 간단한 노력만으로도 이익은 증가할 수 있다. 또 500원의 원가를 들여 5,000원에 판매할 수 있는 특별한 디저트를 만드는 것 역시 이에 포함된다. 원가를 절감하면서 고객의 가치를 감소시키지 않는 서비스전달시스템을 개발할 수도 있다.

좋은 마케팅은 결코 비용이 많이 들지 않는다. 좋은 마케팅이란 '관심과 집중, 그리고 열정'이라는 투자로 만들어진다. 다만 이를 위해서는 많은 시간이 필요할지도 모른다. 그럼에도 외식업체 경영자라면 제대로 된 마케팅의 세계를 경험해보아야 한다.

학습 요약

1 마케팅이란 "조직의 목표를 수립하고 이를 달성하기 위한 활동을 계획, 실행, 통제하는 관리과정"을 의미하며, 중심 철학은 생산 중심(production concept), 제품 중심(product concept), 판매 중심(selling concept), 마케팅 중심(marketing concept), 관계지향 중심, 사회적 마케팅 중심(societal marketing concept)으로 발전되어 왔다.

2 마케팅을 가능하게 만드는 힘의 원천은 인간의 욕구이다. 이러한 욕구는 본원적 욕구(needs), 구체적 욕구(wants), 수요(demands)로 구분할 수 있는데, 본원적 욕구는 인간의 최저수준의 욕구로서 생리적·본능적 욕구를 의미한다. 구체적 욕구는 본원적 욕구가 좀 더 체계화되어 나타나는 구체화된 욕구를 의미한다. 수요는 구체적 욕구에 구매력이 추가된 욕구에 해당한다.

3 외식업체의 마케팅은 '고객을 잘 알고 이해하여 제품과 서비스를 그들에게 맞춤으로써 저절로 판매되게 만드는 활동'이라고 정리할 수 있다. 따라서 마케팅을 하려면 소비자를 이해한 후 목표고객을 정하는 과정, 목표고객이 원하는 제품과 서비스를 생산하는 과정, 생산된 제품과 서비스를 고객들이 구매한 후 만족하게 만드는 과정을 순차적으로 할 수 있는 능력을 갖추어야 한다.

4 외식업체에서 마케팅이 필요한 이유는 이것이 수익성 확보를 위한 필수 활동이기 때문이다. 즉, 외식업체는 목표고객을 이해하고, 그들을 설득하기 위한 다양한 마케팅 믹스를 창출해야 비로소 수익을 확보할 수 있다.

5 외식업체가 반드시 갖추어야 하는 본질적 요인은 메뉴 자체가 가지는 속성에서 찾아야 한다. 이와 같은 요인에 해당되는 '음식의 맛, 가격, 스타일링, 다양성, 특별한 메뉴, 양, 조리법, 영양가' 등은 소비자의 본원적 욕구인 니즈에 부합해야 한다. 메뉴와 관련된 외식업체의 속성 외에 소비자가 외식업체를 선택할 때 고려하는 환경적 요인이 있다. 대표적인 환경적 요인으로는 '외식업체의 이미지, 분위기, 광고와 홍보, 인적 서비스, 위치, 트렌드' 등이 있다. 과거에는 소비자가 외식업체를 선택할 때 본질적 요인에 더 많은 관심을 가졌다면, 경제가 발전할수록 소비자들이 환경적 요인에 더 많은 관심을 기울이고 있다.

6 소비자는 자신이 가진 예산 범위 내에서 외식업체의 이용 여부, 외식업체의 종류와 시기, 메뉴 등을 고려하여 특정 외식업체를 선택한다. 이때 "소비자가 외식업체를 선택하기 위한 의사결정 과정에서 고려하는 모든 요소"를 '외식업체의 선택속성'이라고 한다. 소비자의 외식업체 선택속성을 이해하는 것은 마케터에게 가장 중요한 과제이다. 마케팅의 대상인 외식업체를 주로 이용할 것으로 예상하는 목표고객이 어떤 요인을 가장 중요하게 생각하는지 모른 채 마케팅을 한다면 성공할 수 있을까? 소비자의 본원적 욕구를 정확히 파악하지 못한다면 결코 소비자를 만족시킬 수 없다. 해당 외식업체를 이용할 것으로 예상되는 고객의 선택속성을 파악하는 것이야말로 외식업체 마케팅을 위한 최우선 과제이다.

7 유형적인 제품이나 상품의 마케팅 목표를 달성하기 위하여 이용할 수 있는 수단의 묶음을 '마케팅 믹스'라고 하는 것처럼, 서비스가 핵심을 이루는 외식업체의 서비스 마케팅 목표(매출액 증대, 이윤 증대, 고객만족도 제고 등)를 달성하기 위하여 이용할 수 있는 수단의 묶음을 '서비스 마케팅 믹스'라고 한다. 마케팅 믹스는 통상 4P(Product, Price, Place, Promotion)로 정의되지만, 서비스 마케팅 믹스는 서비스 재화의 특성상 여기에 3P(Process, Physical Evidence, People)를 더해 확장된 서비스 마케팅 믹스(7P)로 구분한다.

8 가치지각이란 외식업체가 제공하는 제품이나 서비스의 품질지각과 정비례한다. 그러나 고객이 외식업체에 지불하는 가격과는 반비례 관계에 있다. 이를 공식으로 표현하면 다음과 같다.

가치지각 = 품질지각 ÷ 가격

가치지각을 높이려면 품질지각을 높이거나 가격을 낮추는 노력이 필요하다. 저가격전략을 쓰는 경우가 아니라면, 결국 가치지각을 높이기 위해서는 품질지각을 높이는 전략만이 유효하다.

토의문제

1 마케팅에 대한 다양한 정의를 조사해보고, 각각의 정의가 의미하는 바를 정리해보자.

2 마케팅의 정의에서 교환은 매우 중요한 의미를 갖는다. 교환이 발생하려면 소비자가 얻는 혜택이 지불하는 비용보다 커야 한다. 이때 혜택과 비용에는 다양한 유형이 있는데, 그 내용을 정리하고 사례를 들어 설명해보자.

3 마케팅의 관점은 시대의 발전에 따라 계속해서 진화·발전하고 있다. 시대적 상황과 마케팅 관점의 핵심, 그러한 변화의 원인 등을 상세히 조사하고 향후 진화될 마케팅 개념에 대하여 생각해보자.

4 만약 본인이 외식업체의 경영자라면 현재 판매하고 있는 메뉴 중 한 가지를 선정하여 이를 차별화함으로써 매우 독특하게 만들 수 있는 방법을 직원들과 상의해보자. 만약 아직 창업을 하지 않은 예비창업자라면 자주 가는 단골 음식점에서 좋아하는 메뉴를 좀 더 차별화된 메뉴로 만드는 아이디어를 제공해보자.

5 요즘 뜨는 상권에서 소비자들로부터 핫플레이스로 인정받고 있는 음식점이나 카페가 가치를 높이기 위해 메뉴, 공간, 분위기, 서비스, 스타일 등을 어떻게 제공하고 있는지 조사하고 분석해보자.

2장

외식사업 마케팅 프로세스

학습목표

- 전략적 마케팅 체계의 필요성과 중요성을 설명한다.
- 전략적 마케팅 프로세스를 설명한다.
- 마케팅 환경분석을 위한 PEST분석, 3C분석, SWOT분석방법을 설명한다.
- STP전략 수립을 위한 시장세분화, 목표시장 선정, 포지셔닝 방법을 설명한다.
- 마케팅 믹스 변수인 7가지 전략수단을 외식업체 포지션에 부합되도록 일관성 있게 조정하고 통합하는 방법을 설명한다.
- 고객관계관리(CRM)와 마케팅성과평가(MPA)의 필요성과 중요성을 설명한다.

1 전략적 마케팅 체계

마케팅활동은 지속적으로 변화를 거듭하는 시장환경에서 다양한 주체, 즉 소비자와 경쟁기업 간의 상호작용으로 이루어진다. 다양하면서도 지속적으로 변화하는 소비자의 욕구와 취향, 새로운 경쟁자, 제품의 출현, 사회문화적 또는 인구통계학적 변화 속에서 외식업체는 신제품 개발, 시장과 소비자군 개발 같은 활동을 혁신적으로 수행해야 한다.

전략적 마케팅은 계속해서 변화하는 마케팅환경에서 소비자의 욕구와 필요를 발견하고 시장환경에 적극적으로 대응하여 기회를 포착하는 과정이다. 이를 통해 위협에 대비할 수 있는 마케팅계획을 수립하고 효과적·효율적으로 실행해야 한다. 결과적으로 전략적 마케팅을 위한 전략체계를 알아야 한다. 마케팅전략 수립은 내적·외적 환경분석부터 구체적인 마케팅 믹스전략을 수립하기까지의 전략적 체계를 의미하며, 구체적인 절차는 다음과 같다(그림 2-1).

전략적 마케팅

환경분석을 통하여 자사가 가장 강력한 경쟁력을 확보할 수 있는 제품이나 서비스시장을 결정한 후, 그 시장을 세분화하여 표적시장을 결정하고 포지셔닝하며 제품, 가격, 유통, 촉진, 프로세스, 물리적 증거, 사람 등 마케팅 믹스 요소를 관리하는 과정과 활동을 말한다.

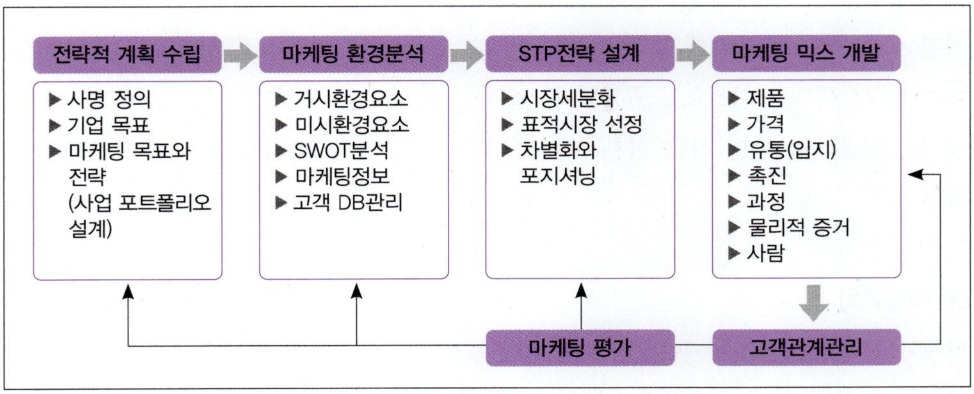

그림 2-1 마케팅전략 체계

2 전략적 계획 수립

1) 경영이념 수립

경영이념 수립은 마케팅의 출발점이다. 외식업체가 추구하는 목표와 목적이 무엇이든, 그것을 달성하기 위해서는 비전과 미션, 핵심가치로 구성된 경영이념이 필요하다. 경영이념은 외식업체 직원의 동기를 유발하는 최상위의 행동강령이다. 경영이념의 중요성과 필요성을 구체적으로 정리하면 다음과 같다. 경영이념에 대한 좀 더 자세한 내용은 '3장 전략적 계획 수립'에서 다루기로 한다.

(1) 미션

미션(mission)은 기업의 존재가치를 제시하는 내용이다. 소비자에게 궁극적으로 제공하려는 것을 규정함으로써 정의할 수 있다. 예를 들면, 스타벅스는 "인간의 정신에 영감을 불어넣고 더욱 풍요롭게 한다. 이를 위해 한 분의 고객, 한 잔의 음료, 우리의 이웃에 정성을 다한다."는 사명과 인재상을 바탕으로 국내 최고의 커피 브랜드로 성장하였다(그림 2-2).

(2) 비전

비전(vision)은 직원들에게 영감을 주는 기업의 최상위 목표이다. 경영자가 기업을 경영하는 가장 큰 목적은 비전으로 규정되어야 한다. 예를 들면, '성심당'은 "모든 이가 다 좋게 여기는 일을 하십시요."라는 비전(그림 2-3)을 가지고 국내 최고의 베이커리 브랜드로 성장하였다.

(3) 핵심가치

핵심가치(core value)는 기업의 모든 직원이 행복하게 일하기 위해 준수해야 할 행동수칙과 같다. 맥도날드 형제로부터 브랜드를 인수한 레이 크록은 'QSC&V'라는 기업정신이자 핵심가치를 지속적으로 강조하고 실천하여, 맥도날드를 세계적인 외식기업으로 성장시켰다(그림 2-4).

핵심가치는 조직원이 행복하게 일할 수 있는 행동수칙이며, 기업의 조직문화를 만드는 데도 기여한다. 이는 인간관계에서 발생할 수 있는 문제 해결의 지침이 되어 조직원뿐만 아니라 고객과의 장기적 관계관리에도 큰 영향을 미친다.

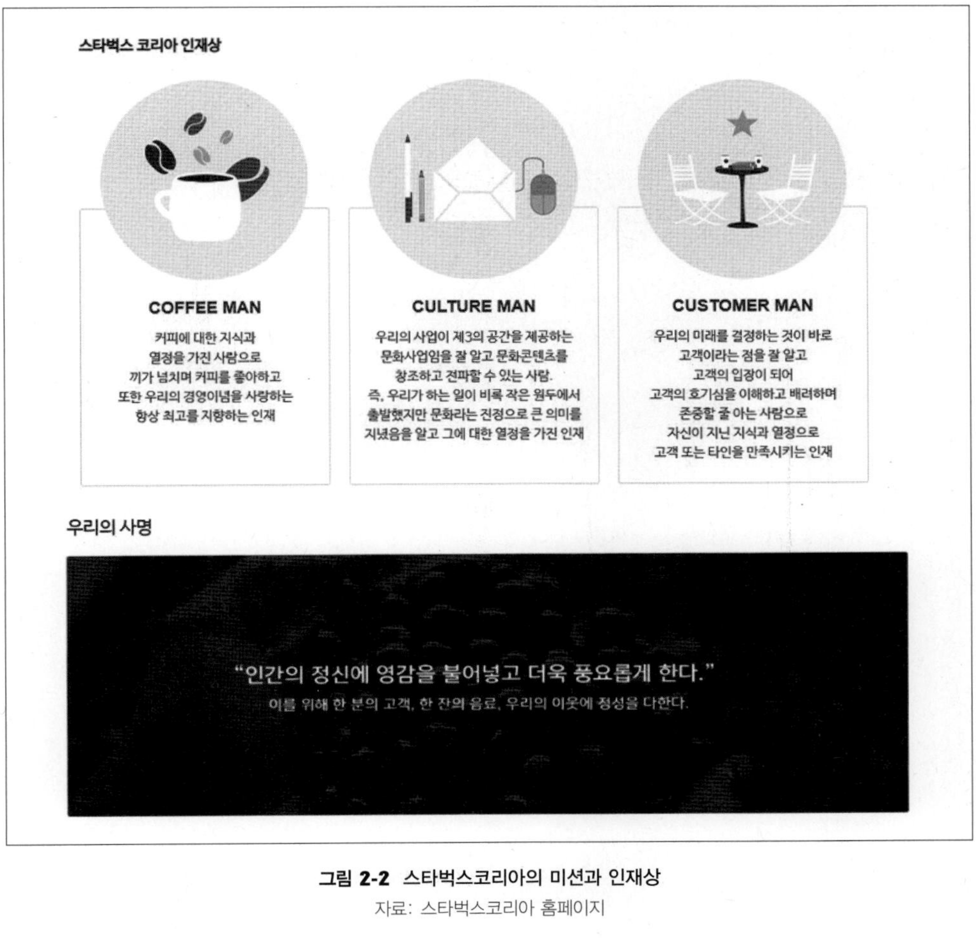

그림 2-2 스타벅스코리아의 미션과 인재상
자료: 스타벅스코리아 홈페이지

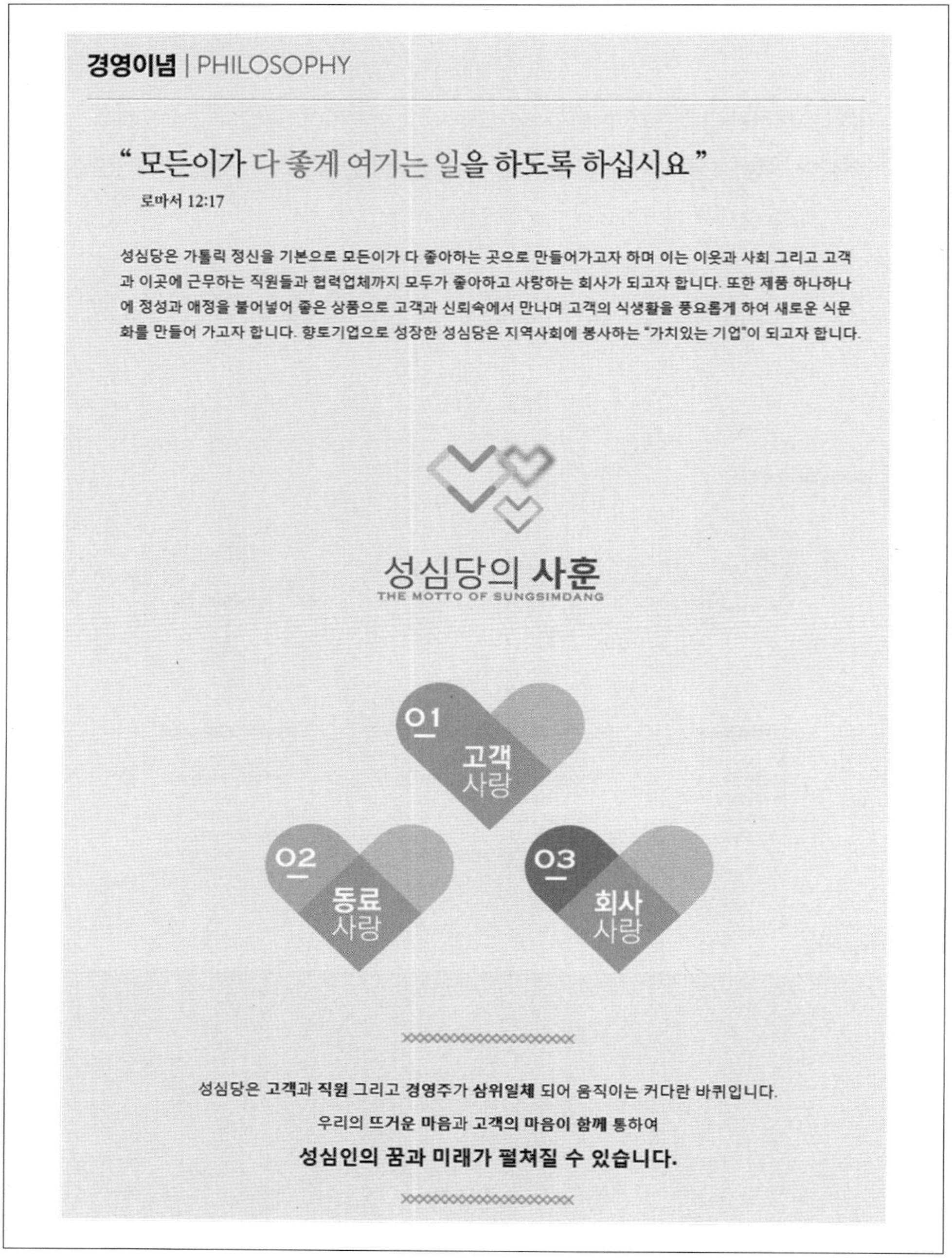

그림 2-3 성심당의 경영이념

자료: 성심당 홈페이지

맥도날드의 약속

맥도날드의 약속 QSC&V(품질, 서비스, 청결, 가치)

"만약 내가 QSC&V(Quality, Service, Cleanliness and Value: 고객에게 최고 품질의 청결한 음식과 친절한 서비스를 제공하고자 하는 맥도날드의 기업 정신)를 언급할 때마다 벽돌을 한 개씩 쌓아 다리를 만들었다면, 대서양도 가로지를 수 있었을 것입니다."

-레이 크록

레이 크록은 맥도날드가 햄버거 비즈니스를 어느 누구보다 진지하게 받아들이고 있다고 항상 이야기하는 완벽주의자였습니다. 그는 맥도날드를 처음 시작할 때부터 고객에게 깨끗한 레스토랑에서 친절한 서비스와 함께 저렴한 가격의 품질 높은 식사를 제공할 것이라고 약속하였습니다. 레이 크록은 이러한 맥도날드의 기업 정신을 QSC&V(Quality, Service, Cleanliness and Value)라고 불렀고, 이는 지금까지도 맥도날드의 핵심 가치로 남아 있습니다.

Quality 품질

품질은 최고의 재료, 엄격한 조리 방법 그리고 안전이 검증된 준비 방법, 뛰어난 맛을 지닌 제품을 말합니다. 맥도날드의 목표는 고객에게 최적의 가격으로 뛰어난 품질의 제품을 제공하는 것입니다.

우리는 맥도날드의 엄격한 품질 기준에 따른 고품질의 음식을 제공합니다. 맥도날드는 품질을 최우선시하여 품질 관리 시스템을 구축하였습니다.

Service 서비스

빠르고 친절한 서비스는 맥도날드의 성공에 기반이 되어 왔습니다. 우리의 목표는 고객의 기대를 훨씬 뛰어 넘는 서비스를 제공하는 것입니다. 레스토랑의 크루들이 고객의 입장에서 생각하도록 교육하고, 그에 맞는 책임감과 권한을 부여합니다.

특히, 매장에서 고객의 주문이 들어옴과 동시에 주문한 음식을 만들기 시작해 고객들에게 더욱 신선하고 따뜻한 제품을 제공할 수 있도록 하는 주방 시스템인 '메이드 포 유(Made For You)'를 통해 더욱 빠르고 편리한 서비스를 제공하고 있습니다.

맥도날드의 서비스는 음식을 제공하는데 그치는 것이 아니라 고객의 행복과 즐거움이 되도록 노력하는 것입니다.

Cleanliness 청결

청결은 레이 크록이 처음 맥도날드 레스토랑을 연 순간부터 지켜 오는 맥도날드의 중요한 철학 입니다. 이는 매장의 주방, 로비부터 화장실, 주차장에 이르기까지 가장 깨끗하고 상쾌한 공간과 시설을 제공하는 것을 말합니다.

패티 등을 가공하는 협력사인 맥키에서는 매일 모든 기자재를 분해, 세척하고 작은 나사 하나까지도 깨끗하게 완전 건조시키는 작업을 하며 청결함을 유지하도록 노력합니다. 매장에서는 매 30분마다 크루들이 손을 씻도록 하고 있으며, 시간별로 철저히 위생 상태를 체크하는 것은 물론, 조리시 장갑 등 위생 용품을 식재료에 따라 다르게 사용하는 등 세심한 부분까지 철저하고 체계적인 시스템을 갖추고 있습니다.

청결에 대한 맥도날드의 뚜렷한 철학은 맥도날드가 전 세계적으로 QSR (Quick Service Restaurant) 업계의 선두 주자로 자리매김하는데 가장 중요한 역할을 하였습니다.

Value 가치

맥도날드의 가치는 고품질의 음식, 친절한 직원의 응대, 깨끗한 환경 그리고 빠르고 정확한 서비스 등 고객이 맥도날드에서 접하게 되는 모든 경험을 말합니다.

맥도날드는 최상의 서비스를 제공하여 고객들이 맥도날드를 방문할 때마다 즐거운 경험을 할 수 있도록 고객의 만족이 100%가 될 때까지 지속적으로 노력합니다. 맥도날드는 음식 이상의 가치를 고객에게 전달하고자 합니다.

그림 2-4 맥도날드의 핵심가치

자료: 맥도날드 홈페이지

2) 마케팅목표와 전략

기업은 자체의 목표와 전략을 가지고 있다. 마케팅전략은 이러한 기업의 목표와 전략에 부합되도록 일관성 있게 수립되어야 한다. 마케팅목표는 기업의 전략을 실행하기 위한 도구이며 마케팅전략은 마케팅목표를 달성하기 위한 수단이라고 할 수 있다. 마케팅목표는 기업의 목표 및 전략과 일관성을 유지하면서 측정 가능한 형태로 수립됨과 동시에 달성 가능한 수준을 충분히 고려하여 너무 낮거나 너무 높지 않게 설정되어야 한다.

3 마케팅 환경분석

1) 환경분석

환경분석에는 다양한 방법과 대상이 존재한다. 예를 들면 PEST분석, 3C분석, SWOT분석 등이 그것이다. 마케팅 상황분석에 해당되는 환경분석은 기업의 기존 전략을 변경하거나 새롭게 진입할 시장을 결정하기 위해 실시한다. 모든 변화의 시작은 환경을 구성하고 있는 다양한 요소의 변화에서 시작된다. 환경분석이라는 절차를 통해 어떤 사건이 우리 주변에서 일어나고 있으며, 향후 어떤 일이 발생할지를 예측하는 것은 기업의 생존과 밀접

기업의 환경요인

- **거시환경** 거시환경은 사회구성원 모두에게 광범위한 영향을 미치는 요인으로 인구통계적 변수, 경제적 환경, 정치적 환경, 사회문화적 환경, 법률적 환경, 기술적 환경 등이 있다.
- **과업환경** 외식업체의 이해관계자 즉 고객, 공급자, 유통업자, 경쟁자, 대중, 채권자, 노동조합, 정부, 주주 등이 해당된다.
- **내부환경** 외식업체 내에 있으면서 마케팅 프로그램에 영향을 미치는 요인들을 말한다. 생산부서, 연구개발부서, 재무부서, 회계부서 등의 활동은 모두 외식업체의 이익에 영향을 미치는 내부환경에 해당된다.

한 관계가 있다. 따라서 불확실성이 매우 높은 기업환경의 예측은 기업 위험관리의 핵심적인 요소임에 틀림없다. 예를 들면 쇠고기 사업을 하려는데 광우병 파동이 이슈가 되고 있다거나, 치킨과 관련된 사업을 하려는데 조류독감(AI)이 확산된다면 영업에 피해를 입을 수 있기 때문에, 사전에 반드시 PEST분석을 해야 한다.

기업의 환경은 미시적 환경과 거시적 환경으로 나눌 수 있다. 미시적 환경에는 자사와 공급업자, 고객 등이 있으며 거시적 환경에는 경쟁업체, 인구통계, 경제적 환경, 기술적 환경, 정치적 환경, 사회문화적 환경, 법률적 환경, 자연적 환경 등이 있다.

기업은 거시적 분석을 위하여 PEST분석을, 미시적 분석을 위하여 3C분석을 주로 한다. PEST분석과 3C분석을 통해 도출된 내용은 기업 내부의 강점과 약점, 기업 외부의 기회와 위협요인으로 구분하여 전략을 수립하는 SWOT분석에 활용된다.

2) 기회와 위협, 강점과 약점

외식업체가 직면하는 외부환경의 기회와 위협요인, 그리고 내부의 강점과 약점을 분석하는 이유는 다음과 같다.

- 첫째, 기회요인을 적절히 활용하는 방안을 찾고 위협요인에 대한 대책을 사전에 강구하기 위해서이다.
- 둘째, 외식업체의 강점을 최대로 활용하고 약점을 보완하는 효과적이고 효율적인 기업활동을 전개하기 위함이다. 외식업체는 기회요인과 강점요인을 결합하여 우호적 환경을 적극 활용하는 공격적 전략을 수립할 수도 있고, 위협요인과 약점요인을 결합한 방어적 전략을 세울 수도 있다.

4 STP전략 설계

1) 소비자분석과 시장세분화

마케팅전략은 시장을 세분화한 후 표적시장을 결정하고 그 표적시장 내에서 외식업체나 외식업체의 주요 메뉴를 어떻게 포지셔닝할 것인가에 대한 계획을 의미한다.

마케팅전략의 첫 번째 단계는 시장세분화(segmentation)이다. 기업이 모든 시장에서 모든 소비자를 대상으로 사업을 하는 것은 현재와 같이 치열한 시장환경에서는 거의 불가능하다. 가장 효과적이고 효율적인 마케팅전략은 장점과 기회를 가장 잘 활용할 수 있는 시장을 선택하여 집중 공략하는 것이다. 기업의 최우선 과제는 소비자의 욕구와 선호를 추적하고 이에 대응하기 위한 노력이지만 매우 다양한 소비자의 개인적 욕구를 모두 충족시키는 것은 비용과 관리 면에서 많은 어려움이 따르는 일이다. 기업은 욕구와 선호도가 유사한 소비자를 집단화하여 집단별로 공통된 욕구와 취향을 충족시키고자 하는데, 소비자를 공통된 욕구와 선호도를 갖는 집단으로 나누는 과정을 시장세분화라고 한다.

2) 목표시장 선정

마케팅전략의 두 번째 단계인 표적시장의 결정은 세분화된 시장 중에서 시장의 크기, 성장률, 수익성 등 매력도가 가장 높은 시장을 대상으로 목표시장을 선정(targeting)하는 과정이다. 기업은 한정된 자원을 가장 효과적·효율적으로 사용하기 위하여 시장을 세분화한다. 이렇게 세분화된 시장에서 기업은 자원과 능력, 시장환경을 고려할 때 가장 공략하기 쉬운 소비자집단을 찾게 된다. 자신의 강점을 최대한 발휘할 수 있으면서도 시장의 매력도가 높은 세분시장을 선택하는 것인데, 이러한 선택행위를 '목표시장' 또는 '표적시장의 선정'이라고 한다.

외식업체는 주기적으로 다양한 세분시장을 평가하고 표적시장을 조정함으로써 경쟁력을 강화하고 시장점유율을 높이기 위해 노력한다.

3) 포지셔닝

다음으로는 목표시장에 대한 포지셔닝(positioning)이 필요하다. 마케팅 STP전략의 마지막 단계에 해당되는 포지셔닝은 일반적으로 마케팅에서 가장 이해하기 힘든 개념이다. 포지셔닝을 정확히 이해하기 위해서는 우선 포지션과 포지셔닝이란 단어 자체의 뜻을 정확하게 이해해야 한다. 포지션(position)이란 위치를 정적인 상태로 표현하는 것으로 자사와 경쟁사의 제품이나 서비스 간에 어느 정도의 차이가 존재하는지를 단면적으로 나타내는 것이다. 포지셔닝은 동적인 개념으로 목표시장인 고객의 마음과 머릿속에 자사의 제품이나 서비스가 경쟁사보다 유리한 위치에 자리 잡게 만드는 점진적이고 동적인 과정을 의미한다. 이러한 포지셔닝은 경쟁사의 제품과 차별화된 위상을 구축하기 위한 것이다. 이때 차별화된 위상은 제품에 대한 지각, 인지, 느낌, 태도, 이미지 등이 혼합되어 구축된다. 차별화는 물리적 특성, 서비스, 직원, 입지, 이미지 등을 이용하여 만든다.

5 마케팅 프로그램 개발

마케팅 프로그램 개발이란 마케팅 믹스 변수에 대한 구체적인 계획을 의미한다. 마케팅 믹스는 목표시장의 욕구와 선호를 효과적으로 충족시켜주기 위하여 기업이 제공하는 마케팅수단의 핵심요소이다. 유형적인 제품이나 상품의 마케팅 목표를 달성하기 위해 이용할 수 있는 수단의 묶음을 마케팅 믹스라고 하는 것처럼, 서비스가 핵심을 이루는 외식업체의 서비스 마케팅 목표(매출액 증대, 이윤 증대, 소비자만족도 제고 등)를 달성하기 위해 이용할 수 있는 수단의 묶음을 서비스 마케팅 믹스라고 한다.

마케팅 믹스는 통상 4P(Product, Price, Place, Promotion)라고 칭하지만, 서비스 마케팅 믹스는 서비스 재화의 특성에 따라 4P에 3P(Process, Physical Evidence, People)를 더해 확장된 서비스 마케팅 믹스(7P)로 구분한다. 따라서 외식업체는 이러한 7가지 전략

수단을 이용하여 사전에 설정한 포지션에 부합하도록 일관성 있게 조정하고 통합하는 전략을 수행해야 한다(그림 2-5).

종종 외식업체 경영자들이 마케팅과 광고를 동일한 개념으로 이해하는 경우가 있다. 그러나 광고는 마케팅 믹스의 한 부문에 속하는 하나의 촉진에 불과하다. 상황에 따라서는 광고를 사용하지 않을 수도 있다. 예를 들어, 일부 외식업체 경영자가 고객의 가치 창조를 위한 마케팅 믹스의 다른 요소들로 충분히 성과를 낼 수 있다면, 광고를 하지 않을 것이다. 특히, 수년간 비즈니스를 수행하면서 긍정적인 구전효과를 보아 광고가 필요하지 않을 수 있다. 한편 소규모 외식업체의 경우에는 광고를 집행할 만한 여력이 없어 광고를 하지 못하기도 한다. 따라서 외식업체 경영자는 마케팅으로부터 얻는 효익을 극대화하기 위하여 마케팅 믹스의 모든 요소를 이해하고 활용할 필요가 있다.

메뉴를 구성하는 식재료가 다양한 것처럼, 외식업체 경영자는 마케팅계획을 수립하기 위한 7P를 어떻게 활용할지를 결정해야 한다. 마케팅 믹스는 각각 별개인 것처럼 인식되지만 실제로는 매우 밀접한 관계를 가지고 있다. 예를 들면, 패스트푸드 레스토랑을 성공시키기 위한 마케팅 믹스와 패밀리 레스토랑이나 업스케일 레스토랑 또는 파인다이닝을 성공시키기 위한 마케팅 믹스 간에는 확연한 차이가 난다.

미국의 '찰리 브라운의 스테이크와 랍스터'라는 외식업체는 1965년 처음 문을 열면서 독창적인 일곱 가지 마케팅 콘셉트를 주창하였다. 그것은 ① 요리하는 장면 공개, ② 가스등, ③ 짧은 스커트와 푸시업 브라를 입은 여종원업, ④ 물이 보이는 풍경, ⑤ 미국산 프라임 스테이크, ⑥ 특별한 주류 서비스와 유리 식기류, ⑦ 샌프란시스코에서 매일 공수해

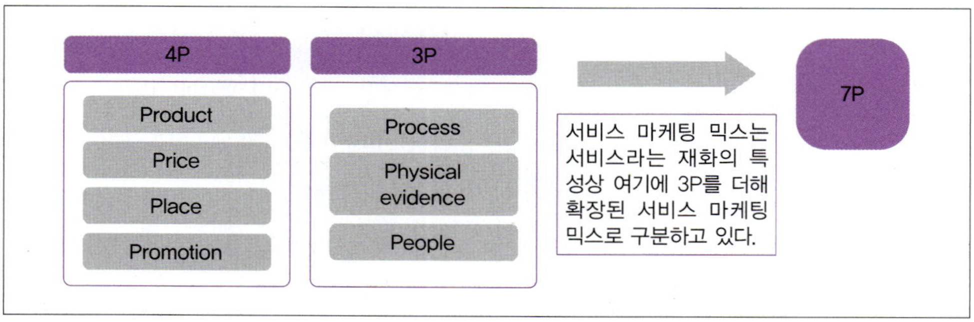

그림 2-5 외식사업 마케팅 믹스

오는 발효빵 등이었다. 이에 경쟁업체에서는 7가지 콘셉트 중 '물이 보이는 풍경'을 제외한 6가지를 어렵지 않게 카피했지만, 그렇게 하기까지는 몇 년의 시간이 소요되었다.

일본의 유명한 외식업체 경영자 나카지마 다케시는 교토의 '유즈야 여관'을 리뉴얼하면서 유자를 테마로 한 마케팅전략을 펼쳤다. 그는 냄비요리 마지막에 내놓는 잡탕죽에 관해 고민하다가, 죽에 유자를 넣고 소금으로 간을 하면 개운한 맛이 일품이라는 것을 생각해냈다. 그는 잡탕죽을 명물로 내세우고자 '유즈야 여관'에서 유자잡탕죽, 냄비요리와 유자전골을 선보였다. 유자는 유명한 '미즈오 유자'를 공급받았다. 그의 유자를 테마로 한 마케팅전략은 크게 성공했다.

이와 같이 경쟁자들이 쉽게 따라 할 수 없는 차별성 내지 독창성을 갖는 것은 결국 외식업체의 마케팅 믹스 개발과 직접적인 연관이 있다. 이어서 외식업체를 위한 마케팅 믹스를 하나씩 살펴보기로 한다.

1) 제품

마케팅 믹스에서 제품(Product)이란 고객을 위한 가치를 창출할 수 있는 모든 서비스 수행 요소를 말한다. 서비스 상품은 눈에 보이지 않기 때문에 이를 소비자에게 가시적으로 보여주는 것이 대단히 중요하다. 즉, 무형의 서비스를 유형화하는 노력이 필요하다. 철저한 품질관리와 고객만족을 통한 브랜드 이미지 제고로 소비자에게 서비스 상품 구매에 따른 불안감을 줄여주어야 하고, 서비스 품질보증제도 등의 도입을 통해 서비스 품질을 가시적으로 확인시켜주는 등의 다양한 유형화 노력이 필요하다.

2) 가격

가격(Price)은 서비스를 구매하고 소비하는 소비자가 지불하는 돈, 시간, 기타 노력 등을 통칭한다. 물론 이러한 정의는 매우 넓은 의미이고, 좁게 보면 상품이나 서비스를 구매하기 위하여 지불하는 화폐의 양을 의미하기도 한다.

유형재의 경우에는 가격이라는 비교적 통일된 명칭이 사용되지만, 무형성이 강한 서비스의 경우에는 다양한 명칭(요금, 입장료, 등록금, 이자, 진료비 등)이 사용된다. 서비스는 원가요소를 객관적으로 정확히 산정할 수 없는 경우가 많기 때문에, 가격 결정 메커니즘이 매우 주관적이고 어렵다. 따라서 외식업체를 포함한 서비스 산업에서의 가격 결정 메커니즘과 이러한 메커니즘에 따른 소비자의 가격 인식에 대한 심리적 요인들이 매우 중요한 가격전략으로 이용된다.

3) 상권

서비스는 보관하거나 저장이 불가능하기 때문에 서비스를 전달할 수 있는 상권(Place)은 장소 내지 입지(location), 소비자의 접근 범위를 포함하는 매우 중요한 요소이다. 대형 쇼핑센터와 백화점은 서비스를 제공받는 소비자가 접근하기 편리한 곳에 위치하고 있지만, 소상공인 점포에는 여러 가지 제약조건이 있어 상권환경이 매우 중요한 변수가 된다. 외식업체 마케팅 믹스에서 상권은 마케팅 범위를 의미하는 것으로, 마케팅 믹스 요소 중에서 가장 핵심이라고 할 수 있다.

4) 촉진

촉진(Promotion)이란 외식업체가 소비자에게 특정 서비스와 제품을 알리고 선호도를 높이기 위해 실행하는 모든 커뮤니케이션 활동을 말한다. 외식업체는 서비스의 무형성을 전제로 사업이 이루어지기 때문에 서비스를 직접적으로 보여줄 수 없고 서비스를 소비함으로서 얻게 되는 혜택이나 결과를 강조하는 촉진활동을 하게 된다. 또한 물리적 차별화가 어렵기 때문에 심리적 차별화를 통한 포지셔닝 활동을 전개하기도 한다.

5) 프로세스

서비스는 여러 가지 과정으로 생산되고 소비자에게 전달된다. 따라서 서비스의 효율성을 높이고 고객만족을 증대시키기 위한 서비스 생산 및 전달 시스템의 설계, 즉 프로세스

(Process)가 대단히 중요하다. 외식업체 비즈니스의 경우 소비자가 생산과정에 직접 참여하기 때문에 적정한 서비스 전달 단계의 수와 소비자의 참여수준을 결정하는 것이 대단히 중요한 과제이다. 또한 소비자가 서비스 품질을 느끼게 되는 서비스 접점관리(service encounter)가 강조된다.

6) 물리적 증거

외식업체의 서비스는 눈에 보이지 않으므로, 외식업체는 물리적인 근거를 통해 서비스 기업과 그 기업이 제공하는 서비스의 품질을 소비자에게 전하고자 한다. 물리적 증거(Physical evidence)란 실내 온도, 조명, 소음, 색상 등과 같은 주변적 요소(ambient elements)와 서비스 매장의 공간적 배치와 기능성, 표지판, 상징물과 조형물 등을 포함한다. 이러한 물리적 증거는 소비자와 직원들의 인지적·정서적·심리적 반응을 불러일으키며 결과적으로 외적 행동에 영향을 미치게 된다.

7) 사람

외식업체의 서비스는 직원, 즉 사람(People)의 행위를 통해 소비자에게 전달되므로 직원은 서비스의 생산자이자 전달자가 된다. 성공적인 외식업체에서 이들에 대한 교육훈련을 끊임없이 강조하는 것 역시 인적 자원에 대한 중요성을 인지하기 때문이다. 최근에는 많은 외식업체가 서비스 품질을 일정하게 유지하고 생산성을 증대시키기 위해 자동화된 설비로 사람의 역할을 대체하고 있지만, 이러한 노력이 고객만족이라는 목표와 충돌을 일으키지 않는지 면밀하게 검토해야 한다.

6 고객관계관리

마케팅에서의 고객관계관리(Customer Relationship Management: CRM)는 기존고객 유지와 신규고객 유치비용의 차이로 인해 강조되고 있다. 가령, 외식업체가 신규고객을 유치하기 위한 마케팅비용을 100이라고 가정하면, 기존고객을 유지하기 위한 노력에는 20이 들어가므로 신규고객을 유치하는 것보다는 기존고객을 유지하기 위한 노력이 훨씬 효율적이라는 결론에 도달하게 된다(그림 2-6).

이와 같은 고객관계관리는 가치 있는 고객과의 관계를 개발하고 이들과의 관계를 지속적으로 관리하여 장기적인 관계를 이끌어냄으로써 외식업체와 고객이 모두 만족할 수 있는 체계를 구축하기 위한 총체적 활동으로 정의할 수 있다. 따라서 고객관계관리는 고객가치 및 장기 지향적이며 상호 윈-윈 할 수 있는 관계를 추구해야 한다는 관점에서 고객데이터베이스 구축, 지속적 의사소통, 내부 프로세스의 통합 등을 필요로 한다. 무엇보다 파레토법칙(20:80법칙)에 따라 수익성이 있는 고객을 발견하고, 선택한 고객에 대한 서비스 품질관리 및 사후관리를 한다는 점에서 〈그림 2-7〉과 같이 광의의 CRM부터 협의의 CRM까지 선택적으로 활용해야 한다.

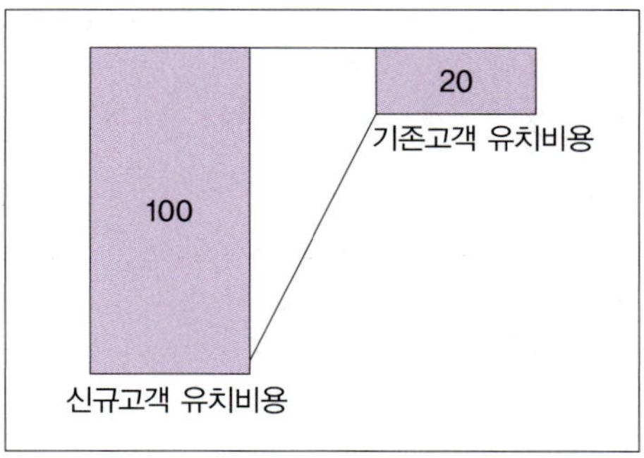

그림 2-6 고객관계관리

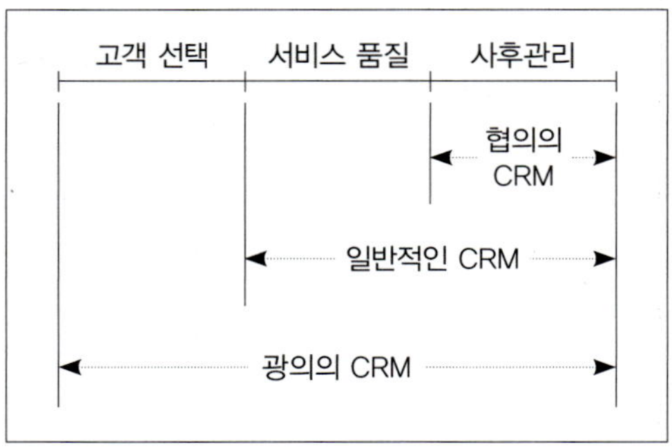

그림 2-7 고객관계관리의 범위

7 마케팅 성과평가

마케팅 성과평가(Marketing Performance Assessment: MPA)는 마케팅활동의 결과를 효과성(effectiveness) 및 효율성(efficiency) 측면에서 평가하는 활동이다. 현장에서 많은 비용을 들여 마케팅을 시행한 후, 해당 마케팅이 얼마나 효과가 있었는지를 검증하는 과정은 필수이다. 즉, 외식사업에서 마케팅의 중요성이 커지고 이와 관련된 비용이 지속적으로 증가하면서 마케팅 성과를 체계적으로 관리하고 평가해야 한다는 목소리가 커지고 있다. 그럼에도 대부분의 외식업체는 여전히 마케팅활동을 열심히 하고 나서 결과는 막연하게 추측하는 경우가 많다. 특히 소규모 사업자일수록 이러한 현상이 더 많이 발생한다.

무분별한 마케팅으로 많은 비용을 지불하다 보면, 제품 판매로 아무리 많은 이익을 내더라도 적자를 면하기 힘들 수 있다. 예를 들어 100만 원의 비용을 지불하고 마케팅을 한 후, 매출액이 100만 원 증가했다고 가정해보자. 마케팅을 통해 기업이 얻은 이익을 매출액의 20%로 가정하면, 기업은 마케팅으로 이익을 보기는커녕 오히려 80만 원의 손해를 본 셈이 된다. 우리 주변에 이 같은 적자형 마케팅이 얼마나 많이 일어나는지 안다면 마케팅이란 이름의 위험을 쉽게 발견할 수 있을 것이다.

마케팅은 단순한 판매활동이 아니다. 경영자의 수명보다 긴 시간 동안 기업이 유지되도록 만드는 활동이다. 그러기 위해서는 기업의 목표인 경영이념이 필요하고, 소비자가 무엇을 원하는지 미리 알고 그런 제품과 서비스를 만들어서 판매해야 한다. 그후에도 고객이 평생 재방문하게끔 그들을 만족시켜야 하며, 지속적인 사후관리를 해야 한다. 모든 활동은 고객과 경영자만을 위한 것이 아닌, 사회 전체를 위한 것이어야 한다. 이러한 모든 노력이 마케팅임을 잊지 않는다면, 기업은 그들이 원하는 순간까지 고객과 함께할 수 있다.

학습 요약

1 전략적 마케팅은 계속해서 변화하는 마케팅환경 속에서 소비자의 욕구와 필요를 발견하고 시장환경에 적극적으로 대응하여 기회를 포착하는 과정이다. 또한 이때 위협에 대비할 수 있는 마케팅계획을 수립하고 이를 효과적·효율적으로 실행하는 것이 필요하다. 결과적으로 전략적 마케팅을 효과적으로 수행하기 위해서는 이에 필요한 전략체계가 요구된다.

2 전략적 마케팅 프로세스는 환경분석을 통하여 자사가 가장 강력한 경쟁력을 확보할 수 있는 제품이나 서비스 시장을 결정한 후, 그 시장을 세분화하여 표적시장을 결정하고 포지셔닝하며 제품, 가격, 유통, 촉진, 프로세스, 물리적 증거, 사람 등 마케팅 믹스 요소를 관리하는 과정이다.

3 마케팅 환경분석은 기업의 기존 전략을 변경하거나 새롭게 진입할 시장을 결정하기 위하여 실시한다. 기업의 환경은 미시적 환경과 거시적 환경으로 나누어볼 수 있다. 미시적 환경에는 자사와 공급업자, 고객 등이 있으며 거시적 환경에는 경쟁업체, 인구통계, 경제적 환경, 기술적 환경, 정치적 환경, 사회문화적 환경, 법률적 환경, 자연적 환경 등이 있다.

기업은 거시적 분석을 위하여 PEST분석을, 미시적 분석을 위하여 3C분석을 주로 이용하며, 이렇게 분석된 내용을 기업 내부의 강점과 약점, 기업외부의 기회와 위협요인으로 구분하여 전략을 수립하는 SWOT분석에 활용한다.

4 STP전략이란 시장을 세분화한 후 표적시장을 결정하고, 그 표적시장 내에서 외식업체나 외식업체의 주요 메뉴를 어떻게 포지셔닝할 것인가에 대한 계획을 의미한다. STP전략의 첫 번째 단계인 시장세분화는 전체 소비자를 공통된 욕구와 선호도를 갖는 소비자 집단으로 나누는 것이다. 두 번째 단계인 표적시장 결정은 세분화된 시장 중에서 시장의 크기, 성장률, 수익성 등 매력도가 가장 높은 시장을 대상으로 목표시장을 선정하는 과정이다. 마지막 단계인 포지셔닝(positioning)은 동적인 개념으로 목표시장인 고객의 마음과 머릿속에 자사의 제품이나 서비스가 경쟁사보다 유리한 위치에 자리 잡게 만드는 점진적이고 동적인 과정을 의미한다.

5 마케팅 프로그램 개발이란 마케팅 믹스 변수에 대한 구체적인 계획을 의미한다. 마케팅 믹스는 목표시장의 욕구와 선호를 효과적으로 충족시키기 위해 기업이 제공하는 마케팅수단의 핵심요소이다. 유형적인 제품이나 상품의 마케팅 목표를 달성하기 위하여 이용할 수 있는 수단의 묶음을 마케팅 믹스라고 하는 것처럼, 서비스가 핵심을 이루는 외식업체의 서비스 마케팅 목표(매출액 증대, 이윤 증대, 소비자만족도 제고 등)를 달성하기 위하여 이용할 수 있는 수단의 묶음을 서비스 마케팅 믹스라고 한다. 마케팅 믹스는 통상 4P(Product, Price, Place, Promotion)라고 칭하지만 서비스 마케팅 믹스는 서비스 재화의 특성상 여기에 3P(Process, Physical Evidence, People)를 더하여 확장된 서비스 마케팅 믹스(7P)로 구분한다. 따라서 외식업체는 이러한 7가지 전략수단을 이용하여 사전에 설정한 포지션에 부합되도록 일관성 있게 조정하고 통합하는 전략을 수행하게 된다.

6 고객관계관리(Customer Relationship Management: CRM)란 가치 있는 고객과의 관계를 개발하고 이들의 관계를 지속적으로 관리하여 장기적인 관계를 이끌어냄으로써 외식업체와 고객이 모두 만족할 수 있는 체계를 구축하기 위한 총체적 활동을 의미한다. 신규고객을 유치하는 데 마케팅비용이 100이 소요되는 것에 비해, 기존고객을 유지하는 데는 20의 비용만 들어가므로 신규고객을 유치하기보다는 기존고객을 유지하기 위해 노력해야 한다.

7 마케팅 성과평가(Marketing Performance Assessment: MPA)란 마케팅활동의 결과를 효과성(effectiveness) 및 효율성(efficiency) 측면에서 평가하는 활동이다. 외식사업에서 마케팅의 중요성이 커지고 이와 관련된 비용 또한 지속적으로 증가하면서 마케팅 성과를 체계적으로 관리하고 평가해야 할 필요성이 커지고 있다.

토의문제

1 마케팅을 실행하기 위한 과정을 정리한 후, 자신의 개인적인 삶을 마케팅 대상으로 가정하고 개인 마케팅전략 체계를 수립해보자.

2 마케팅을 시작하기 위해서는 경영철학과 같은 전략적 계획 수립 단계가 필요하다. 국내 및 국외 외식업체 또는 프랜차이즈 기업을 대상으로 전략적 계획 수립 현황을 조사하고 비교·평가해보자.

3 박인정·김영갑(2015)의 《외식프랜차이즈 기업의 경영이념에 관한 연구: 한국, 미국, 일본 간의 비교를 중심으로》를 읽은 후 경영이념(경영철학)이 마케팅에 미치는 의미와 필요성 및 중요성 등을 정리하고, 국내 프랜차이즈 기업이 성장하기 위해서는 경영이념 등에 대한 투자를 어떤 방식으로 해야 할지 제시해보자.

3장

전략적 계획 수립

학습목표

- 전략적 계획 수립의 정의와 중요성을 설명한다.
- 경영이념의 정의와 체계를 설명한다.
- 전략의 개념 및 필요성과 외식업체가 전략 수립을 위해 사전에 파악해야 하는 산업의 매력도를 설명한다.
- 마이클 포터의 본원적 전략을 통해 외식업체의 경쟁우위요인을 파악하고, 이를 기초로 하여 전략 수립방법을 설명한다.
- 외식업체가 전략적 측면에서 정보기술을 활용해야 하는 이유를 설명한다.
- 지속적인 성장을 위한 성장전략을 수립하고 실행하는 방법을 설명한다.
- 외식업체를 위한 서비스전략 프로세스와 내용을 설명한다.

1 마케팅을 위한 전략적 계획 수립

1) 전략적 계획 수립의 정의

마케팅을 위한 전략적 계획 수립(planning)이란 장기적 마케팅 목표 달성을 위해 '언제 어디서 어떤 일을 왜 할 것인가'를 결정하는 과정을 의미한다. 즉, 미래에 예견되는 다양한 기회를 분석·평가·선택하는 과정을 통해 마케팅 목표를 달성할 수 있는 행동계획을 체계적으로 개발하는 것이다.

2) 전략적 계획 수립의 중요성

마케팅을 위해 수립된 계획은 조직 전체뿐만 아니라 조직을 구성하는 각 단위의 부서, 최종적으로 각 부서 조직원(혹은 개인)에 대한 가이드라인이 된다. 조직에서 전략적 마케팅 계획을 수립할 경우에는 다음과 같은 이점이 있다.

- 첫째, 조직원 전체의 마케팅에 대한 집중도를 높일 수 있다.
- 둘째, 조직의 유연성이 향상된다.
- 셋째, 조직 구성원의 행동지침이 된다.
- 넷째, 조직 부서 간 업무 조정을 돕는다.
- 다섯째, 시간관리가 철저하게 이루어진다.
- 여섯째, 모든 활동의 평가 및 통제의 근거가 된다.

2 마케팅을 위한 조직의 방향 설정

외식업체는 조직의 방향성을 설정하기 위하여 경영이념을 수립해야 한다. 경영이념은 전사적 차원에서 조직목표 달성을 위해 모든 조직원이 나아가야 할 방향을 설정하는 과정이므로 마케팅에 국한된 내용은 아니다. 그럼에도 경영이념은 마케팅활동이 조직의 목표를 달성하기 위하여 '언제 어디서 어떤 일을 왜 할 것인가'를 결정하는 데 필요한 초석이 되어주기 때문에 마케팅활동의 시작이라고 할 수 있다.

1) 경영이념의 정의

전략적 계획 수립은 마케팅활동의 첫 번째 단계이다. 마케팅에서의 전략적 계획은 마케팅의 목적과 목표를 규명하고 목표를 달성할 수 있도록 모든 과정에 대한 세부적인 내용을 정리하고 통합·조정하는 포괄적인 활동이라는 점에서 경영이념을 따르게 된다.

경영이념(management philosophy)이란 경영자가 기업을 영위하는 데 지침이 되는 기본적인 의식·경영신조·경영철학을 의미한다. 기업이 사회에 존재하는 이유를 밝히고 경영활동이 향하는 바를 규정하는 기업의 신조를 경영이념이라 한다. 특히 경영이념은 기업의 신조인 동시에 경영자의 신조이기도 하다. 또한 이를 달성하기 위해 어떤 활동을 해야 하는지에 대한 구체적이고 현실적인 지침이므로 사훈(社訓)이라고도 한다.

일반적으로 경영이념은 장기간 변하지 않는 것이 특징이지만 기업의 발전단계에 따라 변화한다. '세계 최고의 신속한 레스토랑'이 되겠다는 경영철학으로 성장하던 맥도날드의 경우, 1990년대 중반부터 경영상의 어려움에 처하면서 2003년 초에 '고객이 선호하는 장소이면서 식사방식이 되는 것'으로 기업의 사명을 변경하였다. 과거에는 '편리하고 좋은 품질의 음식을 저렴한 가격에 제공'하면 고객이 만족했지만, 지금은 '보다 신선하고 맛있는 음식과 현대적인 분위기를 제공'해야 고객이 만족하기 때문이다.

맥도날드를 포함하여 오랜 기간 지속적으로 발전하며 생존하는 외식기업들은 명확한 경영이념 아래 모든 조직원이 일심동체로 움직인다. 이어서 치폴레의 사례를 살펴보자.

〈그림 3-1〉에 나타난 것처럼 치폴레는 "정직한 식재료를 이용, 건강한 음식을 제공한다"는 경영이념을 바탕으로 음식의 품질을 일반 패스트푸드점과 차별화하려고 노력하고 있다. 치폴레는 자신의 경영이념을 현실화하기 위해 2000년부터는 돼지를, 2002년부터는 닭을 방목하여 이것들로 음식을 만들기 시작했으며, 2004년부터는 트랜스지방이 들어가지 않은 오일을 조리과정에 사용한 것으로 유명하다.

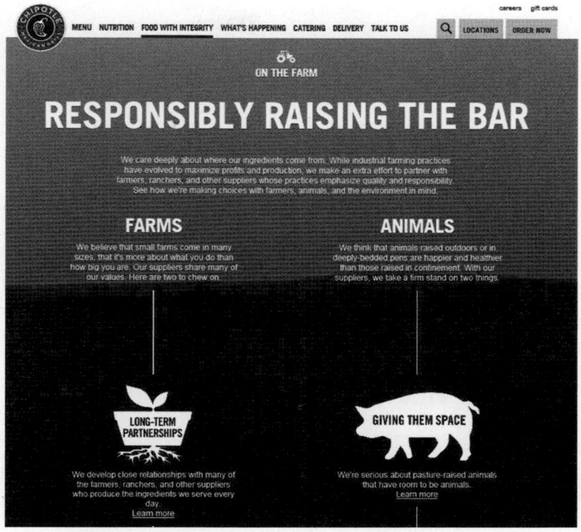

그림 3-1 정직한 음식을 추구하는 치폴레의 경영이념
자료: 치폴레 홈페이지

2) 경영이념 체계와 개발

(1) 경영이념 수립 및 워크숍을 통한 개발

경영이념에 포함되어야 할 각 요소를 수립하기 위한 프로세스는 크게 창업 초창기에 경영자 중심으로 운영될 때와 어느 정도 조직의 틀을 갖춘 상황으로 나누어 이해할 수 있다. 전자의 경우 경영자 또는 창업자의 이념이 많이 반영될 수밖에 없다. 그러나 조직이 어느 정도 구축되고 안정화된 단계라면 창업 초기에 수립한 경영자 중심의 경영이념은 조직에 갓 합류한 직원의 공감을 얻지 못할 수 있다. 따라서 이런 경우에는 기업의 문화와 자사 조직에 대한 이해가 충분한 중간관리자 이상의 직원과 면담 혹은 워크숍 등을 통해 경영이념을 공유하는 것이 바람직하다. 이러한 방식은 중간관리자를 통해 하위조직이 좀 더 빠르고 안정적으로 경영이념을 공유하고 인지하게 만들 수 있다는 장점이 있다.

워크숍을 통해 경영이념을 수립하는 프로세스는 〈그림 3-2〉와 같다.

(2) 경영이념의 수립, 질문법을 활용한 개발

워크숍을 통해 경영이념을 개발하기 어려운 상황이라면 근본적으로 다음과 같은 내용을

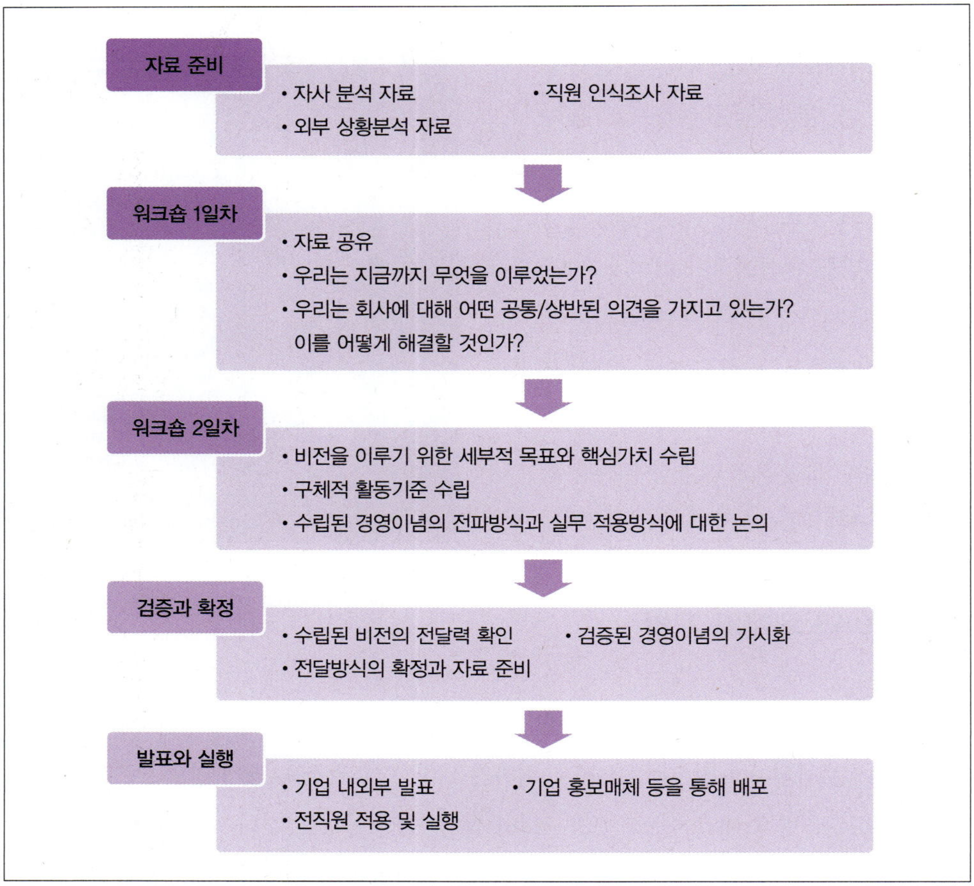

그림 3-2 경영이념 개발 워크숍 진행 절차

자료: 자크 호로비츠(2008). 기적의 비전 워크숍. 내용을 근거로 수정·보완.

토대로 하여 중간관리자급 이상의 직원과의 논의를 통해 진행할 수도 있다.

① 미션과 비전

워크숍에서 논의할 수 있는 미션과 비전에 관한 내용은 다음과 같다.

미션

- 우리 기업과 조직의 존재 이유는 무엇인가?
- 우리가 하는 사업은 일반적으로 어떻게 정의할 수 있는가?
- 우리는 일반적인 사업의 정의가 아닌 우리만의 사업을 어떻게 정의할 것인가?

비전

- 우리는 어떤 사업을 하고자 하는가? 우리의 경쟁 상대는 누구인가?
- 우리만의 차별점은 무엇인가?

본 내용은 3C분석에 의하여 기본 의제(agenda)를 도출한 후, 여기에 창의적 논의를 통해 우리만의 차별화된 경쟁력을 도출해야 한다. '우리는 음식을 푸짐하고 맛있게 제공하는 음식점이 된다.'라는 내용을 도출하는 것과 '우리는 3년 내에 젊은 직장인에게 어머니가 만들어주시는 집밥 같은 음식을 제공하여 동종업계 인지도 1위의 한식 전문 브랜드로 자리 잡는다.'라고 도출하는 것은 지향점이 다를 수밖에 없다. 이러한 차별화를 통해 기업이 이루고자 하는 모습을 보여주는 것이 바로 비전이다.

② 핵심가치

우리가 중요하게 생각하는 의사결정의 핵심적인 가치는 무엇인가? 핵심가치를 도출하는 또 하나의 방법은 '우리 조직의 롤모델이 될 만한 직원은 누구이며 어떻게 그 사람을 묘사할 수 있을까?'에 대한 의견을 모아보는 것이다. 세계적 경영석학인 짐 콜린스는 《성공하는 기업의 8가지 습관》에서 "기업 가치관은 경영진의 뜻대로 만들어낸 단어 중에서 골라내는 것이 아니라 구성원 사이에 존재하는 내용 안에서 발견하는 것이다."라고 말한 바 있다. 즉, 핵심가치는 조직 구성원에게 암묵적으로 형성되어 온 가치일 가능성이 매우 높다. 예를 들어 신속한 서비스를 필요로 하는 커피 전문점에서 롤모델이 될 수 있는 직원은 '신속·정확하게 음료를 제조하는 직원'이다. 또한 업스케일 레스토랑에서 근무하는 모범적인 사원은 '메뉴와 와인, 고객 응대에 대한 전문성을 갖추고 세련되게 응대할 수 있는 직원'으로 다르게 정의할 수 있다.

3) 경영이념 체계와 개발 사례

(1) 복면옥

① 미션

서울특별시 잠실을 대표하는 공경과 치유의 한식 특성화 면요리집이다.

② 비전

복을 바라고, 복을 짓고, 복을 나누는 마음을 음식으로 짓고 나누는 과정을 오롯이 담아 이곳 잠실의 유래인 뽕잎 가루를 더한 메밀면으로 공경의 마음 가득한 상을 차린다.

③ 핵심가치

- 복면옥(福麵屋)은 한식 면요리집이다. 소비자들로부터 송리단길 맛집, 잠실 맛집, 송파구 맛집, 석촌동 맛집으로 사랑받기 위해 한땀한땀 만들어 가는 지역 대표 맛집이다.
- 복면옥(福麵屋)은 향토음식점이다. 점포가 위치한 상권, 잠실의 지역 향토성을 담은 '전립투 샤브샤브'와 '잠실 뽕잎 메밀국수'를 연구 개발한 후, 더 특별한 한식 면요리의 감성을 더하기 위해 '부각국수'를 추가하였다.
- 복면옥(福麵屋)은 전통과 현대를 조화롭게 담았다. 전통과 현대적인 스타일이 조화를 이루는 복(福)을 선사하는 공간을 만들기 위해 '민화 갤러리'를 설치하고 '정원' 등 다양하게 체험하며 행복한 순간을 사진으로 담을 수 있는 공간과 분위기를 연출하였다.
- 복면옥(福麵屋)은 고객에게 진심 담은 복(福)을 선사한다. 고급스런 한식 면요리로 오감을 만족시키는 '상차림'을 디자인하였으며 고객이 행복한 순간을 즐길 수 있도록 '바라고 짓고 나누는 마음'을 서비스에 담았다.

(2) 김영모과자점

① 미션

맛을 소중히, 사람을 소중히, 대를 잇는 명장家이다.

② **비전**

빵은 기록이다. 오늘은 어제가 되고 내일은 다시 오늘이 된다.

③ **핵심가치**

• 명장의 손: 명장은 손으로 말한다. 수천 가지의 레시피를 손에 익히고 단 0.1%의 오차도 허용하지 않는 장인정신으로 한 겹 한 겹 쌓여 더욱 단단해진 굳은살이다.

• 명장의 눈: 명장은 눈으로 말한다. 한 곳에 머무르지 않는 시선은 시대를 앞서는 트렌드를 만들고 멈추지 않는 노력은 변화를 이끌어간다. 날카로운 직관력과 판단력으로 대한민국 제과제빵의 변화를 주도 하는 그의 눈이다.

• 명장의 땀: 명장은 땀으로 말한다. 새로운 빵이 있는 곳이라면 어디든 어느 곳이든 마다하지 않고 머뭇거리지 않고 명장의 이름으로 걸어간 길 아무도 가지 않은 그 길에 명장의 땀과 열정이 고스란히 녹아 있다. 명장은 땀으로 길을 낸다.

• 명장의 주름: 명장은 주름으로 말한다. 반죽을 밀며 사랑과 감사를 전하고 빵을 구어내며 기다림을 익히고 먹는 이를 보며 겸허를 배우면서 빵이 만들어간 명장의 깊이를 새기면서 4대째 찾아오는 고객의 세월 그 시간만큼 깊어진 명장의 흔적 그리고 천년의 약속이다.

• 명장의 신념: 명장은 신념으로 말한다. 행복한 빵을 만들겠다는 소년은 행복한 나눔을 실천하는 명장이 되었다. 낮은 곳에는 따뜻한 온기를 나누고 더 높은 곳을 위해 인재를 키우며 천년 과자점을 꿈꾸는 가장 작은 빵에 담은 가장 큰 명장의 철학이다.

3 전략의 개념과 프로세스

1) 전략의 정의

전략의 어원은 그리스어의 'Strategia(將帥術)'이다. 전략은 초기에 '전쟁에서 적을 속이는 술책'이라는 뜻이었으나 시대가 발전하면서 '전쟁에서의 승리를 위해 전투를 계획·조직·지휘·통제하는 방법'으로 구체화되었다. 현대에 들어서면서 전략은 군사적 개념을 넘어 기업전략 등 비군사적 분야에도 응용되면서 '어떤 목적을 달성하기 위한 최적의 방법'으로 그 의미가 확장되었고, 이를 '경영전략'이라는 용어로 사용하고 있다.

서비스기업에서 전략이란 '사업자가 스스로 설정한 사업목적을 달성하기 위하여 경쟁업체를 능가하여 고객만족을 달성하는 최적의 방법'으로 정의된다. 좀 더 쉽게 설명하면 '경쟁업체보다 더 많은 고객이 지속적으로 방문하게 만드는 방법'이라고 할 수 있다.

> 전략의 핵심은 경쟁자와 어떤 활동을 다르게 수행할 것인가를 선택하는 것이다.
>
> – 마이클 포터

이와 같은 전략을 효과적이고 효율적으로 적용하기 위하여 외식업체는 〈그림 3-3〉과 같은 순서로 계획을 수립하고 실행해야 한다.

2) 외식산업 경쟁환경의 특징

외식업체를 위한 효과적인 전략을 수립하기 위해서는 제조업의 환경과는 다른 서비스 산

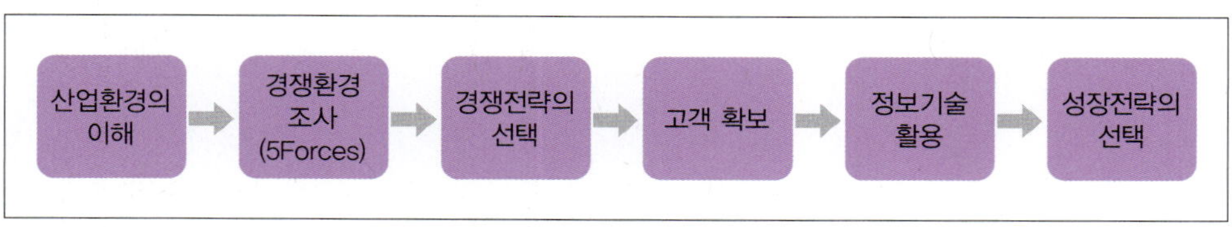

그림 3-3 외식업체를 위한 전략 수립 프로세스

업환경에 대한 이해가 필요하다. 외식업체와 같은 서비스업이 속해 있는 경쟁환경은 다음과 같이 정리할 수 있다.

(1) 상대적으로 낮은 진입장벽

외식산업은 제조업과 달리 '특별한 기술이 요구되지 않는다.'라는 잘못된 인식이 만연해 있다. 그래서 경쟁자가 쉽게 진입하는 경향이 있다. 외식산업 종사자들은 자신들의 진입장벽을 높일 수 있는 방법을 찾고자 하지만 특허와 같은 독점적 권리를 인정받지 못하거나, 보호받기 어렵다는 결정적 단점을 가지고 있다. 최근 상표 또는 비즈니스 모델을 이용하거나 특별한 상권 또는 입지적 조건을 이용하여 진입장벽을 높이려는 시도가 이루어지고 있기는 하다.

(2) 규모의 경제 추구 곤란

제조업의 경우 생산량이 늘어날수록 단위당 생산단가를 낮출 수 있는 규모의 경제효과가 생기지만, 외식산업의 경우에는 생산과 소비의 동시성으로 인해 대량생산이 어렵기 때문에 규모의 경제효과를 얻기가 힘들다. 이는 식재료 공급업자와의 협상에서 불리하게 작용한다. 즉, 대량구매의 어려움으로 인해 원가를 낮추는 데 한계가 생긴다. 이에 따라 최근에는 센트럴 키친(CK)을 활용하거나 제품 표준화(프랜차이즈화)시스템으로 이러한 단점을 극복하려는 노력을 많이 하고 있다.

(3) 어려운 수요 예측

외식업체는 시간, 날씨, 계절에 따라 수요 변화의 폭이 크다. 예약이나 대기관리 등을 통한 예측관리를 추진하고 있으나, 여전히 경영에 있어 가장 어려운 외부환경 중 하나이다.

(4) 과다한 대체상품 출현

외식업체에서 판매하는 음식은 정해진 식사시간과 식습관으로 인해 지속적으로 대체상품이 출현하고 있다. 기본적인 식재료는 동일하더라도 소스를 바꾼다거나 조리방식을 약간만 변형하면 새로운 대체품을 만들 수 있다.

(5) 낮은 고객 충성도

외식업체에서 판매하는 음식과 서비스는 차별성이 크지 않다. 즉, 고객의 충성도를 높이기 위한 방안이 매우 제한적이다. 차별화된 음식과 개인화된 서비스로 고객충성도를 높일 수는 있겠지만 가격이 상승할 위험이 있다. 또 반복 구매를 하며 싫증을 쉽게 느끼는 문제를 해결하는 데 한계가 있다.

(6) 내부직원 만족의 중요성

외식사업은 대표적인 서비스사업으로 서비스를 제공하는 직원의 만족이 고객만족에 미치는 영향이 크다. 따라서 고객을 만족시키기 위해서는 직원을 만족시켜야 하는 선결과제를 해결해야 한다. 그런데 외식사업은 직원을 만족시키기 위한 다양한 조건이 매우 취약한 산업이다. 낮은 가격과 높은 식재료비, 임대료 등으로 인해 직원에게 지불하는 인건비는 낮은 수준인 데 비해 직원의 근무시간은 긴 편이다. 이와 같은 열악한 환경에서 직원의 만족도 수준을 높이는 것은 사업의 성패에 영향을 미친다.

(7) 높은 퇴출장벽

외식업체를 한 번 창업하면 수익성이 목표치를 밑돌더라도 쉽게 포기할 수가 없다. 그렇기 때문에 수익성이 낮음에도 폐업을 선택하지 않고 장기간 사업을 유지하는 사업자가 많다. 이에 따라 진입장벽은 낮은데 퇴출장벽은 높다.

3) 경쟁과 전략의 이해

경쟁이 치열해지면서 전략이라는 개념이 대두되고 있다. 경쟁과 전략의 개념 사이에는 아래의 5가지 요소가 작용한다.

- 첫째, 외식업체 사이의 경쟁은 성공 또는 실패라는 결과값으로 나타난다.
- 둘째, 경쟁 전략은 경쟁우위를 통해 얻어지는 수익의 증대방법을 의미한다.
- 셋째, 경쟁전략을 수립하기 위해서는 산업의 매력도를 파악하고, 반드시 경쟁우위요소

를 가지고 있어야 한다.

- 넷째, 산업의 매력도와 경쟁우위요소는 산업환경에 따라 끊임없이 변화한다.
- 다섯째, 산업의 매력도 및 경쟁우위요소를 끊임없이 개선하고 유지하여 환경에 적합한 경쟁전략을 찾아야 한다.

외식사업을 시작하려는 창업자나 현재 경영을 하고 있는 기존사업자는 전략 수립을 위해 '산업의 매력도'와 '경쟁우위요소'를 신중하게 검토해야 한다.

4) 산업의 경쟁요인

마이클 포터(Michael E. Porter)는 "기업이 속한 환경, 즉 산업구조가 경쟁력을 결정한다."라고 주장하였다. 이와 같은 '기업환경론'의 핵심이슈는 "경영자의 능력만으로 사업에 성공할 수 없다"는 의미를 내포하고 있다. 즉 외식업체 경영자는 자기 사업체를 둘러싼 외식산업의 중요 환경요소를 잘 파악하고 이러한 요인들을 관리하면서 경쟁에서 이길 수 있는 방법을 강구해야 한다.

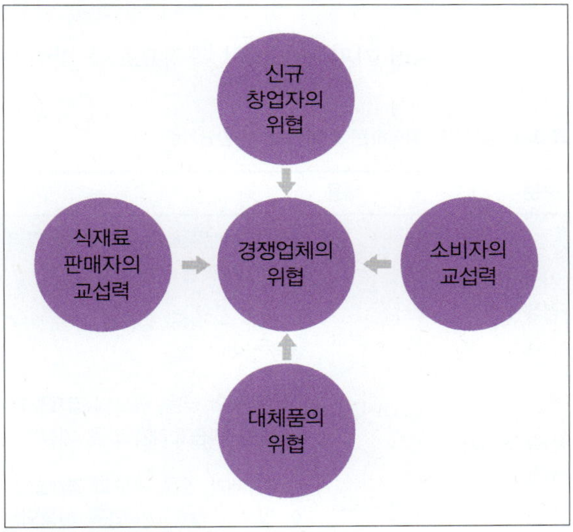

그림 3-4 외식산업의 경쟁력 결정요인

마이클 포터는 경쟁력을 결정하는 5가지 중요 결정요인(5 Forces)으로 "새로운 경쟁자의 진입, 공급자(식재료 판매자)의 교섭력, 구매자(외식소비자)의 교섭력, 대체품(유사한 음식점)의 위협, 기존 업체 간 경쟁"을 제시하고 있다(그림 3-4). 그리고 이러한 경쟁력 분석을 통해 "외식산업 내 경쟁강도, 수익성, 매력도" 등을 예측할 수 있다고 강조한다.

- **기존 기업 간의 경쟁** 외식산업 내에서의 경쟁 강도, 즉 해당기업과 직접적으로 경쟁관계

에 있는 외식업체들 사이의 경쟁 정도를 의미한다. 실제로 경쟁수준은 산업 성장률의 높고 낮음, 생산능력의 과잉 유무, 제품의 차별성, 제품 인지도 및 전환비용에 의해 차이를 보인다.

- **공급자 교섭력** 외식업체의 입장에서 공급자는 공급품의 가격을 인상하거나 인하하여 외식업체에 교섭력을 강화할 수 있다. 외식업체는 공급자 수, 공급자 전환비용, 원재료를 제공하는 기업으로 공급자 교섭력을 측정할 수 있다.
- **구매자 교섭력** 외식업체의 구매자란 소비자를 의미하며, 구매자의 수, 구매자 전환비용을 측정요소로 사용한다. 구매자의 수가 많을수록 외식업체 입장에서의 구매자 교섭력은 높아지고, 구매자 전환비용이 낮을수록 구매자 교섭력은 떨어진다.
- **신규 진입자의 위협** 신규 개업한 외식업체들의 위협을 의미하며 규모의 경제, 제품 차별화, 투자금액, 유통망과의 접근성, 경험 및 학습효과, 정부 정책 및 예상 보복 가능성 등 여러 가지 측면에서 측정요소를 찾아볼 수 있다. 예를 들어 규모의 경제효과, 음식의 차

표 3-1 경쟁력을 결정하는 5가지 요인의 판단기준

구분	내용	
기존 기업의 경쟁 강도	높음	경쟁자 수 많음, 성장률 낮음, 가격 변동이 쉬움, 과잉생산능력이 있음, 제품에 차별성이 없음, 철수장벽이 높음
	낮음	경쟁자 수 적음, 성장률 높음, 가격 변동이 어려움, 과잉생산능력이 없음, 제품에 차별성이 있음, 철수장벽이 낮음
신규 진입자의 위협	높음	진입장벽이 낮음, 규모의 경제효과가 없음, 원가우위 요소가 없음, 교체비용이 낮음, 상품 차별성이 없음, 학습효과가 없음, 예상되는 보복이 없음, 소자본으로 창업 가능
	낮음	정부규제가 있음, 규모의 경제효과가 있음, 원가우위 요소가 있음, 교체비용이 높음, 상품 차별성이 있음, 학습효과가 있음, 예상되는 보복이 있음, 소자본으로 창업 불가
대체품의 위협	높음	대체상품이 많음, 대체품의 가격이 저렴하고 가치가 높음
	낮음	대체상품이 없음, 대체품의 가격이 비싸고 가치가 낮음
구매자(외식소비자) 교섭력	높음	상품차별성 낮음, 교체비용이 낮음, 구매자 정보력이 높음, 가격민감도 높음
	낮음	상품차별성 높음, 교체비용이 높음, 구매자 정보력이 낮음, 가격민감도 낮음
공급자(식재료 납품업자) 교섭력	높음	비중이 낮음, 차별성이 높음, 교체 비용이 높음, 대체품이 없음, 제품의 중요도가 높음
	낮음	비중이 높음, 차별성이 낮음, 교체 비용이 낮음, 대체품이 많음, 제품의 중요도가 낮음

별성, 투자금액, 학습효과 등이 클수록 신규 진입자의 위협은 낮아질 것이다.

- **대체품의 위협** 타 회사에서 만들어낸 대체할 수 있는 제품의 존재는 어느 기업에게나 위협으로 작용한다. 대체품의 가격 및 품질, 전환비용이 낮을수록 산업의 매력도는 떨어진다.

지금까지 살펴본, 외식산업의 경쟁력 결정요인을 판단할 수 있는 기준을 정리하면 〈표 3-1〉과 같다.

5) 마이클 포터의 본원적 경쟁전략

외식산업에서 매력도와 같은 중요 환경요소에 대한 경쟁력을 판단하고 난 후에는, 경쟁전략을 수립해야 한다. 마이클 포터의 본원적 전략은 대표적인 경쟁전략의 모델로, 그는 기업이 경쟁력 있는 사업을 실행하기 위한 방법으로 크게 '차별화전략', '원가우위전략', '집중화전략'을 제시하고 있다. 집중화전략은 '원가 중심 집중화전략과 차별적 집중화전략'으로 구분되므로 실질적으로는 4가지 전략이라고 할 수 있다. 각 전략을 사사분면에 나타내보면 〈그림 3-5〉와 같다.

네 전략은 2개의 변수에 의해 구분된다. X축에는 '경쟁우위요소'를 Y축에는 '경쟁시장의 범위'가 위치한다. 이것은 어떤 시장에서 어떤 무기로 싸울 것인가를 결정하는 것이다.

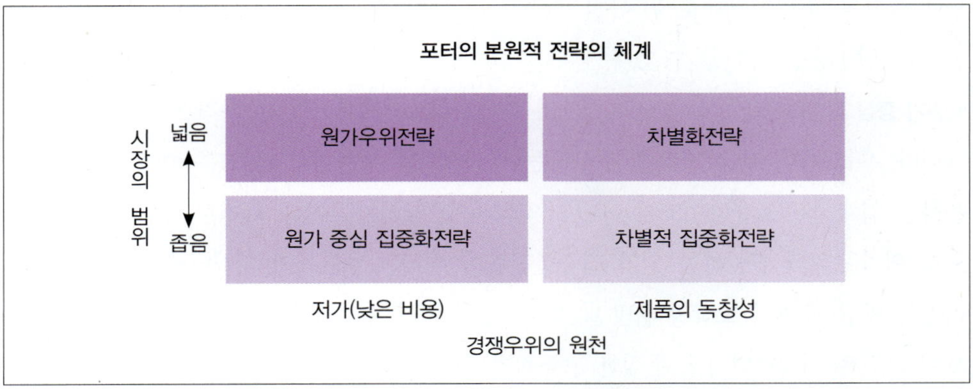

그림 3-5 마이클 포터의 경쟁전략

각 전략의 세부적인 내용은 다음과 같다.

- **원가우위전략** 국내시장 전체를 대상으로 낮은 원가에 바탕을 둔 낮은 가격으로 경쟁하는 것이다. 이 전략을 실행하기 위해서는 몇 가지 전제조건이 충족되어야 한다. 경쟁사와 품질은 동일하면서 더 저렴한 가격으로 식재료 등을 구입하여 그보다 낮은 가격에 판매할 수 있어야 한다. 단, 가격을 낮추기 위해 품질수준을 낮추는 것은 원가우위전략으로 보기 어렵다. 이와 같이 원가우위전략으로 승부하는 외식기업의 사례로는 저가 커피 전문점 등이 대표적이다. 이러한 기업이 모두 좋은 성과를 냈다고 보기는 어렵지만, 충분한 경쟁력을 갖추고 승승장구하는 업체들을 면밀히 검토해보는 것은 매우 유의미한 시사점을 제공해줄 것이다. 이러한 기업의 대부분은 '규모의 경제'를 토대로 경쟁력을 확보하고 있다.
- **차별화전략** 국내시장 전체를 대상으로 하여 차별화를 통해 경쟁을 펼치는 것이다. 이러한 전략을 추구하는 외식업체로는 '스타벅스'가 대표적이다. 이러한 기업은 유사한 경쟁사보다 높은 가격을 받으면서도 차별화된 맛이나 브랜드 이미지 또는 다양한 촉진활동을 통해 소비자의 지속적인 사랑을 받고 있다. 차별화전략을 선택한 기업들을 자세히 살펴보면, 적극적인 R&D와 프로모션 활동을 하고 있음을 알 수 있다. 이 전략을 좀 더 구체적으로 살펴보면 ① 제품 속성 또는 품질의 차별화(직화구이 고급 햄버거 '와퍼'), ② 소비자 편익의 차별화(저렴하고 편리한 '맥카페', 하루 종일 부담 없는 가격 행복의 나라), ③ 구매 상황의 차별화(제대로 된 아침 '맥모닝'), 고객층의 차별화(젊음의 카스, 어린이를 위한 '해피밀') 등을 확인할 수 있다.
- **원가 중심 집중화전략** 국내 시장 전체가 아닌 일부 상권에서 낮은 가격으로 승부하는 전략이다. 우리는 이 같은 전략을 추구하는 외식업체를 주변에서 많이 볼 수 있다. 이를 활용하는 업체들은 프랜차이즈가 아닌 지역의 독립 창업자들이다. 특정한 세분시장을 대상으로 원가우위에 집중하는 원가 집중화전략을 펼치는 대표적인 외식업체로는 '전주막걸리골목 맛집, 순천의 꼬막정식 맛집' 등이 있다. 이러한 업체들은 지역의 특성을 잘 활용하여 가격은 저렴하면서도 푸짐한 고품질의 음식을 제공한다는 특징이 있다. 이와 같은 외식업체들은 대중매체와 인터넷에서의 유명세로 많은 소비자가 찾아오지만 점포의 입지

가 해당 상권을 벗어나지는 못한다. 다른 상권으로 확장하는 순간 해당 지역에서 얻을 수 있는 원가 우위성이 사라지기 때문이다.

• **차별적 집중화전략** 지역의 세분시장을 대상으로 차별화에 집중하는 경우이다. 이러한 전략을 추구하는 업체로는 대전의 '성심당'과 '참장군(참나무 생선구이)', 천안의 '강릉집' 등이 대표적이다. 이들 업체는 독립 창업으로 자신만의 특별한 노하우를 개발하여 성공했다는 공통점이 있다. 이러한 업체들은 노하우를 지속적으로 유지하기 위하여 프랜차이즈 사업에 욕심을 낼 경우 실패할 가능성이 높다. 세분시장에서 차별화로 성공한 일부 외식사업체들이 프랜차이즈 사업을 추구한다면 결과적으로 전략을 변경하는 것이기 때문에 냉철한 사전 검토가 필요하다. 특정 지역에서 인정받는 차별성이 다른 지역에서도 같은 효과를 낸다는 보장은 없다.

이상의 내용을 바탕으로 외식업체는 어떤 전략을 선택할지 결정할 수 있다. 예를 들어 프랜차이즈 가맹점으로 창업을 한다면, 해당 브랜드가 어떤 전략을 사용하는지 검토하고 내가 창업하려는 상권과 입지에서 해당 전략이 충분히 유효한지 확인해야 한다. 아무리 잘 나가는 브랜드라도 자신이 창업하려는 지역에서 그 효과가 유효할지는 알 수 없기 때문이다.

독립 창업을 검토하고 있다면 전체 시장이 아닌 특정 세분시장에서 성공할 수 있는 전략을 선택해야 한다. 창업하려는 상권의 모든 경쟁업체를 분석하면, 자신이 어떤 전략으로 창업을 해야 할지 알 수 있다. 원가우위 전략으로 승부를 거는 프랜차이즈 가맹점이 있는 데, 원가 중심 집중화전략을 선택하는 것은 곤란하다. 특히 원가 중심 집중화전략이 가능하더라도 수요가 충분한지를 사전에 검토해야 한다. 만약 개인 독립 창업을 계획하고 있다면, 가장 확실한 전략으로 차별적 집중화를 선택해야 한다. 다만 프랜차이즈 기업이나 기타 개인 창업자들이 넘볼 수 없는 특별한 노하우를 갖추어야 한다.

6) 정보기술의 전략적 활용

좀 더 강력한 경쟁력을 갖기 위해서는 외식업에 정보기술을 접목시키는 노력을 해야 한다. 정보기술의 활용은 외식업체 경영의 효과성과 효율성을 높이는 데 크게 기여하지만, 적절하게 조화를 이루지 못하면 오히려 경쟁력을 약화시킬 수 있다.

외식업체가 정보기술을 활용하는 방법은 전략적 관점과 정보기술의 활용에 따라 다음과 같은 4가지 관점으로 나눌 수 있다(그림 3-6).

- **진입장벽** 외식업체는 고객을 대상으로 온라인기술을 이용한 온라인 예약시스템, 자주 방문하는 고객(Frequent Flyers' Club)을 위한 마일리지시스템, 고객관계관리(Customer Relationship Management: CRM) 등의 정보기술 활용으로 진입장벽을 구축할 수 있다.
- **수익 창출** 외식업체는 내부적으로 온라인 기술을 이용한 가격과 이용시간의 관리를 통한 수익률관리(yield management), 실시간 판매 및 재고 파악이 가능한 판매시점관리(Point Of Sales: POS)를 이용한 정보기술 활용으로 수익 극대화를 추구할 수 있다.
- **데이터베이스 자산** 외식업체는 데이터베이스 자산을 활용하는 정보기술기법에 투자해야 경쟁력을 확보할 수 있다. 예를 들면, 카드업체는 소비자의 구매습관 데이터를 소매점에 판매하여 수익을 올린다. 클럽 메드는 멤버십 성숙도 개념을 이용한 모델 개발 등의 서비스 개발에 데이터베이스 자신을 활용하고 있다. 대형 할인마트는 소비자의 구매 패턴을 파악하여 이에 부응하는 맞춤형 쿠폰 등을 발송하는 마이크로마케팅에 데이터베이스를

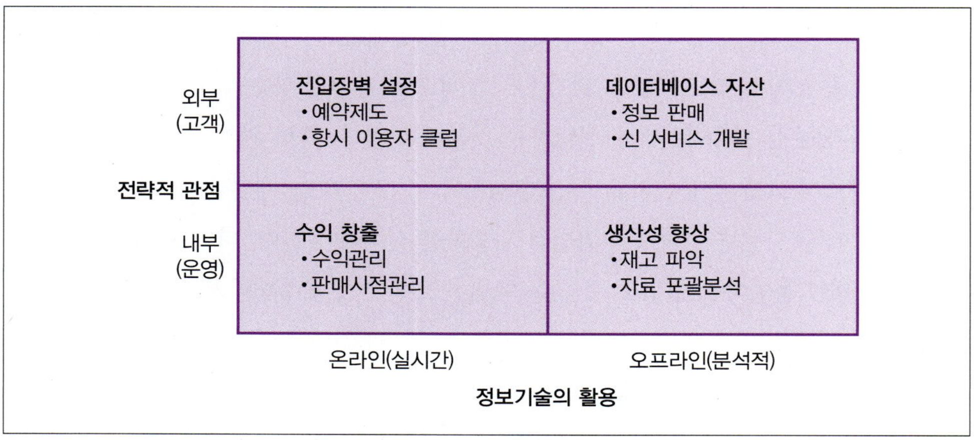

그림 3-6 정보기술의 전략적 활용방법

자료: 피츠사이몬(1993).

활용하여 큰 성과를 내고 있다.

- **생산성 향상** 정보기술을 활용하면 다점포 운영관리능력이 향상된다. 이를 이용하면 실시간 재고 파악이 가능하고, 자료 포괄분석을 통하여 다점포 조직에서 조직의 효율성을 측정하기 위한 모델을 수립함으로써 생산성 향상에 기여한다.

정보기술의 전략적 활용법 외에도, 최근 빅데이터 분석을 비롯한 SNS를 이용한 온라인 마케팅 등이 외식업체의 경쟁력 확보에 필수 도구로 대두되고 있다. 카카오톡 플러스 친구, 블로그, 카페, 트위터, 페이스북 등과 같은 다양한 SNS가 지속적으로 개발·확산되는 환경에서 외식업체는 자사만의 경쟁력 확보를 위한 방법을 강구해야 한다.

7) 성장전략

일본에는 대를 이어 100년 이상 유지되고 발전하는 외식업체가 많은 반면, 우리나라에서는 오래된 점포를 찾기가 어려운 실정이다. 대부분의 점포가 2년 내에 문을 닫고, 그나마 5년 이상 된 점포도 사업 초기의 높은 수익성을 유지하지 못하는 경우가 많다. 작은 점포도 평생 동안 유지할 수 있는 사업체를 만들어야 하지만, 성장전략 없이 유지하기에 급급하다. 한편에서는 경쟁점포에서 계속 새로운 메뉴와 새로운 분위기로 신규 창업이 이어지고 있다.

하버드 대학의 앤소프 교수(H. Igor Ansoff)는 기업이 지속적으로 성장하기 위해 필요한 전략을 이론화한 최초의 학자이다. 대부분의 서비스 기업이 매출을 늘리고자 새로운 제품과 서비스를 개발하고 신규고객을 개척하는 데 급급한데, 앤소프가 제시한 '제품·시장 매트릭스' 성장전략을 살펴보면, 이러한 활동만으로는 외식업체를 유지하거나 발전시키기가 힘들다는 것을 쉽게 알 수 있다.

기업은 지속적인 성장을 위해 〈그림 3-7〉의 4가지 전략 중 하나를 선택할 수 있다. 이때 기업은 시장침투전략, 제품개발전략, 시장개발전략, 다각화전략 중에서 자신에게 가장 적합한 것을 선택하고 실행해야 한다. 세부적인 전략을 사례를 들어 설명하면 다음과 같다.

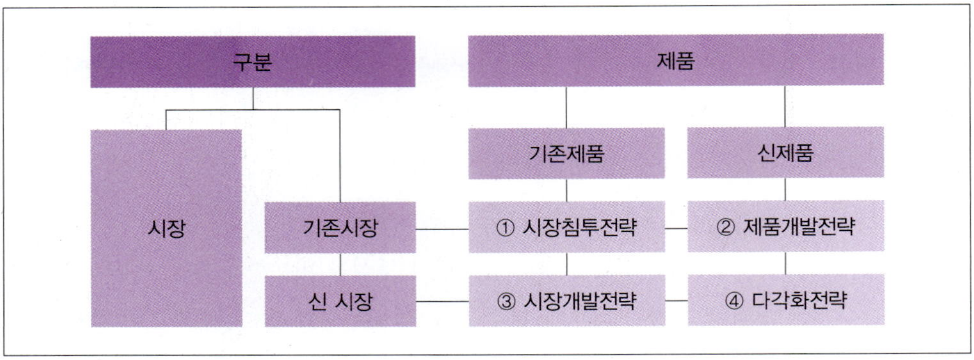

그림 3-7 앤소프의 성장전략

- **시장침투전략** 기존제품과 서비스를 이용하여 기존시장에서 고객을 확대함으로써 매출을 증대시키려는 전략이다. 일반적으로 시장이 성장할 때는 이 전략이 유효할 수 있다. 대부분의 외식업체가 정체된 시장에서도 판매 촉진활동으로 성장을 시도하는데 이러한 시도는 그 효과가 매우 미미한 경우가 많다.
- **제품개발전략** 기존시장에서 신제품의 개발을 통해 매출을 증대시키려는 전략이다. 기존 메뉴의 개선도 이 전략에 포함될 수 있다. 스타벅스는 최근 웰빙 개념의 티 메뉴인 '티바나'를 비롯하여 병음료 주스 등의 신상품을 지속적으로 출시하면서 성장을 도모하고 있다(그림 3-8).
- **시장개발전략** 기존제품과 기존서비스를 이용하여 새로운 시장을 개척하는 방법이다. 외식사업체들이 가장 선호하는 전략으로 새로운 상권과 입지에 분점을 내거나 프랜차이즈 사업을 하는 것이 대표적인 시장개발전략이다. 일반적으로 외식업체들은 사업이 잘되면, 무분별한 사업 확장을 고려하는 경우가 많다. 시장개발전략은 성장을 위하여 반드시 필요하지만 기존 점포가 가지고 있던 차별성이라는 강점을 감소시킬 수 있으므로 유의해야 한다.
- **다각화전략** 새로운 제품과 서비스로 새로운 시장을 개척함으로써 서비스기업의 성장을 추구하는 방법이다. 가장 적극적인 성장전략으로, 외식업체가 식품사업에 진입하거나 기타 업종으로 다각화하는 경우가 대표적인 사례이다. 최근에 외식업체들이 기존의 업종을 다양화하는 경우도 다각화전략으로 볼 수 있다. 예를 들면 중장년층을 타깃으로 하는 한

그림 3-8 스타벅스의 재품개발전략 사례
자료: 스타벅스코리아 홈페이지

식 전문점을 운영하던 사업자가 동일 상권에서 청년층을 대상으로 하는 스파게티 전문점을 개설하는 경우이다.

이상의 성장전략을 가장 잘 실현한 대표적인 외식기업으로는 '더본코리아'가 있다. 이들은 1993년에 논현동 상권에서 '원조쌈밥'으로 시장에 침투한 후, 1998년에 기존 시장인 논현동 상권에서 '한신포차'라는 새로운 상품을 가지고 시장을 확대하는 전략을 펼쳤다. 이후에도 지속적으로 기존 시장에 '본가', '새마을식당', '해물떡찜0410', '홍콩반점0410' 등의 새로운 브랜드를 출시하면서 동시에 프랜차이즈 사업으로 새 시장을 개척하는 시장개발전략을 추진하였다. '더본코리아'는 해외에도 진출하면서 다각화전략을 착실하게 이어나가며 외식중견기업으로 성장하였다.

4 서비스전략의 구조

외식업체는 마케팅을 위한 전사적 차원의 전략 외에도 세부적인 기능별 전략에 관심을 기울여야 한다. 고객의 특성과 본원적 욕구인 니즈를 정확히 파악하여 이를 충족시키고 나아가 고객감동으로 연결시키는 서비스를 제공하는 것이야말로 외식업체들이 추구하는 전략의 핵심요소라고 할 수 있다. 서비스의 경쟁력이 점진적으로 커지는 상황에서, 서비스전략을 실현하기 위한 체계적인 과정을 살펴보면 〈그림 3-9〉와 같다.

1) 시장세분화와 목표시장 선정

외식업체의 서비스전략을 세우기 위한 첫 단계는, 시장을 세분화한 후 목표시장을 선정하는 것이다. 이러한 단계의 예로는, 스타벅스가 소득수준이나 직업군 또는 커피 애호도 등으로 시장을 세분화하고, 이어서 고소득층과 전문직 종사자 또는 커피 애호도가 높은 고객을 목표고객으로 선정한 후, '스타벅스 리저브™'를 확대해나가는 사례를 생각해볼 수 있다.

2) 서비스 정의

두 번째 단계는 목표고객을 대상으로 제공할 서비스의 개념을 명확히 하는 것이다. 외식업체는 표준화된 서비스를 제공할지, 아니면 개별화된 서비스를 제공할지를 결정해야 한

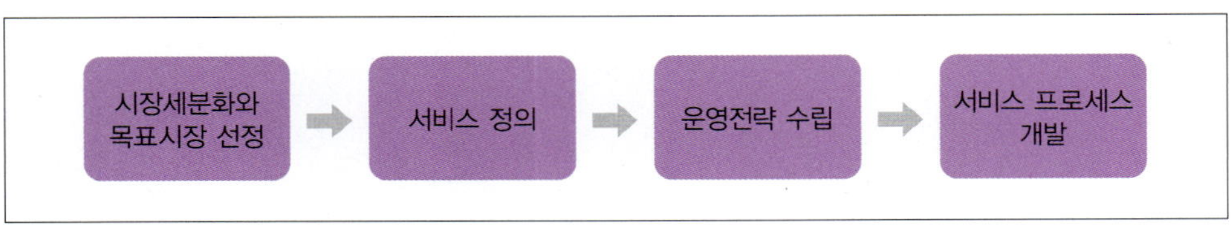

그림 3-9 외식업체를 위한 서비스전략 프로세스

다. '스타벅스 리저브™'는 고소득층 전문직이자 커피 애호도가 높은 목표고객을 대상으로 하여 "가장 진귀하고 이국적이며 정교한 풍미의 커피를 제공한다."라는 서비스 개념을 확립하고 이를 실행하고 있다.

3) 운영전략

'스타벅스 리저브™'는 다음과 같은 운영전략을 실천하고 있다.

> "적은 수량 때문에 모든 분들에게 선보일 수 없으나, 독특한 맛과 향은 리저브 커피를 더욱 소중하게 만듭니다. 가장 신선한 상태에서 손으로 골라낸 커피는 이 세상에서 가장 훌륭한 최상의 커피이자, 스타벅스에서 제공하는 특별한 경험입니다. 남부 탄자니아의 고지대부터 자메이카의 블루 마운틴까지 각각의 스타벅스 리저브 원두는 고객들을 새로운 커피 여정으로 초대합니다. 두 가지 혹은 소수의 스타벅스 리저브 커피만이 지정된 스타벅스 리저브 매장™에서 제공되며, 새로운 커피들이 주기적으로 추가됩니다."

4) 서비스전달시스템

'스타벅스 리저브™'는 최고의 가치를 제공하기 위한 서비스 프로세스를 다음과 같이 실행하고 있다.

> "스타벅스 커피팀은 고객에게 최고의 품질의 커피를 제공하기 위해 매년 25만 잔의 커피를 테스트합니다. 스타벅스의 커피 전문가들은 커피 농가와 돈독한 인연을 이어오며, 세계 최고급 커피의 상위 3% 원두를 찾기 위해 세계 각지를 여행합니다. 그 여정 속에서 진정 가치가 있는 이국적이며 희귀하고, 매우 특별한 커피를 발견하고 있습니다. 단일 원산지에서 극소량만 재배되어 한정된 기간에만 만나볼 수 있는 진귀한 고품질의 커피를 스타벅스 리저브™로 제공해오고 있습니다."

이처럼 '스타벅스 리저브™'의 서비스 전달 시스템은 '커피 농가와 돈독한 인연, 세계 상위 3%에 해당되는 원두 찾기, 극소량 진귀한 고품질 커피 찾기, 매년 25만 잔의 커피 테스트, 다양한 추출방식에 따른 색다른 커피'로 정의할 수 있다(그림 3-10).

그림 3-10 스타벅스 리저브™의 다양한 추출방식
자료: 스타벅스코리아 홈페이지

학습 요약

1 마케팅을 위한 전략적 계획 수립(planning)이란 장기적으로 마케팅 목표를 달성하기 위하여 언제 어디서 어떤 일을 왜 할 것인가를 결정하는 과정을 의미한다. 즉, 미래에 예견되는 다양한 기회를 분석·평가·선택하는 과정을 통하여 마케팅의 목표를 달성할 수 있는 행동계획을 체계적으로 개발하는 것이다.

2 전략적 계획 수립은 마케팅활동의 첫 번째 기능이다. 마케팅에서의 전략적 계획은 마케팅의 목적과 목표를 규명하고, 목표를 달성할 수 있도록 모든 과정에 대한 세부적인 내용을 정리하고, 활동을 통합하고 조정하는 포괄적인 활동이라는 점에서 경영이념을 따르게 된다.

3 경영이념이란 경영자가 기업을 영위하는 데 있어 지침이 되는 기본적인 의식·경영신조·경영철학을 의미한다. 기업이 사회에 존재하는 이유를 표시하고 경영활동이 향하는 바를 규정하는 기업의 신조를 경영이념이라 한다. 경영이념은 기업의 신조인 동시에 경영자의 신조이기도 하다. 따라서 경영목적 달성을 위해 어떤 활동을 해야 하는지 구체적이고 현실적인 지침이므로 사훈(社訓)이라고도 한다. 일반적으로 경영이념은 장기적으로 변하지 않는 것이 특징이지만 기업의 발전단계에 따라 변화하기도 한다.

4 전략의 어원은 그리스어의 Strategia(將帥術)이다. 전략은 초기에 '전쟁에서 적을 속이는 술책'이라는 뜻이었으나, 시대가 발전하면서 '전쟁에서의 승리를 위해 전투를 계획·조직·지휘·통제하는 방법'으로 구체화되었다. 현대에 와서 전략은 군사적 개념을 넘어 기업전략 등 비군사적 분야에도 응용되면서 '어떤 목적을 달성하기 위한 최적의 방법'으로 의미가 확장되었고, 이를 '경영전략'이라는 용어로 부르고 있다.

5 외식업체에서 전략이란 '사업자가 스스로 설정한 사업목적을 달성하기 위하여 경쟁업체를 능가하는 고객만족을 달성하는 최적의 방법'으로 정의된다. 좀 더 쉽게 표현하면 '경쟁업체보다 더 많은 고객이 지속적으로 방문하게 만드는 방법'이라고 할 수 있다.

6 외식업체를 위한 전략 중 가장 중요한 기능이라 할 수 있는 서비스전략은 '목표시장 세분화, 외식업체의 서비스 개념 정의, 운영전략, 서비스전달 시스템'의 네 단계로 구분할 수 있다.

토의문제

1 국내 주요 외식기업 또는 프랜차이즈 브랜드 중에서 원가우위전략을 활용하여 성공한 업체를 제시하고 그 내용을 정리해보자.

2 국내 주요 외식기업 또는 프랜차이즈 브랜드 중에서 차별화전략을 활용하여 성공한 업체를 제시하고 그 내용을 정리해보자.

3 지역사회에서 집중화전략으로 성공한 외식업체의 사례를 조사하고, 구체적인 내용을 정리해보자.

4 국내 주요 외식기업 또는 프랜차이즈 브랜드 중에서 성장전략으로 성공한 사례를 조사한 후, 어떤 과정을 어떻게 거치며 성공적으로 성장했는지 정리해보자.

5 책에서 제시한 서비스전략을 참고하여, 성공적으로 서비스전략을 펼치고 있는 브랜드의 사례를 제시해보자.

6 전략적 차원에서 볼 때, 정보기술 활용을 통해 성공한 외식업체의 사례를 제시해보자.

4장

외식사업 마케팅 환경분석

학습목표

- 외식업체를 위한 환경분석의 개념, 중요성과 필요성을 설명한다.
- 외식업체를 위한 환경분석방법 중 거시환경분석에 대해 설명한다.
- 외식업체를 위한 환경분석방법 중 미시환경분석에 대해 설명한다.
- 환경분석을 위한 PEST분석, 3C분석, SWOT분석을 설명한다.
- 마이클 포터의 산업구조분석모형, 가치사슬모형을 설명한다.

1 환경분석의 정의

마케팅은 이미 설명한 바와 같이 고객의 욕구를 파악하고 이를 만족시킬 적절한 수단을 개발하여 그들에게 충분한 만족을 제공함으로써 마케팅 목표를 달성하는 관리철학이다. 외식업체 경영자는 마케팅을 단순히 사업의 부문활동으로 여길 것이 아니라 기업행동의 통합된 총체로 인식하여 환경 변화에 민감하게 반응하고 적응할 수 있는 마케팅 조직을 갖추어야 한다. 이러한 마케팅 조직은 마케팅 목표를 효과적으로 달성하기 위해 노력해야 하는데, 여기서 알아야 할 것은 마케터가 마음대로 활용할 수 있는 여러 가지 내부자원뿐만 아니라 마케터가 통제할 수 없는 외부환경이 존재한다는 점이다.

외식업체는 외부환경 속에서도 활동하기 때문에 내부자원관리뿐만 아니라 외식업체의 생존을 위해 항상 외부환경에 대한 적응문제를 고심해야 한다. 즉, 마케팅 시스템 내에서 작용하는 내외부의 환경요인들이 끊임없이 변화하며 새로운 마케팅 기회와 위협을 창출하고 있다는 점을 명심해야 한다.

외식업체가 처해 있는 내부 및 외부환경을 정확하게 이해하지 못한 채 마케팅을 실행하면 어떻게 될까? 마케팅이 높은 성과로 연결되려면 환경분석(environmental analysis)은 필수적이다. 즉, 환경분석이 철저하게 이루어져야만 마케팅 목표를 달성할 수 있다. 만약 마케팅활동을 열심히 하는 데도 원하는 결과를 얻지 못하고 있다면, 마케팅을 위한 환경분석에 소홀했을 가능성이 크다. 그렇다면 마케팅을 위한 환경분석이란 무엇일까? 이는 "사업자가 자신의 경영활동과 관련된 다양한 환경요인의 현황과 변화 추세를 파악하고 그것들이 포함하고 있는 전략상의 시사점을 분석하는 활동"이다. 덧붙여 마케터가 자신의 마케팅활동과 관련된 환경요인이 가지고 있는 마케팅전략상 시사점을 면밀히 분석하는 것으로, 이를 환경조사(environmental scanning)라고도 한다. 외식사업에서 환경분석이란 마케터(또는 경영자나 매니저)가 새로운 트렌드의 출현이나 변화를 감지하기 위하여 상권이나 경쟁업체를 조사하는 활동을 포함한다.

외식사업 마케팅을 위한 환경분석을 좀 더 구체적으로 살펴보면, 사업자가 새로운 음식문화의 출현과 트렌드 변화를 파악할 목적을 가지고 거시적으로는 정치·경제·사회문화·기술적 환경을 파악하고, 미시적으로는 자신의 점포·소비자·경쟁업체를 조사하고 분석하는 활동이라고 할 수 있다. 지금까지 이 같은 외식업체를 위한 환경분석은 마케팅 전문가의 고유영역으로 인식되었다. 하지만 시대가 발전하고 정보와 분석기법이 대중화되면서 작은 외식업체도 실행할 수 있는 분야가 되었다. 이제는 아무리 작은 업체라도 고객과의 통합적 소통이 원활해야 살아남을 수 있다. 모든 외식업체는 마케팅을 위해 외식과 관련된 새로운 트렌드의 출현 또는 변화, 유행, 퇴조 등의 상황을 사전에 인지하고 소비자의 소비행태, 경쟁자의 경쟁전략 등에 대비하려는 자세로 사업을 경영해나가야 한다.

이러한 환경분석에서 유의해야 할 점은 관련된 환경요인의 범위를 잘못 설정해서 많은 마케터들이 자신의 제품과 직접적으로 관련된 환경요인에만 관심을 갖는 경우이다. 예를 들어, 마케터가 단순히 현재 외식 트렌드나 앞으로 유행할 것으로 예상되는 식재료 및 메뉴 그 자체에만 관심을 둔다면, 이것은 매우 근시안적 관점이 될 것이다. 이는 결과적으로 환경분석 본래의 의미를 상당히 축소시킬 위험이 있다. 잠재고객이 좋아하고 즐겨 먹는 식재료와 메뉴들은 마케팅활동을 하는 데 중요한 시사점을 제공하는 것이 사실이지만, 간혹 지구온난화와 같은 기후 변화나 건강한 삶을 추구하는 라이프스타일의 확산, 전반적인 경기수준과 인플레이션, 소득수준과 같은 경제적 환경요인, 인구구조의 변화 등이 외식시장에 더 큰 영향을 미칠 수도 있다. 예를 들어, 조류독감(AI)이나 구제역 같은 가축 질병은 외식산업에 지대한 영향을 미치며, 현재까지도 지속적·반복적 영향을 미치고 있다. 따라서 마케터는 자신의 마케팅활동과 '관련된 환경요인'을 대단히 포괄적인 범위에서 찾아내야 하며, 관련된 환경요인만 찾기보다는 오히려 연관이 없거나 거의 없다고 여겨지는 환경요인을 제거해나가는 방법도 활용해야 한다.

외식사업 마케팅을 위한 환경분석의 필요성을 이해했다면, 이어서 환경분석을 위한 정보를 수집하는 대상과 수단을 알아야 한다. 큰 비용을 들이지 않고 외식업체와 관련된 환경정보를 취득할 수 있는 매체는 주변에 매우 많다. 환경분석은 국가통계포털 홈페이지, 신문기사, 전문가 및 경영자 인터뷰, 국가·지방자치단체·공공기관 홈페이지 및 보도자료를 비롯하여 네이버 또는 구글 같은 포털사이트에서 관심 키워드 검색을 통해서 누구나 할 수 있다.

2 환경분석의 중요성

환경분석은 새로운 트렌드의 출현, 기존 트렌드의 변화, 유행, 퇴조 등과 같은 상황을 미리 예측하여 의사 결정자가 중요한 변화가 일어나기 전에 충분한 준비를 할 수 있게 도와준다. 마케터는 대중에게 공개된 문서를 분석하는 것만으로도 새로운 외식업체와 메뉴에 대한 계획을 알 수 있고, 성공한 업체의 경영자 인터뷰 기사를 통해서 성공한 기업의 특징과 성공요인 등을 알 수 있다. 또한 인터넷 검색을 통한 정부 문서, 기사, 연설문 등을 통해서 정부의 규제내용, 제품의 품절, 인구통계적 변화 추세 등의 시사점을 얻을 수 있다.

이는 많은 비용이 들지는 않지만, 많은 시간이 소요되는 일이다. 따라서 환경분석을 위한 정보 수집은 매일매일 조금씩 실천하고, 체계적인 환경분석은 정기적으로 수행해야 한다. 이상적으로는 6~9개월마다 분석하는 것이 좋지만, 이 주기는 중요한 변화를 감지하기에는 적절할지 몰라도 새로운 이슈를 감지하기에는 충분하지 않을 수 있다. 문제는 일부 외식업체 경영자들이 환경분석을 위한 정보 수집을 시간 낭비라고 생각한다는 사실이다.

환경분석은 모든 것에 반응하기 위한 일은 아니다. 또한 복잡하고 번잡하지 않다. 무엇보다 중요한 것은 외식업체 경영이란 한 번 하향곡선을 그리면 다시 상향곡선을 그리기가 쉽지 않다는 것이다. 외식업체 경영자가 항상 지나간 일에만 관심을 갖는다면 성공하기 힘들다. 따라서 경영자는 앞으로 일어나게 될 상황을 예측하면서 경고 사인을 발견하면 그것에 즉시 대응할 수 있어야 한다. 즉 경영자는 어떤 일이 일어날지 미리 예측하고, 다른 경쟁자보다 빠르게 변화해야 성공할 수 있다.

3 환경분석방법

외식산업을 둘러싸고 있는 환경요인들은 대체로 통제할 수 없는 거시적 요인이 많기 때문에 마케터는 환경요인들을 변화시키려고 노력하기보다는 환경관리의 관점에서 그들을 주어진 제약조건으로 받아들이고 효과적으로 적응할 수 있는 방안을 모색해야 한다. 이러한 외부환경요인을 분류하는 방법은 학자에 따라 다양하게 제안되지만, 본질적인 내용은 유사하므로 여기서는 다음과 같이 분류하여 이에 해당하는 환경분석방법을 제안하도록 한다.

우선 대표적인 환경분석방법으로 SWOT분석이 있다. SWOT의 S는 Strength(자사의 강점), W는 Weakness(자사의 약점), O는 Opportunity(기회요소), T는 Threat(위협요소)를 의미한다. SWOT분석을 통하여 얻고자 하는 것은 내부환경에 속하는 자사의 강점과 약점을 분석하고, 외부환경에 속하는 기회와 위협요소를 평가하여, 자사의 강점을 활용한 사업기회를 확보하고 위협에 대한 대안을 수립하는 것이다.

그런데 환경분석은 PEST분석과 같은 거시환경분석과 3C분석과 같은 미시환경분석을 실시한 후, 여기서 도출된 내용을 외부환경과 내부환경으로 분리하여 SWOT분석을 하는 형식을 이용한다. 여기서 PEST분석은 '정치(political)', '경제(economic)', '사회문화(socio-cultural)', '기술(technological)' 동향에 관한 정보를 의미한다. 3C를 조사하는 미시환경분석은 고객(customer), 경쟁사(competitors), 자사(company)의 정보를 수집하여 분석하는 활동을 뜻한다. 결과적으로 SWOT분석을 위해서는 〈그림 4-1〉과 같이 PEST분석과 3C분석을 먼저 실시해야 한다.

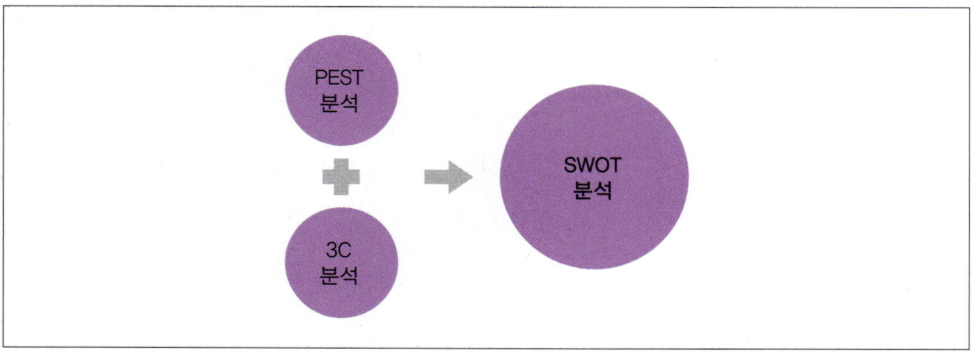

그림 4-1 환경분석 프레임

1) 거시환경분석

거시환경분석이란 제품 또는 시장을 둘러싼 여러 가지 환경요인의 변화를 파악하여 외식사업의 장기적인 방향을 설정하는 데 이용하는 분석방법이다. 외식업체를 대상으로 하는 거시환경을 분석할 때는 지나치게 많은 내용을 광범위하게 조사할 필요가 없다. 분석의 범위는 가능한 한 실제 현장에서 의사 결정을 할 때 중요한 영향을 미칠 수 있는 영역으로 제한한다.

(1) PEST분석

일반적으로 외식업체가 주목해야 할 거시환경 변수는 정치적 환경(political environment), 경제적 환경(economical environment), 사회·문화적 환경(social-cultural environment), 기술적 환경(technological environment)이 있다.

거시환경분석에서 특별한 방법론이나 분석도구가 사용되지 않는다. 각 환경 분야에 대한 전문기관이나 민간연구소의 보고서 또는 언론 보도자료 및 시장조사기관 보고서 등을 검색하거나 인터넷의 검색엔진을 이용하여 적절하게 인용하면 된다. 단지 마케터가 얼마나 자주 환경요인을 파악하기 위해 기사 검색이나 인터넷상의 자료와 정보들을 활용하는지가 중요하다. 그리고 이들을 통해 외식업체 성장의 기회와 위협요인을 발견해내는 통찰력과 이를 사업에 적용시킬 수 있는 실행력이 요구된다. 이러한 일에는 많은 비용이 들어가지 않지만 많은 시간이 필요하다. 따라서 새로운 것을 찾길 원하고, 이를 실천에 옮기고자 한다면 매일 조금씩 주변환경에 관심을 기울이는 습관을 들여야 한다. 마케터는 주기적 거시환경분석을 통해 외식업체에 필요한 의미 있는 결과를 얻을 수 있어야 한다.

① 정치적 환경

정치적 환경(political environment)은 법률적 환경을 포함한다. 경영자는 법률적 분야에서 자신이 운영하는 매장에 영향을 미칠지 모르는 잠재적 법률안을 인지할 수 있어야 한다. 예를 들어, 정부가 최저시급을 인상한다면 운영 중인 외식업체에서 어떤 일이 일어날지 예측해야 한다. 또한 의료보험 체계 변화, 현재 사업 중인 상권에 더 많은 아파트나 상가 및 아파트형 공장 등이 생기도록 하는 관련 법률을 시의회가 결정한다면 '우리 외식업체의 순이익은 어떻게 변화할까?' 하는 등의 내용을 파악할 수 있어야 한다.

② 경제적 환경

지역, 국가 그리고 국제 경제상황은 외식 분야의 잠재적 매출액 예측에서 매우 중요한 변수가 된다. 국내총생산 하락, 증권시장 하락, 이자율 상승, 실업률 증가 등의 경제적 환경(economical environment)은 외식업체의 매출 하락과 폐업을 초래할 수 있다. 반면, 경제 발전은 외식업체의 이익을 증대시키는 결과를 낳는다. 9·11 테러 직후 미국에서는 파

표 4-1 외식업체의 PEST분석 사례

구분	내용
P(정치적 환경)	• '한식의 세계화' 등 한식 지원정책 강화 • 외식업 분야의 청년 창업 지원 강화 • 외식산업의 효율화를 위한 지원 확대 • 세수 확대를 위한 부가가치세 및 종합소득세 증가 예상 • 복지재원 확대를 위한 4대보험 지출 증가 예상 • 원산지 표시 품목 확대 • 외식사업의 중소기업적합업종 지정 • 가맹사업거래 공정화에 관한 법률 강화
E(경제적 환경)	• 경기불황 장기화로 외식소비지출 감소 • 저가격 선호 현상에 따른 저가격 메뉴 증가 • 합리적 소비에 적합한 세트 메뉴 증대 • 소득 양극화로 인한 소비의 양극화 • 대기업의 외식사업 진출 확대 • 외식 프랜차이즈 본부 증가 • 상세권 확대
S(사회문화적 환경)	• 혼밥혼술족 증가 • 식품안전에 대한 불신감 증대 • '착한가게' 신드롬 • 커피의 일상화, 고급화, 개인화 • 식습관의 서양화로 전채 및 후식문화 정착
T(기술적 환경)	• 블로그, 카페, SNS를 활용한 인터넷 마케팅 활성화 • POS시스템을 이용한 CRM 중요성 증대 • 다양한 열원과 기구를 이용한 메뉴의 차별화 • CK, 서비스 프로세스 연구를 통한 비용 절감

인다이닝 레스토랑의 파산이 줄을 이었는데, 이는 소비자들에게 높은 가격을 지불할 만한 여유가 없었기 때문이다. 그럼에도 고객들은 여전히 외식하기를 원하여 저렴한 음식을 파는 레스토랑의 매출은 거의 떨어지지 않았다. 지역 가까이에 있는 캐주얼 테마 레스토랑은 오히려 매출이 증가하였다.

③ **사회문화적 환경**

사회문화적 환경(social-cultural environment)에서는 기업이 활동하고 있는 사회문화적 분야와 소비자 라이프스타일 분야에서 어떤 트렌드가 부각 또는 침체되고 있는지를 살펴보아야 한다. 또한 트렌드의 변화가 기존제품 및 새로운 제품의 수요를 창출하는 데 어떻게 영향을 미치는지 꾸준히 관찰해야 한다. 예를 들어 개인의 자유 강조, 미디어와 검열, 식품안전에 대한 불신감 증폭에 따른 보건 및 질병 관리, 전염병 관리, 식수 관리, 오물 처리, 대기오염, 동물과 곤충에 대한 관리를 비롯한 다양한 변화가 외식업체 경영에 영향을 줄 수 있다.

④ **기술적 환경**

기술적 환경(technological environment)은 현재 제품이나 제조 공정에 영향을 미칠 새로운 기술이 존재하는지, 그러한 기술이 앞으로 창출될 것인지에 관한 것으로 이를 알기 위해서는 현재 기술의 라이프사이클 추세를 알아봐야 한다. 인터넷 마케팅 활성화, 포스 시스템 활용도 증대, 새로운 조리기구나 도구 개발 등이 기술적 환경에 해당한다.

(2) 마이클 포터의 산업구조분석모형

외식사업을 위한 마케팅전략을 수립하려면 자신이 처한 외부환경의 구조를 정확히 알아야 한다. 마이클 포터가 외부환경분석을 위한 도구로 개발한 산업구조분석모형을 보면 '경쟁자, 신규 진입자의 위협, 대체상품의 위협, 공급자 교섭력, 소비자의 교섭력'과 같이 5가지가 제시되어 있고, 이를 외식업체에 적합하도록 수정하면 〈그림 4-2〉와 같다.

〈그림 4-2〉에서 제시하는 5가지의 경쟁요인은 '3장 전략적 계획 수립'에서 5 forces 모델로 다룬 바 있으나, 여기서는 거시환경분석을 위한 도구로서 외식업체의 경쟁상태와 수익

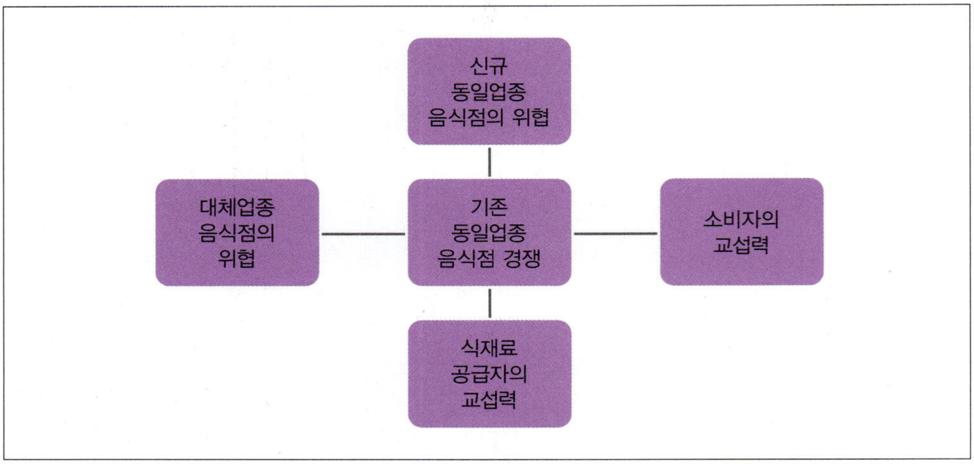

그림 4-2 마이클 포터의 산업구조분석모형을 외식업체에 적용한 사례

률 결정요소라는 측면에서 다음과 같이 살펴보기로 한다.

- 첫째, 외부환경 중 가장 직접적인 요인으로 동일업종 외식업체 간의 경쟁을 들 수 있다. 여기서 경쟁이 심하다는 것은 시장 수요보다 공급이 많은 경우를 뜻한다. 즉, 외식업체 수가 증가하면 경쟁은 더 치열해진다. 경쟁의 정도를 알기 위해 추가로 파악해야 하는 내용은 〈표 4-2〉와 같다. 외식업체 경영자는 '경쟁자의 수, 시장성장률, 고정비용의 수준, 음식과 서비스의 차별성, 전략의 효과성, 철수의 용이성'을 이용하여 '기존 동일업종 외식업체의 경쟁' 수준을 파악한다.
- 둘째, 신규로 동일업종의 외식업체가 창업하기 쉬운지 어려운지를 확인해야 한다. 누구나 쉽게 창업할 수 있다면 경쟁은 치열해질 수 있다. 즉 진입장벽이 낮으면 신규 사업자가 증가하게 되고, 신규 사업자가 증가하면 가격은 떨어지고 오히려 비용은 증가하여 수익률이 하락한다. 이외에도 신규 경쟁자의 위협과 관련된 변수를 정리하면 〈표 4-3〉과 같다.
- 셋째, 대체품의 위협 정도를 파악해야 한다. 대체품의 사례로는 김치찌개 전문점과 부대찌개 전문점이 있다. 점심시간에 김치찌개를 먹으려던 소비자는 인근에 위치한 부대찌개 전문점을 이용할 수 있다. 즉 소비자가 자신이 구매하려는 제품과 동일한 가치를 제공

하는 다른 제품을 선택하는 경우, 두 제품 간의 관계를 대체관계라 할 수 있으며 이러한 대체관계의 음식과 서비스가 많을수록 시장의 경쟁강도는 세진다. 일반적으로 대체품의

표 4-2 외식업체의 경쟁 정도를 파악하기 위한 변수

구분	내용
경쟁자 수	동일업종과 동일 업태로 규모가 비슷한 경쟁자는 많은가? – 경쟁자 수가 증가하면 경쟁은 심해진다.
시장 성장률	시장의 성장률은 높은가? – 시장 규모가 줄면 경쟁은 심해진다.
고정비용의 수준	고정비 수준은 적정한가? – 고정비가 높은 업종일수록 경쟁은 심해진다.
음식과 서비스의 차별성	음식과 서비스의 차별성이 높은가? – 음식과 서비스 차별성이 낮을수록 경쟁은 심해진다.
전략의 효과성	전략과 성과가 인과관계가 있는가? – 전략이 쉽게 성과로 연결되면 경쟁은 심해진다.
철수의 용이성	어려움이 생기면 쉽게 철수할 수 있는가? – 철수 장벽이 높으면 경쟁은 심해진다.

표 4-3 외식업체의 진입 편의성을 파악하기 위한 변수

구분	내용
투자금액	많은 금액을 투자해야 하는가? – 투자금액이 소액일수록 경쟁은 심해진다.
음식과 서비스의 차별성	음식과 서비스의 차별성이 있는가? – 차별성이 없을수록 경쟁은 심해진다.
규모의 경제	규모의 경제가 존재하는가? – 규모의 경제를 실현하기 어려울수록 경쟁은 심해진다.
식재료 구매	주요 식재료의 구매에 어려움이 없는가? – 주요 식재료의 유통채널이 다양할수록 경쟁은 심해진다.
기득권의 존재 여부	기존 외식업체의 기득권이 있는가? – 기존 외식업체의 특별한 기득권이 없으면 경쟁은 심해진다.
진입에 따른 보복	기존 사업자가 활용할 수 있는 보복수단이 있는가? – 보복의 강도가 낮을수록 경쟁은 심해진다.

성격을 가지는 메뉴가 기존의 메뉴보다 품질은 유사하면서 가격이 낮다면 무서운 위협이 된다. 따라서 경쟁 강도를 낮추기 위해서는 가능한 한 대체하기 어려운 메뉴와 서비스를 개발하여 시장에 진입해야 한다.

• 넷째, 식재료 공급자의 교섭력도 외부환경을 파악하는 주요 변수가 된다. 외식업체 경영자의 입장에서 공급자의 영향력은 낮을수록 좋다. 만약 식재료를 공급하는 사업자가 독점을 하는 수준이라면 산업 내 경쟁이 치열한 것과 같은 효과가 발생한다. 따라서 외식업체 경영자는 식재료 수급이 얼마나 원활하게 이루어지는지를 지속적으로 파악해야 한다.

• 다섯째, 소비자에 대한 교섭력은 외식업체의 경쟁강도를 결정하는 매우 중요한 외부환경요인이다. 소비자의 교섭력은 좀 더 좋은 메뉴를, 좀 더 저렴한 가격에 구매하려는 소비자가 외식업체를 선택하는 행위로 나타난다. 예를 들어, 과거에는 소비자들이 외식업체에 대한 정보를 얻기 어려웠다면 최근에는 소비자들이 인터넷으로 쉽게 외식업체를 비교·선택할 수 있게 되었다. 즉, 소비자의 교섭력이 높아지면서 외식업체의 경쟁강도가 세지고 있다. 이외에도 소비자의 교섭력에 영향을 미치는 변수를 정리하면 〈표 4-4〉와 같다.

외식업체의 마케팅전략을 수립하기 위해서는 반드시 외부환경을 정확히 파악해야 한다. 즉 외식업체 경영자는 5가지 경쟁요소 중에서 자신에게 가장 큰 영향을 미치는 요소

표 4-4 외식업체의 소비자 교섭력을 파악하기 위한 변수

구분	내용
단체고객의 비율	개별고객과 단체고객의 비중은? – 단체고객의 비중이 낮은 외식업체일수록 경쟁은 심해진다.
가격민감도	소비자의 가격민감도가 높은가? – 소비자의 가격민감도가 높을수록 경쟁은 심해진다.
음식과 서비스의 차별성	음식과 서비스가 차별화되어 있는가? – 메뉴의 차별성이 낮을수록 경쟁은 심해진다.
전환비용	이용하던 외식업체를 쉽게 바꿀 수 있는가? – 외식업체를 바꾸기 쉬울수록 경쟁은 심해진다.
소득수준	소비자들의 소득수준은 높은가? – 소득수준이 낮을수록 경쟁은 심해진다.

를 찾아야 하며, 그 외 요소들의 영향력도 알고 있어야 한다.

2) 미시환경분석방법

외식사업 마케팅을 위한 미시환경요인으로는 고객(Customer), 경쟁사(Competitors), 자사(Company)등의 3C요소가 있다. 외부 미시환경이라고 볼 수 있는 경쟁사·고객에 대한 분석은 거시환경에 비해 그나마 약간의 통제가 가능하며, 자사분석은 통제 가능한 내적 변수에 해당한다.

(1) 고객분석

모든 외식업체는 자신의 특정한 목표고객이나 목표시장을 찾고자 노력한다. 실제로 이러한 시장은 입지를 선정하기 전에 이미 명확하게 정의되어 있어야 한다. 외식업체 창업에는 2가지 방법이 있다. 첫째, 자신의 외식업체 콘셉트와 테마·메뉴 등을 개발한 후 그것과 가장 잘 어울린다고 생각되는 목표고객이 있는 상권과 입지를 찾는 것이다. 둘째, 상권과 입지를 먼저 선정한 후에 해당 상권 이용자들에게 어울릴 만한 외식업체의 콘셉트를 개발하는 것이다. 첫 번째 방법을 사용하는 경우에는 일반적으로 만족도가 높을 수 있다. 왜냐하면 내가 만들고 싶은 외식업체를 만들 수 있기 때문이다. 두 번째의 경우에는 성공적인 메뉴 개발과 외식업체 경영을 할 수 있겠지만, 경영자가 원하는 외식업체의 형태가 정확하지 않다면 결과적으로 부정적 효과가 나타날 수 있다. 반면에 첫 번째 접근 방법을 사용했을 때는 그것을 실현할 최적의 상권과 입지를 찾는 것이 어렵거나 또는 비용이 너무 많이 들 수 있다. 오히려 두 번째 시나리오에서 더 많은 기회가 생기거나, 실제로 긍정적인 결과를 얻기도 한다.

외식업체를 창업할 때는 자신이 가진 강점에 가장 잘 어울리는 목표고객군을 결정하는 것이 중요하다. 모든 고객을 위해 모든 것을 제공하는 것은 불가능하기 때문이다. 자신의 외식업체와 가장 잘 어울리는 목표집단은 1~2개 정도가 가장 적절한데, 이는 자신의 마케팅전략이 가장 효과적인 결과를 얻을 수 있는 최상의 조건이다. 만약 제공하려는 식음료 서비스와 적절하게 어울리는 목표고객이 없다면 그러한 고객을 유인하는 마케팅전략을 개발해야 하는데, 유인에는 많은 노력과 비용이 소요된다.

최소 하나 이상의 잠재고객시장을 선정했다면, 그 시장에 있는 잠재고객이 만족할 만한 식음료 서비스를 제공하기 위한 방안을 찾아야 한다. 고객의 요구를 발견하는 것이야말로 마케팅 계획의 중심이라고 할 수 있다. 이를 위해서는 다양한 조사가 필요한데, 가령 풀서비스 레스토랑에서는 테이크아웃의 번잡함을 원하지 않겠지만, 외식업체가 관공서나 대학 또는 공단과 같은 곳에 위치한다면 테이크아웃서비스를 고려해볼 수 있다. 해당 외식업체에서 테이크아웃을 경험한 고객들이 때때로 저녁식사를 위해 업체에 다시 방문할 수도 있기 때문이다. 이와 비슷한 사례로 풀서비스 레스토랑에서 저녁식사만 판매하기보다는 점심시간에 손님을 받는 것을 고려해볼 수 있다. 물론 점심시간에 수익을 내기 위해 풀서비스를 제공하는 것은 매우 어려운 일이다. 하지만 점심시간에 외식업체를 이용해본 고객들이 친구나 식구들을 데리고 저녁시간에 재방문할 수 있으므로 점심시간에 가게를 오픈하는 것은 고객을 유인할 수만 있다면 재정적으로 큰 도움이 될 수 있다. 단, 도시 근교에 위치한 회사 사람들은 해당 지역에서 근무는 해도 집은 먼 경우가 많아, 점심에 단골로 만들더라도 저녁식사를 위해 다시 찾을 확률이 매우 낮다는 것을 고려해야 한다.

결과적으로 마케터는 하나의 목표고객시장에 집중해야 한다. 그리고 자사의 자원과 마케팅전략을 시장에 맞추어야 한다. 그러나 어떤 경우에는 하나 이상의 목표시장을 공략하는 것이 적절할 때도 있다. 그렇게 하다보면 결국 해당 외식업체에 가장 적절한 목표시장을 찾을 가능성이 커진다. 외식업체의 목표고객이 확정되었다면, 마케터는 목표고객을 대상으로 하여 다음과 같은 사항을 지속적으로 파악해야 한다.

① 인구통계적 특성

인구통계학(demography)이란 인구와 그 분포 특성에 관한 통계적 연구로, 마케터에게 풍부한 시사점을 제공해준다. 시장은 사람으로 구성되어 있으므로 외식업체는 여러 인구통계적 자료로부터 마케팅전략을 수립하기 위한 다양한 시사점을 도출할 수 있다. 예를 들면 연령구조의 변화, 가계구조의 변화, 교육수준과 직업의 변화내용을 이용하여 인구통계적 특성(demographics)을 파악할 수 있다. 이러한 특성들은 고객의 욕구나 필요와 관련이 있는데, 예를 들어 맞벌이 부부가 많은 상권에서는 저녁식사를 위한 테이크아웃서비스를 고려해볼 만하다. 베이비붐세대는 외식을 많이 하고 새로운 스타일의 식음료에 관심이 있으므로, 이들이 나이가 들어가는 것에 따른 적합한 마케팅이 필요하다. 인구통계적 정보는 인구통계조사 보고서나 웹사이트(국가통계포털, 지자체 홈페이지 등)에서 찾아볼 수 있다. 이러한 자료는 정보를 판매하는 기업이나 국가에서 운영하는 마이크로데이터서비스(http://kmdss.nso.go.kr/mdssext), 상권정보시스템, 한국통계진흥원 등을 통해 무료 또는 유료로 구할 수 있다.

- **연령구조의 변화** 전례 없이 높았던 우리나라의 1950년대 출생률은 한국의 인구구조에 커다란 변화를 주었으며, 오늘날까지 중요한 마케팅 시사점을 전달해준다. 그 시기에 출생한 베이비붐 세대는 태어나면서부터 유아용품시장을 극적으로 확대시켰으며, 60년대에는 초등학교 저학년의 잠재고객들을 확대시켜 장난감이나 간식 및 만화 등을 담당하는 마케터들에게 좋은 기회를 제공하였다. 이후 70년대를 거쳐 오늘날까지 그들 연령층에 소구할 수 있는 제품의 시장은 예외 없이 확대되어 왔으며, 앞으로도 많은 사회경제적 변화가 그들의 나이와 관련되어 진행될 것이다. 또한 경제적 여건 향상과 의학 발전으로 평균수명이 연장되면서 우리나라의 노년인구는 계속 증대하고 있으며, 더욱이 베이비붐 세대가 70세에 이르게 되면서 노년시장(silver market)이 급속히 확대되고 있다. 즉, 연령구조가 변함에 따라 특정 상품이나 산업의 확대 또는 축소가 예상된다.
- **가계구조의 변화** 결혼연령이 점점 늦어지면서 각종 스포츠와 레저활동, 자기계발 프로그램 등에 대한 관심이 높아지고 있다. 또한 자녀를 적게 낳거나 심지어 낳지 않는 가계(Dual Income No Kids: DINK)가 증가하면서 부부 중심의 소비 패턴과 여가활동이 증가하고 있다. 주부의 취업 증가는 가처분소득의 증가를 의미하여 고급품과 레저 및 문화활동에 대한 수요를 증대시키고, 가계 내 전통적인 남녀의 역할을 변화시켜 가사(家事)나 유아용품의 광고가 남편에게 소구되기 위해 설계되기도 한다. 또한 구매 결정에서 주부의 독립성이 증대되면서 이제 '가족 모두를 위한'이라는 메시지보다는 '주부인 당신만을 위한'이라는 메시지가 소구력을 갖게 되었다. 편부모가계(single-parents household)와 노인만으로 구성된 노인독거가계가 증가하면서 복잡하고 다양한 기능보다는 조작이 간편함을 강조하는 가전제품(easy제품)이 각광받기도 한다.

가처분소득과 소구력

- **가처분소득(可處分所得, disposable income)** 국민소득 통계상의 용어로 개인소득 중 소비 · 저축을 자유롭게 할 수 있는 소득이다.
- **소구력(訴求力, appeal power)** 광고 등이 잠재 소비자에게 호소하는 강도로 잠재소비자의 마음을 움직이게 하고 관심을 갖게 하는 힘을 말한다. 소구점이 예리한 것이 소구력을 증가시키고 소비자로 하여금 구매동기를 자극하는 조건이다.

• **교육수준과 직업의 변화** 교육수준이 점차 높아짐에 따라 고급제품, 잡지, 도서, 여행 등에 대한 수요가 증가하고 있다. 한편으로는 학력 인플레이션으로 인해 고학력 실업자가 양산되고 있으며, 이들은 나름의 독특한 문제와 그에 따른 필요를 갖고 있다. 이들은 3D(dirty, danger, difficult)에 해당하는 일은 기피하면서 비교적 편하고 여유시간을 즐길 수 있는 직업을 선택하는 경향이 두드러지며, 직업을 선택함에 있어 보수수준은 이전보다 훨씬 덜 중요시하고 있다.

② 사이코그래픽스

사이코그래픽스(psychographics)란 사람들의 라이프사이클에 기초한 소비자 특성을 말한다. 여기에는 소비자의 라이프스타일, 개성, 주거지역, 습관, 레저활동, 이데올로기, 가치, 믿음 그리고 태도(attitude) 등이 포함된다. 특히 소비자의 태도는 외식업체를 위한 유용한 정보이며 여기에는 그들의 저축성향, 노동관, 라이프스타일과 문화의 수용성, 위험을 받아들일 수 있는 의지, 브랜드 충성도, 최첨단 기술의 적용능력 등과 같은 것들이 포함된다.

사이코그래픽스는 인구통계적 특성보다 마케팅 행동에 대한 정보를 더 많이 제공하지만 현실적인 측정이 매우 어렵다는 단점이 있다. 대부분 개인적인 성향을 낯선 사람에게 알리고 싶어하지 않기 때문이다. 이에 따라 최근에는 그들에게 직접 질문하지 않고도 이러한 내용을 알 수 있는 서비스가 생겨났다. 이들에 대한 정보를 제공하는 시장조사기업들은 자사의 고객이 여행을 좋아하는지, 아이가 있는지, 타운하우스에 사는지, 미혼인지 등을 모두 알고 있을 뿐만 아니라 오늘 당신이 아침식사를 했는지, 지난 밤 어디에 자동

표 4-5 소비자분석의 내용

구분	내용
인구통계적 변수	인구와 그 분포 특성에 관한 내용으로 성별, 연령별, 소득수준, 가계구조 및 변화, 교육과 직업의 수준 및 변화 등
사이코그래픽스 변수	소비자가 일하고 즐기며 생활하는 방식을 의미하며, 라이프스타일, 개성, 주거지역, 습관, 레저활동, 이데올로기, 가치, 믿음 그리고 태도 등
소비행동 변수	월별·요일별·시간대별 소비 비중, 객단가, 일회 결제금액 등
목표고객 변화 예측	목표고객은 언제든 바뀔 수 있으므로 경영자들은 이를 예상하고 준비해야 함

차를 주차해놓았는지도 알고 있다. 또한 사람들의 신용상태와 그들이 살아온 과정 같은 정보를 가지고 있다. 일부 마케팅리서치기업들은 이러한 정보를 활용하여 라이프사이클 유형에 따라 외식업체의 고객을 분류한다. 그들은 하나의 외식업체를 위하여 건강한 삶을 추구하는 소비자, 좋은 와인을 찾는 소비자, 세계 여행을 즐기는 소비자, 새로운 메뉴를 찾는 소비자 등을 알아낼 수 있다. 이러한 행위는 확실한 정보, 즉 자사의 평균고객이 기혼이며 나이는 45세의 여성이라는 사실을 아는 것보다 훨씬 유용하다.

③ 목표고객의 변경

모든 외식업체는 사업을 진행함에 따라 고객의 특성이 바뀌는 상황에 직면하게 된다. 마케터들은 항상 이러한 상황을 예측하고 준비해야 한다. 이를 위해 자사의 고객 프로파일을 검토하고 그들이 누구인지, 거주지는 어디인지, 자사의 매장을 왜 찾는지, 외식업체에서 얼마 정도를 소비하는지, 원하는 서비스의 형태는 무엇인지 등에 대한 의문을 가져야 한다. 자사의 마케터가 이를 정확히 알지 못한다면, 결국 자사의 목표고객을 잘 모른다는 의미가 되므로 고객의 변화를 예측하고 준비할 수 없게 된다.

외식업체를 경영하다 보면, 자사 고객에 대한 귀중한 정보를 얻을 수 있다. 또 유용한 정보를 제공해줄 인구통계특성과 사이코그래픽스를 잘 이용하면 앞으로의 변화에 대비할 수 있다.

(2) 경쟁자분석

외부환경분석 시 경쟁자분석은 필수이다. 여기서 말하는 '경쟁'이란 고객에게 양질의 상품을 싼 가격에 공급하는 시장의 원리인 동시에 혁신의 원동력이다. 경쟁은 상품 형태에 의한 경쟁, 상품 범주에 의한 경쟁, 본원적 효익에 의한 경쟁, 고객의 예산 내에서 어느 부문에 지출하는가에 따른 경쟁 등 다양한 차원에서 이루어진다.

① 경쟁자의 분류

경쟁자를 분석하기 위해서는 먼저 경쟁자의 분류기준을 정해야 한다. 여기서는 그 기준을 가지고 활용할 수 있는 '상품 형태'에 의한 경쟁을 살펴볼 것이다. '브랜드에 의한 경쟁'이라고도 하는 상품 형태에 의한 경쟁은, 동일한 상품의 형태로 인해 발생하는 경쟁이다. 예를 들어 냉면이라는 동일 상품을 파는 업체끼리의 경쟁을 가정할 수 있다. '상품 범주'에 의한 경쟁은 유사한 속성을 보유한 상품을 경쟁자로 파악하는 방법으로, 냉면을 파는 업체에서 냉면 외에 다른 면을 파는 모든 업체를 경쟁의 대상으로 보는 것이다. '본원적 효익'에 의한 경쟁은 고객의 동일한 욕구를 충족시키는 상품 모두를 경쟁관계로 보는

표 4-6 경쟁자의 분류기준

구분		내용
상품 유형	동일상품 경쟁	동일한 제품 형태로 인해 발생하는 경쟁 (예: 스파게티를 판매하는 점포 간의 경쟁)
	상품 범주에 의한 경쟁	유사한 속성을 보유한 제품 간의 경쟁 (예: 국수 전문점과 우동 전문점 사이의 경쟁)
	본원적 효익에 의한 경쟁	동일한 욕구를 충족시키는 상품 사이의 경쟁 (예: 점식식사 용도의 다양한 외식업체 사이의 경쟁)
	예산에 따른 경쟁	가장 포괄적이고 넓은 의미의 경쟁 (예: 간식을 먹는 대신 영화를 보거나 책을 사는 것과 같이 어떤 제품에 예산을 사용할 것인가에 관련된 경쟁)
경쟁 유형	기존 경쟁자	현재 산업 내에서 경쟁하고 있는 제품과 점포
	잠재 경쟁자	진입장벽을 넘어 시장에 새로이 진출하려는 제품과 점포
	대체 경쟁자	보쌈과 족발의 관계처럼 긴밀한 대체재 관계를 가지는 제품

관점으로, 앞서 말한 냉면을 포함한 면요리 외에도 고객의 식욕을 충족시키는 많은 대체 음식을 파는 사업체는 경쟁의 대상으로 삼는 것이다. '예산'에 따른 경쟁은 가장 포괄적이고도 넓은 의미의 경쟁으로, 고객이 어떤 상품에 예산을 사용할 것인가에 관련한 경쟁이다. 예를 들어, 고객은 1만 원을 가지고 식욕 충족을 위해 냉면을 포함한 음식을 사 먹을 수 있지만 그렇게 하지 않고 영화를 보거나 책을 구매할 수도 있다. 이에 따르면 냉면을 파는 사업체가 영화관이나 서점까지도 경쟁자의 범주에 넣을 수 있다.

이상의 분류기준 외에도 고객을 중심으로 경쟁자를 파악하는 방법이 있다. 하나는 고객의 지각에 따른 방법이고, 다른 하나는 고객의 행동에 따른 방법이다. 고객이 어떤 두 상품을 비슷하다고 생각할수록, 그들 간의 대체 가능성은 높아진다. 예를 들어 배달시장(delivery service)에서 경쟁하는 치킨과 피자가 이에 해당된다. 또한 고객 행동에 기초한 방법으로, 고객이 실제로 대체하여 사용하는 패턴을 관찰하여 주요 경쟁자가 누구인지를 파악하는 방법도 있다. 경쟁자는 유형에 따라 기존 경쟁자, 잠재 경쟁자, 대체 경쟁자로 나누어볼 수 있다. 여기서 기존 경쟁자란 현재 산업 내에서 경쟁하고 있는 기업을 말하는 것이고, 잠재 경쟁자란 진입장벽을 넘어 시장에 새로이 진출하려는 기업을 의미한다. 대체 경쟁자는 보쌈과 족발의 관계처럼 긴밀한 대체재 관계를 가지는 기업을 뜻한다.

② 경쟁환경의 분석

외식업체의 경쟁은 매우 치열하다. 특히 우리나라 외식업체 수는 인구수 대비 미국보다 7배 많고, 일본과 비교해도 3배가 넘는 수준이다. 이렇듯 매우 치열한 경쟁의 강도를 느끼고 있을 경영자들은 이미 사업을 포기했거나 생존을 위해 처절한 경쟁을 하고 있다.

이러한 경쟁환경은 외부 환경 변화의 가시적인 결과라는 관점에서 검토해야 하며, 경쟁환경의 변화는 고객들의 변화를 포함한다. 물론 하나의 새로운 외식업체가 진출하기 위해 대대적인 판촉을 벌인다고 해서 그 업체가 성공하거나 고객의 욕구를 만족시키는 것은 아니지만, 마케터들은 적어도 이런 변화에 대해 시장에서의 의미, 자사와의 관계, 고객에 대한 의미 정도는 항상 파악하고 민감하게 반응해야 한다. 또 자사의 경쟁사라고 생각되는 경쟁업체에 대한 정보 수집을 꾸준히 해야 한다. 경쟁에 대한 정보로 인해 자사가 속한 상권 내 선도자와 후발주자 사이에 차이가 생길 수 있으며, 이러한 정보를 활용함으로써 자사의 시장 점유율을 유지 또는 상승시킬 수 있다. 따라서 마케터는 경쟁의 범위 내에서 정보를 수집하는 방법에는 어떤 것이 있는지 살펴보고, 수집된 정보에 대한 정확성과 유용성을 파악할 수 있어야 한다.

경쟁 상황을 분석할 때는 먼저, 자사가 속한 상권에서 소비자들이 지출하는 외식비의 총액을 알아야 한다. 수치 자체가 중요하다기보다는 이를 통해 자금이 얼마나 소비되는지 알 수 있고, 간접적으로는 자사의 매출을 유지 또는 증가시킬 수 있는지 여부를 알 수 있기 때문이다. 이러한 외식비 총액이나 고객의 수는 식재료 공급자, 지역의 외식업중앙회 지회, 세무서 상권분석시스템 등을 통해 알 수 있다. 관련 정보를 모으는 또 다른 효과적이고 효율적인 방법은 경쟁업체를 방문하여 미스터리 쇼핑을 하는 것이다. 이것은 상권 내에 얼마나 많은 외식업체가 어떻게 운영되고 있는지를 알 수 있는 최선의 방법 중 하나로, 프랜차이즈 외식업체의 경우 보통 이러한 조사에 정기적으로 일정 비용을 지불하고 있다.

③ 경쟁자분석방법

경쟁자분석은 자사의 경쟁자를 확인하여 경쟁자의 능력과 강약점을 분석하고, 전략을 파악하여 자사와 경쟁자들을 객관적 관점에서 비교하는 과정이며 활동이다. 경쟁자의 역량을 분석하는 데는 방대한 자료가 요구된다. 자료의 원천은 전문지나 일간지의 특집 기사, 해당 기업의 공개정보 등이 있다. 때때로 고객들의 외식소비 형태나 만족도 등과 같은 시장 성과를 알기 위해 시장조사를 실시할 수 있으며, 경쟁사와 관련된 직원의 인터뷰나 실제 고객을 가장하여 경쟁업체를 이용하는 미스터리 쇼핑 등에 의존할 수 있다.

이렇게 수집된 자료들은 객관적이고 계량적인 것도 있지만 대부분 정성적이며, 주관적 판단에 의존해야 하는 경우가 많아 자료의 수집능력뿐만 아니라 정보의 해석능력이 반드시 필요하다. 또 수집한 정보의 활용가치를 자료 제공자에게 확인할 필요가 있으며, 조각난 정보를 엮어 하나의 완성된 스토리를 만드는 능력도 필요하다.

경쟁자분석을 위해서는 다음과 같은 정보를 정기적으로 파악해야 한다.

- 첫째, 상권 내 외식업체의 수와 업종, 업태에 대한 정보를 파악한다. 만약 동남아 음식

이 퇴조하고 있다면 그 이유는 무엇인지, 가격이 내려가고 있다면 왜 내려가는지, 제공되는 서비스의 수준이나 서비스 행태는 어떤지 등에 관한 것을 알아보아야 한다.

• 둘째, 진입장벽에 대해 알아본다. 경쟁업체의 유형은 3가지로 나누어진다. 자사와 거의 동일한 고객을 목표고객으로 하는 '기존 경쟁자', 식음료를 판매하지만 목표고객이 상이한 '대체 경쟁자', 아직 시장에 진입하지 않았지만 새로이 진출하려는 '잠재 경쟁자'가 바로 그것이다. 외식업체는 이 같은 경쟁업체와의 경쟁에서 이기기 위해 진입장벽을 만들어야 한다. 예를 들어, 한 상권에 자사 점포를 여러 개 개설하여 동종업체의 진입을 원천봉쇄하는 방법으로 진입장벽을 높일 수 있다. 경쟁업체와 제휴를 고려해볼 만하다. 다수의 직영점 운영자는 경쟁이 치열한 환경에서 경쟁력을 유지하기 유리하지만, 개인적으로 운영하는 독립 점포는 그렇지 못하다. 자사를 성공적으로 경영하려면 상권 내에서 가장 성공한 경쟁업체가 누구인지 아는 것이 중요하다. 그리고 그들로부터 배울 점을 찾아 경쟁자를 벤치마킹하는 것은 매우 좋은 아이디어이다. 벤치마킹이란 최고의 업체를 선택한 후, 그들의 메뉴와 서비스수준 및 가치 등을 배우는 과정이다. 대개 경쟁업체들이 활용하는 마케팅전략은, 앞서 설명하였던 7P에 집중되어 있다. 이러한 7P에 대해서는 다음 장에서 자세히 설명할 것이다. 자사를 포함한 모든 경쟁자들은 이러한 7P를 활용하여 마케팅전략을 수립하고 전개한다. 이 중 일부 업체들은 다른 업체보다 이를 더욱 효과적으로 실행하므로, 경영자는 수많은 경쟁업체 중에서 누가 성공적으로 7P를 통합 관리하는지 알아내야 한다. 그래야만 성공적인 외식업체 경영을 위해 무엇을 해야 하는지, 무엇이 더 중요한지, 혹은 하지 말아야 할 일이 무엇인지 알 수 있다.

• 셋째, 경쟁자가 판매하는 핵심 제품을 파악한다. 즉, 경쟁자들의 주요 현금 창출 제품을 알아내어 똑같이 만들거나 더 좋게 만들 방법을 찾아야 한다. 많은 경영자가 우래옥의 평양냉면과 불고기를 흉내 내고 싶어 하는데, 만약 그것을 똑같이 만들어 상품화한다면 그냥 좋은 것에 불과하지만, 거기에 가치를 좀 더 부여하여 새로운 메뉴로 만든다면 크게 성공할지 모른다.

• 넷째, 경쟁자의 강점과 약점을 파악해야 한다. 동기부여 전문가가 항상 말하는 "드리블은 오른쪽으로 해야 한다."는 이야기가 있다. 이는 특정 부문에서 뛰어난 기술을 가진 경쟁자와는 정면으로 승부하지 말라는 의미이다. 예를 들면, 경쟁환경에서 승리하는 방법

표 4-7 경쟁자분석의 내용

구분	내용
경쟁 외식업체 수	경쟁업체의 세부적인 업종, 업태
경쟁 유형	동일 타깃 경쟁업체, 다른 타깃 경쟁업체, 잠재경쟁업체
핵심상품	경쟁업체의 핵심 제품과 서비스를 파악하고 틈새시장 발굴
경쟁자의 강점과 약점	강력한 경쟁자와는 정면승부를 피함
경쟁자의 수명주기	잦은 창업과 폐업의 원인, 시장의 안정성 등

을 알고 있는 주요 경쟁자에 정면으로 도전하지는 말아야 한다. 오히려 자신이 통제할 수 있는 경쟁 상황에서 경쟁하는 것이 훨씬 유리하다.

- 다섯째, 블루오션의 틈새시장을 노려도 좋다. 일반 외식업체에서 판매하지 않는 메뉴가 있다면 그 이유에 의문을 가져보고, 그것을 개발할 여지가 있는지 알아본다.
- 여섯째, 경쟁자들의 수명주기를 알아본다. 경쟁업체들의 오픈과 폐업이 잦은지, 상권이 안정적인지를 확인해야 한다. 상권이 어떻든 결국은 자신이 운영하는 외식업체가 좋은 상황에 속하기를 바라기 때문이다. 대개 불안정한 경쟁환경은 고객이 반드시 해당 상권의 외식업체를 이용하지 않아도 된다는 것을 의미한다. 만약 자신의 업체가 그런 상황에 놓여 있다면 차별성을 높이거나 고객이 반드시 찾아와야 하는 이유를 만들어야 한다. 이를 위해 가능하다면 경쟁업체 1~2개의 라이프사이클을 주시해야 한다. 즉 그들이 어떻게 시작했는지, 가오픈(pre-opening)은 어떻게 했는지, 커다란 변화는 언제 주었는지를 확인하는 것이 좋다. 그리고 만약 폐업했다면 운영상의 문제였는지, 아니면 임차료 상승과 같이 통제 불가능한 요소로 인한 것인지를 확인해본다.

(3) 자사분석

자사분석은 외식업체의 내적 환경요인을 분석하는 활동이다. 내적 환경요인이란 사업자에 의해 주도되는 것이므로 외식업체 경영자나 마케터가 통제 가능하다. 이러한 요인은 최고경영자가 주도하는 요인과 마케팅 부서가 통제하는 요인으로 나누어 살펴볼 수 있다. 전자의 경우에는 외식업체의 전반적인 목표, 기업문화, 사업영역, 마케팅 부서의 역할,

기타 부서들의 역할 등이 있으며 이러한 요소는 최고경영자의 의사결정을 통해 마케터에게 영향을 미치게 된다. 후자인 내적 환경요인으로는 마케팅 조직의 구축, 마케팅 믹스의 구성과 계획의 통제, 표적시장과 마케팅 목표의 선택 등이 있다.

외식업체가 신규시장에 진입하기 위해서는 외식업체의 내부환경과 외식업체가 진입하려는 시장과의 적합성에 대한 분석이 필요하다. 외식업체가 새로운 시장으로 진입하려고 할 때, 새로운 시장이 기존 외식업체의 문화나 외식업체의 사명과 맞지 않을 경우에는 진입을 포기할 가능성이 높다. 또 하나의 시장이 아닌, 여러 개의 사업을 함께할 경우가 있으므로 새로운 시장에 진입할 때는 외식업체가 이미 진출한 다른 시장과의 적합성도 고려해야 한다.

외식업체가 전략적인 마케팅활동을 펼치기 위해서는 내부환경 중에서 경영에 영향을 미칠 수 있는 강점 및 약점을 파악해야 한다. 외부에서 발생하는 기회와 위협요인은 외식업체 경영자의 의지와는 관계없이 독립적으로 발생하는 사건인 데 반하여, 외식업체 내부의 강점과 약점은 경영자가 통제 가능한 요인이다. 따라서 외식업체 경영자는 외부환경요인과 내부환경요인을 잘 결합하여 효과적인 마케팅활동을 펼쳐야 한다. 따라서 내부환경 분석에 활용 가능한 마이클 포터의 가치사슬모형을 살펴보도록 한다.

외식업체의 가치는 고객이 기꺼이 값을 지불하게 만드는 음식과 서비스의 품질, 특성, 속성 및 기타 다양한 요소에서 만들어져야 한다. 그리고 원재료가 완제품으로 만들어지는 각각의 과정에 가치를 추가하는 모든 연관된 활동이 이루어져야 한다. 다만 가치를 정의하고 제조방법과 서비스방법을 정하는 주체는 소비자라는 점을 잊어서는 안 된다.

결과적으로 외식업체는 경쟁업체와 비교해서 경쟁력이 있으면서 소비자가 원하는 해결책을 제공할 독특한 조합을 만들기 위하여 모든 개별활동의 비용과 부가가치를 분석하여 이익을 높일 수 있는 방법을 찾아야 한다. 최근에는 인터넷과 정보통신의 발달로 가치사슬의 해체가 가속되고 있다. 즉, 아웃소싱 등을 통한 가치사슬의 연계관리가 가능하도록 지원할 수 있는 정보기술을 활용해야 하는 시대가 되었다.

〈그림 4-3〉에 나타난 바와 같이 외식업체에서 식재료의 입고, 조리, 제공, 마케팅, 서비스와 같은 주 활동과 경영, 인적자원관리, 신메뉴 및 프로세스 개발, 조달과 같은 지원활동은 가치를 창출하는 활동이다. 이러한 활동들은 고객이 기꺼이 지불하고자 하는 가치

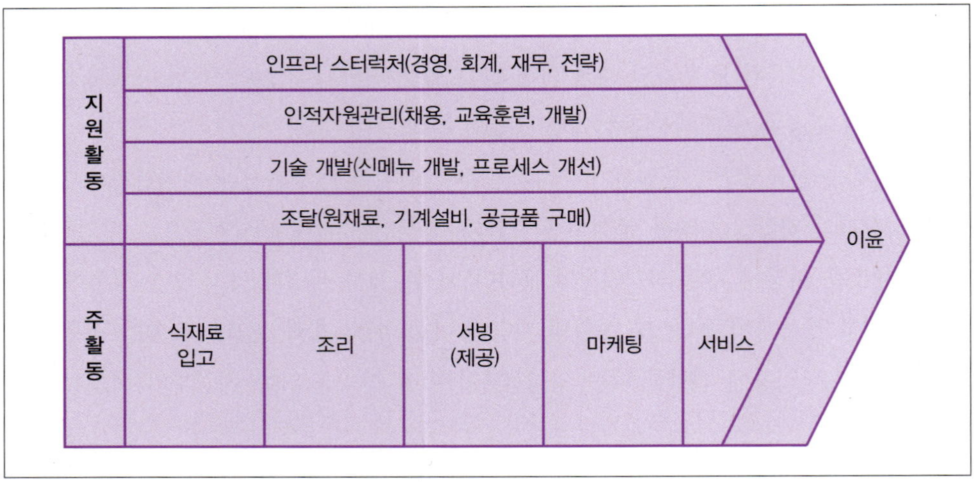

그림 4-3 마이클 포터의 가치사슬모형

를 창출한다는 측면에서 가치사슬이라고도 한다. 만약 외식업체의 주 활동과 지원활동이 창출하는 가치가 가치활동에 투자되는 비용을 초과한다면, 그 외식업체는 이익을 얻게 된다.

이 같이 확보 가능한 이익을 지속적으로 유지하기 위해, 외식업체는 타 브랜드보다 경쟁우위를 확보하고자 가치활동을 더 효율적으로 수행하여 비용을 절감하거나, 가치활동을 경쟁사와는 다른 방식으로 수행해서 차별화를 이루어야 한다.

〈그림 4-3〉 같은 가치사슬모형에 대한 가치사슬분석은 해당 업체의 가치사슬을 구체적으로 작성하여, 가치 창출에 기여하는 활동을 도출하고 각 활동의 강점과 약점, 원가구조 및 차별화요인을 분석하여 경쟁우위를 확보하고 실천하는 방법이다.

외식업체는 가치사슬분석을 통해 다음과 같은 4가지 활동을 할 수 있다.

- **프로세스의 혁신** 가치사슬분석은 전반적인 활동의 혁신을 위한 것으로, 가치사슬과 연계요소의 분석을 통해 점포의 혁신을 도모한다.
- **원가 절감** 내부의 낭비요소를 철저히 제거하여 원가를 절감하는 데 활용할 수 있다.
- **품질 향상** 외식업체는 제품의 품질은 물론이고 감성적인 품질까지도 관리하여 소비자

를 만족시켜야 한다. 가치사슬분석을 이용하면 품질 향상을 도모할 수 있다.

• **제품 제공시간의 단축** 제품과 서비스를 얼마만큼 고객에게 신속히 전달하느냐 하는 문제는 대단히 중요한 경쟁요소이다. 가치사슬분석을 이용하면 제품과 서비스 제공시간을 단축시킬 수 있다.

3) SWOT분석

지금까지 SWOT분석을 위한 준비과정을 알아보았다. 이제부터는 미시환경분석과 거시환경분석 결과를 이용하여 SWOT분석을 실시하도록 한다. SWOT분석은 복잡한 과정이나 계량화작업이 필요하지 않기 때문에 실무에서 널리 사용된다. 무엇보다 외부환경을 기회(opportunity)와 위협(threat), 내부역량을 강점(strength)과 약점(weakness)으로 나누기 때문에 도표화가 쉽다는 장점이 있다. 또한 내·외부의 영향요인을 동시에 판단할 수 있어 유용하다.

여기에서 말하는 기회란 외부환경에서 인지하고 있는 내용이 외식업체에 긍정적 효과를 미칠 수 있는 것을 뜻하며, 위협은 외식업체에 미칠 수 있는 부정적 효과를 의미한다. 강점은 경쟁 외식업체와 차별화된 장점으로 인식되는 것이고, 약점은 경쟁 외식업체와 비교하여 약점으로 인식되거나 피해야 하거나 또는 주의와 개선이 요구되는 부문이다.

SWOT분석의 내용을 차례로 살펴보자. 일반적으로 외식업체의 강점(strength)은 평판, 입지, 종업원, 분위기, 전망, 시장점유율 등으로 정의되는 반면 약점(weakness)은 장점의 반대상황으로 정의된다. 좋은 평판은 장점이 되지만 나쁜 평판은 약점이 된다. 넓은 주차공간은 커다란 장점이지만, 불편한 주차시설은 약점에 해당된다. 다음의 〈표 4-8〉은 외식업체의 SWOT분석 사례를 나타낸 것이다.

지금까지 외식업체의 환경분석을 이해하고 직접 활용하기 위한 목적으로 '환경분석의 정의, PEST분석, 3C분석, SWOT분석'에 대하여 살펴보았다. 마케터는 이와 같은 환경분석을 수행하기 위하여 다음과 같은 환경분석 로드맵을 만들어 활용할 필요가 있다.

표 4-8 외식업체의 SWOT분석 사례

	강점(S)	약점(W)
	• 해당 업종에 대한 경험과 경력이 많다. • 차량 이용 고객층 확보와 안정적 매출을 달성할 수 있다. • 모임과 회식 점포로서의 이미지를 확보할 수 있다.	• 고객 대부분이 차량으로 이동 방문한다. • 맞춤형 서비스로 업무 숙련도가 요구된다. • 이직률과 인건비가 상대적으로 높다. • 오후 매출 비중이 평균보다 높다.
기회(O) • 초밥과 참치회 선호 고객층이 다양화되고 있다. • 활어 유통망 시설과 운반차량 보급이 증가하여 신선한 식재료 확보가 용이하다. • 초밥과 참치회는 비교적 고가 업종으로 인식되어 있어 수익성 확보가 유리하다. • 웰빙 건강음식으로 인식되어 있다.	• 20~30대 고객층 확보를 위한 메뉴 및 테이크아웃, 배달 가능 메뉴를 개발한다.	• 주요 핵심 직원 외에도 다양한 시간대 근무자를 요일별로 확보한다. • 주방과 홀의 혼합 근무가 가능하도록 업장의 구조를 개선한다. • 주요 식재료를 사용한 점심 메뉴와 저녁 매출을 연계한 메뉴를 개발한다.
위협(T) • 전문 요리사 수급이 어려워 인건비가 높다. • 높은 위생관리가 요구된다. • 원전 사고로 인한 회 기피현상이 나타난다. • 대체 가능성이 높은 업종이다. • 불경기로 소비가 위축될 수 있다. • 비교적 전문성 있는 고가 음식이다.	• 점심과 저녁 사이 브레이크 타임을 활용하여 작업환경을 정리하고, 저녁시간 식재료를 준비한다. • 안전 먹거리 원산지를 공지하는 등의 식재료 관리를 하고 조리과정을 공개한다. • 지역 교육기관과의 직업교육과 연계하여 직원 충원 업무에 협조를 구한다.	• 기존 메뉴와 서비스 구성 중 만족도가 낮은 것은 축소하거나 제외하고, 외주가 가능한 작업은 아웃소싱하여 인건비와 근무 노동량을 감소시킨다.

4 환경분석 로드맵

외식업체의 마케팅을 위한 환경분석(environmental analysis)은 일회성으로 끝나서는 곤란하다. 이는 다양한 미디어 채널을 대상으로 정기적·반복적으로 이루어져야 한다. 조사를 통해 누적된 정보는 월별·분기별·반기별로 분석하여 마케팅활동에 반영하고 성과를 평가해야 한다. 마케터는 외식업체의 환경분석을 체계적으로 관리할 수 있도록 〈표 4-9〉와 같은 환경조사 및 분석 로드맵을 작성하고 준수해야 한다.

외식사업 마케팅을 위한 환경분석은 선택이 아니라 필수이다. 마케팅활동을 전혀 하지 않는 외식업체라도 환경분석은 정기적으로 실시해야 한다. 국내 외식업체들이 창업 후 단기간에 폐업에 이르는 가장 큰 원인 중 하나가 바로 환경분석의 부재이다. 즉 정기적으로 환경분석을 하지 않았기 때문에 빠르게 쇠퇴했다는 의미다.

외식산업의 환경 변화가 빠르게 이루어지고 있다. 이러한 현상은 소비자들의 욕구 변화에 의하여 일어나는 것임에 틀림없다. 따라서 외식업체는 소비자가 원하는 바를 계속해서 만족시키기 위하여 환경을 분석하고 그 결과를 활용하여 소비자를 만족시킬 만한 제품과 서비스를 개발해야 한다.

표 4-9 외식업체를 위한 환경조사 및 분석 로드맵

구분	주기	내용
환경조사	일	일간지, 인터넷 등을 활용하여 키워드(음식점, 외식, 식당, POS, CRM, 인터넷 마케팅 등) 중심으로 외식업과 관련된 정치·경제·사회문화, 기술적 카테고리 정보 검색 및 정리
	주간 및 월간	외식업과 연관된 주간지 및 월간지를 중심으로 외식산업 관련 정보 검색 및 정리하고 일주일 동안의 일일 정보 중 유의미한 정보만을 별도로 관리
	분기	월간 환경분석 조사내용을 정리하고, 상권 내 경쟁점에 대하여 마케팅 믹스 7P를 중심으로 조사한 내용을 종합하여 정리
	반기	분기정보를 정리하고, 국내시장 전체를 대상으로 우수 외식업체를 대상으로 벤치마킹 후 종합 정리
	연	반기정보를 정리하고, 외국시장을 대상으로 외식산업 현황과 트렌드 변화 파악 후 연간 정보를 종합 정리
환경분석	분기 또는 반기	국내에서 조사된 PEST 정보와 3C 정보를 바탕으로 SWOT분석을 실시하고 변화된 트렌드에 적절히 대응하기 위한 SO, WO, ST, SO전략 수립과 실행
	연	국내외에서 조사된 PEST 정보와 3C 정보를 비롯하여 미국, 중국, 일본 등 해외 외식산업 트렌드까지도 고려하여 SO, WO, ST, SO 및 리뉴얼 전략 수립과 실행

5 기타 고려해야 할 요소

외식업체의 마케터라면 지금까지 소개한 환경분석요소들과 함께 우리 사회에서 일어나고 있는 트렌드 정보에 대해 알아야 한다. 이러한 사항은 마케팅과 직접적인 관계가 없는 것처럼 보여도, 갑작스러운 규제 신설 및 철폐나 새로운 기술 동향은 마케팅에 큰 영향을 미치게 된다. 또 경쟁업체에서 동일한 콘셉트의 메뉴와 서비스가 제공된다면, 마케팅에 대한 계획을 다시 세워야 한다. 시장에서 자사가 경쟁력을 갖기 위해서는 타 업체의 정보와 업계 정보를 정확히 파악해두어야 한다. 다음은 트렌드 정보 중에서 특별히 파악해두면 좋은 동향을 열거한 것이다.

- 사업규제법령, 세제 개편
- 자원 수급 동향(원자재 가격 상승)
- 인구동태의 변화
- 노동시장 동향(자금수준, 고용 동향 등)
- 라이프스타일의 변화
- 기술적 환경요인(신기술 개발, 신소재 개발, 정보시스템 발전)
- 개인 소비 동향
- 소비 스타일의 변화
- 민간설비 투자 동향
- 경제와 금융정책 동향
- 사회적 환경요인
- 산업구조의 변화

외식산업에서 또 다른 중요한 정보는 위에서 열거된 노동시장 동향으로 외식업체에 필요한 노동의 형태와 양이다. 외식업체에게 운영에 필요한 적절한 기술을 가진 적절한 수의 직원은 필수이며, 이들은 고객에게 서비스를 제공하기 위한 준비에 영향을 미친다. 또한 자신의 상권 내에서 요구되는 노무비의 수준을 파악해야 한다. 새로운 외식업체를 개업하거나 리뉴얼하기 전에는 반드시 시간당 최저임금과 월 최저임금, 4대보험 등 필수 복리후생제도를 신중히 따져보아야 한다. 노동부나 지방노동청 등에 문의하면 그와 관련된 정확한 정보를 제공받을 수 있다. 또한 국내 외식업체라도 국제적인 관점으로 생각하는 것이 매우 중요하다. 세상은 생각보다 좁다. 다른 나라의 정치적 상황은 물론 경제적 상황, 자연환경 변화는 우리에게 큰 영향을 미칠 수 있다.

학습 요약

1 환경분석이란 마케터가 트렌드의 출현이나 변화를 감지하기 위하여 상권이나 경쟁업체를 조사하는 활동을 말한다. 외식업체 내외부의 환경요인들은 끊임없이 변화하면서 새로운 마케팅 기회와 위협을 창출하므로, 적절한 환경분석은 마케팅조직의 성과에 커다란 영향을 미친다.

2 환경분석의 주된 이점은 트렌드의 출현, 변화, 유행, 퇴조 등의 상황에 미리 대처할 수 있다는 데 있다. 지나간 일에만 관심을 갖는다면 성공적인 경영을 할 수 없다. 따라서 경영자는 환경분석을 통해 주변에서 어떤 일이 일어날지 미리 예측하고, 다른 경쟁자보다 빠르게 대응할 수 있어야 한다.

3 마케팅 환경요인에는 대체로 통제할 수 없는 거시적 환경요인과, 이보다는 약간의 통제가 가능한 미시적 환경요인이 있다. 주어진 제약조건을 받아들이고, 효과적으로 적용할 수 있는 방안을 모색하기 위해 PEST분석, 3C분석, SWOT분석을 활용해야 한다.

4 일반적으로 외식업체가 주목해야 할 거시환경 영역으로 정치적 환경(political environment), 경제적 환경(economical environment), 사회문화적 환경(socio-cultural environment), 기술적 환경(technological environment)이 있다. 이 네 가지 영역의 알파벳 첫 글자를 따서 PEST분석이라고 한다.

5 3C분석은 고객(customer)과 경쟁사(competitor), 자사(company)를 분석하는 환경분석 도구이다.

6 대표적인 환경분석방법인 SWOT분석은 S(Strength, 자사의 강점), W(Weakness, 자사의 약점), O(Opportunity, 기회요소), T(Threat, 위협요소)의 약자이다. 이 분석을 통해 내부환경에 속하는 자사의 강점과 약점을 분석하고, 외부환경에 속하는 기회와 위협요소를 평가하면 자사의 강점을 활용한 사업기회를 확보하고 위협에 대한 대안을 수립할 수 있다.

토의문제

1 거시환경분석과 미시환경분석의 차이점을 정리하고, 각 분석을 위한 구체적인 도구를 제시해보자.

2 외부환경분석과 내부환경분석의 차이점을 정리하고, 각 분석을 위한 구체적인 도구를 제시해보자.

3 자신의 점포 또는 관심이 있는 브랜드를 대상으로 PEST분석을 해보자.

4 자신의 점포 또는 관심이 있는 브랜드를 대상으로 3C분석을 해보자.

5 3과 4의 결과를 활용하여 SWOT분석을 해보자.

6 이 책에서 제시한 환경분석 로드맵을 이용하여 실제 어떤 매체에서 어떤 정보를 수집할 수 있는지 구체적으로 정리해보자. 해당 정보를 자동으로 수집하고 정리하는 방법도 생각해보자.

5장

외식사업 마케팅 STP전략

학습목표

- 목표고객을 선정하고 이를 대상으로 하는 콘셉트 기획과 마케팅 계획의 수립과정을 설명할 수 있다.
- STP전략 수립을 위한 PEST분석 및 3C(Customer, Competitors, Company)분석에 관해 설명할 수 있다.
- 여러 개의 세분시장을 선정한 후, 각 세분시장에 가장 적합한 콘셉트와 마케팅 믹스를 제공하는 전략을 설명할 수 있다.
- 외식업체의 브랜드가 시장에서 위치하고 싶어 하는 위치를 고객에게도 동일하게 인식하게 만드는 활동인 포지셔닝 전략에 관해 설명할 수 있다.

1 STP전략의 이해

외식업체의 목표고객은 사격선수나 양궁선수에게는 과녁과도 같은 존재이다. 외식업체에서 목표고객이 어떤 의미를 갖는지 알아보기 위하여 다음과 같은 예를 떠올려보자. 가족, 커플, 20대 친구들의 세 그룹이 패밀리 레스토랑에 방문했다고 가정하자. 이때 모든 그룹이 동일한 목적을 가지고 방문하지는 않을 것이다. 가족은 특정 요일에 어린이 메뉴가 무료라는 부분을 고려했을 것이며, 커플은 비교적 합리적인 가격으로 세트메뉴와 맥주를 즐기고자 했을 것이다. 20대 그룹은 무제한 제공되는 빵과 음료 등을 즐기기 위해 방문했을 것이다.

이 같이 방문 시간대나 방문 그룹, 방문 고객의 연령대 등에 따라 고객의 욕구는 매우 다양하다. 따라서 외식업체들은 명확한 목표고객을 설정하여 그들의 욕구에 맞는 마케팅 전략을 수립해야 한다. 이러한 과정은 마케팅 커뮤니케이션에서 매우 중요한 요소이므로 외식업체를 구성하는 모든 요소를 목표고객의 욕구와 이용동기에 적합하게 기획하고 만들며 제공하도록 노력해야 한다.

모든 외식업체는 목표고객을 선정하고 이를 대상으로 치밀한 마케팅전략을 수립해야 한다. 마케팅에서는 이러한 과정을 표적 마케팅 또는 STP(Segmentation-Targeting-Positioning)전략으로 칭한다.

산업혁명 이후 대량생산체계가 구축되면서 모든 소비자를 목표로 하는, 즉 모든 고객의 대중적인 욕구를 충족시키는 전략은 기업의 성장과 존속에 유효했다. 하지만 산업이 발전하고 소비자의 욕구가 다양해지면서 많은 변화가 일어났다. 외식업체 간 경쟁이 치열해지면서 보다 정교하고 효과적인 대안이 요구되었던 것이다. 외식업체는 모든 고객을 위한 범용적 제품과 서비스를 개발하는 것보다는 특정 취향의 고객집단을 대상으로 하는 제품과 서비스를 개발하여 고객의 욕구를 충족시키는 효과적인 STP전략을 구체화해야 하는 상황에 직면하였다.

2 STP전략의 실행

최고의 경쟁력을 갖추어야 하는 외식업체를 위한 STP전략 실행 절차는 〈그림 5-1〉과 같다. 이 절차에 따르면, 외식업체는 국내 외식산업과 소비자에 대한 환경분석을 통해서 외식시장을 세분화한 후, 목표시장을 선정해야 한다. 또 목표고객을 대상으로 자신의 브랜드를 포지셔닝해야 한다. 환경분석은 4장에서 다루었기 때문에 이 장에서는 시장세분화부터 다루기로 한다.

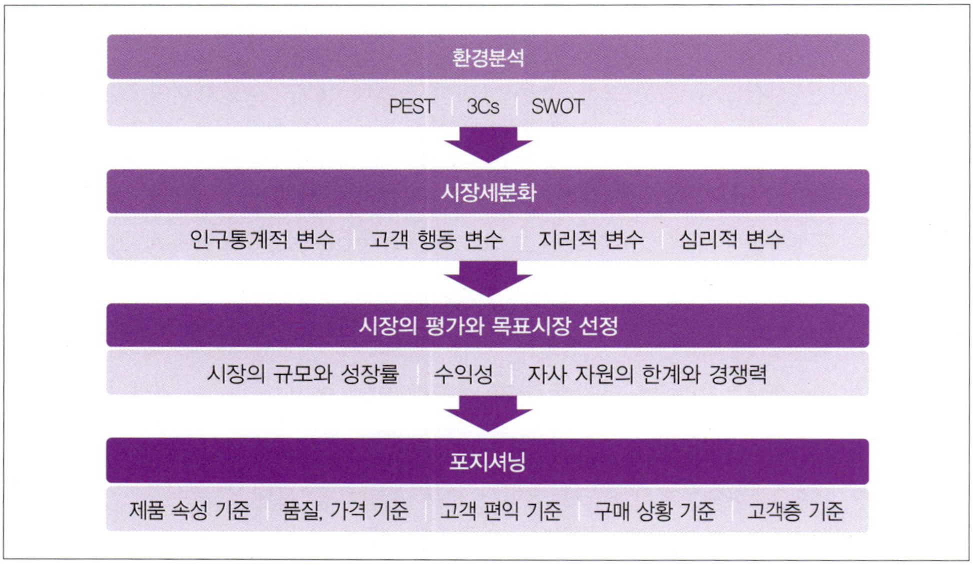

그림 5-1 STP전략 실행 프로세스

1) 시장세분화

(1) 시장세분화 프로세스

시장세분화(segmentation)는 말 그대로 시장을 작게 나누는 것을 의미한다. 즉 특정한 기준을 만들고 그 기준에 맞춰 시장을 분류하는 시장세분화는 STP전략의 첫 단계이며,

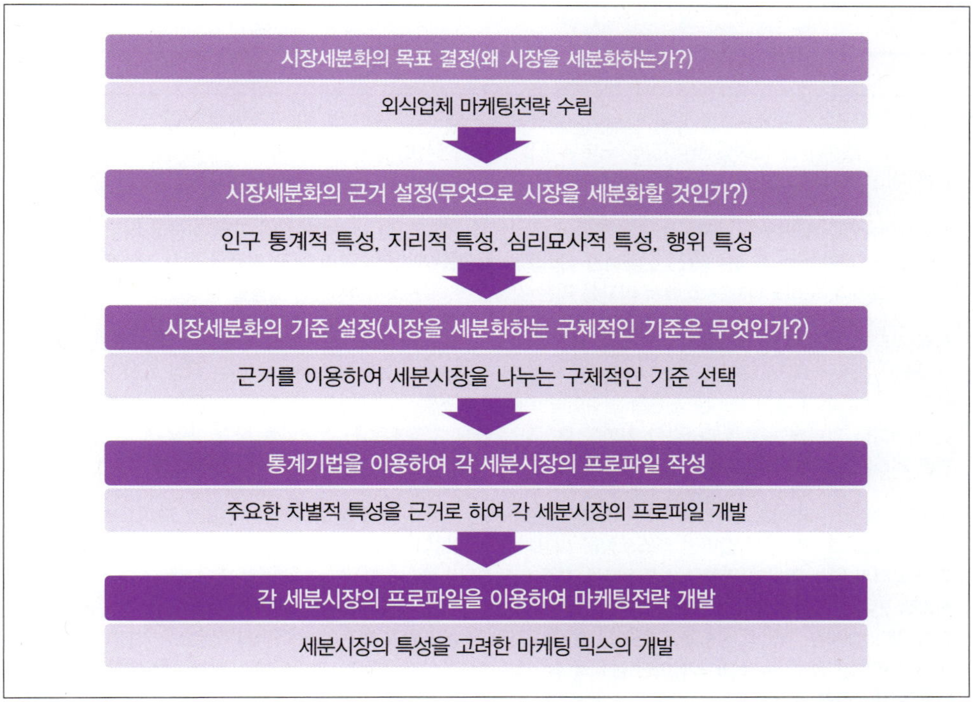

그림 5-2 시장세분화 프로세스

외식사업을 위한 전략 수립의 출발점이 된다. STP전략은 경영의 효율성을 높이는 가장 유용한 방법으로 전략 수립의 핵심 부분이기도 하다. 외식사업 마케팅을 위한 시장의 세분화는 〈그림 5-2〉와 같은 절차로 진행할 수 있다.

(2) 시장세분화의 기준

외식사업을 위하여 시장을 세분화하려면 객관적 근거자료에 의해 시장을 나누어야 한다. 가장 일반적으로 활용하고 있는 시장세분화의 기준은 인구통계적 변수, 소비자행동변수, 지리적 변수, 심리적 변수 등이 있으며 세부적인 내용은 〈표 5-1〉과 같다.

가장 쉽게 이용할 수 있는 시장세분화 기준은 인구통계적 변수와 지리적 변수가 있다. 국가와 지방자치단체, 전문기관 등이 발표하는 통계정보와 상권분석시스템 등을 이용하여 쉽게 시장을 나눌 수 있기 때문이다. 이에 반하여 소비자행동변수와 심리적 변수는 한

표 5-1 시장세분화의 기준

구분	내용
인구통계적 변수	대표적인 인구통계적 변수로는 인구수, 나이, 성별, 소득수준, 직업 등이 있으며 이러한 기준은 소비자의 외식행동과 깊은 연관이 있다. 예를 들어 맞벌이 부부가 많은 상권에서는 저녁식사를 위한 테이크아웃서비스를 고려해 볼만 하다. 퇴직자가 많은 상권에서는 새벽식사시장이 크다. 베이비붐 세대는 외식을 많이 한다.
소비자행동 변수	소비자행동변수를 이용한 세분화는 소비자들이 음식점을 어떻게, 왜 이용하는지에 따라 시장을 나누는 것이다. 예를 들어 '피자헛'은 좌석을 가진 전국적인 레스토랑 체인을 개발함으로써 미국 최고의 피자 레스토랑 체인이 되었다. 그러나 '도미노피자'는 집에서 피자를 먹는 것을 선호하는 소비자시장이 있음을 알았다.
지리적 변수	전체 시장을 기후, 지역, 자연자원, 도시와 지방, 도시의 규모 등과 같이 상이한 지역 단위로 세분화하는 것으로 객관적인 경계를 파악하기 쉽다. 또 각 시장에 대한 인구통계적·사회경제적 자료도 얻기 쉬워 가장 편리하게 이용할 수 있고 가장 많이 쓰이는 세분화 변수이다. 미국의 맥스웰커피의 경우, 제품을 전국에 판매하고 있으나 맛은 지역마다 다르게 하고 있다. 강한 커피를 좋아하는 서부 지역에는 진한 커피를 팔고, 동부 지역에는 그보다 연한 커피를 판매한다.
심리적 변수	심리적 세분화란 라이프스타일에 따라 시장을 세분화하는 것이다. 예를 들어, 자신이 엘리트 라이프스타일을 가졌다는 것을 보이기 위해 값비싼 레스토랑을 이용하는 사람들이 있다. 어떤 이들은 공통 관심사를 가진 사람들과 어울리기 위해 이웃에 위치한 스포츠바를 자주 이용한다. 심리적 변수는 인구통계적 변수보다 마케팅 행동에 대한 시각을 더 많이 제공해주지만 측정이 매우 어렵다는 단점이 있다. 대부분 개인적 성향을 타인에게 알리는 것을 원하지 않기 때문이다. 따라서 전문조사기관이 소비자에 대한 구체적인 정보, 즉 소비자가 어떤 음식을 좋아하는지, 아이가 있는지, 아파트에 사는지, 미혼인지 등에 대한 내용을 제공하게 된다.

차원 높은 수준의 시장세분화 변수라고 할 수 있다. 이 변수는 기존의 통계정보를 이용하기 힘들기 때문에 별도의 시간과 비용을 투자하여 시장세분화를 위한 조사분석을 해야 한다.

(3) 세분시장 평가방법

시장을 작은 범주로 나눈 후 세분한 시장의 크기와 성장률, 구조적 매력도, 기업의 목적과 자원이라는 요소를 고려하여 진입 가능한 시장인지 여부를 평가한다.

① 세분시장의 규모와 성장률

외식업체는 우선 각 세분시장의 추정 매출액, 성장률 그리고 기대수익률을 조사해야 한다.

② 세분시장의 구조적 매력성

적절한 규모와 지속적으로 성장이 예상되는 세분시장을 선택했다고 해서 반드시 기대 수익률을 달성한다는 보장은 없다. 세분시장의 매력도를 결정하는 핵심요인 중 하나가 바로 경쟁요인이다. 예를 들어, 특정 세분시장 내에 강력한 경쟁자가 다수라면 그 세분시장의 매력성은 크게 떨어질 수밖에 없다. 따라서 세분시장에서 외식업체 간의 경쟁력을 충분히 비교하고 평가해야 한다.

③ 자사의 목표와 자원

특정 세분시장이 적절한 규모와 성장성을 가지고 있고, 구조적으로 매력적인 시장이라 하더라도 자사의 목표와 자원이 해당 세분시장에 적합하지 않다면 그 시장을 선택해서는 안 된다. 외식업체가 특정 세분시장에서 경쟁하는 데 필요한 경쟁력 혹은 강점을 가지고 있지 않을 경우에는 단기적으로는 그 시장에 진입하여 성공한다 해도 장기적으로는 실패할 가능성이 높다.

④ 시장세분화의 장단점

시장세분화는 외식업체의 콘셉트 개발과 마케팅전략 수립을 위한 효과적인 도구이다. 다만 시장세분화는 다음과 같은 장단점(표 5-2)이 존재하므로 현장에서 활용할 때 장점은 극대화하고 단점은 피할 수 있도록 유의해야 한다.

표 5-2 시장세분화의 장단점

장점	단점
• 콘셉트 설정과 마케팅에 소요되는 비용을 효율적으로 집행할 수 있다. • 세분고객집단의 필요와 욕구를 명확히 이해할 수 있다. • 고객이 찾는 혜택의 유사성을 기준으로 하여 고객을 그룹화할 수 있다. • 표적시장의 고객에게 효과적으로 접근할 수 있는 서비스와 마케팅 믹스를 개발하여 포지셔닝할 수 있다. • 광고매체, 판매 촉진수단, 유통경로 등의 촉진수단과 방법을 정확히 선정할 수 있다.	• 세분시장별 선호도에 맞춰 콘셉트를 설정하고 광고와 촉진을 실시해야 하기 때문에 비용이 많이 들 수 있다. • 시장세분화의 다양한 기준 중에서 어떤 것을 이용하는 것이 가장 효과적인지 판단하기 어렵다.

2) 목표시장 선정

시장세분화의 기준을 이용하여 잘게 나눈 시장 중에서 자사의 목표, 자사의 경쟁력, 시장의 규모와 성장 가능성, 수익성 등을 검토하여 가장 적합한 시장을 목표시장으로 선정하는 전략을 시장 표적화(Targeting)라고 한다. 즉 시장표적화는 하나 또는 여러 개의 세분시장을 선정한 후 각 세분시장에 가장 적합한 콘셉트를 설정하고, 이에 적합한 마케팅 믹스를 제공하는 전략을 의미한다. 예를 들어 홍대역 상권에서는 20대 커플을 표적시장으로 선정할 수 있고, 역삼역 상권에서는 30대 직장인을 표적시장으로 선정할 수 있다.

외식업체는 STP전략 도출을 통해 확정된 목표고객을 대상으로 설문조사 혹은 포커스 그룹 인터뷰 등 다양한 리서치 방법을 통해 고객의 표면적·내면적 욕구를 파악하고 선제 대응해야 한다.

(1) 표적시장의 선정

외식업체는 세분시장을 평가한 후 표적시장을 선정할 수 있다. 표적시장이란 제품과 서비스를 제공받고자 하는 공통의 욕구와 특성을 지닌 고객집단을 말한다. 시장표적화는 다음과 같은 방식으로 진행할 수 있다.

① 무차별적 접근법

무차별적 접근법(Undifferentiated Approaching)은 시장을 구성하는 전체 소비자의 욕구와 필요가 동일하다고 보고, 하나의 마케팅 믹스로 전체 시장에 소구하는 전략이다. 시장 초기 단계에서 고객의 욕구가 세분화되지 않은 시기에 하기 적절한 마케팅방법이다. 주로 고객의 머릿속에 우수한 자사제품이나 브랜드 이미지를 심기 위해 노력한다.

② 차별적 접근법

차별적 접근법(Differentiated Approaching)은 2개 이상의 세분시장을 표적시장으로 선정하고, 각 표적시장에 적합한 마케팅 믹스를 개발하여 공략하는 전략이다. 목표고객에게 도달하는 확률이 높지만, 마케팅 믹스를 위한 조사와 연구 개발 및 마케팅 믹스 적용에 비용이 많이 든다는 단점이 있다.

③ 집중적 접근법

집중적 접근법(Concentrated Approaching)은 외식업체의 자원이 한정되어 있을 경우에 주로 사용하는 방법이다. 즉 큰 시장에서의 작은 시장 점유율을 확보하는 것이 아니라, 하나 혹은 소수의 작은 시장에서 높은 시장 점유율을 확보하기 위한 전략이다. 1개 혹은 소수의 세분시장에서 시장점유율을 확대하려는 것이다. 소규모 기업이 가장 큰 세분시장 하나에 집중하여 보다 높은 점유율을 확보하는 데 유용하다.

④ 표적시장 선정 시 고려사항

외식업체가 표적시장을 선정하여 마케팅전략을 수립할 때는 다음의 몇 가지 사항을 고려해야 한다.

- 첫째, 외식업체는 자신이 가지고 있는 자원이나 능력을 고려하여 표적시장을 선정해야 한다. 외식업체의 자원이나 능력이 전체 시장을 포괄할 만큼 충분하지 못할 때는 차별적

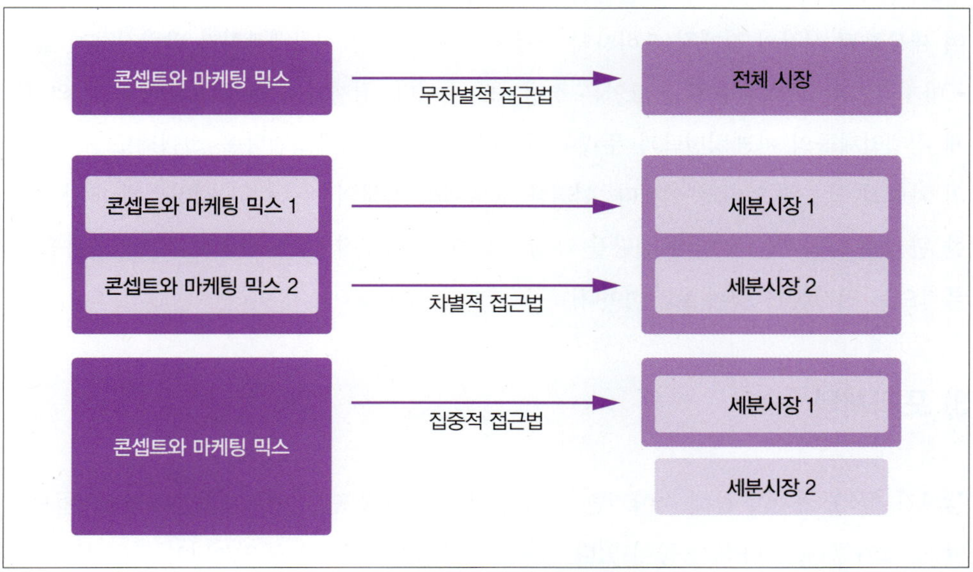

그림 5-3 시장표적화의 유형

마케팅보다 특정 세분시장에 대한 집중적 마케팅전략을 선택하는 것이 효과적이다.

• 둘째, 제품의 동질성이다. 제품과 제품 사이에 상당한 차이가 존재하지 않는다면 비차별적 마케팅전략을 선택하는 것이 효과적이다.

• 셋째, 외식업체의 제품 수명주기를 알고 단계별로 적절한 마케팅전략을 선택해야 한다. 도입기나 쇠퇴기에는 본원적 수요 창출을 위해 무차별적 마케팅전략을 선택하는 것이 효과적이다.

• 넷째, 시장의 동질성이다. 소비자의 기호, 선호, 취향, 동기 및 마케팅에 대한 반응 등의 행동적 특성이 유사하다면 제품의 동질성에서와 같이 비차별적 마케팅전략을 선택한다. 반면, 시장의 이질성이 확인되었다면 세분화된 시장의 영역별로 차별적·집중적 마케팅전략을 수행하는 것이 효과적이다.

• 다섯째, 경쟁업체의 마케팅전략을 고려해야 한다. 경쟁업체의 마케팅전략에 상응하는 마케팅전략을 수립해야 하는 것이다. 만약 경쟁업체가 시장세분화를 채택하지 않고 있다면 적극적인 세분화전략을 이용하는 것이 효과적이다.

• 여섯째, 시장의 크기이다. 마케팅전략은 소비자의 욕구를 발견하고 제품에 대한 잠재수요를 예측하는 것에서부터 출발한다. 인구변수, 잠재변수 또는 심리변수 등을 감안하여 세분화된 시장의 잠재적 소비자의 수가 적을 경우에는 시장세분화가 바람직하지 않다.

• 마지막으로 고려해야 하는 요인은 경쟁자의 수이다. 경쟁자 수가 증가하면 특정 외식업체 경쟁업체들의 마케팅전략과 뚜렷이 구분될 수 있는 마케팅전략을 선택해도 소비자들의 차별적 선호를 얻기가 어렵다. 이러한 경우에는 자사의 제품이나 서비스에 가장 민감한 관심을 나타내는 소비자 집단을 대상으로 하여 차별적 내지 집중적 마케팅전략을 적극적으로 전개하는 것이 효과적이다.

3) 포지셔닝

햄버거, 콜라, 커피에 관해 이야기할 때 일반적으로 가장 먼저 생각나는 브랜드로는 맥도날드, 코카콜라, 스타벅스 등이 있다. 우리는 이러한 브랜드를 포지셔닝이 잘된 브랜드라고 한다.

포지셔닝이란 고객의 머릿속에 명확하게 각인되는 브랜드 이미지나 활동을 의미하는 것으로 제품의 속성, 품질과 가격, 고객이 받는 편익이나 구매 상황, 고객층을 기준으로 만들 수 있다. 포지셔닝은 두 가지 개념을 포함하는데 첫 번째는 고객의 마음에 자리 잡고 있는 브랜드의 위치이고, 두 번째는 경쟁 상황에 의해 상대적으로 자리 잡고 있는 브랜드의 위치이다.

(1) 포지셔닝의 절차

포지셔닝은 자사 브랜드가 경쟁 브랜드와 비교할 때 차지하는 고객의 인식 속 상대적 위치를 의미한다. 또한 고객의 인식 속에 자리 잡고 싶어 하는 위치에 고객이 동일하게 인식하도록 하는 활동이며, 같은 위치를 점유하려는 기업 또는 브랜드와의 경쟁 속에서 우위를 차지하기 위한 활동이기도 하다.

외식업체는 자사 브랜드의 이미지나 특정 상황에서 떠올려주기를 바라는 이미지 등을 고객에게 인식시키기 위해, 먼저 외식업체와 시장의 경쟁자의 위치를 확인하고 경쟁우위 요소를 파악한 후, 이를 명확한 강점으로 정리하고 이어서 타깃 고객이 인지할 수 있는 효익으로 제안하는 일련의 과정을 거쳐 포지셔닝 작업을 한다.

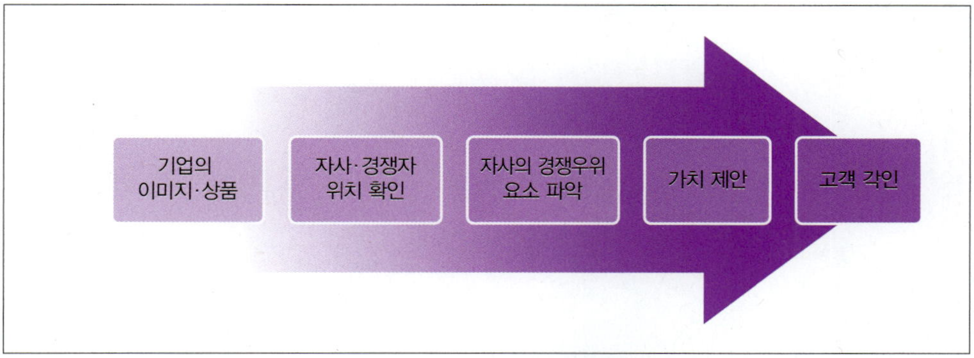

그림 5-4 포지셔닝 프로세스

(2) 포지셔닝 맵

포지셔닝 맵은 외식업체와 경쟁사의 제품이나 서비스에 대한 고객의 지각 정도를 시각화하는 것으로, 2가지 핵심 기준을 설정하고 경쟁사와 비교해서 자사의 위치를 표시하는 일종의 인식 지도이다. 이때 설정하는 기준은 가격이나 제공되는 서비스의 수준 등 객관

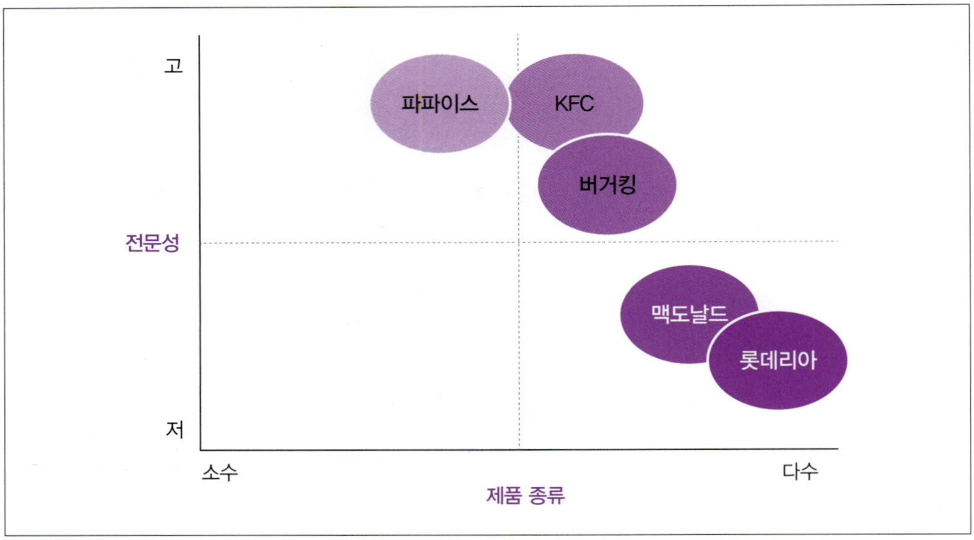

그림 5-5 패스트푸드점의 포지셔닝 맵

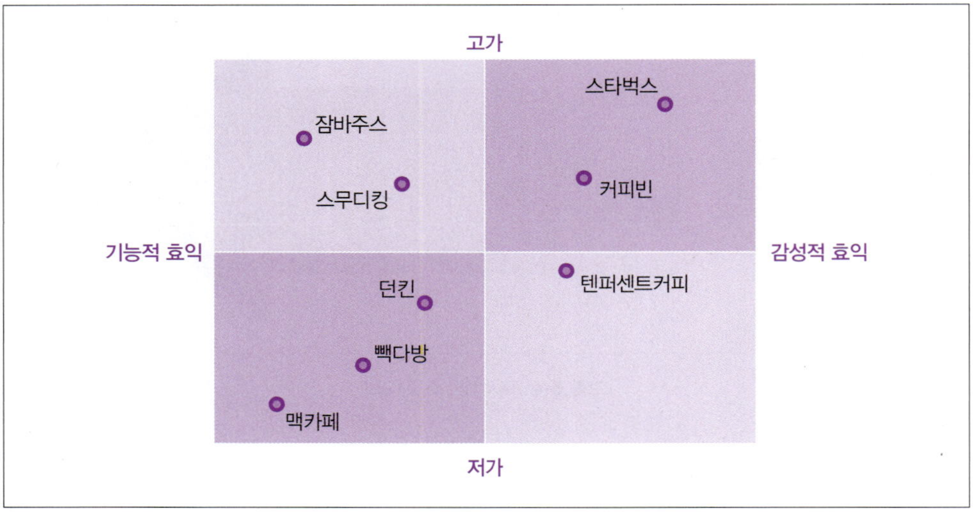

그림 5-6 음료 전문점의 포지셔닝 맵

적·주관적 속성을 모두 사용할 수 있다. 이러한 포지셔닝 맵을 이용하면 외식업체와 경쟁사, 고객이 인지하는 자사와 경쟁사의 위치, 나아가 시장 전반의 구조를 쉽게 파악할 수 있다.

3) USP 설정

USP(Unique Selling Point)란 시장 내 자사 외식업체 브랜드와 경쟁 브랜드의 현재 위치를 분석하여, 경쟁자에게는 없는 자사 브랜드만의 독특한 경쟁력이 무엇인지 정리하는 것을 말한다.

미국의 멕시칸 레스토랑 '치폴레'는 공장식으로 사육된 축산물을 사용한 고칼로리 음식으로 치부되기 쉬운 패스트푸드와 다르게, 국내에서 자란 신선한 야채와 윤리적으로 사육된 축산물을 사용하는 환경친화적 패스트푸드 브랜드로 포지셔닝하여 비싼 가격을 받음에도 인기가 높다(그림 5-7). 이처럼 타 브랜드와 다른, 자신만의 강점으로 고객에게 제시할 수 있는 경쟁력을 찾는 것이 바로 USP이다. 좋은 USP는 다음과 같은 특성을 지닌다.

그림 5-7 '진정성 있는 음식'을 슬로건으로 하는 치폴레의 광고
자료: 치폴레 홈페이지(www.chitpotle.com)

- Important(중요한가?)
- Distinctive(차별화되는가?)
- Superior(우월한가?)
- Communicable(전달 가능한가?)
- Preemptive(선점했는가?)
- Affordable(구매 가능한 가격인가?)
- Profitable(이익을 낼 수 있는가?)

경쟁자와 다른 점이라고 해서 모두 USP가 될 수 있는 것은 아니다. USP는 고객과 외식업체 측면에서 적용 가능한 접점을 찾아 선정해야 한다.

(4) 가치 제안

USP를 결정했다면 '어떤 고객의 어떤 문제나 욕구를 얼마의 가격에 해결할 수 있다고 제안할 것인가?'라는 질문에 대한 답을 해야 한다. 이때의 답이 타깃 고객에게 제시하는 가치 제안이 되기 때문이다. 즉, 외식업체는 고객이 '왜 이 브랜드를 선택해야 하는지' 이해할 수 있게 해야 한다.

가치 제안은 목표고객에게 제시할 수 있는 가격과 혜택을 축으로 하여 〈그림 5-8〉과 같이 만들 수 있다. 이러한 가격과 혜택에 따른 제안 중 선택 가능성이 희박한 영역이 있으며, 고객의 요구와 제시한 가치가 맞아 실제 시장이 형성될 수 있는 영역이 있다. 여기서의 가격은 상대적인 가격으로 목표고객이 지불할 능력과 의향이 있는 정도의 가격을 의미한다.

이러한 가치 제안 매트릭스의 각 영역에 대해서는 다음과 같이 이해할 수 있다.

		가격		
		더 비싼 가격	같은 가격	더 싼 가격
혜택	많음	더 비싸게, 더 많이	같은 가격에 더 많이	싼 가격에 더 많이
	같음	(선택 가능성 희박)	같은 가격에 같은 혜택 (선택 가능성 희박)	싼 가격에 같은 혜택을
	적음	(선택 가능성 희박)	(선택 가능성 희박)	싼 가격에 적은 혜택을

그림 5-8 가치 제안 매트릭스

- **더 비싸게 더 많이** 고급스러운 제품이나 서비스를 제공하며 이를 감당할 수 있는 높은 가격을 책정한다(예: 비행기의 1등석, 파인다이닝에서 식사).
- **같은 가격에 더 많이** 같은 가격으로 더 많은 혜택을 제공한다(예: 편의점의 2 + 1 프로모션, 용량을 20% 늘린 팔도비빔면, 그림 5-9).
- **싼 가격에 더 많이** 가장 가치 있고 이상적인 포지셔닝을 한다(예: 코스트코의 커클랜드 상품, 높은 품질과 저렴한 가격, 많은 양).
- **싼 가격에 같은 혜택** 많은 고객이 품질은 떨어지지 않으면서 저렴한 가격을 선호하기 때문에 강력한 가치 제안이 될 수 있다(예: 같은 휴대폰을 저렴한 요금으로 사용할 수 있다고 광고하는 알뜰폰).
- **싼 가격에 적은 혜택** 가격에 민감한 고객을 위해 최소한의 품질만을 유지하면서 고객이 원하는 수준까지 낮은 가격을 제공한다(예: 기내식과 부가 서비스 등을 없앤 에어아시아 등의 저비용 항공사).

그림 5-9 가치 제안–누적 판매 10억 개 돌파 기념으로 용량을 20% 늘린 팔도비빔면

자료: 팔도 블로그

외식업체는 이러한 가치 제안 중 하나를 선택하여 자사의 타깃 고객에게 적합한 제품, 브랜드, 콘셉트를 개발해야 한다.

(5) 포지셔닝의 유형

포지셔닝의 유형은 다음과 같이 분류할 수 있다.

① 제품 속성에 의한 포지셔닝

제품 속성에 의한 포지셔닝이란 특정한 제품 속성을 고객에게 알려 포지셔닝하는 방법이다. 이때 여러 가지 특성을 설명하는 쪽이 언뜻 생각하면 포지셔닝의 힘이 강하게 작용할 것 같지만, 너무 많은 특성을 사용하다 보면 오히려 포지셔닝의 효과가 약화될 수 있다. 따라서 마케터는 고객이 이용하기 쉬운 단순정보를 이용하여 고객의 머릿속에 있는 어떤

그림 5-10 교촌치킨의 제품 속성에 대한 포지셔닝 사례
자료: 교촌치킨 홈페이지

그림 5-11 세븐스프링스의 친환경 이미지 포지셔닝
자료: 세븐스프링스 홈페이지

위치를 차지한다는 원래의 목적을 상기해야 한다. 제품의 복수 특성을 이용할 때는 그것을 하나의 메시지로 묶는 작업을 해야 한다. 신제품의 경우에는 기존제품이 표현하지 않았던 속성을 이용하는 것도 효과적이다. 이는 그 브랜드만이 가진 제품의 중요한 속성을 경쟁 브랜드와의 관계 속에서 표현하는 것으로, 자사 제품이 경쟁사의 제품보다 차별적인 속성을 지녀 고객에게 다른 효익을 제공한다고 인식시켜야 한다(예: 교촌치킨의 "두 번 튀기고 일흔다섯 번의 붓질, 교촌은 패스트푸드가 아니라 요리니까, 느리다, 교촌은 이런 치킨입니다.").

② 이미지 또는 제품 편익에 의한 포지셔닝

제품이 가진 추상적인 편익을 고객에게 호소하는 방법이다. 외식업체의 이미지는 다양한 물리적 요소에 적용되기 때문에, 고객이 공감각적 이미지를 경험하게 하는 전략이 필요하다(예: 세븐스프링스의 'We Love Green'이라는 슬로건 아래 건강한 외식문화를 지향하는 친환경 콘셉트의 샐러드 & 그릴 레스토랑 지향).

③ 사용자에 의한 포지셔닝

사용자에 의한 포지셔닝은 제품이 특정 고객에게 적절하다고 소구하는 방법이다(예: 수험생을 겨냥한 본죽의 '아니 불 떨어질 낙', 절대 합격을 위한 '불낙죽').

그림 5-12 수험생을 겨냥한 본죽의 불낙죽

그림 5-13 시장 진입 초기 맥카페의 광고 카피

④ **경쟁제품에 의한 포지셔닝**

경쟁제품에 의한 포지셔닝은 고객의 인식 속의 경쟁제품과의 비교를 통해 자사 제품의 강점을 강조하는 포지셔닝 방법이다(예: 맥도날드 맥카페, "이제 별도 콩도 잊어라 커피도 Smart Choice 하세요"라는 문구로 스타벅스나 커피빈보다 품질이 좋으면서도 가격이 저렴하다는 것을 우회적으로 표현).

그림 5-14 아웃백스테이크하우스의 프로모션 포스터

⑤ **구매 상황에 따른 포지셔닝**

적절한 상황에서의 구매를 촉구하여 타 제품과 차별화된 인식을 제공하는 포지셔닝 방법이다(예: 아웃백스테이크하우스, 영화 보는 날은 아웃백 가는 날).

⑥ **가격과 품질에 의한 포지셔닝**

제품군 중에는 '품질이 좋고 가격이 높은 제품', '적당한 가격에 실용적인 품질' 등과 같이 어떤 서열이 소비자에게 인식된 것들이 있다. 이러한 제품들은 해당 군에 속하는 브랜드가 고급-저급의 연결선상에서 몇 개의 그룹으로 나누어져 소비자에게 인지된다고 보면 된다. 품질이란 한 번의 경험으로는 판단하기가 용이하지 않으므로 소비자는 품질을 판단하는 단서의 하나로 가격을 이용하게 된다. 따라서 그것을 직접 사용하거나 다른 사람의 평판을 듣는 것, 그리고 가격 외의 단서를 이용하기 어려운 제품은 가격-품질의 관계가 특별히 강하게 인식된다. 이러한 제품이나 서비스의 경우에는 고급품 그룹에 위치시킬 것인지, 아니면 저급품 그룹에 위치시킬 것인지를 항상 고려해야 한다.

맥도날드의 경우, 스타벅스나 커피빈과 같은 고가의 커피시장과는 달리 저가의 고급 원두를 사용하는 이미지를 내세워 합리적인 소비를 원하는 고객층에게 좋은 반응을 얻고 있다(그림 5-15). 패밀리 레스토랑의 경우에는 자주 사용하는 런치스페셜 메뉴를 패키지 가격으로 책정하면 소비자에게 가격에 대한 만족감을 줄 수 있다. 하지만 이후 가격을 상향 조정할 경우, 고객에게 혼란을 줄 수 있는 위험이 있다.

그림 5-15 맥카페의 커피 메뉴

이렇게 포지셔닝한 제품 또는 브랜드, 메뉴는 다양한 매체를 통해 지속적으로 고객에게 노출되고 경험되며, 고객의 인식 속에서 한 부분을 차지하게 된다. 기획자는 이렇게 결정된 STP전략을 기반으로 구체적 콘셉트를 구축해나가며 자사 콘셉트가 통일성 있는 하나의 브랜드로 고객의 인식에 자리 잡도록 해야 한다.

지금까지 살펴보았던 외식사업 마케팅을 위한 STP전략을 요약하면 〈그림 5-16〉과 같다.

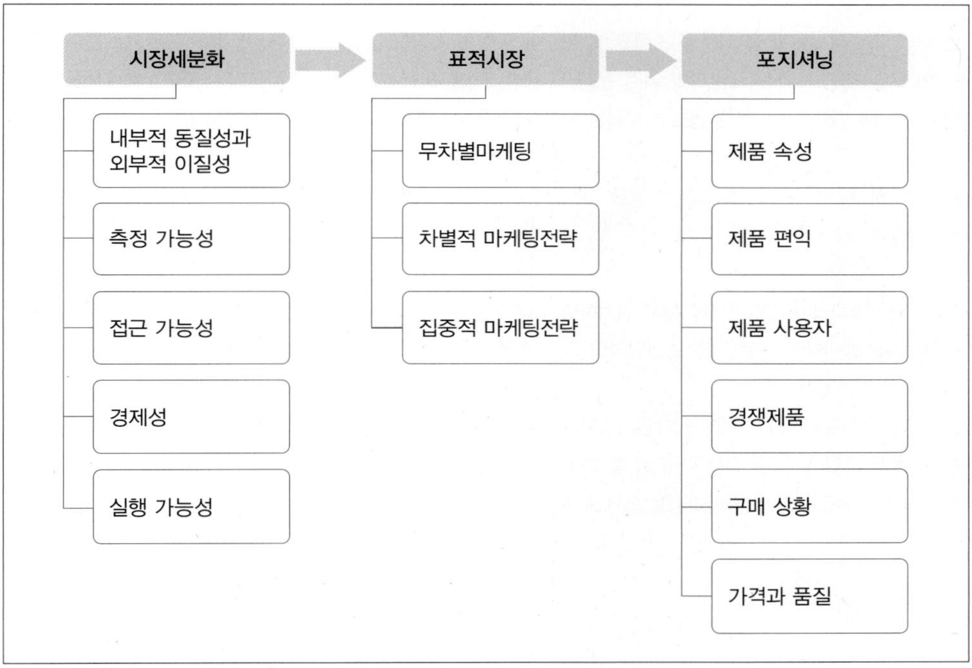

그림 5-16 STP전략 요약

학습 요약

1 목표고객을 선정하고, 이를 대상으로 하는 콘셉트 기획과 마케팅 계획을 세우는 과정을 STP(Segmentation–Targeting–Positioning)전략이라고 한다. STP전략은 환경분석과 시장세분화, 목표시장 선정과 포지셔닝의 순서로 수립할 수 있다.

2 STP전략 수립을 위한 환경분석으로는 거시적 환경분석을 위한 PEST분석, 미시적 환경에 속하는 고객, 경쟁사와 자사에 대한 분석인 3Cs(Customer, Competitors, Company)분석을 진행한다.

3 시장세분화의 프로세스는 특정 기준을 만들고 그 기준에 맞추어 시장을 분류하는 전략이다. 이 프로세스는 시장세분화의 목표 결정 → 시장세분화의 기준 선정 → 통계기법을 이용하여 각 세분시장의 프로파일을 작성한 후, 세분시장의 특성을 고려하여 콘셉트를 설정하고 마케팅 믹스를 개발하는 방식으로 진행된다.

4 시장표적화는 하나 또는 여러 개의 세분시장을 선정한 후 각 세분시장에 가장 적합한 콘셉트와 마케팅 믹스를 제공하는 전략을 뜻한다.

5 포지셔닝은 외식업체의 브랜드가 시장에서 위치하고 싶어 하는 위치를 고객에게도 동일하게 인식하게 하는 활동이며, 같은 위치를 점유하려는 기업 브랜드와의 경쟁 속에서 우위를 차지하기 위한 활동이다.

6 외식업체는 특정한 포지션을 고객에게 각인시키기 위해 자사와 시장의 경쟁자의 위치를 확인하고 유력한 경쟁자와의 경쟁에서 이길 수 있는 경쟁우위요소를 파악한 후 이를 명확한 강점으로 정리하고, 타깃 고객이 인지할 수 있는 효익으로 제안하는 일련의 과정을 통해 포지셔닝 작업을 한다.

토의문제

1 국내 주요 치킨 프랜차이즈 5개를 선택하여 각 브랜드의 STP전략을 정리해보자.

2 국내 주요 치킨 프랜차이즈 중 10개를 선택하여 포지셔닝 맵을 그려보자. 맵을 그리기 위한 2개의 변수를 선정한 과정과 이유도 함께 설명해보자.

3 국내 주요 커피 프랜차이즈(직영 브랜드 포함) 중 5개를 선택하여 각 브랜드의 STP전략을 정리해보자.

4 국내 주요 커피 프랜차이즈(직영 브랜드 포함) 중 10개를 선택하여 포지셔닝 맵을 그려보자. 맵을 그리기 위한 2개의 변수를 선정한 과정과 선정 이유도 함께 설명해보자.

5 위에서 살펴본 치킨 프랜차이즈와 커피 프랜차이즈 간의 성과 차이를 STP전략과 포지셔닝 맵으로 설명해보자.

6장

학습목표

- 메뉴(menu)의 정의와 관리 프로세스를 설명할 수 있다.
- 메뉴계획의 정의, 메뉴계획 모형, 메뉴의 다양한 분류방법, 메뉴 구성방법을 설명할 수 있다.
- 메뉴 개발과 개선을 위한 메뉴 콘셉트 설정, 메뉴 카테고리와 수 결정, 메뉴의 차별성과 대중성을 확보하는 방법을 설명할 수 있다.
- 메뉴평가를 위한 내부평가, 외부평가, 레시피평가, 관능검사, 품질평가를 설명할 수 있다.
- 메뉴분석을 위한 ABC분석법과 메뉴엔지니어링 방법을 설명할 수 있다.

외식사업을 위한 7가지 마케팅 믹스 중에서 가장 먼저 제품에 대하여 다룬다. 일반적으로 외식업체가 판매하는 제품(product)을 메뉴(menu)라고 표현하기 때문에 이 장에서는 마케팅 믹스의 제품관리를 메뉴관리로 통일하여 사용한다.

1 메뉴의 개요

1) 메뉴의 정의

국어사전이나 영어사전에서 메뉴(menu)는 2가지 의미로 표기된다. 하나는 외식업체에서 판매하는 제품(product)에 해당하는 음식을 뜻하고, 다른 하나는 음식의 리스트인 메뉴북(menu book)을 의미한다. 외식업체의 마케팅 믹스 중 하나인 제품관리를 다루는 이 책에서는 음식을 관리하는 프로세스를 위주로 다루며, 메뉴북에 대한 내용은 역할 정도를 제시하는 선에서 그치도록 한다. 메뉴북 관리에 대한 자세한 내용은 '외식사업 메뉴경영론'과 같은 별도의 내용을 다룬 전문서적을 참고하도록 한다.

2) 메뉴관리

메뉴관리는 메뉴의 계획과 개발을 시작으로 메뉴평가, 식재료관리, 조리, 메뉴 제공, 메뉴분석, 신메뉴 개발까지의 순환과정을 의미한다. 좀 더 구체적인 과정을 살펴보면 〈그림 6-1〉과 같이 메뉴평가와 식재료관리 사이에 메뉴북 디자인 단계가 필요하다. 또한 메뉴 제공과 메뉴분석 사이에 고객을 대상으로 한 메뉴 만족도 조사 등이 추가되어야 한다.

여기서는 〈그림 6-1〉의 메뉴관리 프로세스 중 메뉴계획, 메뉴 개발, 메뉴평가, 메뉴분석만을 다루도록 한다.

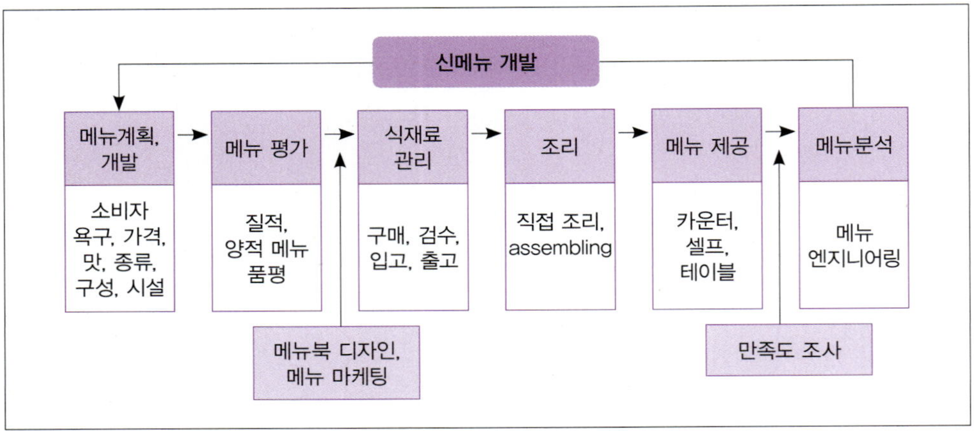

그림 6-1 메뉴관리 프로세스

2 메뉴계획과 개발

1) 메뉴계획의 정의

메뉴계획은 '외식업체의 이익극대화를 목표로, 고객에게 제공할 메뉴를 종합적으로 검토하는 과정'을 의미한다. 즉, 외부 및 내부고객이 만족할 수 있으며, 생산가능하고 높은 수익을 달성할 수 있도록 외식업체가 메뉴를 기획하는 활동을 메뉴계획이라 한다.

2) 메뉴계획 모형

메뉴계획을 위해서는 〈그림 6-3〉과 같은 메뉴계획 모형에 근거한 환경분석이 이루어져야 한다.

고객의 관점뿐만 아니라 경영자와 직원의 관점에서 메뉴기획을 종합적으로 고려하기 위해서 어떤 내용을 집중적으로 검토해야 하는지 살펴보면 다음과 같다.

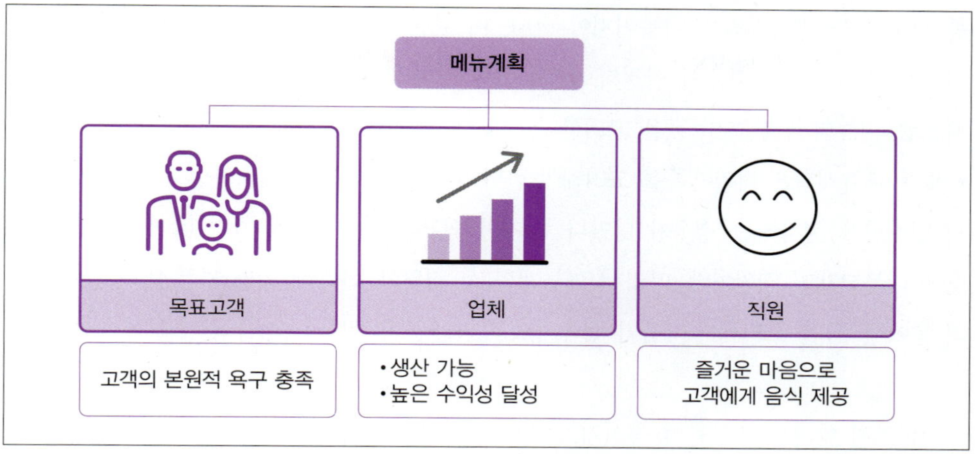

그림 6-2 메뉴계획의 목표

• 첫째, 메뉴를 계획할 때는 '고객의 욕구'를 가장 우선적으로 고려해야 한다. 아무리 좋은 메뉴라도 목표고객의 욕구를 충족시킬 수 없다면 판매할 수 없다. 고객의 욕구는 구체적으로 '영양과 위생, 방문목적, 음식의 품질, 가격' 등의 항목으로 측정할 수 있다.

• 둘째, 외식업체가 이익을 낼 수 있어야 한다. 이익이 생긴다는 전제조건하에 고객이 만

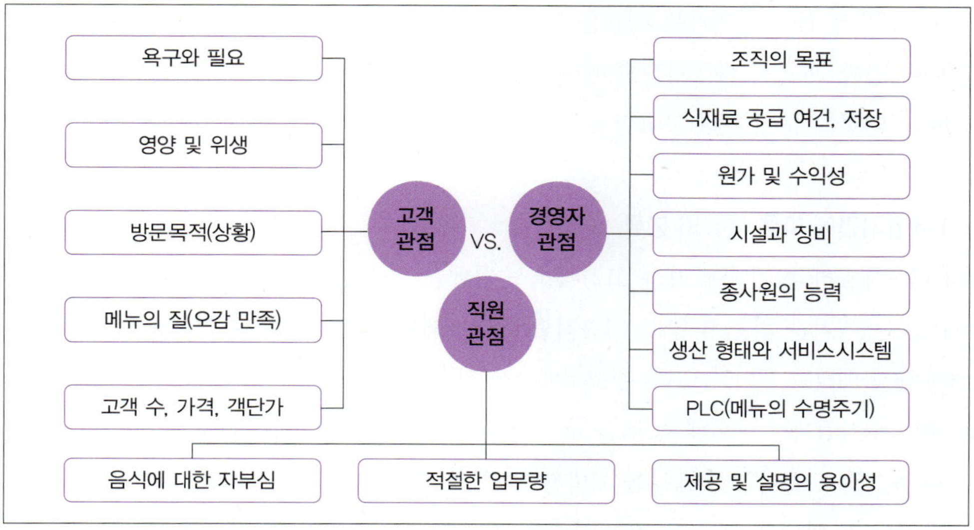

그림 6-3 메뉴계획 모형

족할 수 있는 메뉴계획이 이루어져야 한다. 이 같은 목적을 달성하기 위해서는 메뉴계획 시 '조직의 목표, 식재료의 안정적 공급, 원가와 이익, 시설과 장비, 직원의 능력, 서비스 시스템, 메뉴의 수명주기' 등을 고려한다.

• 셋째, 메뉴계획은 직원만족을 고려해야 한다. 과거에는 메뉴를 계획하면서 경영자와 고객의 입장만을 생각하는 경우가 많았다. 하지만 외부고객인 손님과 가장 많이 소통하는 사람은 내부고객인 직원이다. 따라서 메뉴계획 시 직원의 '음식에 대한 자부심, 설명과 제공의 용이성' 등을 고려해야 메뉴가 성공적으로 판매될 수 있다는 점을 잊지 말아야 한다.

지금까지 살펴본 조건을 충족시키기 위해 외식사업 경영자는 메뉴계획 시 '마케팅 리서치, 상권분석, 외식산업에서의 풍부한 경험, 조리 및 식재료에 대한 지식, 원가관리능력을 갖춘 전문가 집단'이 공동으로 참여하도록 조치한다.

3) 메뉴의 분류

메뉴를 계획하고 개발하는 전문가는 메뉴 분류에 대한 지식이 풍부해야 한다. 하지만 전 세계의 모든 메뉴를 파악하기란 불가능한 일이다.

메뉴계획을 하는 기획자는 메뉴를 특정한 기준으로 비슷한 유형끼리 묶어서 파악할 수 있어야 한다. 메뉴는 제공기간에 따라, 식사가격 및 내용에 따라 메뉴를 분류하며 그 외에도 다양한 기준에 따라 분류할 수 있다.

(1) 제공기간에 따른 메뉴의 분류

메뉴는 제공하는 기간에 따라 고정메뉴, 순환메뉴, 단기메뉴로 구분한다. 고정메뉴(fixed menu)는 장기간 바뀌지 않고 지속적으로 판매되는 메뉴로, 대부분의 외식업체에서 이 메뉴를 판매하고 있다. 전문화된 고정메뉴를 판매해야 경쟁력이 있다고 믿기 때문이다.

어떤 외식업체는 순환메뉴(cycle menu)를 가지고 사업을 한다. 순환메뉴란 일정 기간마다 주기적으로 바뀌는 메뉴를 의미한다. 주로 단체급식업체에서 이런 메뉴 유형을 주로 활용한다. 단체급식업체들은 일정 간격을 두고 메뉴를 순환시켜야 고객만족도를 높일 수

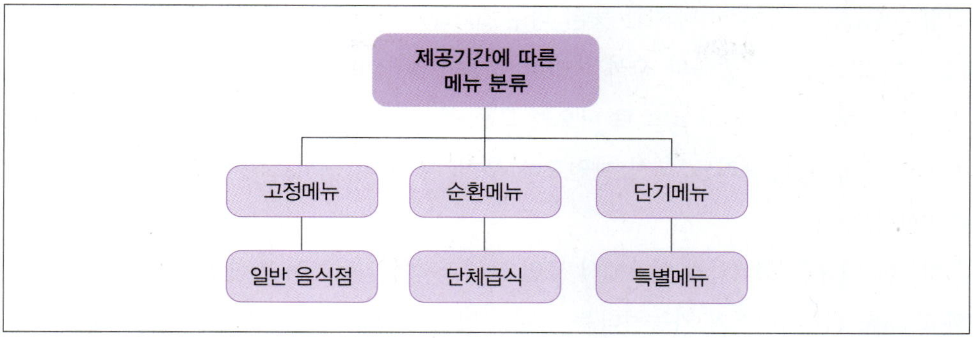

그림 6-4 제공기간에 따른 메뉴 분류

있다. 단기메뉴(market menu)는 짧은 기간 판매하고 끝나는 메뉴로 특별메뉴, 오늘의 메뉴 등이 이에 속한다.

외식업체는 메뉴계획 시 점포의 콘셉트에 적합하도록 고정메뉴, 순환메뉴, 단기메뉴 등을 적절하게 조합하여 메뉴를 구성해야 한다.

(2) 메뉴의 구성과 가격에 의한 분류

외식업체에서 판매하는 메뉴를 구성과 가격을 기준으로 분류하면 정식메뉴, 일품메뉴, 결합메뉴로 구분할 수 있다. 이를 구체적으로 살펴보면 〈표 6-1〉과 같다.

표 6-1 메뉴 구성과 가격에 의한 분류

구분	내용
정식메뉴 (타블 도트 메뉴)	• 코스로 제공되는 메뉴 • 애피타이저, 수프, 생선, 주요리, 샐러드, 후식, 차 등의 순서로 구성 • 고객 입장에서 선택이 용이함 • 조리과정이 일정하여 인력이 절감되며 능률적 서비스 가능
일품메뉴 (알라카르트 메뉴)	• 품목별로 가격이 정해져 제공되는 메뉴 • 고객의 입장에서 선택이 어려움 • 수급 예측이 어려워 식재료의 낭비가 심함
결합메뉴 (콤비네이션 메뉴)	• 정식메뉴와 일품메뉴가 결합된 형태 • 연회 시에도 많이 이용

정식메뉴는 '주인의 식탁'이란 뜻의 타블 도트(table d'hote)를 의미한다. 이는 프랑스식 정식 코스요리로 종류와 순서가 미리 결정된 메뉴이다. 정식메뉴는 음식마다 가격이 별도로 정해져 있지 않고 코스로 나오는 모든 음식을 하나의 가격으로 설정한다. 코스란 '애피타이저, 수프, 샐러드, 생선, 메인요리, 후식, 차' 등의 순서로 제공되는 일체의 음식을 의미한다.

이러한 메뉴는 외식업체 입장에서 보면 조리과정이 일정하여 인력에 드는 비용을 절감하고 능률적인 서비스가 가능하다는 장점이 있다. 고객의 입장에서 보면 모든 메뉴를 일일이 선택할 필요가 없어서 좋다. 즉, 단일메뉴로 여러 가지 음식을 주문하는 것보다 메뉴를 선택하기 쉽다. 결과적으로 정식메뉴는 고객의 입장에서 메뉴를 각각 주문하는 것보다 저렴하다는 장점이 있는 반면, 세부적인 메뉴 선택권이 없다는 단점이 있다.

정식메뉴를 메뉴 개발자의 입장에서 보면, 가격에 민감한 고객을 대상으로 다양하게 구성된 메뉴를 제공할 수 있어서 좋다. 또한 규칙에 따라 능률적으로 메뉴를 조리하고 제공할 수 있어 저렴하게 판매할 수 있다는 장점이 있다. 다만, 한정된 코스메뉴만 판매하기 때문에 다양한 소비자의 취향을 맞추는 데 한계가 있다.

일품메뉴는 프랑스어로 알라카르트(à la carte)라고 한다. 정식메뉴와 달리 고객이 좋아하는 음식만을 선택하여 주문할 수 있다. 품목별로 가격이 정해져 있는 것이 특징이며, 고객의 입장에서 원하는 메뉴를 취향에 따라서 선택할 수 있다는 장점이 있으나 선택이 어렵다는 단점도 있다. 외식업체의 입장에서는 수요 예측이 어려워 식재료를 낭비할 가능성이 있다.

일품메뉴를 고객의 입장에서 보면, 애피타이저, 샐러드, 메인메뉴, 디저트 등을 하나씩 선택해야 하므로 메뉴에 대한 지식이 충분하지 않으면 선택하기가 어렵고 가격도 비싸다는 단점이 있다. 그럼에도 자기 취향에 맞는 메뉴만 고를 수 있다는 장점 때문에 고급 외식업체에서 선호하는 메뉴 형식이다. 다만, 국내의 경우에는 단품 위주의 저가 외식업체도 일품메뉴의 구성을 취하고 있기 때문에 반드시 비싼 메뉴의 분류기준으로 볼 수는 없다.

일품메뉴를 사업자 입장에서 보면, 메뉴의 수가 많은 경우에는 식재료를 관리하기가 어려워 낭비할 확률이 높으며, 특히 메뉴의 수가 늘어날수록 관리가 어렵다는 단점이 있다. 따라서 일품메뉴를 전문으로 하는 외식업체는 특정 메뉴를 정식메뉴로 제공함으로써 이러한 단점을 극복하는데, 이 경우 정식메뉴와 일품메뉴를 적절하게 결합했다는 의미에서 '결합메뉴'로 분류할 수도 있다.

이상의 메뉴 구성과 가격에 의한 분류는 외식업체가 메뉴계획 전에 목표고객에게 적합한 메뉴를 선정하는 데 많은 시사점을 준다. 예를 들면, 직장인이 주 고객인 상권에서 메뉴계획을 하는 경우에는 점심시간에는 정식메뉴보다 일품메뉴를 선택하는 것이 유리하다. 반대로 직장인들은 주로 저녁시간에 외식업체를 이용하면, 일품메뉴보다는 정식메뉴나 결합메뉴를 선호한다.

(3) 업종과 업태에 의한 분류

업종(type of business)은 사업의 형태를 의미하는 용어이지만 외식사업에서는 주로 음식의 국적에 따른 분류로 활용된다. 업종에 따른 메뉴 또는 외식업체의 분류는 가장 전통적인 분류방식이다. 업태(type of service)는 영업전략에 따라 메뉴 또는 외식업체를 분류하는 기준이다. 다만 실무에서는 고객에게 제공하는 서비스수준을 기준으로 분류하는 경우가 많다.

업종과 업태의 관점과 기준을 구체적으로 정리하면 〈표 6-2〉와 같다. 외식산업이 발전하면 할수록 메뉴 또는 외식업체를 구분할 때 업종보다 업태를 활용한다.

국내에서 메뉴 또는 외식업체를 업종에 따라 분류하면 한식, 양식, 중식, 일식, 에스닉 푸드와 같이 구분하는 경우가 많다. 업태에 따라 분류하면 패스트푸드, 패밀리레스토랑, 캐주얼레스토랑, 파인다이닝 등으로 구분하고 있다. 참고로 업종과 업태에 의한 분류는 《외식사업창업론》(2015)과 같은 전문서적 또는 논문 등을 활용한 심층적인 학습이 필요하다.

표 6-2 업종과 업태의 관점 및 분류기준

구분	관점	분류기준	점포 크기	분류 사례	장점
업종	외식업체	음식	소형	김밥 전문점	외식업체의 관리가 쉬움
업태	소비자	마케팅 믹스	대형	패스트푸드	소비자 효익 증대

표 6-3 메뉴의 기타 분류

구분	내용
국적에 의한 분류	한식, 미국식, 일식, 중식, 프랑스식, 이태리식, 멕시코식, 베트남식, 인도식 등
식사시간에 의한 분류	조식, 브런치, 중식, 애프터눈티, 석식, 서퍼(가벼운 야식)

(4) 기타 분류

메뉴는 국적에 따라 한식, 미국식, 일식, 중식, 프랑스식, 이태리식, 멕시코식, 베트남식, 인도식 등으로 구분할 수 있다. 이외에도 식사시간별로 조식, 브런치, 중식, 석식으로 구분하기도 한다(표 6-3).

지금까지 메뉴를 분류하는 다양한 기준을 살펴보았다. 이외에도 더 다양한 메뉴의 분류기준이 존재할 수 있다. 성공적인 메뉴계획을 위하여 추가적인 메뉴 분류방법을 찾아보고 외식업체에 적용할 수 있도록 체계화하는 노력이 필요하다.

4) 메뉴의 구성

메뉴의 분류에 이어 메뉴계획 시 반드시 고려해야 할 내용으로는 메뉴 구성이 있다. 외식업체는 체계적인 메뉴 구성을 통해 목표고객에 집중하면서, 목표고객 외의 다양한 고객층도 유인하고 만족시켜야 한다. 일반적으로 외식업체가 성공하려면 단일 목표고객층을 선택하고 그들에게 집중하는 것이 가장 이상적이다. 하지만 단일 목표고객층의 시장 수요에 한계가 있다면 목표고객층과 함께 식사할 가능성이 높은 동반고객도 고려하여 메뉴를 구성해야 한다.

(1) 체계적 구성

외식업체는 메뉴를 구성할 때 대표메뉴, 주력메뉴, 임시메뉴, 보조메뉴, 유인메뉴 등과 같은 체계를 갖추어야 한다. 마치 축구경기에서 선수를 포지션별로 배치하는 것과 같은 이치이다. 목표고객의 좀 더 세부적인 특성을 고려하고 동시에 목표고객 외에 목표고객과 함께 방문하는 동반고객을 고려한 메뉴의 체계적인 구성을 정리하면 다음과 같다.

- **대표메뉴** 외식업체나 브랜드를 대표하는 메뉴이다. 맥도날드의 경우에는 빅맥, 버거킹은 와퍼, 스타벅스는 프라프치노가 대표메뉴이다.
- **주력메뉴** 외식업체의 중점메뉴로서 수익성과 판매효율을 높이기 위한 목적을 가진다. 일반적으로 맥도날드의 런치메뉴와 오늘의 메뉴, 스타벅스의 아메리카노와 오늘의 커피 등이 대표적이다.
- **임시메뉴** 메뉴의 활성화를 꾀하고 고객의 이용기회를 자극하기 위한 것이다. 외식업체에서 활발하게 도입하는 이벤트 메뉴가 대표적인 사례이다.
- **보조메뉴** 전체 판매량에서 차지하는 비중은 작지만 외식업체의 성격을 명확하게 하기 위한 목적의 보완메뉴이다. 목표고객과 동반하는 고객을 고려하여 개발하는 메뉴도 이에 포함된다. 세트 메뉴와 어린이 메뉴 등이 여기에 속한다.
- **유인메뉴** 외식업체에 없어서는 안 되는 메뉴 중 하나이다. 저렴한 가격을 선호하는 고객층을 유인하기 위한 1,000원짜리 햄버거, 방문을 습관화시키기 위한 500원짜리 아이스크림 등이 유인메뉴에 속한다.

메뉴를 구성할 때는 메뉴의 개별적인 역할은 물론이고 복합적인 역할까지도 충분히 고려하여 메뉴계획을 한다. 예를 들면, 감자탕을 대표메뉴로 정한 외식업체라면 어린이를 위한 돈가스 메뉴 등을 보조메뉴로 활용할 수 있을 것이다. 이외에도 햄버거 전문점에서 500원 또는 700원짜리 저가 아이스크림을 판매하여 소비자를 유인할 수도 있다. 저렴한 아이스크림을 유인메뉴로 활용하여 대표메뉴 또는 주력메뉴의 매출액을 높일 수 있기 때

표 6-4 체계적인 메뉴 구성 사례

구분	내용
대표메뉴	외식업체를 대표하는 메뉴(쇠고기 전문점–쇠고기)
주력메뉴	중점메뉴 또는 확장메뉴라고도 하며 수익성과 판매효율을 높이는 메뉴(런치특선)
임시메뉴	메뉴의 활성화를 꾀하고 이용기회를 자극하기 위한 메뉴(이벤트 메뉴)
보조메뉴	판매량은 적지만 외식업체의 성격을 명확하게 하기 위한 보완메뉴(세트 메뉴, 어린이 메뉴, 샐러드 메뉴)
유인메뉴	저렴한 가격을 선호하는 고객층을 유인하기 위한 메뉴(1,000원짜리 햄버거)

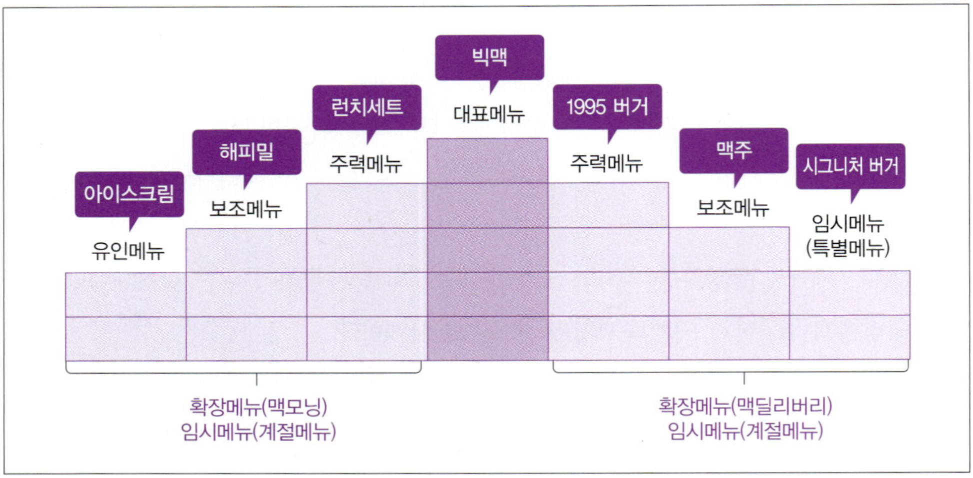

그림 6-5 체계적인 메뉴 구성 사례

자료: 맥도날드 홈페이지 참조

유인메뉴 (임시메뉴)	보조메뉴	주력메뉴 (확장메뉴)	대표메뉴	주력메뉴 (확장메뉴)	보조메뉴	유인메뉴 (임시메뉴)
최저가격 (4,000)	Price Line (5,000원)	Price Line (7,000원)	목표객단가 고객만족가격 (8,000원)	Price Line (10,000원)	Price Line (11,000원)	최고가격 (25,000원)
			떡만두 설농탕 8,000원	신선별미 김치전 9,000원	백세설농탕 11,000원	
		신선한만두 6,000원	만두설농탕 8,000원	명품 두부구이 9,000원	순사골국(대) 11,000원	
신선요구르트 2,000원	어린이 순설농탕 5,500원	설농탕 7,000원	순사골국 8,000원	마늘설농탕 10,000원	고기듬뿍 설농탕 13,000원	모듬수육 25,000원
신선한만두 4,000원	어린이설농탕 5,000원	떡국설농탕 7,500원	두부야채 설농탕 8,000원	설농탕(대) 10,000원	도가니탕 15,000원	도가니수육 28,000원

그림 6-6 신선설농탕의 메뉴 구성 사례 1

자료: 신선설농탕 홈페이지 참조

문이다.

유인메뉴 외에도 임시메뉴의 적극적인 활용 역시 중요한 마케팅수단이다. 특히 고정메뉴를 중심으로 하는 외식업체라면 정기 이벤트성 메뉴인 임시메뉴를 적극 활용해야 한다. 아무리 맛있고 훌륭한 음식이라도 반복적으로 구매하는 경우에는 싫증이 나는 것이 구매자의 자연스러운 반응이다. 체계적인 메뉴 구성은 단골고객의 구매욕구를 강화시킬 뿐만 아니라 해당 외식업체에 관심이 없던 고객집단을 유인하는 데도 도움이 된다.

외식시장에서 성공한 브랜드의 메뉴 구성을 살펴보는 것은 메뉴계획 시 매우 중요한 일이다. 여기서는 맥도날드의 체계적인 메뉴 구성을 살펴보도록 한다(그림 6-5).

맥도날드는 메뉴 구성을 경기 상황이나 해당 국가의 문화적 특성에 적합하게 응용하면서 지속적으로 발전시켜왔다. 국내의 한식 브랜드인 신선설농탕 역시 메뉴 구성 사례로 참조할만 하다. 그들은 총 13가지의 다양한 설농탕으로 각 메뉴가 목표고객과 동반고객에게 적절한 역할을 하도록 배치하였다(그림 6-6, 6-7).

	목표고객			
	어린이	청·중년층 남성	청·중년층 여성	장·노년층
중가	어린이설농탕 5,000원	설농탕 7,000원	두부야채설농탕 8,000원	백세설농탕 11,000원
	신선요구르트 2,000원	떡국설농탕 7,500원	(떡)만두설농탕 8,000원	
		순사골국 8,000원		
고가	어린이순설농탕 5,500원	마늘설농탕 10,000원	순사골국(대) 11,000원	도가니탕 15,000원
	신선한 만두 4,000원	설농탕(대) 10,000원		
		고기듬뿍설농탕 13,000원		

그림 6-7 신선설농탕의 메뉴 구성 사례 2

자료: 신선설농탕 홈페이지 참조

신선설농탕의 메뉴 구성은 목표고객의 특성과 지불의향 가격대를 모두 고려하고 있다.

(2) 메뉴의 조화

메뉴의 조화란 음식의 포트폴리오를 의미한다. 메뉴는 어떻게 구성하느냐에 따라 조화가 잘되기도, 조화가 잘 안 되기도 하므로 메뉴에 맞는 포트폴리오를 구성해야 한다. 메뉴의 조화는 대표성과 수익성의 조합이다. 경쟁이 치열한 외식시장에서 성공하려면 좁은 범위의 목표고객층뿐만 아니라 넓은 범위의 소비자를 유인하고 만족시켜야 한다. 맥도날드가 50년이 넘는 시간 동안 소비자로부터 사랑받는 이유는 바로 최적의 메뉴 포트폴리오를 지향하고 있기 때문이다. 그들은 목표고객에게 매력적인 유인메뉴는 물론이고 충분한 수익성을 달성하는 메뉴와 정크푸드라는 인식을 개선하기 위한 보조메뉴 등의 조화를 만들어냈다.

특히 최근에는 다양한 국가의 다양한 상권에서 소비자의 니즈에 적합한 전략적인 메뉴를 지속적으로 출시하여 높은 성과를 창출하고 있다. 대표적인 사례로는 아침 시장 공략을 위한 '맥모닝', 음료시장 공략을 위한 '맥카페', 배달시장 공략을 위한 '맥딜리버리', 자동차 이동고객을 위한 '맥드라이브' 등을 대표적인 사례로 들 수 있다.

이외에도 맥도날드가 오랜 시간 고객들로부터 사랑받을 수 있었던 이유는 대표성과 수익성을 고려한 적절한 포트폴리오에서 찾을 수 있다. 맥도날드는 대표성이 높으면서 수익성도 높은 메뉴를 비롯하여 대표성은 높지만 수익성은 낮은 홍보용 메뉴를 운영하고 있다(그림 6-8). 또한 대표성은 낮으면서 수익성이 높은 수익용 메뉴는 물론, 대표성과 수익성 모두 낮지만 구색을 맞추어 고객의 인식에 좋은 영향을 미치는 메뉴로 포트폴리오를 구성하고 있다(그림 6-9).

(3) 메뉴의 전문성과 다양성

소비자들은 다양한 메뉴를 취급하는 외식업체보다는 전문적인 외식업체를 선호하고 신뢰한다. 다만, 전문적인 외식업체는 목표고객의 수가 적어서 충분한 매출을 일으키는 데 많은 시간이 소요되거나 또는 매출액의 한계로 성장이 제한적일 수 있다. 전문점은 이러한 단점을 극복하기 위하여 전문점의 외형을 유지하면서 실질적으로는 메뉴의 다양성을

그림 6-8 맥도날드의 메뉴 포트폴리오 사례 1

구분		수익성	
		높음	낮음
대표성	높음	판매용(프렌치프라이)	홍보용(햄버거, 아이스크림)
	낮음	수익용(음료수)	구색용(샐러드)

그림 6-9 맥도날드의 메뉴 포트폴리오 사례 2

자료: 홍성태(2012). 모든 비즈니스는 브랜딩이다. p.90 발췌 재구성.

넓히고 있다. 예를 들면, 스파게티 전문점은 스파게티라는 하나의 메뉴를 주로 판매하지만 소스와 토핑재료를 다양화해서 특성이 다른 고객의 취향을 맞추고 있으며, 오므라이스 전문점의 경우도 마찬가지이다. 이외에도 카레전문점 등이 비슷한 형태로 전문점의 성격과 다양성을 동시에 추구하고 있다(그림 6-10). 이러한 전략을 좀 더 체계적으로 정리하면 다음과 같다.

- 메뉴의 수를 늘리는 경우 발생하는 부정적인 효과를 최소화하는 방법으로 고객이 만족할 수 있는 효과적인 메뉴를 구성한다.
- 메뉴의 수를 늘리기 위해 추가적으로 발생하는 비용을 줄인다.
- 메뉴를 다양하게 만들어서 적은 비용으로 메뉴의 수를 늘리는 효과를 얻는다.

전문성을 유지하면서 다양성을 강화하는 전략은 메뉴의 가격에도 큰 영향을 미친다. 예를 들어 칼국수 전문점부터 스파게티 전문점까지 국수류를 판매하는 점포를 조사해보면, 다양성이 가격에 미치는 영향을 확인할 수 있다(표 6-5).

물론 국수류를 판매하는 일부 외식업체의 자료만 가지고 메뉴의 전문성과 다양성이 보여주는 결과를 단정 짓기는 어렵다. 그럼에도 메뉴의 전문성과 다양성이 우리에게 어떤

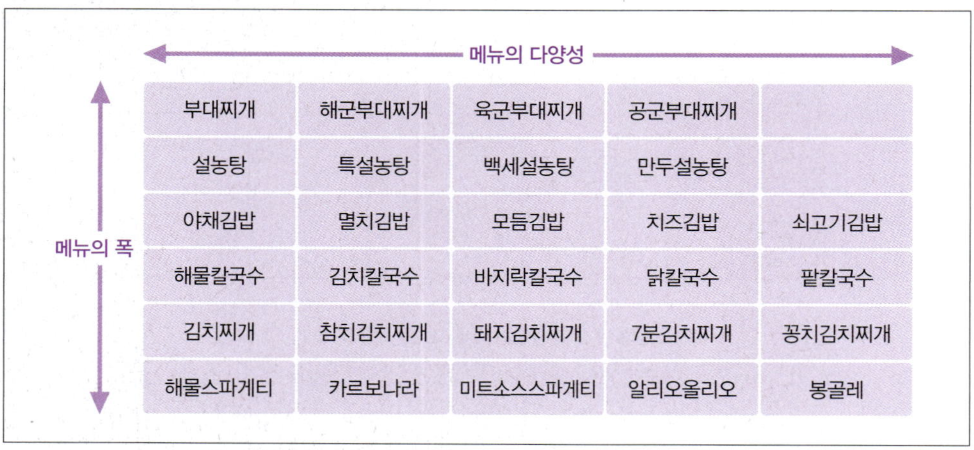

그림 6-10 메뉴의 전문성과 다양성

표 6-5 메뉴의 다양성이 가격에 미치는 영향 사례

구분	메뉴의 수	최저가격(원)	최고가격(원)	가격 분산(원)
칼국수 전문점	3	7,000	8,000	1,000
쌀국수 전문점	12	9,000	13,500	4,500
우동 전문점	13	7,000	12,000	5,000
스파게티 전문점	14	8,500	15,500	7,000

자료: 전국맛집 TOP 1000 홈페이지

시사점을 던져주는지는 확인할 수 있다. 칼국수 전문점과 스파게티 전문점은 모두 전문성을 유지하고 있지만 다양성에서 큰 차이가 난다. 칼국수 전문점의 메뉴는 3가지에 불과하지만, 스파게티 전문점의 메뉴는 14가지나 된다. 이러한 다양성은 가격 분산에 영향을 주고, 결국 이러한 가격 분산은 외식업체의 수익성에도 영향을 미친다.

3 메뉴 개발 및 개선

메뉴계획은 국내외 외식메뉴를 전반적으로 검토하는 환경분석과 외부고객(소비자) 관점분석, 내부고객(직원) 관점분석, 경영자 관점분석을 통하여 성공 가능한 메뉴가 갖추어야 할 속성을 정리하는 산업 중심의 작업이다. 반면, 메뉴 개발은 외식업체의 경영자가 메뉴계획을 근거로 하여 자신의 점포에서 판매 가능한 메뉴를 실질적으로 개발하거나 기존의 메뉴를 개선하는 점포 중심의 작업이다.

메뉴 개발은 메뉴 콘셉트 설정과 개발전략 수립을 통해 메뉴 카테고리와 메뉴 수를 결정하고 메뉴의 전문성 및 차별성 그리고 메뉴의 다양성, 대중성을 확보하는 순서로 이루어지는 것이 일반적이다. 지금부터 이에 대한 구체적인 순서와 내용을 살펴보도록 한다.

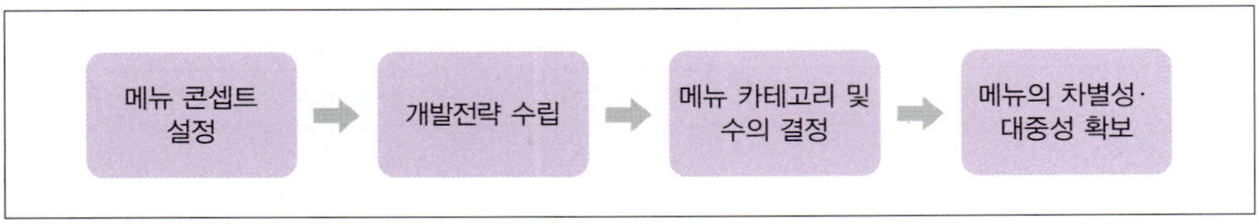

그림 6-11 메뉴 개발 프로세스

1) 메뉴 콘셉트 설정

메뉴 개발은 메뉴 콘셉트의 설정부터 메뉴의 구성, 가격 결정, 식재료 구입에 이르기까지 매우 세부적으로 이루어져야 한다.

(1) 메뉴 콘셉트의 정의

메뉴 콘셉트는 자신의 점포에서 '목표고객에게 어떤 음식과 음료를 어떠한 스타일로 제공할 것인가를 결정하는 일이며, 메뉴 전체의 방침과 범위를 명확하게 정하기 위한 과정'이다. 결과적으로 메뉴 콘셉트는 상권에 존재하는 목표고객에게 어떤 음식을 판매할지를 결정하는 일로, 단일메뉴와 같이 전문성과 차별성으로 승부할지 또는 대중성을 확보하기 위한 다양한 메뉴로 승부할지를 결정하는 것을 포함한다.

(2) 메뉴 콘셉트 설정

외식업체의 경영자는 목표고객이 명확하게 정해지면, 점포 콘셉트를 설정하고 이어서 점포콘셉트와 적절하게 조화를 이루는 메뉴 콘셉트를 정해야 한다. 메뉴 콘셉트는 고객들이 해당 음식점이 어떤 곳인지 쉽게 이해할 수 있게 하여 그들이 시험구매를 할 수 있게 해야 하고, 구매 후에는 반복 구매와 가망고객에 대한 구전이 일어날 수 있도록 명확해야 한다.

예를 들면, 점포 콘셉트가 '지역주민을 대상으로 어디서도 맛볼 수 없는 밀도 있는 식감, 껍질까지 맛있는 식빵으로 행복을 느끼게 만드는 식빵 전문점'이라면 〈그림 6-12〉와 같이 메뉴 콘셉트를 설정해볼 수 있다.

24시간 숙성 후 한정된 수량을 당일 생산하여 당일 판매하는 것을 모토로 하는 식빵

음식점 콘셉트

지역주민을 대상으로 어디서도 맛볼 수 없는 밀도 있는 식감, 껍질까지 맛있는 식빵으로 행복을 느끼게 만드는 식빵 전문점

상호: 밀도

24시간 숙성 후 한정수량을 당일 생산, 당일 판매

메뉴 콘셉트

청정지역 유기농 밀가루 블렌드로 그날의 온도와 습도까지 세심하게 고려하여 매일매일 따뜻하게 구워내는 식빵

메뉴 유형

밀도식빵, 미니식빵, 큐브식빵

그림 6-12 메뉴 콘셉트 설정 사례

자료: 식빵 전문점 밀도

전문점 '밀도'는 메뉴 콘셉트를 '청정지역 유기농 밀가루 블렌드로 그날의 온도와 습도까지 세심하게 고려하여 매일매일 따뜻하게 구워내는 식빵'으로 설정하였다. 그리고 이를 구현하기 위한 메뉴의 유형으로 '밀도식빵', '미니식빵', '큐브식빵'을 제시하였다.

(3) 명확한 메뉴 콘셉트의 전달

메뉴 콘셉트를 설정할 때는 〈그림 6-13〉과 같은 내용의 체크리스트를 활용하는데 가장 먼저 어떤 메뉴를 개발하는 것이 좋을지 판단하고, 이어서 메뉴의 역할과 목적을 명확히 하는 식으로 설정을 진행한다.

만약 짬뽕 전문점을 표방하는 음식점에서 짜장면, 울면, 기스면 등의 다양한 메뉴를 판매하면 고객이 명확한 메뉴 콘셉트를 느끼기 힘들다. 이런 경우에는 오히려 짬뽕 전문점이라기보다는 중식 전문점이라고 하는 것이 적합하다. 점심시간에 근처에서 근무하는 직장인이나 한 끼를 해결하기 위해 이곳을 이용하는 사람은 있어도, 아주 먼 거리에서 음식을 먹기 위해 찾아오는 고객은 거의 없을 것이기 때문이다. 만일 고객이 멀리서 찾아오는 짬뽕 전문점을 만들고자 한다면 대표메뉴인 짬뽕과 보완메뉴인 탕수육 정도로 전문성을

[1] 어떤 메뉴를 개발한 것인가(서비스 포함)?

- □ 기존 시장의 기존 상품인가?
- □ 기존 시장의 신상품인가?
- □ 새로운 시장의 기존 상품인가?
- □ 새로운 시장의 신상품인가?

[2] 메뉴는 카테고리와 명확한 목적을 가지고 있는가?

- □ 시그니처 메뉴, 대표메뉴는 있는가?
- □ 이익 창출이 가능한 주력메뉴가 있는가?
- □ 주력메뉴가 저렴해보이도록 만드는 유인메뉴가 있는가?
- □ 가격에 민감한 고객을 위한 유인메뉴가 있는가?
- □ 의사 결정에 영향을 미치는 고객을 위한 보조메뉴가 있는가?
- □ 영업효율을 높여주는 확장메뉴는 있는가?

그림 6-13 메뉴 콘셉트 설정을 위한 체크리스트

강화하여 명확한 콘셉트를 전달할 수 있어야 한다. 물론 짬뽕메뉴를 다양화할 수도 있다.

2) 개발전략 수립

메뉴 개발전략 수립은 메뉴계획에서 살펴보았던 메뉴의 분류와 구성 등을 활용하고 전문성과 다양성을 충족하는 기획을 근거로 경쟁에서 이길 수 있는 구체적 방법을 고안하는 것이다. 기업에서의 전략이란 '경쟁에서 이기기 위한 방법'으로 정리할 수 있다. 경영학에서 기존의 많은 전략이 소개되고 있지만 여기서는 메뉴를 개발하기 위한 전략으로 마이클 포터의 본원적 전략을 메뉴 개발을 위한 전략 수립에 활용하고자 한다.

외식업체는 메뉴 개발을 위한 전략으로 낮은 원가로 넓은 시장을 추구하는 '원가우위전략', 차별화로 넓은 시장을 추구하는 '차별화전략'을 선택할 수 있다. 즉 외식업체는 메뉴의 원가우위로 경쟁을 할지, 차별화된 메뉴로 경쟁을 할지에 대한 문제를 메뉴 개발 전에 결정해야 한다.

우리는 국내에서 낮은 가격을 경쟁수단으로 활용하는 원가우위전략을 이용한 삼겹살 전문점을 종종 발견할 수 있다. 그런데 이러한 외식업체들은 단기간의 유행에 그치고 소멸되는 경우가 많다. 진정한 원가우위를 달성하지 못하기 때문이다. 원가우위를 달성하기

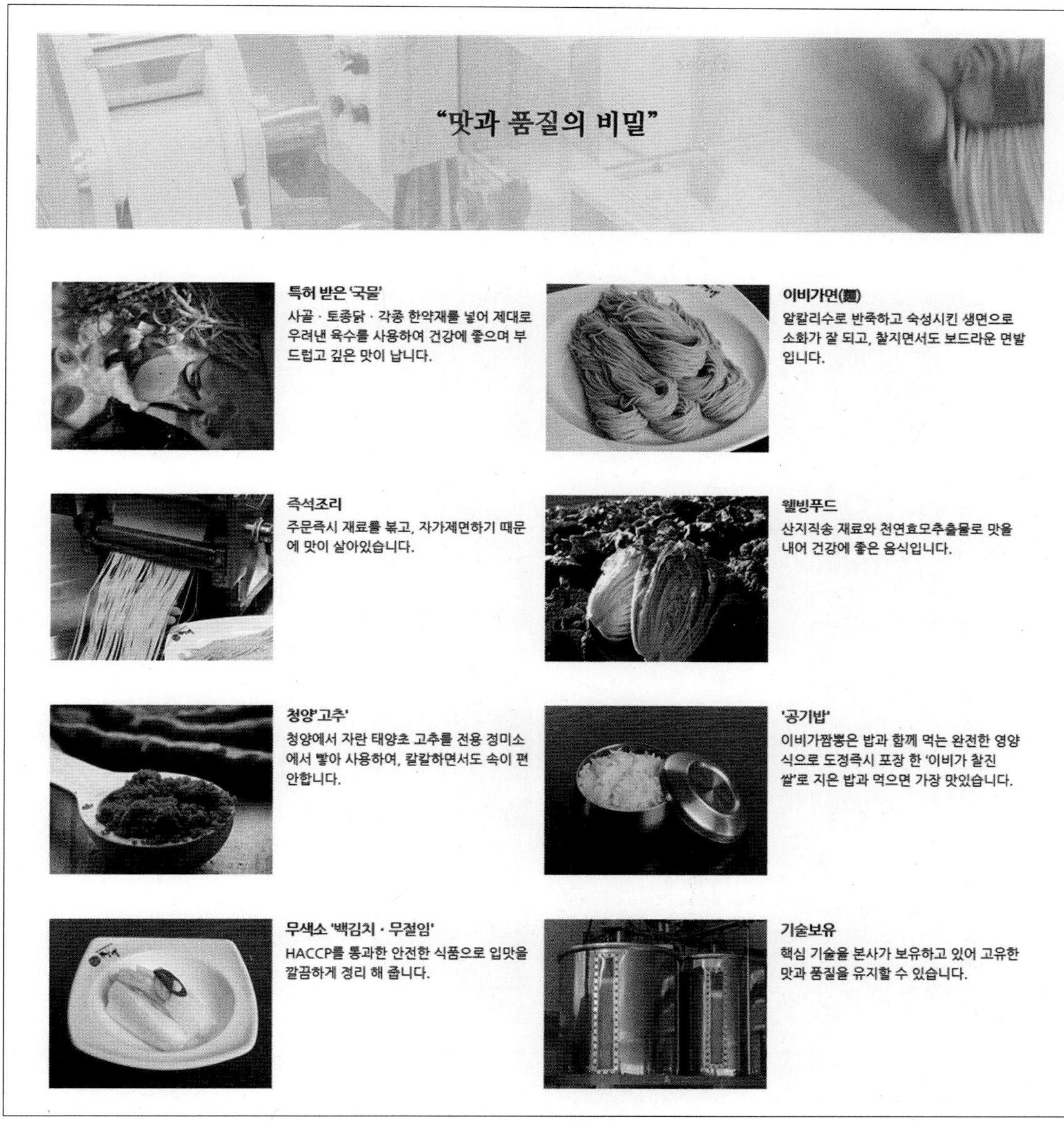

그림 6-14 메뉴 콘셉트 설정을 위한 품질 제시 사례

자료: 이비가짬뽕 홈페이지

"최고의 맛 그리고 명품짬뽕을 지향하는 이비가짬뽕"은

재료의 신선함을 햇볕이 드는대로, 바람이 부는 대로, 비가 내리는 대로 자연 그대로의 맛을 머금고 있는 최고의 재료로 지역농산품을 고집합니다.
굴은 통영에서 직접 배달받고, 고추는 충남의 알프스라 불리는 청양의 농가와 계약재배를 통해 신선한 맛, 손님의 건강, 농가경제까지 책임지고 있습니다. 우리 농가 최고의 재료를 고집하는 것은 이비가짬뽕을 명품짬뽕으로 만들고 지역사회와 함께 나누겠다는 이비가의 의지이기도 합니다.

식욕을 돋우는 '청양에서 자란 태양초 고춧가루'

충남의 알프스라고 불릴 정도로 맑고 깨끗한 산간계곡을 품고 있는 깨끗한 자연 속에서 자란 무공해 청양고추는 과피가 두꺼워 고춧가루가 많이 나고, 색깔과 감칠맛이 좋아 높은 평가를 받고 있는 고추입니다.

바다의 우유 '통영 청정바다의 굴'

예부터 굴은 영양소의 보고로서, 우수한 영품으로 호평을 받고 있습니다. 굴의 단백질 함량은 10%정도로 우유의 3%에 비하면 3배정도 많으며, 굴은 우유와 같은 영양분을 균형있게 함유하고 있기 때문에 영양적인 면에서 닮은 점이 많습니다.

갯벌의 보석 '바지락'

1801년 신유박해로 흑산도로 유배를 간 정약전 선생은 자산어보에 바지락을 천합(淺蛤)이란 이름으로 소개하며 "살도 풍부하고 맛이 좋다"라고 기록했습니다. 바지락은 여러 가지 요리를 위한 식재료로 많이 사용되는데, 육질 100그램에 칼슘 80mg, 계란의 5배나 되는 마그네슘 50mg이 들어 있습니다.

맛과 영양의 보고 '양파'

양파는 익히면 매웃맛이 달아나 자연스러운 단맛이 증가해 조리시 어떤 재료와도 잘 어울리고, 식욕을 증진시킬 뿐만 아니라 생선 및 육류의 냄새를 없애고 풍미를 더해줍니다. 여기에 펙틴이라는 물질이 들어있는데, 기름을 분해해 콜레스테롤 수치를 낮게 하며, 혈액에 해로운 물질을 없애 혈액을 깨끗하게 하는 역할을 합니다.

야채 중 으뜸 '배추'

잎, 줄기, 뿌리를 모두 식용하는 버릴 것이 없는 채소입니다. 고려 중기의 [향약구급방]에서는 "배추는 달고 온하며 독이 없다." 라고 전하고 있습니다. 특히 배추의 비타민C와 칼슘은 국으로 끓여도 영양분 파괴가 적기 때문에 비타민 공급원으로 아주 좋으며, 감기 예방에 더 없이 좋은 식품입니다.

깊은 한국의 맛 '한우사골'

한우사골은 단백질이나 지방 섭취가 부족했던 예로부터 몸에 좋은 건강보신음식으로 손꼽혀왔습니다. 사골을 자주 먹으면 면역력도 높아질 뿐 아니라 원기가 회복되며 약한 관절을 튼튼하게 해주는데, 이는 사골에 양질의 단백질이 풍부하게 포함되어 있기 때문입니다.

감칠맛의 으뜸 '토종닭'

토종닭은 불포화지방산과 높은 단백질 함량으로 담백한 맛과 육향의 풍미가 있고, 높은 수분함량 보유로 조리 시 쫄깃한 조직감이 뛰어나며, 다양한 맛 성분의 필수 아미노산을 다량 함유하여 영양적인 측면에서도 우수합니다.

몸을 보호하고 맛을 잡아주는 '한약재'

황기는 예로부터 닭에 넣고 달여 먹으면 식은땀을 흘리지 않고 체력이 증강된다고 전해지고 있으며, 기운이 없고 식욕을 잃은 사람에게 많이 활용되고 있다. 예로부터 '제2의 인삼'으로 불리는 가시오가피는 뿌리, 줄기 및 가지의 껍질 등을 장기복용하면 몸을 가볍게 한다하여 오래전부터 사용해오고 있습니다.

그림 6-15 메뉴 콘셉트 설정을 위한 식재료 제시 사례

자료: 이비가짬뽕 홈페이지

그림 6-16 메뉴 콘셉트 설정 사례

자료: 이비가짬뽕 홈페이지

그림 6-17 메뉴 개발전략의 선택

위한 전제조건은 동일한 품질의 메뉴를 경쟁사보다 현격하게 저렴한 가격으로 제공하는 것이다. 그래야 소비자가 높은 가치를 느끼고 지속적인 구매를 하기 때문이다. 여기서 현격한 가격 차이란 약 30% 이상 저렴한 상태를 의미한다.

이외에도 메뉴 개발에서는 메뉴 개발 관련 아이디어가 상품적으로 얼마만큼의 가치를 창출할 수 있는지를 분석하여야 한다. 즉 미래 시점에서의 상품가치를 상품으로서의 잠재력, 비용, 이익을 사전에 측정하여 분석해야 한다.

전략을 수립할 때는 경쟁의 범위와 경쟁우위요소를 선택해야 한다. 예를 들면, 프랜차이즈 기업의 경우 경쟁 범위가 넓어 원가우위전략과 차별화전략 중 하나를 선택해야 하지만, 독립창업자는 좁은 시장에서 경쟁하므로 원가 틈새 또는 차별화 틈새전략으로 메뉴를 개발할 수 있다.

마이클 포터의 경쟁전략(그림 6-18) 활용 외에도 메뉴 개발전략을 위하여 블루오션전략의 전략 캔버스(가치곡선)를 활용하는 것도 좋은 방법이다. 전략 캔버스는 블루오션전략에서 경쟁이 없는 시장을 찾기 위해 활용하는 분석 툴로, 메뉴 개발을 위한 전략도구로 매우 유용하리라 판단된다.

이비가짬뽕은 메뉴 개발전략 수립을 위하여 〈그림 6-19〉와 같은 전략 캔버스를 작성하였다. 해당 업체는 메뉴품질 속성을 가로축에 표시하고, 메뉴품질 수준을 높고 낮음에 따라 세로축에 표시하여 외식업체의 전략을 꺾은선그래프로 정리하였다. 이비가짬뽕은

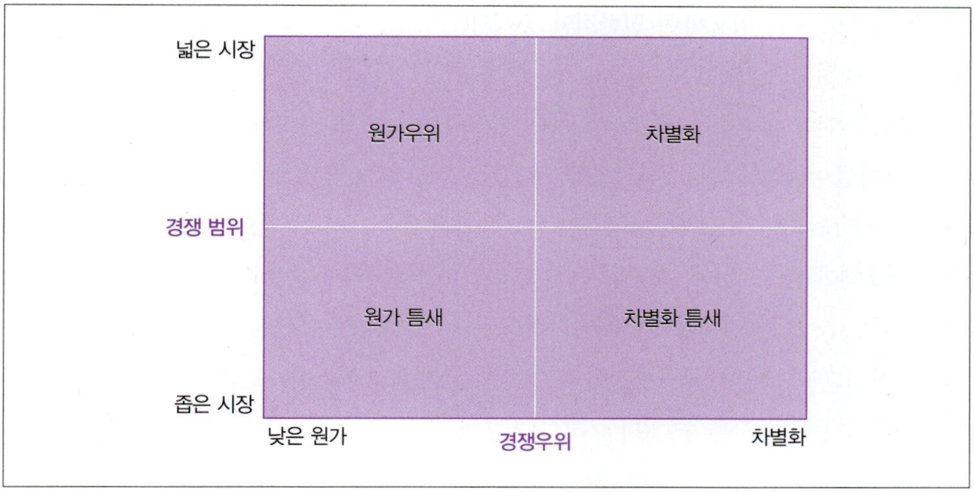

그림 6-18 마이클 포터의 경쟁전략

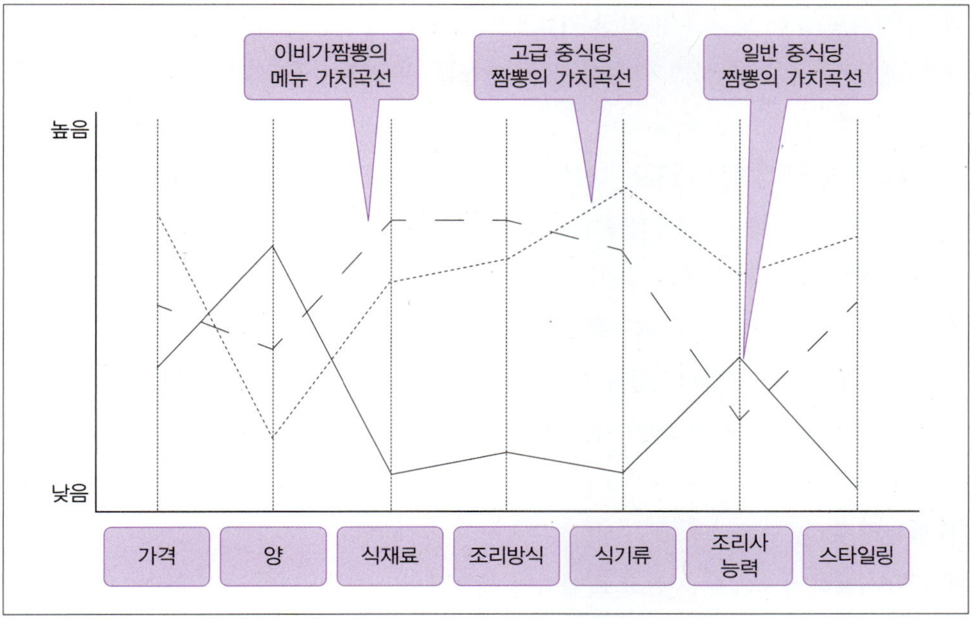

그림 6-19 블루오션전략을 사용한 전략 캔버스의 예

이러한 전략도구를 이용하여 일반적인 중식당 및 고급 중식당의 메뉴전략과 차별화되는 전략을 도출하였다.

블루오션 전략에서는 4가지 액션 프레임워크를 동시에 활용한다. 산업계에서 당연한 것으로 받아들여지는 품질요소 가운데 제거할 요소(예: 능력이 뛰어난 중식 조리사), 표준 이하로 내려도 되는 요소(예: 자극적인 맛), 산업계에서 아직 한 번도 제공하지 못한 것 중에서 창조해야 할 요소(예: 짬뽕의 특허 조리법), 산업계의 표준 이상으로 올려야 할 요소(예: 식재료)를 찾는 것이다. 즉, 이비가짬뽕은 이 4가지 액션 프레임워크에 대한 답을 찾음으로써 고객이 진정 원하는 것이 무엇인지 밝혀내고 이러한 고객의 요구에 맞추어 메뉴전략을 수립했다고 볼 수 있다.

3) 메뉴 카테고리 및 수의 설정

외식업체의 메뉴는 몇 가지가 가장 적당할까? 성공한 음식점을 떠올려보자. 메뉴가 단 하나인 전문점이 있는가 하면, 수없이 많은 메뉴를 취급하는 곳도 있다. 경우에 따라서는 계절별로 메뉴가 바뀌는 곳도 있다.

메뉴의 수를 결정하는 상황은 크게 2가지로 나눌 수 있다. 첫째는 매우 전문적인 경우이다. 예를 들면, 설농탕 전문점에서는 하나의 설농탕만을 판매할 수 있다. 둘째는 다양성을 추구하는 경우이다. 예를 들면, 분식점이나 푸드코트에서는 김밥, 라면, 떡볶이, 순두부찌개, 김치찌개 등 다양한 메뉴를 판매할 수 있다.

이처럼 외식업체는 메뉴의 항목 수를 정하여 전체 틀을 만들고, 이를 기초로 카테고리를 만들어서 고객이 점포의 메뉴 콘셉트를 쉽게 이해할 수 있게 만든다.

(1) 메뉴의 수

메뉴를 개발하면서 가장 기본으로 삼아야 할 핵심과제는 '메뉴의 카테고리는 적게, 메뉴의 수는 적정하게' 하는 것이다. 앞서 살펴보았던, 식빵 전문점 '밀도'는 메뉴 콘셉트에 적합한 카테고리를 3개 가지고 있다. 메뉴 콘셉트가 정해졌다면, 그다음으로 전체 메뉴의 수를 정한다. 일반적으로 자신이 생각하는 메뉴의 콘셉트를 기준으로 경쟁업체의 메뉴를 그대로 복제하여 메뉴를 구성하는 경우가 많은데, 이런 식의 메뉴 개발은 차별성을 추구하기 어렵고 자신만의 특징을 제시하지 못한다는 단점이 있다.

메뉴의 수를 정할 때는 음식과 음료의 유형을 기준으로 해서는 안 된다. 예를 들면, 치킨햄버거 세트와 치킨햄버거 단품메뉴가 있을 경우 햄버거의 수는 1개가 아니라 2개가 된다. 음료의 경우도 마찬가지이다. 콜라의 종류가 '대, 중, 소'로 나누어진다면 메뉴의 수는 1개가 아니라 3개가 된다. 점심 때 5,000원에 판매하는 칼국수를 저녁에는 7,000원에 판매한다면 메뉴의 수는 2개가 되는 것이다. 이같이 메뉴의 수를 세는 이유는, 고객은 같은 음식이라도 가격이 다르면 별개의 메뉴로 인식하기 때문이다. 이러한 관점에서 보면, 롯데리아와 같은 햄버거 전문점의 메뉴 수는 생각보다 매우 많다는 것을 알 수 있다. 이들은 전문성을 가지고 고객에게 다양한 선택지를 제공하고 있다.

메뉴의 카테고리는 적으면 적을수록 좋다. 다만 메뉴의 카테고리를 줄이면서도 고객이 선택을 다양하게 할 수 있도록 구성하게끔 노력해야 한다. 그렇다면 메뉴의 카테고리를 적정하게 정하려면 어떻게 해야 할까? 메뉴의 카테고리가 너무 적으면 고객은 상품구색에 만족하지 못할 수 있다. 특히 외식업체를 자주 이용하는 고객의 경우, 항상 동일한 메뉴에 싫증을 느끼고 점포 이용을 포기할 수도 있다. 따라서 외식업체는 고객에게 늘 선택의 즐거움을 주어야 한다. 메뉴 카테고리를 줄여 전문성을 나타내는 것도 중요하지만, 카테고리가 지나치게 적어서도 안 된다. 적절한 카테고리 수를 정하기는 어렵지만, 초보자의 경우라면 동일한 업태와 규모의 경쟁업체를 조사하여 경쟁점포보다 너무 많거나 적지

더 알아보기

메뉴의 수를 세는 방법

메뉴의 수는 단품 음식과 음료만을 세는 것이 아니고, 다른 사이즈의 같은 음료는 물론이고 세트와 단품도 제각기 별개의 항목으로서 세도록 한다. 즉, 동일한 음료라도 사이즈가 다르다면 다른 메뉴로 간주한다. 세트메뉴는 하나의 메뉴로 간주하지만, 세트에 포함된 메뉴를 개별적으로도 판다면 다른 메뉴로 간주한다.

않도록 주의해야 한다.

일반적으로 전문점의 경우에는 메뉴의 카테고리가 1개에서 5개 정도이면서 메뉴의 수는 30~50가지를 취급하는 경우가 많다. 예를 들어 스파게티 전문점의 경우 스타게티와 피자가 주력메뉴이지만 메뉴의 수를 보면 스파게티가 20여 종, 피자가 10여 종 이상이어서 음료까지 포함하면 총 메뉴가 50여 개에 달한다. 이를 통해 소규모 카페와 주점 등의 경우, 30~50개 전후의 메뉴가 무리 없이 취급할 수 있는 범위임을 알 수 있다.

종종 메뉴의 수가 많아야 손님이 많이 온다고 생각하는 경우가 있다. 하지만 모든 고객을 위한 모든 상품으로 성공하는 사례는 거의 없다. 백화점식 메뉴 구성은 대부분 고객에게 외면받기 쉽다. 10가지 전후의 메뉴를 취급하는 짬뽕 전문점에 손님이 길게 줄을 서는 광경은 보여도, 모든 중국음식을 취급하는 중국음식점에 줄을 서서 기다리는 경우는 보기 힘들다. 전문점은 대다수의 손님이 주문하는 대표메뉴가 정해져 있기 때문에 메뉴를 늘릴 필요가 없다. 카테고리 수가 적으면 상품 하나하나에 정성을 들일 수 있어 경쟁력도 높아진다. 전문화되면 같은 재료를 대량으로 들여와 원가의 효율도 높아진다. 메뉴의 만족도도 당연히 높아진다. 따라서 목표고객을 특정한 메뉴로 공략하는 것이 유리하다. 특히 창업 초기에는 적은 카테고리로 시작하여 필요에 따라 메뉴의 수를 늘려가는 방법을 고려할 수 있다.

메뉴 카테고리 만들기는 조리방법별·식재료별 또는 고객의 이용목적별로 메뉴를 분류하는 행위이다. 메뉴의 수가 정해지면 해당 메뉴를 고객에게 보여주기 위한 메뉴북을 만들게 되는데, 메뉴북에서는 대체로 음식을 카테고리별로 제시한다. 이때는 우선 메뉴의 수를 대략적으로 결정한다. 그리고 메뉴 콘셉트를 검토할 때 작성한 음식 메뉴를 근거로

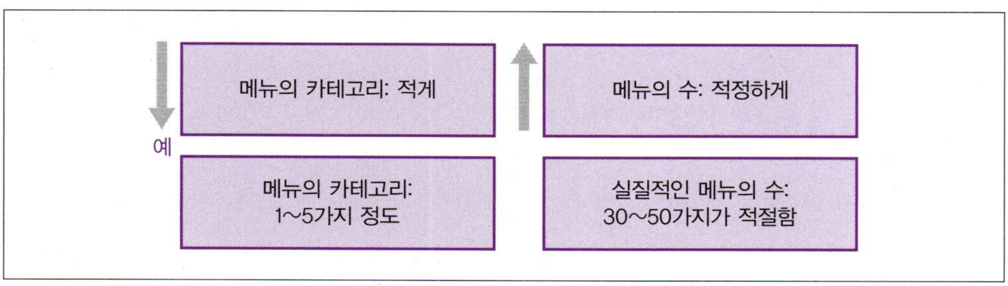

그림 6-20 메뉴의 카테고리와 메뉴의 수

하여 메뉴의 카테고리 분류를 생각한다. 분류는 애피타이저, 메인메뉴, 디저트, 음료 등으로 할 수 있다. 주점의 경우에는 주류, 찌개류, 튀김류, 마른안주류 등으로 구분할 수도 있다. 그 외에도 구이류, 찜류, 튀김류, 볶음류와 같이 조리방식별로 나누는 방식도 있으며 고기요리나 해물요리처럼 식자재별로 카테고리를 나눌 수도 있다. 점심용, 저녁용, 연인용, 가족용처럼 이용목적별로 분류할 수도 있다. 실제로 음식점의 메뉴는 이러한 카테고리의 조합으로 만들어진다.

메뉴북에서 카테고리는 책의 차례와 같은 역할을 한다. 차례가 없는 책을 본 적이 있는가? 만약 책에 차례가 없다면 어떠한 내용이 어떠한 흐름으로 쓰여 있는지 몰라서 책의 구매를 망설이게 될 것이다. 따라서 메뉴북은 고객이 이를 펼쳤을 때 한눈에 들어오는 카테고리에 의해 일목요연하게 정리되어, 점포에서 어떠한 음식과 음료를 어떠한 스타일로 제공하고 있는지를 알 수 있어야 한다.

음식점의 성공적인 창업을 위해서는 목표고객에게 한눈에 어필할 수 있는 카테고리를 여러 가지로 검토해야 한다. 카테고리가 정해지면 카테고리별로 메뉴를 몇 개 정도 넣을지 생각한다. 한 카테고리에 적절한 메뉴 수는 평균 3~10개이다. 메뉴가 단 하나인 경우에는 일부러 카테고리를 만들 필요가 없다. 한 카테고리의 메뉴가 10개를 초과하면 고객이 메뉴를 선택하기 힘들 수 있으므로 너무 많은 메뉴를 카테고리에 넣으려고 하지 않는 것이 좋다.

(2) 카테고리에 메뉴 맞추기

카테고리의 메뉴가 많은 경우, 카테고리를 비슷한 유형끼리 묶어서 상위 카테고리를 만들어 정리하도록 한다. 〈그림 6-21〉의 스타벅스 메뉴를 보면 '메뉴군'이라는 명칭이 바로 상위 카테고리에 해당된다. 이처럼 카테고리를 결정하면 메뉴 구성의 윤곽이 드러난다. 카테고리가 확정되면, 여기에 지금껏 생각했던 구체적인 음식과 음료를 적용한다. 그러면 카테고리별 메뉴의 수가 남거나 모자랄 것이다. 어떤 카테고리에는 메뉴 수가 초과될 것이고, 어떤 카테고리에는 두어 개가 모자랄 수도 있다. 이때 가격의 균형도 생각해야 한다. 자신이 목표로 설정한 객단가를 고려하여 메뉴를 구성한다. 이러한 다양한 점을 조정해서 새로운 음식이나 음료를 추가할 수 있고, 기존의 메뉴를 삭제할 수도 있는 것이다. 어

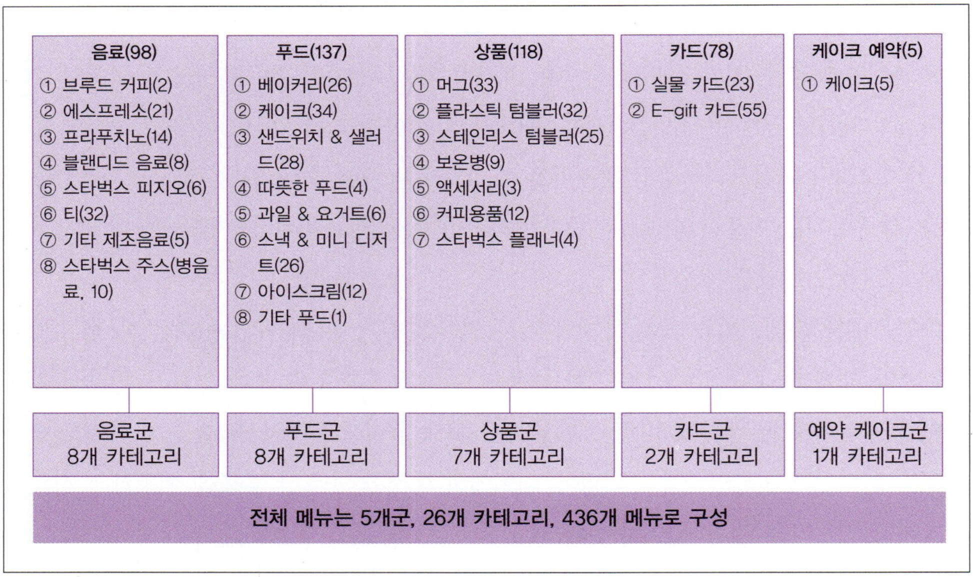

그림 6-21 스타벅스의 메뉴 카테고리와 메뉴 수

자료: 스타벅스코리아 홈페이지(2016)

떤 메뉴는 스타일을 바꾸어 별도의 카테고리에 옮길 수도 있다. 어떤 경우에는 음식의 양을 변경하여 가격을 고치면서 전체 메뉴를 완성해나간다.

4) 메뉴의 차별성·대중성 확보

메뉴를 개발하는 데 있어 지켜야 하는 원칙이 있다. 성공하는 외식업체 메뉴는 일반적으로 2가지 특성이 있다. 차별성과 대중성이다. 성공하는 외식업체를 만드는 좋은 메뉴는 차별성과 대중성의 적절한 조합으로 탄생한다.

- **차별성** 독창성 또는 전문성을 의미한다. 기존의 여러 외식업체에서 쉽게 접할 수 없는 유니크(unique)한 메뉴가 이에 해당된다. 물론 이 세상에 존재하지 않는 새로운 메뉴를 개발하는 것은 현실적으로 어려운 일이다. 그럼에도 외식업체가 성공하는 데 가장 필요한 것이 바로 차별화된 메뉴를 개발하는 일이다.

좋은 메뉴 = 차별성 (독창성, 전문성) × 대중성 (친근함, 다양성)

그림 6-22 좋은 메뉴의 조건

- **대중성** 친근함과 다양성을 뜻한다. 외식업체를 찾는 고객은 너무 특이한 메뉴는 기피하는 경향이 있다. 서울의 어떤 음식점 간판에 '돼지국밥 전문점'이라는 브랜드가 붙어 있다고 하자. 서울 사람들에게는 친숙하지 않은 '돼지국밥'이라는 메뉴명은 소비자들의 접근을 제한할 수 있다. 사람들은 '돼지국밥이 뭐지?', '쇠고기국밥은 몰라도 돼지고기로 국밥을 끓이면 혹시 냄새가 나지는 않을까?' 등의 의심스런 눈초리를 보낼지도 모른다. 동일한 조리방식으로 만든 순대국밥은 잘 먹으면서도 낯선 이름을 가진 돼지국밥은 왠지 두려운 것이다. 이처럼 소비자는 친숙하지 않은 것에서 위험을 인식하고 구매를 꺼린다.

그렇다면 차별성과 대중성 중 어떤 것에 더 큰 가치를 부여해야 할까? 위 공식에서 차별성과 대중성은 곱셈의 형식을 띠는 것으로 보아 어떤 하나라도 '제로'가 된다면 결코 좋은 메뉴가 될 수 없음을 알 수 있다. 그 크기의 정도를 좀 더 구체적으로 이해할 수 있도록 매트릭스를 이용해 표현하면 〈그림 6-23〉과 같다.

〈그림 6-23〉의 1사분면에 있는 메뉴는 차별성과 대중성이 모두 높은 것들이다. '토핑국수'는 기존의 일본라멘을 기초로 토핑을 다양화하고 거기에 국내의 비빔면을 접목한 것이다. 대중적인 인기와 함께 새로운 메뉴로서 독창성으로 성공했던 사례이다. 빠네파스타의 경우도 젊은층이 선호하는 스파게티를 원형의 바게트에 접목하여 선풍적인 인기를 얻었다.

2~4분면에 있는 메뉴들은 대중성은 높으나 차별성이 없는 메뉴 또는 그 반대의 메뉴들이다. 이는 세분화된 시장에서 업력과 브랜드, 차별화된 맛으로 선전하는 업체들의 메뉴이기는 하지만 차별성과 대중성을 고루 갖추었다고 보기는 어렵다.

좋은 메뉴는 차별성이 있으면서도 대중적이어야 한다. 좋은 메뉴를 만드는 차별성은 완벽한 창조보다는 창의적 모방에서 시작된다. 무(無)에서 유(有)를 만들기보다는 유(有)에서 새로운 유(有)를 만드는 것이다. 세상에는 "완전히 새로운 것은 존재하지 않는다."고

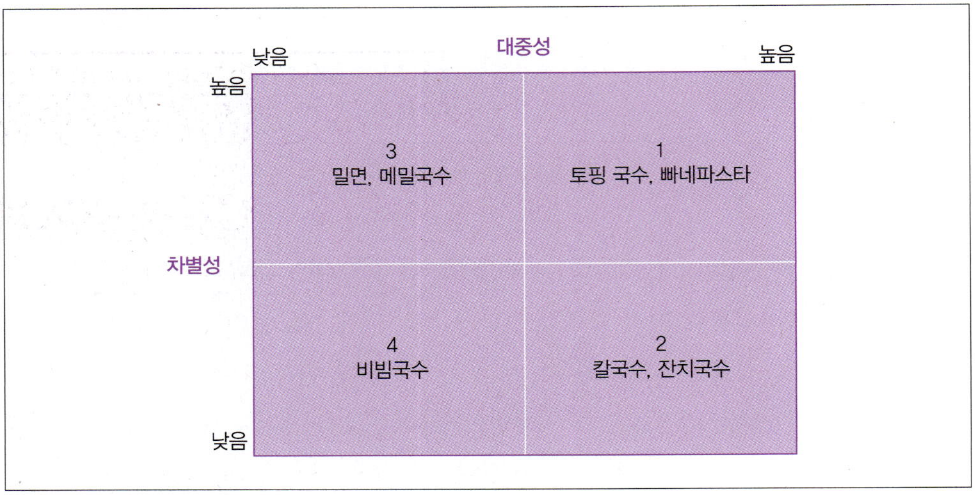

그림 6-23 메뉴의 차별성과 대중성에 기초한 매트릭스

한다. 기존의 것을 새롭게 만드는 방법을 사례로 들어 설명하면 다음과 같다.

- 첫째, 성공한 외식업체를 롤모델로 선정하고 자료를 수집한다. 모방 대상으로서 성공이 검증된 업체를 찾는 것이다.
- 둘째, 롤모델에 추가·결합·융합과 같은 양적 변화를 시도한다. 단순한 모방에 그치지 말고 더 발전적인 모방을 강구한다.
- 셋째, 양적 변화에서 시스템·수익성·서비스와 같은 질적 변화를 시도한다. 기존에 성공한 업체의 메뉴를 결합하여 전혀 다른 새로운 메뉴를 탄생시키는 것도 좋은 방법이다.

지금껏 살펴본 바와 같이, 외식업체를 위한 좋은 메뉴는 독창성과 대중성이 적절한 조화를 이룰 때 만들어진다. 조화는 주관적인 것이므로 객관적으로 확인 가능한 기존의 성공모델을 찾아 검증된 메뉴를 결합하거나 변형하여 새롭게 탄생시킬 때, 확실한 성공이 보장된다.

다만 꼭 기억해야 할 유의사항이 하나 있다. 지금은 차별성과 독창성을 지닌 메뉴라고 해도 머지않아 대중화되어버린다는 점이다. 일반적으로 성공한 메뉴는 경쟁자의 벤치마

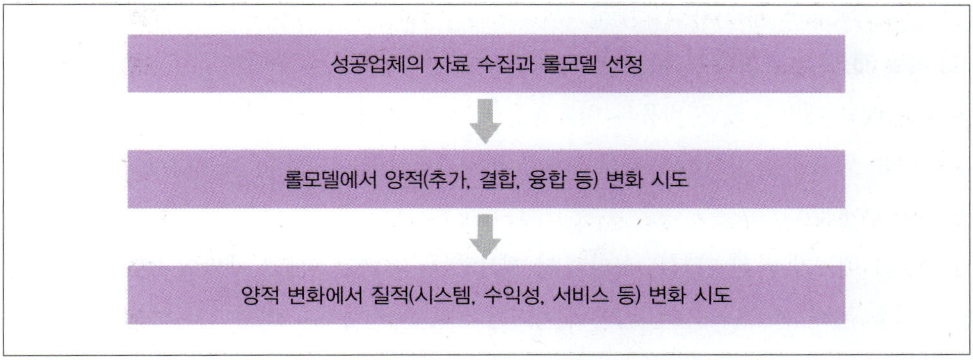

그림 6-24 대중성과 차별성을 고려한 메뉴 개발방법

킹 대상이 된다. 즉, 모두가 도입하고 싶은 메뉴가 되어 대중적인 메뉴로 변한다. 따라서 지속적인 성공을 위해서는 시장의 리더라는 장점을 최대한으로 살려 브랜드의 인지도를 높이고, 신규 메뉴 개발에 끊임없이 투자해야 한다.

5) 메뉴 개발 및 개선

(1) 메뉴 개발

새로운 메뉴 개발은 외식업체가 끊임없이 고민해야 하는 과정이다. 이는 치열한 경쟁환경에서 지속적인 경쟁우위를 확보하기 위한 필수요건이다. 고객욕구 변화에 따른 메뉴수명주기가 단축되는 문제를 극복하기 위해서도 반드시 필요한 일이다.

이 단계에서는 지금껏 문서와 생각만으로 존재했던 아이디어를 실물로 제작하게 된다. 메뉴계획자는 아이디어를 실물로 제작하면서 발생하는 문제를 해결하고, 제품화하여 매장에 적용했을 때의 문제점이 무엇인지 판단하여 수정·보완할 수 있어야 한다.

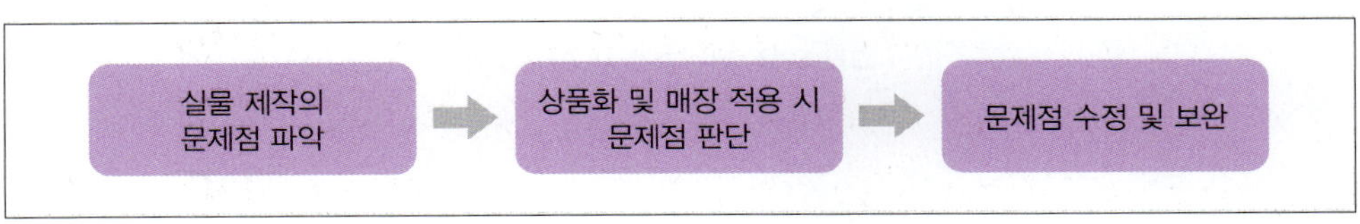

그림 6-25 메뉴 개발 시 고려사항

(2) 메뉴 개선

새로운 메뉴 개발은 많은 비용과 비효율을 야기한다. 지속적인 신메뉴 개발로 품목 수가 늘어나는 비효율을 방지하기 위해서는 신메뉴 개발보다는 기존의 메뉴를 개선하는 대안을 강구하게 된다.

기존의 메뉴가 가진 단점을 파악하여 개선하는 작업도 신메뉴 개발의 첫걸음이다. 메뉴분석을 통해 선호도와 수익성이 떨어지는 메뉴를 선정하고 이를 개선하는 작업은 매우 적절한 메뉴관리과정이다. 이와 같은 메뉴 개선을 위해서는 많은 사항을 참고해야 하는데, 이를 구체적으로 살펴보면 〈그림 6-26〉과 같다.

이 책에서 상세하게 다루지 못하는 메뉴의 개발과 개선에 대한 구체적인 내용은 《외식사업 메뉴경영론》을 참고하여 심도 있게 학습하도록 한다.

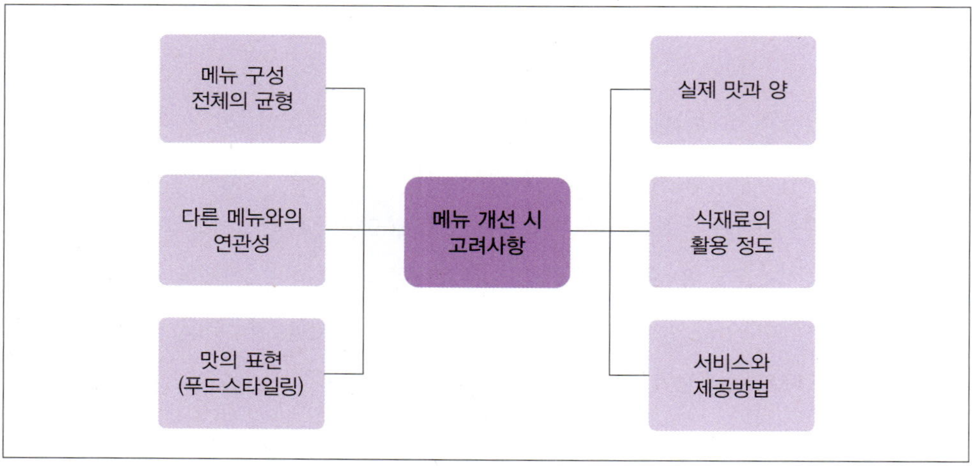

그림 6-26 메뉴 개선 시 고려사항

4 메뉴평가

1) 메뉴평가의 정의

메뉴평가란 메뉴계획 및 메뉴 개발이 이루어진 후, 메뉴를 판매하기 전과 메뉴를 판매하는 과정에서 소비자의 메뉴 선호도, 맛, 수용가격 등을 평가하는 활동이다. 메뉴는 고객을 유인하면서 고객이 지불하는 금액을 초과하는 가치를 제공해야 한다. 다만 고객이 메뉴를 인식하고 선택하기까지는 상당히 복잡한 과정을 거쳐야 한다. 이 과정은 크게 평가(evaluation)와 선택(choice)으로 나눌 수 있다. 소비자가 품질을 지각하고 메뉴의 가치를 형성하는 단계까지는 평가의 과정이라 할 수 있고, 지각한 가치를 바탕으로 구매의사를 결정하는 행동은 선택과정이라고 한다.

일반적으로 소비자가 메뉴를 평가할 때 고려하는 요소는 매우 다양하지만, 그중에서 메뉴계획과 관련하여 구성된 것과 메뉴 디자인과 관련하여 구성된 것을 생각할 수 있다. 또한 메뉴는 계획되고 난 후에 평가를 거쳐 구성이 완성되는데, 다음과 같은 항목은 메뉴를 계획하고 난 후에 이루어지는 평가항목의 예시이다. 메뉴계획자는 이를 메뉴평가 시 참고하여 평가표를 만들 수 있다.

- 메뉴의 전체적인 느낌
- 메뉴의 형식과 모양
- 목표고객의 유형
- 목표고객에게 제공할 서비스의 유형
- 메뉴에 이용될 식재료의 균형
- 메뉴의 다양성
- 시각적 효과
- 메뉴 브랜드 및 메뉴를 표현하는 단어와 스토리
- 계절적 요소

• 기타 외식업체가 중시하는 특정 요소

2) 메뉴평가의 유형

메뉴평가는 메뉴를 출시하기에 앞서 시제품을 대상으로 고객의 선호도를 테스트하는 것이다. 즉 메뉴 출시에 앞서 메뉴에 대한 고객의 인식을 평가하고, 성공 가능성을 진단하기 위해 대표성 있는 매장에서 평가를 실시한다. 실무에서는 일회성 행사가 아니라 시장에서의 반복적인 테스트를 통해 실제 고객의 반응을 체크해야 한다는 측면에서, 직원 및 경영자를 대상으로 하는 내부평가와 고객과 전문가를 대상으로 하는 외부평가로 구분하여 실시한다.

(1) 내부평가

외식업체 내부에서 이루어지는 메뉴평가는 주로 원가를 고려한 가격수준의 적정성에 대한 내용, 조리 및 서빙의 편의성에 대한 내용이 주를 이룬다. 특히 가격수준에 대한 평가는 식재료비, 노무비, 경비를 고려할 때 어느 정도가 적정가격인지에 대한 논의가 집중적으로 이루어진다. 또한 조리와 서빙의 편의성에 대한 평가도 중요하다. 아무리 고객을 만족시킬 만한 메뉴라도 조리가 어렵거나 직원이 서비스하기가 힘들다면 큰 문제가 생길 수 있다.

(2) 외부평가

외부평가는 전문가 집단에 의한 평가와 소비자 집단의 평가로 나누어 실시한다. 외부평가에서는 실제로 음식을 제공한 후 음식의 양, 맛, 색상, 향, 전반적인 느낌, 선호도, 소비자의 수용가격을 점검하고 다양한 고객층을 유인하고 재구매가 이루어지게 할 수 있는지 등을 질문지나 인터뷰를 통해 파악한다.

3) 메뉴평가방법

메뉴를 개발하여 판매하기 전 또는 판매 후에도 정기적으로 이루어지는 메뉴평가는 레시피평가, 관능검사, 품질평가 등으로 구분하여 실시한다.

(1) 레시피평가

외식업체는 메뉴평가에 앞서 레시피를 확정해야 한다. 메뉴평가의 궁극적인 목표는 개발하고 있는 많은 메뉴 중에서 성공 가능성이 높은 메뉴를 고르는 일이다. 즉, 새롭게 개발한 메뉴를 판매하기 전에 고객과 외식업체가 만족할 수 있는 메뉴와 그렇지 못한 메뉴를 선별하는 것이다. 그러기 위해 정기적으로 레시피를 평가해야 한다.

레시피는 메뉴의 조리를 위한 지침서이다. 또 필요한 식자재, 조리기구, 조리인력의 역량, 조리시간, 1인분의 양, 조리방법, 이용되는 식기류, 스타일링 등을 일목요연하게 기술해 놓은 서식이다. 외식업체의 성공은 메뉴의 인기와 구매고객의 만족도에 달려 있기 때문에, 정기적으로 레시피를 평가해야 한다. 그런데 아직도 많은 외식업체에서 레시피평가를 주방 내부에서만 하고 있다. 가능하다면 지식과 경험이 풍부한 전문가로 팀을 구성하고 평가항목을 구체화한 후, 과학적인 접근법을 활용하여 실시해야 한다. 특히 레시피를 통해 만들어지는 음식이 목표고객의 기호도에 얼마나 적합한지를 평가할 수 있어야 한다.

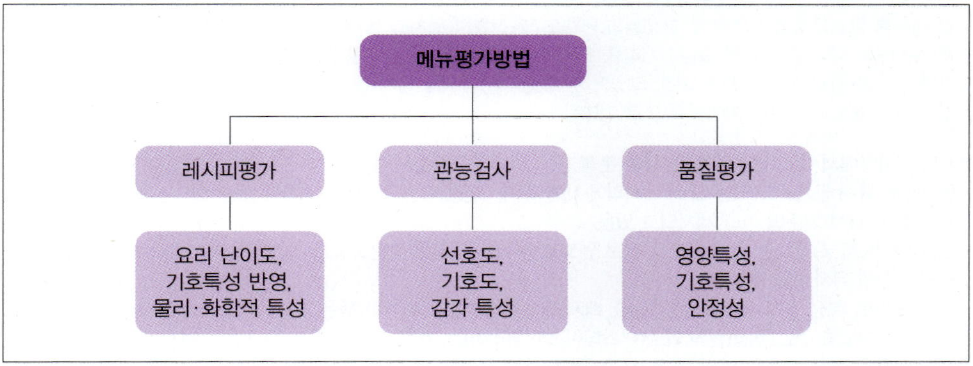

그림 6-27 메뉴평가방법

표 6-6 레시피평가 연구 사례

구분	내용
홍상필 등 (2013)	**양념 소갈비의 조리과정에서의 물리화학적 특성 평가** • 세계화에 유망한 대표 한국음식 중 하나인 양념 소갈비를 대상으로 유명 레시피 아홉 종에 대한 특성과 기호도와 속성 간의 상관성, pH와 육의 텍스처(texture), 숙성과 육단백질 분해, 가열(매체) 조건과 조리시간 및 기호성분의 특성을 분석 • 이론적 측면과 실험적 측면에서는 모두 육의 텍스처에 초점을 맞춤 • 수집된 양념 레시피는 염도 0.8~3.03%, pH 4.89~6.22, 가용성 고형분 농도 1.34~6.31Brix 범위로 시료 간 차이가 컸고 기호도와 조직감과의 상관성이 0.65로 비교적 유의하게 높았음 • 갈비육을 레몬, 알카리수, 인산염 및 베이킹파우더 용액에 처리 시 레몬즙 처리구 15.06%, 알칼리수 9.10%의 보수력을 나타내어 pH와 관련성을 보임 • 양념 숙성 시 MFI(myofibril index)는 24시간 32%, 48시간 39%로 소편화가 진행되었고 이는 400배 위상차 현미경을 통해 확인되었으며 산가용성 콜라겐 성분이 배즙에 의해 분해됨이 SDSPAGE상에서 확인됨 • 표면온도 60℃의 도달시점을 기준으로 할 때 조리(cooking) 완료시간은 팬 170℃에서 8분, 팬 270~300℃에서 6분, 숯불 700~900℃에서 4분으로 측정됨 • 기호성분의 분석 시 숯불구이는 팬 구이와 달리 다양한 피라진(pyrazine) 성분들과 잔존 IMP 함량이 상대적으로 높게 나타나는 특징을 보임 • 상기 결과는 향후 우수한 풍미의 양념갈비를 체계적이고 과학적으로 조리할 수 있는 기술에 적용될 것으로 기대됨
김은미 등 (2013)	**국내인과 미국인 대상 기호도 조사를 통한 불고기의 표준 레시피 설정에 관한 연구** • 기호도 조사 결과를 바탕으로 국내 사람과 미국인 간의 조미성분 차이를 비교한 결과, 미국 현지인들은 기본 레시피의 조미 함량을 가장 선호하는 것으로 조사됨 • 국내 사람은 기본 레시피에 설탕을 추가한 불고기를, 국내 거주 외국인은 기본 레시피에 파와 마늘을 추가한 불고기를 선호하는 것으로 조사됨. 미국 현지인의 불고기에 대한 기호 특성은 국내인과 유사한 것으로 조사됨에 따라, 주요 식재료의 현지 공급이 가능하다면 현재의 기본적인 레시피를 기준으로도 현지화와 이를 기초로 한 다양한 제품 개발이 가능할 것으로 판단됨 • 라이프스타일에 따라 다양한 특징이 반영된 세분시장이 존재할 수 있으므로 각 시장에 적합한 한식 편의식품의 개발이 이루어져야 함
김성혜 등 (2013)	**초등학교 급식용 김치 메뉴 개발 및 평가** • 초등학생의 김치 섭취량 증가를 목적으로 문헌 및 실험조리에 근거한 초등학교 급식용 김치 메뉴를 일곱 가지 개발 • 각 메뉴를 학교급식에 적용한 후 학생들의 기호도 및 잔반량 조사를 통해 메뉴 평가 • 개발된 메뉴 여덟 종에 대한 표준레시피를 초등학교 영양(교)사가 평가한 결과 김치치즈크로켓이 활용 가능성이 가장 높았고 김치감자샐러드가 가장 낮았으며, 초등학교 급식용 김치 메뉴 개발은 초등학생의 김치 섭취량 향상 및 김치 기호도의 증가에 기여할 것으로 기대됨
김수도 외 (2016)	**레시피 연결망에서 요리 난이도 및 유사성 분석** • 인터넷을 통해 공개되고 있는 요리 레시피에 대한 분류 및 평가는 작성자의 문화적 배경, 요리능력, 요리경험, 선호도 등 주관적 기준에 따라 제시되고 있음 • 요리 난이도를 측정하기 위한 척도로 정보 엔트로피 개념을 통해 객관화하고, 요리의 공통 엔트로피를 계산하여 레시피 간의 유사성을 측정 • 요리 난이도 측정 결과 동태해물찜(한식), 베지테리안 라자냐(이탈리아) 등은 요리 난이도 측면에서 가장 어려운 요리로 나타났고, 초고추장(한식)과 두부스테이크(이탈리아)는 가장 쉬운 요리로 나타났음. 레시피 연결망의 거리공간을 통해 한식과 아시아요리는 유사성이 높은 것을 확인함. 또한 활용적 측면에서 특정 요리와 유사한 요리는 무엇인지, 요리를 대체할 수 있는 유사한 요리 그룹에는 어떤 것인지, 요리 용이성 관점에서 식단을 준비할 때 가장 합리적인 계획은 무엇인지를 보여주었음

실무적으로는 〈표 6-6〉와 같은 레시피평가 연구 사례를 참고한 후, 각 외식업체의 상황에 적합한 레시피평가방법을 개발하여 활용한다.

(2) 관능검사

메뉴의 관능검사는 소비자를 대상으로 메뉴의 가치, 상품성, 수용성 등을 평가하는 방법으로, 목표고객을 대표할 수 있는 소비자가 메뉴의 맛을 평가·판정하는 것을 의미한다.

오늘날에는 현장에서 이루어지는 관능검사에 외식업체보다 식품업체가 많은 관심을 가지고 있으며, 중요성을 인식하는 기업들은 마케팅 리서치부서와 별도로 관능검사조직을 만들고 이에 투자하고 있다. 물론 외식프랜차이즈기업을 비롯한 외식업체들도 메뉴의 품질이나 소비자가 선호하는 기호의 중요성을 인식하게 되면서 메뉴평가를 위한 관능검사를 도입하고 있다.

무엇보다도 외식업체가 메뉴의 품질을 측정하는 관점을 생산자 중심에서 소비자 중심으로 전환하면서, 관능검사의 중요성이 더욱 커지고 있다. 외식업체는 메뉴를 계획·개발하고 판매를 결정하기 전에 〈표 6-7〉과 같은 다양한 관능검사를 통해 메뉴의 판매 여부를 결정해야 한다.

표 6-7 관능검사의 유형

구분	메뉴의 수	검사원	평가환경
소비자 기호도 검사	소비자의 메뉴 선호도와 기호도 검사	훈련받지 않은 소비자	일상적인 섭취환경
관능평가 1	사람의 감각기관을 분석기기와 같이 사용하여 메뉴의 관능특성 검사	선발 · 훈련된 검사원	통제된 환경
관능평가 2	소비자가 감각하는 메뉴의 관능적 특성 정도를 검사	훈련받지 않은 소비자	일상적인 섭취환경
관능 정신물리학	행동학적 측정방법을 사용하여 사람이 감각능력 검사		

자료: Michael O' Mahony, Hye Seong Lee(2005). 목적에 맞는 관능검사 방법의 이해.

(3) 메뉴의 품질평가

레시피가 외식업체의 특성에 적합하고, 메뉴 선호도 및 기호도 등 관능적 특성에서 좋은 평가를 받았다면 메뉴의 맛을 비롯한 전반적인 품질평가가 추가적으로 이루어지는 것이 메뉴의 완벽한 평가체계이다. 다만, 메뉴의 품질평가는 과학적으로 인정된 기준이 있는 것이 아니라 소비자의 인식을 측정하는 것임으로 매우 주관적인 개념이라는 것을 알아야 한다. 따라서 여러 학자의 다양한 메뉴 품질평가 차원을 파악하고 각 외식업체에 가장 적합한 방법을 선택해야 한다.

〈그림 6-28〉과 같은 식품의 품질을 구성하는 요소를 참조하여 외식업체의 특성에 적합한 메뉴의 품질평가 항목으로 활용할 수 있다. 그 외에도 〈표 6-8〉과 같은 메뉴품질을 '메뉴 구성, 푸드스타일링, 맛, 웰빙'과 같은 요인으로 구성한 연구와 〈표 6-9〉와 같은 기타 연구를 참고로 할 수 있다.

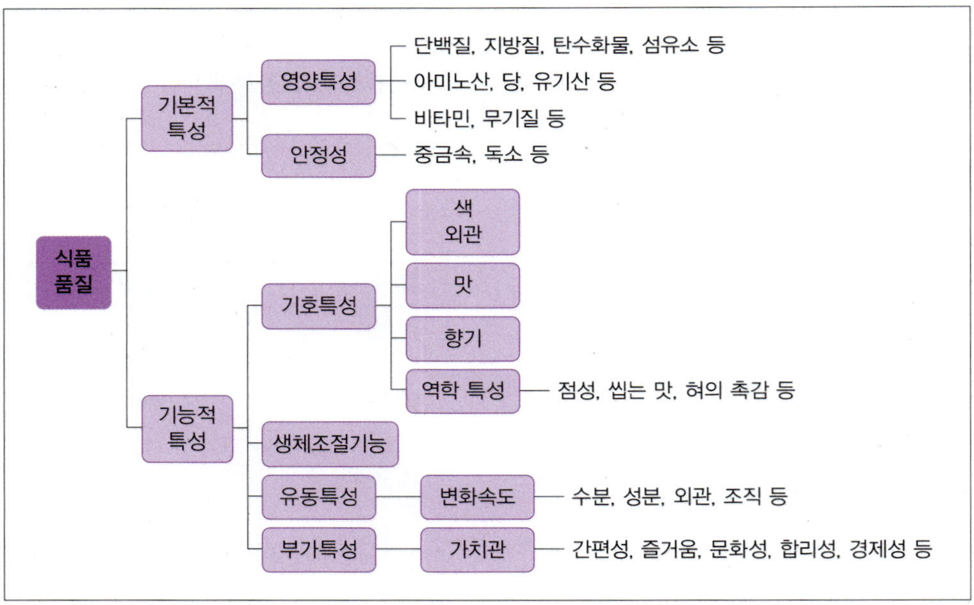

그림 6-28 식품 품질의 구성요소

자료: 한국식품과학회(2004). 식품과학기술대사전.

외식업체는 새로운 메뉴를 도입할 때는 물론이고, 이미 판매하고 있는 메뉴에 대해서도 정기적으로 품질을 평가해야 한다. 앞서 제시한 메뉴평가항목 중 가장 대중적으로 활용하는 항목을 정리하면 '메뉴의 품질과 양, 가격, 다양성, 영양 및 건강요소, 사회적 체면' 등이 있다.

표 6-8 메뉴품질의 요인별 평가항목

요인명	평가항목
메뉴 구성	• 건강을 고려한 메뉴 • 칼로리를 고려한 메뉴 선택 • 메뉴의 선택 폭이 넓음 • 다양한 식재료 사용 • 계절 식재료 사용
푸드스타일링	• 창의적인 요리 • 테이블 세팅과 요리의 구성 • 영양적인 요리 • 시각적인 효과
맛	• 훌륭한 맛 • 일정한 맛 • 적절한 온도 유지
웰빙	• 조미료 사용 여부 • 유기농 식자재 사용 • 웰빙트렌드에 맞는 신메뉴

자료: 이승익 외(2009). 레스토랑 식공간 연출과 메뉴품질이 소비자의 내적반응과 외적행동에 미치는 영향.

표 6-9 기타 메뉴품질에 대한 다양한 연구

연구자	메뉴품질의 구성요소
O'hara(1997)	음식의 외관, 맛, 온도, 양
Gilomre et al(1998)	음식의 맛, 수용성, 고객 인지도, 호소력
Lundberg(1989)	음식의 질, 다양성, 메뉴 구성요인
이철호(1982)	음식의 양, 영양 및 위생, 관능적 요소
이승익 외(2009)	음식의 질, 메뉴의 다양성, 메뉴의 구성, 메뉴의 설명력

5 메뉴분석

1) 메뉴분석의 정의

외식업체를 이용하는 고객의 본원적 욕구인 니즈는 끊임없이 변하고, 경쟁업체는 지속적으로 증가한다. 이에 외식업체는 경쟁우위 확보와 변화하는 고객의 욕구에 민감하게 대처하기 위해 정기적으로 새로운 메뉴와 서비스를 개발하고 제공한다. 고객은 자신이 원하는 메뉴의 품질과 가격, 서비스와 분위기 등을 우선적으로 고려한다. 또 저렴한 가격으로 품질이 좋은 메뉴와 훌륭한 서비스를 제공받고자 한다. 이와 달리 영리를 목적으로 하는 외식업체의 궁극적인 목표는 최소의 비용으로 최대의 이익을 추구하는 것이다. 고객의 욕구를 모두 충족시키고자 하면 비용은 증가할 수밖에 없다. 외식업체의 메뉴는 고객만족과 이윤 창출을 동시에 추구해야 한다. 한쪽만 만족시킨다면 폐업의 길로 들어설 수밖에 없다.

메뉴는 외식업체의 성패를 좌우하는 중요한 제품이다. 따라서 메뉴는 2가지 관점(수익, 고객욕구충족)에서 연구·검토되어야 한다. 만약 메뉴가 일방적인 개념으로 기획된다면, 고객만족과 기업의 이윤 창출을 동시에 달성하기는 불가능하다.

외식업체는 이 같은 두 마리 토끼를 잡기 위한 방법으로 메뉴분석(menu engineering)이라는 시스템을 활용한다. 메뉴분석은 메뉴계획·메뉴 개발·메뉴판매가 모두 이루어진 후에 사후적으로 메뉴의 만족도와 수익성 등을 평가하는 절차이다. 메뉴분석은 사후적 개념의 객관적 평가로, 정량적인 평가를 위하여 자료를 수집·분석하는 체계적인 활동이 필요하다.

메뉴분석은 메뉴 개선을 위한 메뉴의 계획과 개발 및 기존 메뉴를 분석하여 다음과 같은 문제를 해결하도록 도와준다.

- 현재 메뉴의 가격은 적당한가?
- 메뉴의 식재료 원가는 얼마이며 어느 정도가 적당한가?

- 수익을 극대화할 수 있는 메뉴 판매량은 어느 정도인가?
- 현재 메뉴 중 가격 변경이나 삭제 등의 조치가 필요한 것은 없는가?
- 메뉴를 변경한 후, 성공 여부를 어떻게 알 수 있는가?
- 메뉴북의 품목별 분류 및 레이아웃(layout, 위치 선정)은 어떻게 결정해야 하는가?
- 메뉴북은 어떻게 디자인할 것인가?
- 메뉴별 고객 선호도에는 어떤 차이가 나는가?

메뉴분석은 메뉴에 어떠한 교묘한 처리 또는 조작을 가하여 메뉴가 기계와 같이 원활히 기능할 수 있도록 만드는 활동이다. 또한 외식업체가 원하는 것을 달성하도록 돕는 분석방법 또는 분석도구이다. 외식업체에서는 메뉴분석을 위해 사용하는 다양한 기법을 모두 비교·정리하여 각 분석기법의 장단점을 파악해야 한다.

2) 메뉴분석의 목표

외식업체가 갈수록 경쟁이 치열해지고, 시설이 고급화되며, 규모가 대형화되고 있는 외식산업의 시장환경에 적응하기란 쉽지 않다. 고객만족을 통해 적정이익을 달성해야 하는 외식업체 경영자는 치밀한 계획을 바탕으로 적정가격에 적절한 메뉴를 개발·판매할 수 있어야 한다. 외식업체 경영자는 더 많은 고객을 유치함으로써 영업수지를 개선할 필요가 있는데, 그렇게 하기 위해서는 우선 고객이 호감을 갖는 메뉴가 있어야 한다. 메뉴는 경영자가 아닌, 고객을 위해 존재한다. 메뉴는 고객을 유인할 수 있어야 하며, 그렇게 하려면 메뉴를 개발할 때 고객의 필요와 욕구, 원가와 수익성, 다양성, 영양적 요소를 모두 고려해야 한다.

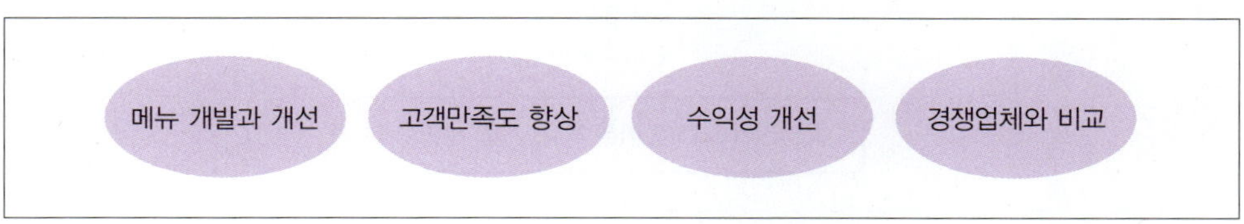

그림 6-29 메뉴분석의 목적

메뉴분석은 외식업체를 단독으로 분석하는 것이기도 하지만, 넓은 의미에서는 경쟁업체와의 메뉴를 비교·분석하는 행위이다. 외식업체 경영자는 이를 이용하여 외식업체의 수익성을 결정해야 한다. 또 메뉴의 점수를 산출하기 위하여 인기도와 결합시켜야 한다. 외식업체는 점포의 판매수준을 측정하여 메뉴 변화의 가능성을 분석하고, 메뉴가 수익성에 어떤 영향을 미치며 각 메뉴의 점수가 어느 정도인지를 알고자 분석을 실시한다. 이러한 과정에서 개별적·전체적 수익성 분석을 실시하여 성공한 메뉴와 실패한 메뉴를 분류하여 평가한 후 메뉴를 개선한다.

3) 메뉴분석의 중요성

메뉴분석은 메뉴의 판매 후 수치를 가지고 사후에 수행하는 외식업체 내부의 행위이지만 상권 변화, 경쟁상황, 고객욕구 변화, 식재료가격 변동, 기업목표 변경, 사회문화적 환경 변화 등의 내외부적 환경 변화의 영향을 받는다. 즉 내부적 문제의 발굴과 해결을 넘어 외부환경의 변화를 감지하고 대응하는 것을 포함하는 개념이다.

메뉴분석은 고객의 수요(고객), 각 메뉴의 수익성(경영자), 메뉴 믹스분석(직원)에 초점이 맞추어진다. 메뉴별 판매량, 수익성 분석을 통해 각 메뉴의 메뉴북 내 위치를 조정하거나 다양한 판매 촉진전략을 수립하는 데 활용할 수 있다. 결과적으로 메뉴상품을 구성하는 일련의 행위(고객, 경영자, 종업원)를 분석하는 과정으로 이를 정리해보면 〈그림 6-30〉과 같다.

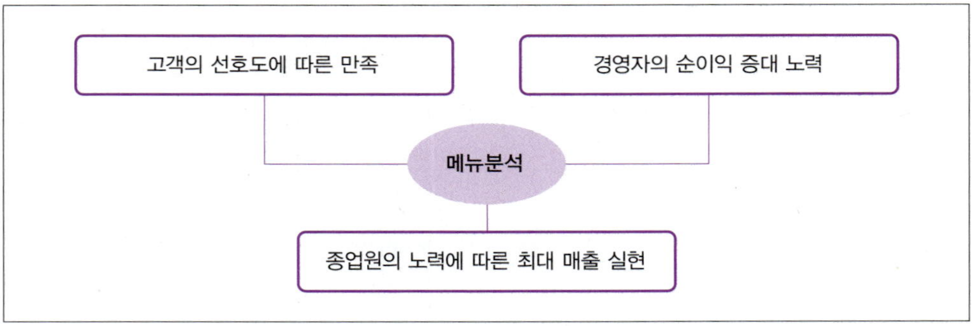

그림 6-30 메뉴분석의 중요성

4) ABC분석

ABC분석은 메뉴분석에 가장 많이 활용되는 간편한 도구이다. 이는 메뉴별 매출액 합계를 산출하여 매출액 합계가 높은 메뉴부터 낮은 순으로 정렬한 후, 메뉴군을 A~C의 세 분류로 나누어 분석하는 방법이다. 이 방법은 매출액을 기준으로 삼기 때문에 비용을 산출할 필요가 없어서 소규모 외식업체에서 많이 활용한다(표 6-10).

표 6-10 ABC분석 사례

당월 ABC분석표(식사류)

(20××년 2월 1일~20××년 2월 28일)

점포명: ○○부대찌개

번호	상품명	수량	단가	매출액	%	누계(%)	등급
1	수제부대(3인)	200	24,000	4,800,000	21.1%	21.1%	A상품군
2	수제부대(2인)	175	16,000	2,800,000	18.5%	39.6%	
3	기본부대(3인)	100	21,000	2,100,000	10.6%	50.2%	
4	수제부대(4인)	99	32,000	3,168,000	10.5%	60.7%	
5	기본부대(2인)	88	14,000	1,232,000	9.3%	70.0%	
6	기본부대(4인)	44	28,000	1,232,000	4.7%	74.6%	
7	수제부대(1인)	24	8,000	192,000	2.5%	77.2%	B상품군
8	기본부대(1인)	22	7,000	154,000	2.3%	79.5%	
9	제육두루(2인)	18	16,000	288,000	1.9%	81.4%	
10	돼지김치(2인)	18	14,000	252,000	1.9%	83.3%	
11	삼겹살(2인)	16	22,000	352,000	1.7%	85.0%	
12	닭갈비(3인)	13	33,000	429,000	1.4%	86.4%	
13	제육두루(1인)	13	8,000	104,000	1.4%	87.7%	
14	삼겹살(3인)	13	33,000	429,000	1.4%	89.1%	
15	삼겹살(1인)	11	11,000	121,000	1.2%	90.3%	

(계속)

표 6-10 ABC분석 사례(계속)

번호	상품명	수량	단가	매출액	%	누계(%)	등급
16	닭갈비(2인)	10	22,000	220,000	1.1%	91.3%	B상품군
17	닭갈비(4인)	10	44,000	440,000	1.1%	92.4%	
18	돼지김치(3인)	10	21,000	210,000	1.1%	93.4%	
19	제육두루(3인)	7	21,000	147,000	0.7%	94.2%	
20	순두부(2인)	7	14,000	98,000	0.7%	94.9%	
21	닭갈비(1인)	6	11,000	66,000	0.6%	95.6%	C상품군
22	해물전골 中	5	45,000	225,000	0.5%	96.1%	
23	버섯불고기 中	4	39,000	156,000	0.4%	96.5%	
24	돼지김치(1인)	4	7,000	28,000	0.4%	96.9%	
25	햄김치(1인)	4	7,000	28,000	0.4%	97.4%	
26	삼겹살(4인)	4	44,000	176,000	0.4%	97.8%	
27	해물부대(3인)	3	36,000	108,000	0.3%	98.1%	
28	수제부대(2인, 포장)	3	16,000	48,000	0.3%	98.4%	
29	제육두루(4인)	3	32,000	96,000	0.3%	98.7%	
30	순두부(3인)	3	21,000	63,000	0.3%	99.0%	
31	해물부대(2인)	2	24,000	48,000	0.2%	99.3%	
32	버섯불고기 大	1	52,000	52,000	0.1%	99.4%	
33	해물부대(4인)	1	48,000	48,000	0.1%	99.5%	
34	수제부대(1인, 포장)	1	8,000	8,000	0.1%	99.6%	
35	수제부대(3인, 포장)	1	24,000	24,000	0.1%	99.7%	
36	햄김치(3인)	1	21,000	21,000	0.1%	99.8%	
37	순두부(1인)	1	7,000	7,000	0.1%	99.9%	
38	순두부(4인)	1	28,000	28,000	0.1%	100.0%	

※ 75%까지 A 메뉴, 75~95%까지 B메뉴, 95~100%까지 C메뉴로 분류

ABC분석은 통상적으로 높은 매출액(75% 또는 80%)을 올리는 메뉴의 수가 상대적으로 적은 것(20%)에 착안하여 파레토(8 : 2법칙)분석이라고도 한다. 일반적으로 매출액 상위 80%(또는 75%)를 차지하는 메뉴군을 A군, 80(또는 75)~90%(또는 95%)를 차지하는 메뉴를 B군, 나머지 5~10%를 차지하는 메뉴군을 C군으로 분류한다. A군은 대표메뉴 또는 주력메뉴, B군은 보조메뉴 및 유인메뉴, C군은 삭제 또는 개선이 필요한 메뉴로 구분하지만, C군에도 유인메뉴나 신메뉴 등이 포함될 수 있으므로 삭제 시 유의해야 한다.

5) 메뉴 엔지니어링

메뉴분석의 대표적인 도구는 미국의 카사바나와 스미스가 만든 메뉴 엔지니어링기법이다. 메뉴 엔지니어링은 메뉴선호도(판매량)와 수익성(공헌이익 = 판매가격 − 변동비)을 평가하여 메뉴에 관한 의사 결정을 지원하는 정량적 도구이다. 외식업체 입장에서는 매우 유용하지만 소규모 외식업체의 경우에는 공헌이익을 산출하기 어려워 이용에 한계가 있다.

메뉴 엔지니어링은 메뉴를 〈그림 6-31〉과 같이 매트릭스 형태로 분류하는데, 각 내용을 자세히 살펴보면 다음과 같다.

(1) Stars 메뉴

선호도와 수익성이 모두 높은 메뉴이다. 이들은 메뉴북에서 특별히 강조되어 있을 가능

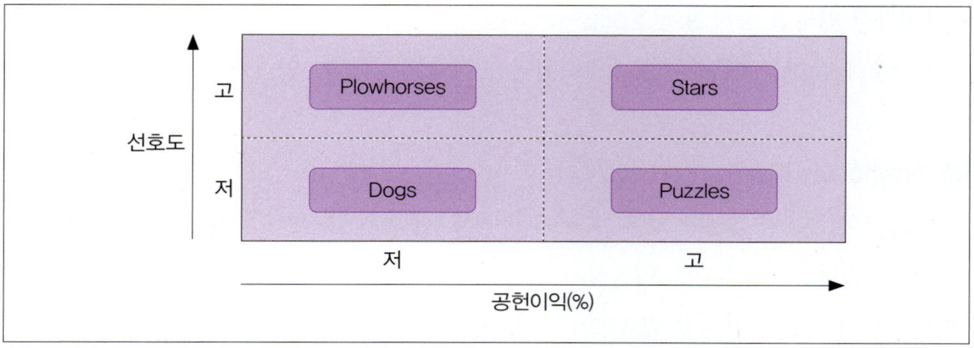

그림 6-31 메뉴 엔지니어링 매트릭스

성이 크다. 이 메뉴는 수익성이 높은 메뉴일 뿐만 아니라, 정책적으로 판매를 촉진하는 메뉴이거나 고객을 유인하기 위한 메뉴일 수 있다. Stars 메뉴에는 다음과 같은 전략이 요구된다.

- 현재 수준을 유지한다(양, 크기, 음식의 질 등).
- 가격 변화에 고객이 민감한 반응을 보이지 않는다면 가격 인상을 시도할 수 있다.
- 현재 메뉴북에서 최상의 위치가 아닌 경우, 눈에 띄기 쉬운 최상의 위치에 배치한다.

(2) Puzzles 메뉴

수익성은 높지만 선호도가 낮은 메뉴이다. 가격이 비싸서 판매하기가 쉽지 않은 메뉴일 가능성이 크다. 선호도를 높이면 Stars군에 속할 수 있기 때문에 조리방식, 1인분의 양, 메뉴의 외형, 가니시 등을 새롭게 하고, 판매가와 원가 그리고 메뉴명 등을 바꾸어 고객이 새로운 메뉴로 인식하게 만드는 개선전략을 세운다. 이 메뉴는 선호도가 높으면 높을수록 평균 기여 마진이 높게 나타난다. 이 메뉴의 개선 방향은 다음과 같이 선호도를 높이는 것이 바람직하다.

- 생산하는 데 특별한 기능이 요구되거나 노동력을 많이 요구하면 메뉴에서 삭제한다.
- 고객이 잘 볼 수 있도록 메뉴북에서의 위치를 조정한다.
- 메뉴의 이름을 바꾼다.
- 판매가격 인하를 통하여 선호도를 높인다.
- 이 그룹에 속하는 메뉴 수를 최소화한다.

(3) Plowhorses 메뉴

선호도는 높으나 수익성이 낮은 메뉴이다. 주로 매출은 높지만 공헌이익이 낮은 메뉴로 구성되어 있다. 특히 가격을 인상하기 어렵기 때문에, 공헌이익을 높이기 위해 다른 메뉴의 부수적인 메뉴로 판매할 필요성이 있다. 주로 중간 이하의 가격군을 형성하며, 가격 변화에 민감한 반응이 나타나므로 판매가격을 인상하면 수요가 감소할 위험이 높아 식재료 원가를 낮추어 공헌이익을 높이는 것이 바람직하다. 특히 이 메뉴군에 포함되는 메뉴들은 수익성(공헌이익)만 높이면 Stars가 될 수 있기 때문에 개선이 이루어져야 한다.

- 판매가격 인상을 신중하게 시도한다. 메뉴의 차별성이 클수록 효과적이다.
- 가격 인상에 반발이 예상되는 경우 메뉴를 재배치하거나 스타일링 등을 변경하여 가격을 인상하는 방법을 찾는다.

(4) Dogs 메뉴

수익성과 선호도 모두 낮은 메뉴이다. 가장 바람직하지 못한 메뉴군에 속한다. 선호도와 수익성을 동시에 높이는 다음과 같은 방안을 생각해볼 수 있다.

- 메뉴에서 삭제한다.
- 철수전략을 심각하게 고려한다.
- 메뉴의 판매가를 인상하여 Puzzles 메뉴로 만든다.
- 특별한 역할이 있다면 해당 역할을 충분히 하는지 검토한 후, 역할에 더욱 충실해질 수 있는 방안을 찾는다.

6) 메뉴엔지니어링 사례

38가지 메뉴를 판매하는 부대찌개 전문점의 매출 데이터를 기반으로, 메뉴 엔지니어링을 실행한 결과를 살펴보도록 한다(표 6-11~13). 분석 시 엑셀을 이용하였으며, 계산방법은 워크시트에 표기된 원문자에 따라 표 하단에 주석으로 정리하였다.

표 6-11 메뉴 엔지니어링 워크시트 1

번호	① 상품명	② 판매량	③ 판매비율(%)	비교	④ 선호도	⑤ 인기도	⑥ 식재료비	⑦ 메뉴가격
1	수제부대(3인)	200	21.1%	>	1.8%	High	6,486	24,000

(계속)

표 6-11 메뉴 엔지니어링 워크시트 1(계속)

번호	① 상품명	② 판매량	③ 판매비율(%)	비교	④ 선호도	⑤ 인기도	⑥ 식재료비	⑦ 메뉴가격
2	수제부대(2인)	175	18.5%	>	1.8%	High	4,324	16,000
3	기본부대(3인)	100	10.5%	>	1.8%	High	6,474	21,000
4	수제부대(4인)	99	10.4%	>	1.8%	High	8,648	32,000
5	기본부대(2인)	88	9.3%	>	1.8%	High	4,316	14,000
6	기본부대(4인)	44	4.6%	>	1.8%	High	8,632	28,000
7	수제부대(1인)	24	2.5%	>	1.8%	High	2,162	8,000
8	기본부대(1인)	22	2.3%	>	1.8%	High	2,158	7,000
9	제육두루(2인)	18	1.9%	>	1.8%	High	4,200	16,000
10	돼지김치(2인)	18	1.9%	>	1.8%	High	4,400	14,000
11	삼겹살(2인)	16	1.6%	<	1.8%	Low	6,800	22,000
12	닭갈비(3인)	13	1.3%	<	1.8%	Low	9,000	33,000
13	제육두루(1인)	13	1.3%	<	1.8%	Low	2,100	8,000
14	삼겹살(3인)	13	1.3%	<	1.8%	Low	10,200	33,000
15	삼겹살(1인)	11	1.1%	<	1.8%	Low	3,400	11,000
16	닭갈비(2인)	10	1.06%	<	1.8%	Low	6,000	22,000
17	닭갈비(4인)	10	1.0%	<	1.8%	Low	12,000	44,000
18	돼지김치(3인)	10	1.06%	<	1.8%	Low	6,600	21,000
19	제육두루(3인)	7	0.7%	<	1.8%	Low	6,300	21,000
20	순두부(2인)	7	0.7%	<	1.8%	Low	3,000	14,000
21	닭갈비(1인)	6	0.6%	<	1.8%	Low	3,000	11,000
22	해물전골 中	5	0.5%	<	1.8%	Low	18,000	45,000
23	버섯불고기 中	4	0.4%	<	1.8%	Low	15,600	39,000
24	돼지김치(1인)	4	0.4%	<	1.8%	Low	2,200	7,000
25	햄김치(1인)	4	0.4%	<	1.8%	Low	2,200	7,000
26	삼겹살(4인)	4	0.4%	<	1.8%	Low	13,600	44,000

(계속)

표 6-11 메뉴 엔지니어링 워크시트 1(계속)

번호	① 상품명	② 판매량	③ 판매비율(%)	비교	④ 선호도	⑤ 인기도	⑥ 식재료비	⑦ 메뉴가격
27	해물부대(3인)	3	0.3%	<	1.8%	Low	14,400	36,000
28	수제부대(2인) (포장)	3	0.3%	<	1.8%	Low	4,906	16,000
29	제육두루(4인)	3	0.3%	<	1.8%	Low	8,400	32,000
30	순두부(3인)	3	0.3%	<	1.8%	Low	4,500	21,000
31	해물부대(2인)	2	0.2%	<	1.8%	Low	9,600	24,000
32	버섯불고기大	1	0.1%	<	1.8%	Low	20,800	52,000
33	해물부대(4인)	1	0.1%	<	1.8%	Low	19,200	48,000
34	수제부대(1인) (포장)	1	0.1%	<	1.8%	Low	2,162	8,000
35	수제부대(3인) (포장)	1	0.1%	<	1.8%	Low	6,486	24,000
36	햄김치(3인)	1	0.1%	<	1.8%	Low	6,600	21,000
37	순두부(1인)	1	0.1%	<	1.8%	Low	1,500	7,000
38	순두부(4인)	1	0.1%	<	1.8%	Low	6,000	28,000
	합계	946	100%					

① POS 시스템에서 메뉴별 판매실적을 출력한 후 메뉴명을 기준으로 정리한다.
② 일정기간(1개월) 동안 판매된 수량을 기록한다.
③ 판매된 메뉴를 전체 메뉴수와 비교하여 백분율(percentage)을 계산한다(각 메뉴판매 수량 ÷ 총 판매 수량 × 100%).
④ 38가지 메뉴의 평균 판매비율이 각 2.6%(= 1 ÷ 전체 메뉴 수 × 100)라고 가정할 때, 이의 70% 수준 값(2.6% × 70% = 1.8%)을 ③의 백분율과 비교한다.
⑤ 평균값보다 크면 H(High), 작으면 L(Low)로 한다.
⑥ 표준원가(식재료비)를 기록한다.
⑦ 각 품목의 판매가격을 기록한다.

표 6-12 메뉴 엔지니어링 워크시트 2

번호	① 메뉴리스트	⑧ 공헌이익	③ 비교	⑨ 평균공헌이익(%)	⑩ 수익기여율	⑪ 결과
1	수제부대(3인)	17,514	>	15,086	High	Stars
2	수제부대(2인)	11,676	<	15,086	Low	Plowhorses

(계속)

표 6-12 메뉴 엔지니어링 워크시트 2(계속)

번호	① 메뉴리스트	⑧ 공헌이익	③ 비교	⑨ 평균공헌이익(%)	⑩ 수익기여율	⑪ 결과
3	기본부대(3인)	14,526	<	15,086	Low	Plowhorses
4	수제부대(4인)	23,352	>	15,086	High	Stars
5	기본부대(2인)	9,684	<	15,086	Low	Plowhorses
6	기본부대(4인)	19,368	>	15,086	High	Stars
7	수제부대(1인)	5,838	<	15,086	Low	Plowhorses
8	기본부대(1인)	4,842	<	15,086	Low	Plowhorses
9	제육두루(2인)	11,800	<	15,086	Low	Plowhorses
10	돼지김치(2인)	9,600	<	15,086	Low	Plowhorses
11	삼겹살(2인)	15,200	>	15,086	High	Puzzles
12	닭갈비(3인)	24,000	>	15,086	High	Puzzles
13	제육두루(1인)	5,900	<	15,086	Low	Dogs
14	삼겹살(3인)	22,800	>	15,086	High	Puzzles
15	삼겹살(1인)	7,600	<	15,086	Low	Dogs
16	닭갈비(2인)	16,000	>	15,086	High	Puzzles
17	닭갈비(4인)	32,000	>	15,086	High	Puzzles
18	돼지김치(3인)	14,400	<	15,086	Low	Dogs
19	제육두루(3인)	14,700	<	15,086	Low	Dogs
20	순두부(2인)	11,000	<	15,086	Low	Dogs
21	닭갈비(1인)	8,000	<	15,086	Low	Dogs
22	해물전골 中	27,000	>	15,086	High	Puzzles
23	버섯불고기 中	23,400	>	15,086	High	Puzzles
24	돼지김치(1인)	4,800	<	15,086	Low	Dogs
25	햄김치(1인)	4,800	<	15,086	Low	Dogs
26	삼겹살(4인)	30,400	>	15,086	High	Puzzles
27	해물부대(3인)	21,600	>	15,086	High	Puzzles

(계속)

표 6-12 메뉴 엔지니어링 워크시트 2(계속)

번호	① 메뉴리스트	⑧ 공헌이익	③ 비교	⑨ 평균공헌이익(%)	⑩ 수익기여율	⑪ 결과
28	수제부대(2인)(포장)	11,094	<	15,086	Low	Dogs
29	제육두루(4인)	23,600	>	15,086	High	Puzzles
30	순두부(3인)	16,500	>	15,086	High	Puzzles
31	해물부대(2인)	14,400	<	15,086	Low	Dogs
32	버섯불고기大	31,200	>	15,086	High	Puzzles
33	해물부대(4인)	28,800	>	15,086	High	Puzzles
34	수제부대(1인)(포장)	5,838	<	15,086	Low	Dogs
35	수제부대(3인)(포장)	17,514	>	15,086	High	Puzzles
36	햄김치(3인)	14,400	<	15,086	Low	Dogs
37	순두부(1인)	5,500	<	15,086	Low	Dogs
38	순두부(4인)	22,000	>	15,086	High	Puzzles
	합계					

⑧ 공헌이익(판매가-식재료 원가)를 계산한다.
⑨ 전체 메뉴의 평균 공헌이익을 계산한다(평균 공헌이익 = 공헌이익의 합계 ÷ 전체 메뉴의 수). 즉 ②에 ⑧을 곱하여 전체 합계를 구한 후, ②의 합계인 946으로 나누면 평균 공헌이익15,086이 된다.
⑩ 단위 메뉴당 공헌이익(⑧)을 기준으로 평균 공헌이익과 비교하여 높은 수치는 'High'라고 표기하고, 낮은 수치는 'Low'로 표기한다.
⑪ 각 메뉴를 기준에 따라 평가한다.

표 6-13 메뉴 엔지니어링 워크시트 3

번호	메뉴리스트	⑤ 인기도	⑩ 수익기여율	⑪ 결과	⑫ 분석 후 조정해야 할 내용
1	수제부대(3인)	High	High	Stars	그대로 유지
2	수제부대(2인)	High	Low	Plowhorses	가격 조정
3	기본부대(3인)	High	Low	Plowhorses	가격 조정
4	수제부대(4인)	High	High	Stars	그대로 유지
5	기본부대(2인)	High	Low	Plowhorses	가격 조정
6	기본부대(4인)	High	High	Stars	그대로 유지
7	수제부대(1인)	High	Low	Plowhorses	가격 조정

(계속)

표 6-13 메뉴 엔지니어링 워크시트 3(계속)

번호	메뉴리스트	⑤ 인기도	⑩ 수익기여율	⑪ 결과	⑫ 분석 후 조정해야 할 내용
8	기본부대(1인)	High	Low	Plowhorses	가격 조정
9	제육두루(2인)	High	Low	Plowhorses	가격 조정
10	돼지김치(2인)	High	Low	Plowhorses	가격 조정
11	삼겹살(2인)	Low	High	Puzzles	메뉴북 위치 변경
12	닭갈비(3인)	Low	High	Puzzles	메뉴북 위치 변경
13	제육두루(1인)	Low	Low	Dogs	신메뉴로 교체하거나 리뉴얼
14	삼겹살(3인)	Low	High	Puzzles	메뉴북 위치 변경
15	삼겹살(1인)	Low	Low	Dogs	신메뉴로 교체하거나 리뉴얼
16	닭갈비(2인)	Low	High	Puzzles	메뉴북 위치 변경
17	닭갈비(4인)	Low	High	Puzzles	메뉴북 위치 변경
18	돼지김치(3인)	Low	Low	Dogs	신메뉴로 교체하거나 리뉴얼
19	제육두루(3인)	Low	Low	Dogs	신메뉴로 교체하거나 리뉴얼
20	순두부(2인)	Low	Low	Dogs	신메뉴로 교체하거나 리뉴얼
21	닭갈비(1인)	Low	Low	Dogs	신메뉴로 교체하거나 리뉴얼
22	해물전골 中	Low	High	Puzzles	메뉴북 위치 변경
23	버섯불고기 中	Low	High	Puzzles	메뉴북 위치 변경
24	돼지김치(1인)	Low	Low	Dogs	신메뉴로 교체하거나 리뉴얼
25	햄김치(1인)	Low	Low	Dogs	신메뉴로 교체하거나 리뉴얼
26	삼겹살(4인)	Low	High	Puzzles	메뉴북 위치 변경
27	해물부대(3인)	Low	High	Puzzles	메뉴북 위치 변경
28	수제부대(2인)(포장)	Low	Low	Dogs	신메뉴로 교체하거나 리뉴얼
29	제육두루(4인)	Low	High	Puzzles	메뉴북 위치 변경
30	순두부(3인)	Low	High	Puzzles	메뉴북 위치 변경
31	해물부대(2인)	Low	Low	Dogs	신메뉴로 교체하거나 리뉴얼
32	버섯불고기大	Low	High	Puzzles	메뉴북 위치 변경
33	해물부대(4인)	Low	High	Puzzles	메뉴북 위치 변경

(계속)

표 6-13 메뉴 엔지니어링 워크시트 3(계속)

번호	메뉴리스트	⑤ 인기도	⑩ 수익기여율	⑪ 결과	⑫ 분석 후 조정해야 할 내용
34	수제부대(1인)(포장)	Low	Low	Dogs	신메뉴로 교체하거나 리뉴얼
35	수제부대(3인)(포장)	Low	High	Puzzles	메뉴북 위치 변경
36	햄김치(3인)	Low	Low	Dogs	신메뉴로 교체하거나 리뉴얼
37	순두부(1인)	Low	Low	Dogs	신메뉴로 교체하거나 리뉴얼
38	순두부(4인)	Low	High	Puzzles	메뉴북 위치 변경
	합계				

⑫ 분석 결과에 따라 〈그림 6-32〉와 같은 메뉴의 위치에 따라 적절한 전략을 수립하고 실행한다.

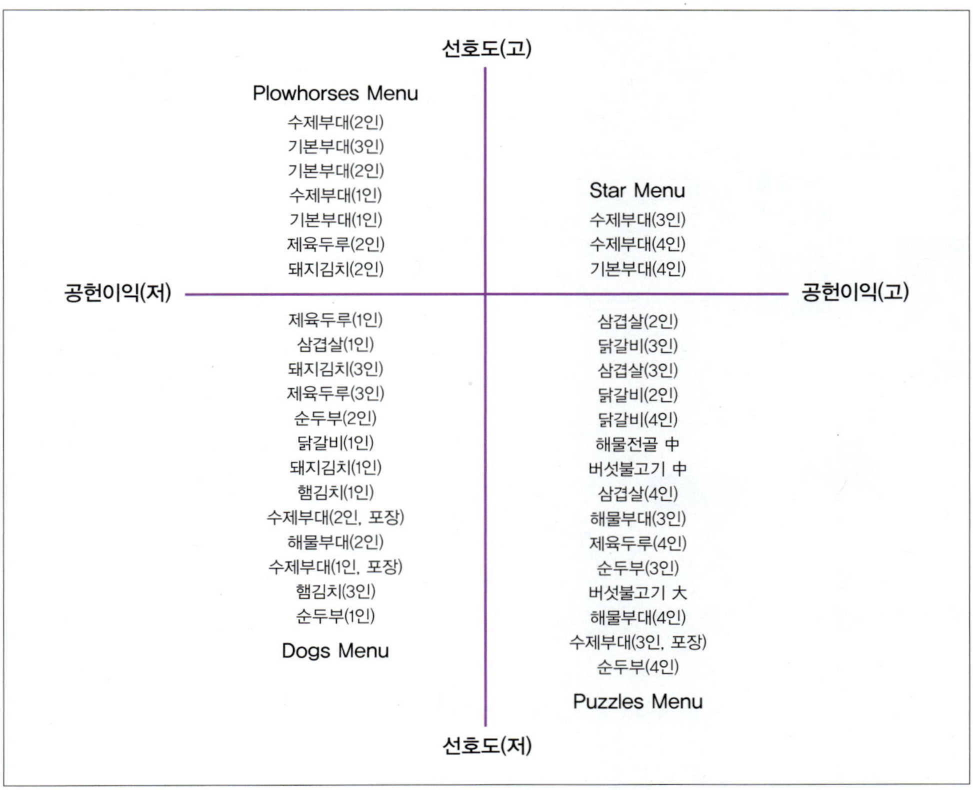

그림 6-32 메뉴 엔지니어링 사례

6 메뉴 수명주기

외식업체에서 판매하는 모든 메뉴에는 수명주기가 있다. 즉, 메뉴가 도입되어 사라지기까지의 단계가 있는데 이와 같은 수명주기는 시간에 따른 매출을 기준으로 도입기, 성장기, 성숙기, 쇠퇴기 4단계로 나누어진다. 〈그림 6-33〉은 외식업체의 수명주기를 매출액과 순이익을 기준으로 작성한 그래프이다. 이 외식업체는 그래프가 그려진 기간 동안 메뉴 구성에 큰 변화가 없었으므로 점포 수명주기가 메뉴 수명주기와 같다는 가정하에 도입기, 성장기, 성숙기, 쇠퇴기를 설명해준다.

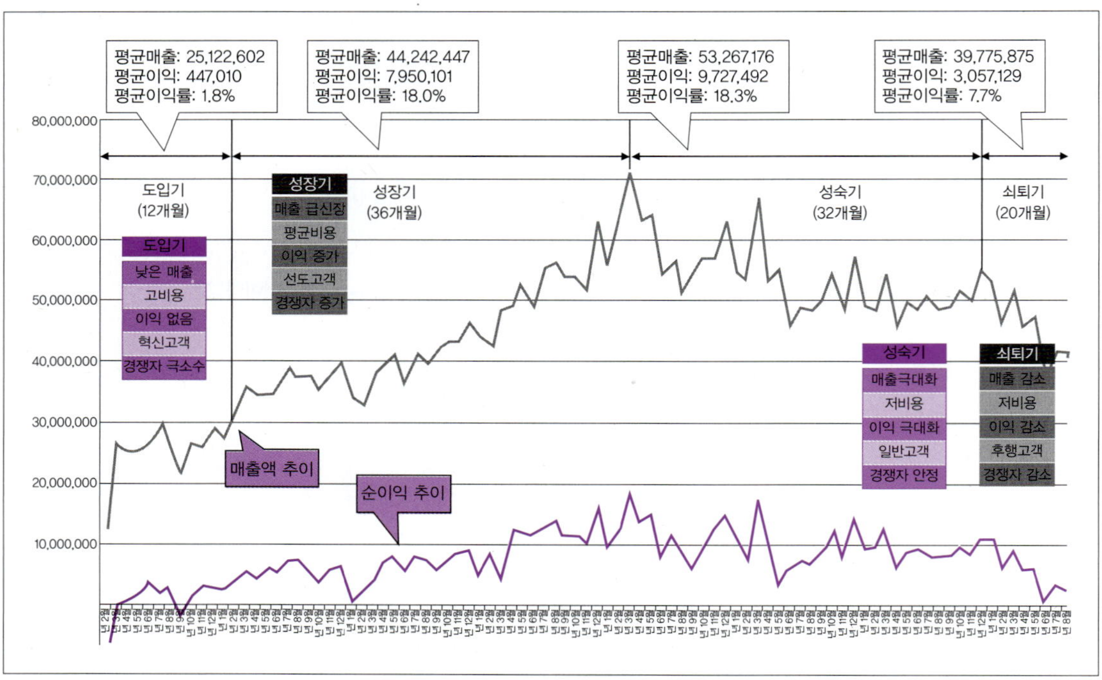

그림 6-33 제품 수명주기에 따른 특성

1) 도입기

메뉴가 처음 개발되어 판매가 시작되는 때를 메뉴의 도입기라고 한다. 도입기의 메뉴는 매출은 낮은 반면에 비용은 높게 나타나는 특성을 보인다. 처음 도입된 메뉴이기 때문에 일반적인 고객들은 선택을 꺼리므로 음식에 대해 도전적인 혁신층의 소비자가 구매하는 경향이 있다. 〈그림 6-33〉에 따르면 메뉴의 도입기는 약 12개월간 지속되었으며, 평균매출액과 평균이익률이 가장 낮은 수준을 기록하였다.

도입기의 메뉴는 〈그림 6-34〉에 나타난 바와 같이 고객의 구매를 유도하기 위하여 혁신적인 초기 수요자를 발굴하고 활발한 촉진활동을 통해 긍정적인 구전을 자극할 수 있는 전략을 펼쳐야 한다.

2) 성장기

메뉴가 도입기를 지나면 매출이 급격히 증가하는 성장기에 이른다. 메뉴의 성장기에는 비

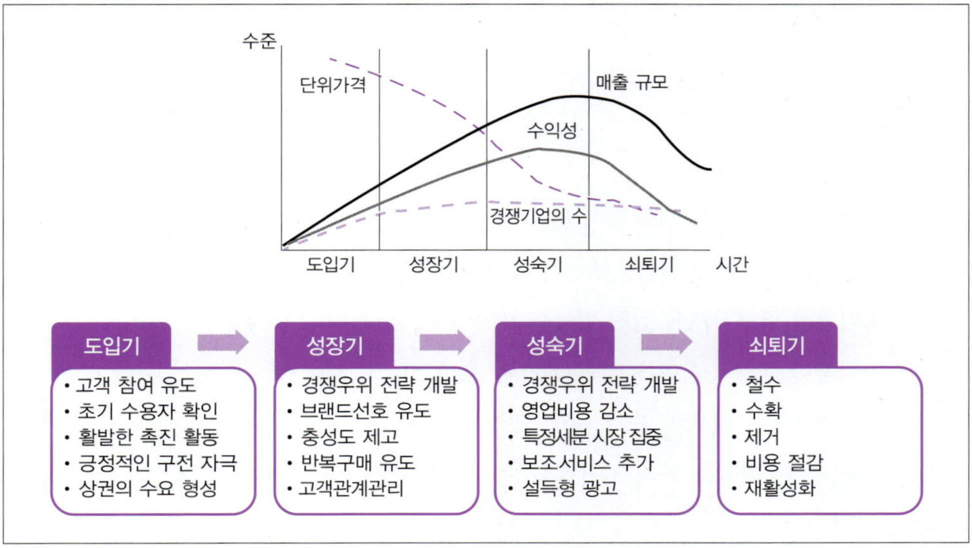

그림 6-34 제품수명주기에 따른 전략

용수준이 낮지도 높지도 않은 평균수준이 되어 이익이 증가하는 추세를 보인다. 고객군은 혁신층에서 선도층 고객으로 확장되고, 경쟁자들이 유사한 메뉴를 출시하기 시작하면서 경쟁이 치열해지기 시작한다.

성장기 메뉴전략은 도입기와 달리 새로운 시각에서 접근해야 한다. 메뉴의 경쟁우위전략을 개발해야 하며, 메뉴 브랜드에 대한 선호도와 충성도를 높이기 위한 마케팅을 펼치면서 기존고객의 반복구매를 유도해야 한다. 이때부터 외식업체는 적극적인 고객관계관리를 위해 필요한 데이터베이스 구축과 활용에 집중해야 한다.

3) 성숙기

성숙기가 되면 메뉴의 매출액이 안정된다. 이 시기에는 메뉴의 매출이 가장 높은 수준에 이르렀다고 봐야 하고, 비용은 가장 낮은 수준을 나타낸다. 성숙기에는 이익이 극대화되면서 고객은 대중적인 수준까지 확대되고 경쟁메뉴도 안정적인 수준에 머무르게 된다. 이때 외식업체 마케터는 추가적인 마케팅에 투자하기보다는 특정 세분시장을 발굴하고 집중해야 하므로 보조서비스를 개발하여 추가한다. 고객과의 소통은 설득형 메시지를 개발해서 활용해야 한다.

4) 쇠퇴기

쇠퇴기에 접어들면 메뉴의 매출액이 감소하기 시작한다. 전반적인 원가 구조는 여전히 저비용 구조를 유지하지만 이익은 매출 감소에 따라 줄어든다. 고객층은 후행형 고객으로까지 확대되면서 경쟁관계에 있던 메뉴의 매출액도 감소하기 시작한다.

이때 외식업체 경영자는 쇠퇴기의 메뉴를 없애거나 수익을 극대화하기 위한 수확전략 등을 고려해야 한다. 필요에 따라 해당 메뉴의 구성을 축소하는 전략, 비용을 최대한 절감하는 전략, 메뉴 개선을 통해 재활성화하는 전략 등을 고민하여 가장 최적의 의사 결정을 해야 한다.

학습 요약

1 메뉴(menu)는 음식점이나 가정에서 '오늘 제공할 요리'를 간단명료하게 적은 리스트를 의미하거나, 음식점에서 판매하는 제품(product), 즉 음식(food & beverage)을 의미하는 경우도 있다.

2 메뉴관리(menu management)는 다음과 같은 프로세스로 이루어진다. 이 프로세스는 외식업체의 환경과 특성에 따라 수정하여 최적화할 수 있다.

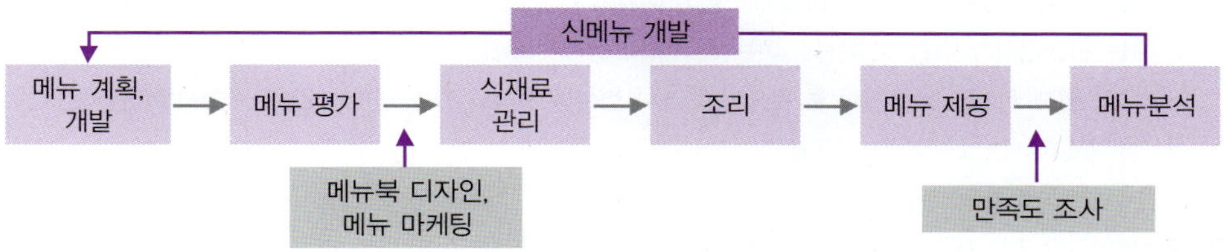

3 메뉴계획은 외식업체의 이익극대화가 가능하도록 목표고객에게 제공할 메뉴를 종합적으로 검토하는 과정으로, 다음과 같은 이해관계자의 욕구를 충족시켜야 한다.

- 목표고객: 고객의 본원적 욕구를 충족시켜야 한다.
- 업체: 생산 가능하고 높은 수익성을 달성해야 한다.
- 직원: 음식을 고객에게 즐겁게 제공할 수 있어야 한다.

4 메뉴는 제공기간에 따라 '고정메뉴, 순환메뉴, 임시메뉴'로 나눌 수 있고, 가격과 내용에 따라 '정식메뉴, 일품메뉴, 결합메뉴'로 분류할 수 있다. 또한 국적에 의한 분류, 식사시간에 따른 분류, 한식을 위한 분류가 있다.

5 메뉴는 대표메뉴부터 보조, 주력, 유인, 임시 메뉴까지 체계적인 구성을 갖추어야 경쟁력을 갖는다. 메뉴의 구성은 대표성, 수익성을 고려하여 두 변수 간의 조화가 이루어지도록 해야 다양한 소비자를 유인하고 만족시키면서 수익성도 확보할 수 있다. 특히 전문성과 다양성이 적절한 조화를 이루어야 고객만족과 수익성을 동시에 달성할 수 있다.

6 메뉴의 개발은 다음과 같은 프로세스를 감안하여 기획하는 것이 좋다. 특히 개발전략을 수립하는 단계에서는 신중한 접근이 필요하다.

7 메뉴 콘셉트는 점포 콘셉트의 하부 콘셉트로 메뉴 전체의 방침과 범위를 정하는 활동이다. 어떤 식사와 음료를 어떠한 스타일로 제공할 것인지 정하는 메뉴 콘셉트 설정을 통해 고객들이 어떤 음식점인지 쉽게 이해하고, 시험 구매를 결정할 수 있게 만들어야 한다. 메뉴 콘셉트는 고객에게 구매 후 높은 만족도를 제공하여 재구매와 구전이 일어날 수 있을 만큼 명확해야 한다.

8 메뉴평가는 메뉴계획 후 메뉴를 도입하기 전에 메뉴의 타당성을 검토하는 활동이다. 상품 자체의 속성을 위주로 하는 관능검사가 주를 이루는데, 이는 소비자의 평가가 주를 이루는 활동이기도 하다. 메뉴평가는 고객을 대상으로 실제 시식을 하는 활동을 통해 설문조사 형식을 취하고 있는 경우가 많다. 따라서 이를 위한 다양한 형식을 개발하려는 노력이 필요하다.

9 메뉴분석이란 기존 메뉴를 개선하기 위하여 메뉴의 현황을 조사·분석·개선·신규 개발하는 과정이다. 현재 판매하는 음식의 가격은 적당한지, 식재료 원가는 얼마이고 어느 정도가 적정한지, 수익을 극대화할 수 있는 메뉴의 판매량은 얼마만큼인지, 현재 메뉴 중 가격 변경이나 삭제 등의 조치가 필요한 것은 무엇인지 등의 답변을 찾는 과정이다.

10 모든 메뉴는 도입기, 성장기, 성숙기, 쇠퇴기로 이어지는 수명주기가 있다. 메뉴의 수명주기를 정확히 측정하고 해당 수명주기에 적합한 전략을 수립하고 적용해야 한다.

토의문제

1 메뉴의 의미를 정리하고 현장 및 각종 서적에서의 쓰임새를 점검해보자.

2 본문에서 정의한 메뉴관리를 정리하고, 자신이 근무하는 업체를 기준으로 추가할 내용이나 제외할 내용이 있는지 확인한 후 자신만의 메뉴관리 프로세스를 정의해보자.

3 관심이 있는 외식업체나 프랜차이즈 점포의 메뉴가 체계적으로 구성되어 있는지 살펴보자. 또 대표메뉴, 주력메뉴, 보조메뉴, 임시메뉴, 유인메뉴 등을 도표화하고 비교·평가해보자.

4 대표성과 수익성의 조화, 전문성과 다양성의 조화를 비교·평가해보자.

5 자주 가는 음식점 두 곳의 메뉴 콘셉트를 정리해보자.

6 관심점포의 메뉴 카테고리와 메뉴 수를 정리한 후, 경쟁점과 비교할 때 차별성과 대중성이 있는지 조사해보자. 또 정기적인 신메뉴 출시 및 기존 메뉴의 개선이 이루어지는지 조사하여 평가해보자.

7 판매 실적 자료를 구할 수 있는 점포를 대상으로 ABC분석 및 메뉴엔지니어링 분석을 한 후, 메뉴의 개선방안을 제시해보자.

8 ABC분석과 메뉴 엔지니어링을 결합하여 메뉴분석을 한 후, 개별적인 분석 결과와 비교할 때 어떤 점에서 유익한지 정리해보자.

9 주요 경쟁점의 대표메뉴를 대상으로 전략 캔버스를 작성한 후, 자사에서 나온 신메뉴의 가치를 설정해보자.

7장

외식사업 가격관리

학습목표

- 메뉴가격의 정의를 이해하고 가격의 특성과 중요성을 설명할 수 있다.
- 메뉴가격의 결정에 영향을 미치는 요인과 가격 결정원칙을 설명할 수 있다.
- 메뉴가격 결정방법, 절차와 다양한 가격전략을 설명할 수 있다.
- 가격관리원칙과 통합적인 가격전략을 설명할 수 있다.

소비자는 외식업체에서 식사할 때, 음식에 대한 대가를 지불해야 한다. 식대는 곧 외식업체가 제시한 가격이다. 그리고 가격은 시장에서의 제품이나 서비스의 교환가치로 정의된다. 좀 더 구체화하면 소비자들이 특정 제품을 구매함으로써 얻게 되는 효용에 부여된 가치라고 할 수 있다.

가격은 과거보다 그 영향력이 떨어지기는 했지만 소비자의 구매의사 결정과정에 가장 많은 영향을 미친다. 소비자는 구매를 결정할 때 다양한 요인을 고려하지만, 가격이야말로 최종 구매 결정에 가장 큰 영향을 미치는 요소임에 틀림없다. 다른 마케팅 믹스의 요소 대부분이 비용과 연관되는 데 비해, 가격은 이익을 창출하는 유일한 요인이라는 점에서 그 중요성이 더욱 부각된다.

외식업체들은 제한된 시간과 공간을 활용하여 최고의 효율을 얻어야 하기에 수요관리는 필수적이다. 이러한 수요관리에서 가장 중요한 요인이 바로 가격이다. 외식업체는 가격을 조절함으로써 수요량을 증가시키거나 감소시킬 수 있다. 그들은 수요가 최고조일 때 가격을 올려 수요를 감소시키고, 수요가 적을 때는 가격을 내려 수요를 증가시킨다. 맥도날드나 롯데리아, 아웃백스테이크하우스, TGIF 등 패스트푸드점과 패밀리레스토랑 등에서 점심시간에 세트메뉴를 저렴하게 팔고, 저녁시간이 되면 정상가격으로 환원하는 경우가 그 예이다.

가격은 외식업체의 마케팅 믹스인 7P 중에서 다른 요인과 달리 변화를 주기 쉽고, 그에 따른 결과 역시 가장 빠르게 나타난다는 특징이 있다. 다른 마케팅 믹스요소들은 항상 비용을 수반하지만, 가격은 외식업체의 수익을 실현하는 데 기여한다. 업체 간의 경쟁이 갈수록 심화되면서 소비자들은 가격에 더욱 민감한 반응을 보이고 있다. 소비자의 가격에 대한 선택권도 넓어지는 상황이다. 이와 같은 외식산업환경에서 외식업체는 경쟁에서 살아남기 위하여 가격 결정과 전략에 집중해야 한다.

1 메뉴가격의 개요

외식업체 경영자는 메뉴를 계획하고 개발하는 과정에서 가격을 결정하기 위해 고민을 많이 한다. 아무리 멋지고 맛있는 메뉴라도 너무 비싸 소비자에게 구매할 여력이 없거나, 너무 저렴하여 메뉴의 안전성이 의심된다면 많은 노력을 통해 개발된 메뉴가 세상의 빛을 보지 못하고 사라질지도 모른다.

1) 가격의 정의

메뉴의 가격은 협의의 개념으로 보면 외식업체에서 구매하는 음식과 서비스의 화폐적 가치를 의미한다. 다만 광의의 개념으로 확대하면 단순한 화폐적 가치 외에도 음식(제품)과 서비스의 교환가치 및 효용가치도 포함한다(그림 7-1).

2) 가격의 중요성

가격은 소비자의 구매의사 결정과정에 가장 큰 영향을 미치는 요인이다. 또 외식업체의 영업이익을 극대화하는 데 가장 큰 변수 중 하나이다. 가격 인상에 따른 수요의 변화가 일어나지 않는다는 가정하에 계산된 수치이긴 하지만, 실제로 비용 절감이나 마케팅을 통

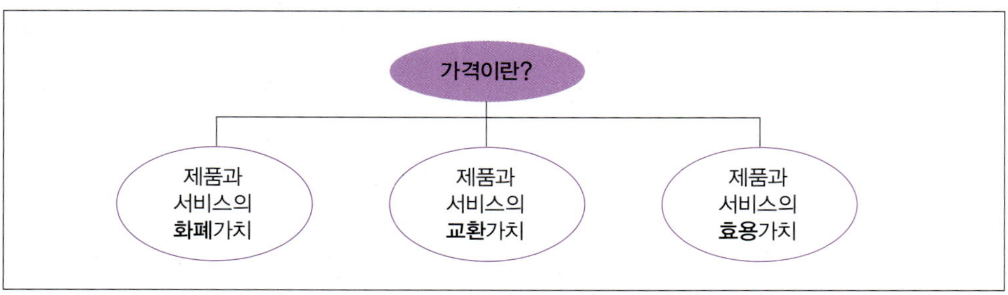

그림 7-1 넓은 의미의 가격 정의

표 7-1 다양한 변수가 영업이익에 미치는 영향

구분		내용
일본 우량기업	고정비의 1% 절감	영업이익은 7.2% 증가
	판매량의 1% 증가	영업이익은 8.2% 증가
	변동비의 1% 절감	영업이익은 23.9% 증가
	가격의 1% 인상	영업이익은 32.2% 증가
S&P 1,000개 기업	고정비의 1% 절감	영업이익은 2.6% 증가
	판매량의 1% 증가	영업이익은 3.6% 증가
	변동비의 1% 절감	영업이익은 8.7% 증가
	가격의 1% 인상	영업이익은 12.3% 증가

자료: 아오키 준 지음, 한양심 옮김(2006). 프라이싱.

한 판매량의 증가보다는 가격 인상이 영업이익에 가장 큰 영향을 미친다는 사실이 다양한 연구와 현장 컨설팅 결과를 통해 입증되었다.

구체적으로 일본 우량기업을 대상으로 한 연구에서는 판매량을 1% 증가시킬 때 영업이익이 8.2% 증가하는 데 그쳤지만, 제품의 가격을 1% 인상하면 영업이익이 무려 32.2% 증가하는 것으로 나타난 바 있다. 즉 이익에 가장 큰 영향을 미치는 대표적인 변수는 가격이고, 가격은 얼마든지 변경 가능한 전략적 경영활동의 일부이다.

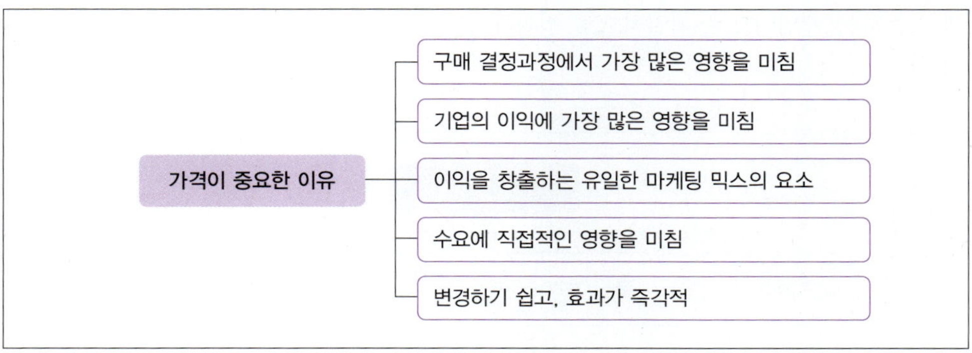

그림 7-2 외식업체에서 가격이 중요한 이유

외식업체에서 가격은 소비자의 구매의사 결정, 점포의 영업이익에 가장 큰 영향을 미치는 것 외에도 〈그림 7-2〉와 같이 마케팅 믹스의 요소 중에서 유일하게 이익에 영향을 미친다는 점, 다른 요인보다 변경하기 쉽고 효과도 단기간에 나타난다는 점, 수요에 직접적인 영향을 미친다는 점에서 그 중요성이 강조되고 있다.

3) 가격과 가치의 관계

(1) 가치의 정의

자이사믈(Zeithaml)이 1988년에 한 연구에 따르면, 가치는 〈그림 7-3〉과 같이 4가지로 구분할 수 있다. 가치는 어떻게 정의하느냐에 따라 외식업체의 가격결정전략과 구체적 실행계획에 많은 차이가 생길 수 있다. 가령 가치를 '저렴한 가격'으로 정의하는 경영자라면 대표메뉴를 저렴하게 설정하고 낮은 가격을 선호하는 고객을 타깃으로 삼거나, 그것이 어렵다면 유인메뉴로 고객 방문을 유도하게 될 것이다. 가치를 어떻게 정의해야 하며 어떤 가격전략을 사용해야 하는지는 〈표 7-2〉에 자세히 정리하였다.

(2) 가격과 소비자 인식 및 구매의도의 관계

외식업체의 가격은 가치(value)를 기반으로 해야 한다. 가치를 반영하여 가격을 결정해야 외식업체가 수익을 얻고 성장할 수 있다. 다만 가치를 어떻게 결정할 것인가가 문제이다. 가치의 개념은 학자들 간에도 그 정의가 일치하지 않는 문제이다. 또 가치는 인간의 지각에 의존하는 개념이므로 획일적으로 정의하기가 어렵다는 특징이 있다. 따라서 외식업체

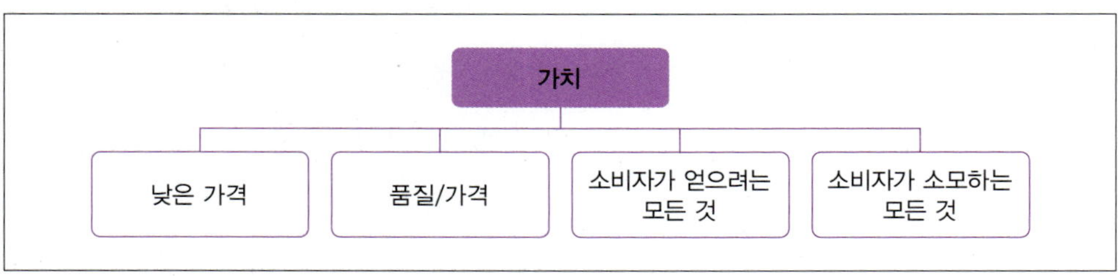

그림 7-3 가치의 다양한 정의

표 7-2 다양한 가치의 정의에 따른 가격전략

가치의 정의	가격전략	사례
가치는 '저렴한 가격'	• 가격이 낮을수록 가치가 높음. 화폐로 표시되는 가격에 초점 • 소비자는 할인메뉴를 구매하거나 쿠폰을 이용할 때 가치가 높다고 생각 • 가격차별화 또는 가격 할인전략이 유효	맥도날드에서 '행복의 나라'와 같은 저렴한 메뉴를 구색용으로 추가하여 고객을 유인
가치는 '가격 대비 품질'	• 소비자는 자신이 지불한 것 이상의 무엇인가(품질)를 얻었을 때 가치가 높다고 생각 • 일정 가격수준에서 고객이 원하는 품질이 어느 정도 되는지를 파악하는 것이 중요 • 저가보다는 고객이 원하는 품질수준을 찾아내고 해당 수준에 적합한 가격을 찾아내어야 고객만족이 가능 • 고객을 세분화하고 세분화된 고객에 따라 차별화된 가격을 설정	음료 서빙을 원하는 고객에게는 높은 가격을 받고, 낮은 가격을 원하는 고객에게는 셀프서비스로 음료를 판매함으로써, 저가를 원하는 고객에게 낮은 수준의 서비스를 제공하는 가격차별화를 실시
가치는 '소비자가 얻으려는 모든 것'	• 소비자가 외식업체에서 얻는 효익에 초점을 맞추는 것으로 경제학에서 말하는 효용과 가장 유사 • 소비자는 그들이 원하는 수준의 품질을 얻으면 가격이 얼마든 신경을 쓰지 않는다고 가정	멋진 프러포즈를 하려는 남성의 경우에는 음식의 가격보다는 프러포즈를 위한 분위기와 최상의 음식에 초점을 맞춤. 또 고객을 접대하기 위한 기업인의 경우에도 접대만 훌륭하게 이루어진다면 가격은 크게 고려되지 않음
가치는 '소비자가 지불한 것에 대해 받는 것'	• 지불한 것이란 금전적인 요소뿐만 아니라 시간, 노력 등의 모든 것을 감안한 것 • 받는 것이란 유형의 것뿐만 아니라 무형의 것도 모두 포함되는 개념	번들링가격 선호. 외식업체의 핵심제품이나 서비스 외에 다양한 사이드 메뉴나 서비스를 제공함으로써 고객의 만족도를 높일 수 있음

경영자는 가치에 대한 다양한 개념을 확인하고 각 정의에 따른 자신만의 가치를 찾아야 한다.

일반적으로 가치는 사람들이 제품이나 서비스를 구매할 때 기대하는 이익이나 효용으로 정의된다. 소비자들은 구매의사를 결정할 때, 가격보다 가치를 더 중요하게 고려한다. 따라서 어떤 제품이나 서비스를 판매하려면 가격은 고객이 제품에 느끼는 가치에 근거하여 결정해야 한다. 특히 가치는 소비자 구매행동에 영향을 미치는 품질지각, 위험지각, 구매의도 사이에서 1장의 〈그림 1-17〉과 같이 핵심적인 역할을 한다.

결과적으로 가치는 소비자가 외식업체에서 얻는 것과 그것을 위해 희생하는 것 사이의 상충관계(trade-off)로 파악할 수 있다. 소비자는 가격보다 상위 개념인 가치에 근거하여 구매의사를 결정한다. 다만 그러한 가치는 동일한 제품이나 서비스에 대해서도 개인의 특성과 상황에 따라 다를 수 있다. 소비자들은 최상의 품질이나 가치를 가진 제품만을 선택하거나 가장 저렴한 것만을 선택하지는 않는다. 그들은 상황에 따라 적절한 수준을 선택할 가능성이 가장 크다.

(3) 가치 인식을 높이는 방법

가치는 정해진 기준이 없으며, 소비자에 따라 그리고 구매 상황 등에 따라 항상 변한다. 가치는 숫자로 표현할 수 없고, 인간의 뇌에서 순간적으로 정해지므로 경영자의 노력에 따라 이를 높이거나 낮출 수 있다. 소비자가 인식하는 가치를 높이기 위한 프로세스는 〈그림 7-4〉와 같다.

외식업체 경영자는 개별적인 메뉴나 케이터링서비스, 기타 메뉴의 가격을 결정하기 전에 일반적인 고객들이 외식업체에 방문했을 때 얼마나 소비할지 또는 소비하기를 원하는지를 파악해야 한다. 좀 더 구체적으로 말하면 제공되는 서비스수준과 같은 외식업체의 업태를 고려할 때, 고객이 지불할 용의가 있는 객단가가 얼마인지 확인해야 한다. 외식업체 경영자는 과거의 판매 기록을 검토함으로써 이러한 자료를 찾을 수 있다. 만약 새로 개업한 음식점이라면 환경분석을 수행하여 적절한 객단가를 수집할 수 있다.

외식업체 경영자가 점심시간의 객단가를 1만 원으로 추정하였다면, 점심시간에 방문할 고객들은 최소 1인당 1만 원을 소비할 것으로 기대하게 된다. 이제 외식업체 경영자는 고객 1인당 1만 원의 매출을 올리기 위한 최적의 방안을 강구해야 한다.

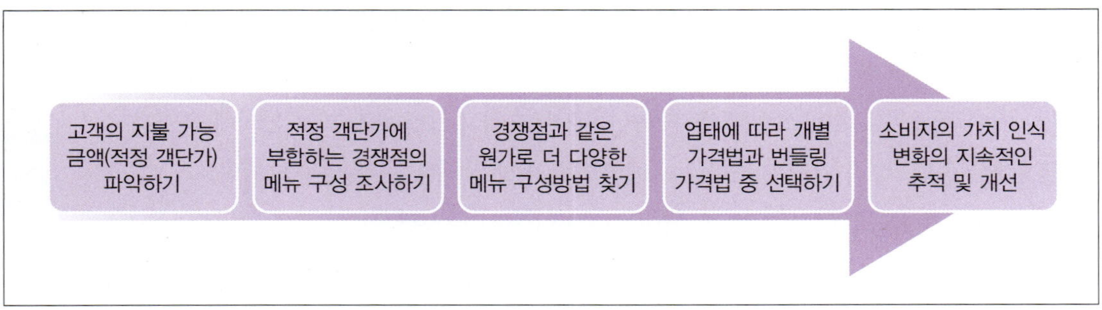

그림 7-4 소비자가 인식하는 가치를 높이는 프로세스

경영자의 성향에 따라 세트메뉴를 활용한 번들링 가격 결정을 선호하는 경우도 있지만, 일품요리식 가격 결정을 더 선호하는 경영자도 있다. 고급 외식업체(fine dining)와 카페테리아 같은 곳에서는 일품요리식 가격 결정을 선호한다. 반면 패스트푸드레스토랑, 패밀리레스토랑, 캐주얼다이닝에서는 번들링 형태의 가격전략을 선호한다.

보통 객단가가 낮은 외식업체나 가치지향적인 고객들은 번들링의 형태를 좋아한다. 반면 고급 외식업체에서는 고객들이 물이나 빵을 포함해서 모든 개별 품목 각각의 가격을 별도로 계산하는 것을 선호한다. 카페테리아의 고객들 역시 고급 외식업체와 같은 가격 구조를 선호한다. 즉, 일품요리식 가격 결정이 적절하다. 그러나 패스트푸드레스토랑에서는 고객이 기대하는 세트메뉴(value meals)와 같은 메뉴를 제공하는 것이 중요하다. 패밀리레스토랑과 캐주얼다이닝에서는 일품요리와 번들링 가격 결정이 결합된 메뉴가 주로 제공된다. 그들은 무한리필과 같은 서비스를 제공하기도 한다.

일반적으로 가치는 소비자의 눈과 마음속에 존재한다. 외식업체 경영자는 고객의 가치 인식을 적절하게 조절할 수 있어야 하지만 그것이 결코 쉬운 일이 아니다. 비록 경영자가 오늘 그것을 훌륭하게 수행했다 하더라도 내일은 바뀔 수도 있다는 사실을 알고 끊임없이 집중해야 하는 과제임을 인식해야 한다.

가치는 다양한 마케팅요인 중에서 품질, 가격, 서비스와 가장 연관이 깊다. 특히 품질과 가격은 상관관계가 매우 높다. 고객들은 높은 가격이 고품질을 보장할 것으로 기대한다. 서비스와 가격 사이에도 유사한 관계가 존재한다. 고객들은 더 높은 가격은 훌륭한 서비

더 알아보기

객단가

객단가(customer transaction)란 외식업체 고객의 1인당 평균 매입액을 말한다. 일정 기간의 매출액을 그 기간의 고객 수로 나누어 산출하며, 매출액을 분석하는 중요한 자료로 활용된다. 즉, 매출액은 '고객 수 × 객단가'로 계산되므로 향후 매출을 증대시키기 위해서는 객단가를 상승시켜야 한다.

더 알아보기

객단가가 정해진 경우 최적의 메뉴 구성방법

객단가를 1만 원으로 추정한 외식업체가 메인메뉴의 가격을 9,900원으로 설정했다면, 일반적인 고객은 음료, 애피타이저, 디저트 등을 추가로 주문하지 않을 가능성이 매우 높다. 그러나 만약 해당 점포가 메인메뉴의 가격을 6,900원에서 7,900원 사이로 설정하였다면, 고객들은 음료나 디저트 또는 다른 메뉴들을 추가로 주문할 가능성이 높아진다. 고객들은 1만 원으로 하나의 품목이 아닌 여러 개의 품목을 구매하는 경우 그들이 더 높은 가치를 얻었다고 인식한다. 따라서 경영자는 목표 객단가를 달성하면서도 고객들이 다양한 메뉴를 통하여 높은 가치를 인식하도록 메뉴를 구성해야 한다. 메뉴를 세트화하는 것이 대표적인 예이다.

스와 연계되는 것으로 인식한다. 시간이 흐르면서 경영자들은 고객이 원하는 것이 무엇인지를 알게 될 것이다. 그 후 그들의 욕구를 파악하고 그에 따라 지속적으로 가격결정전략을 수정해야 한다.

2 메뉴가격 결정요인 및 원칙

최적의 가격이란 고객이 지불할 의향이 있는 단 하나의 가격이다. 즉, 가격 결정(pricing)은 고가도 저가도 아닌 고객이 지불할 의향이 있는 적정가격을 찾는 과정이다. 고객이 기꺼이 지불할 의향이 있는 수준과, 경영자가 이익을 달성하면서 판매할 의향이 있는 수준을 동시에 만족시키면 이상적이다.

하지만 그와 같은 이상적 가격을 찾거나 설정하는 것은 거의 불가능하다. 고객마다 동일한 메뉴에 대한 가치를 인식하는 데 차이가 있기 때문이다. 즉, 동일한 제품에 대한 지불의향가격이 모두 다를 수 있다는 의미이다. 가격을 결정하기 위한 공식과 매일매일 일어나는 거래에서 변동되는 식재료 원가 등 가격에 포함되는 모든 변수를 고려할 수도 없다. 새로운 조건이 발생할 때마다 가격을 조정하는 것 역시 불가능하다.

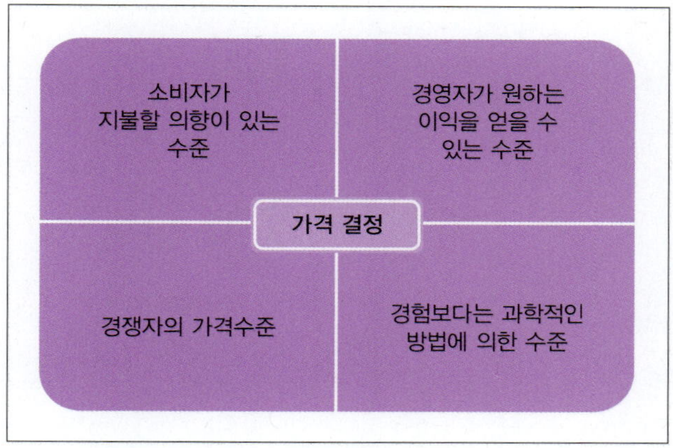

그림 7-5 가격 결정을 위해 참고하는 구조

실무에서의 가격 결정(pricing)은 과학적인 기법보다는 경험이나 추측에 의존하는 경우가 대부분이다. 이 과정은 단순히 원가만을 고려해서 이루어지거나, 경쟁업체를 그대로 따라 하거나 대충 결정하는 등과 같은 불안정한 방식으로 이루어진다. 결과적으로 경영자는 소비자들이 쉽게 반응하는 수준의 가격을 결정하게 된다. 그러다 보니 종종 파산에 이를 정도로 가격을 낮게 설정하는 실수를 저지른다. 최근 국내의 외식업계에서 이루어지는 무분별한 가격파괴현상이 이를 잘 설명해준다. 만약 어떤 외식업체가 폐업한다면 그 이유 중 하나가 바로 부적절한 가격 설정 탓일 수도 있다. 이는 소규모 외식업체에서 쉽게 일어날 수 있다. 또 가맹본부의 이익만 앞세우고 가맹점의 이익은 고려하지 않는 프랜차이즈시스템에서도 이러한 사례가 종종 발생한다.

일반적으로 가격은 판매자인 외식업체의 잉여와 소비자의 잉여 사이에서 결정된다. 여기에서 외식업체의 잉여란 고객에게 받아야 하는 최소 금액과 실제로 메뉴를 판매하여 받는 가격 사이의 차이를 말하며, 소비자인 고객의 잉여란 소비자가 메뉴에 대하여 지불할 용의가 있는 최대 금액과 실제로 지불하는 가격과의 차이를 말한다. 결국 외식업체와 고객은 서로 상대방의 잉여를 파악하고 자신의 잉여를 키우기 위해 노력하게 되며, 이러한 상황을 '가격 협상'이라고 한다.

덧붙여 외식업체는 가격 결정 시 외식업체의 잉여와 소비자의 잉여 외에도 경쟁가치를 고려해야 한다. 경쟁가치란 자사 제품의 가치에서 경쟁사의 제품 가치를 뺀 것을 의미한다. 이러한 관계를 그림으로 나타내면 〈그림 7-6〉과 같다.

앞서 가격 결정은 단 하나의 최적가격을 찾는 과정이라고 언급했다. 하지만 여기서 단 하나의 최적가격이란 고객에 따라 달라질 수 있다. 실제로 가격 결정은 단순히 숫자를 정

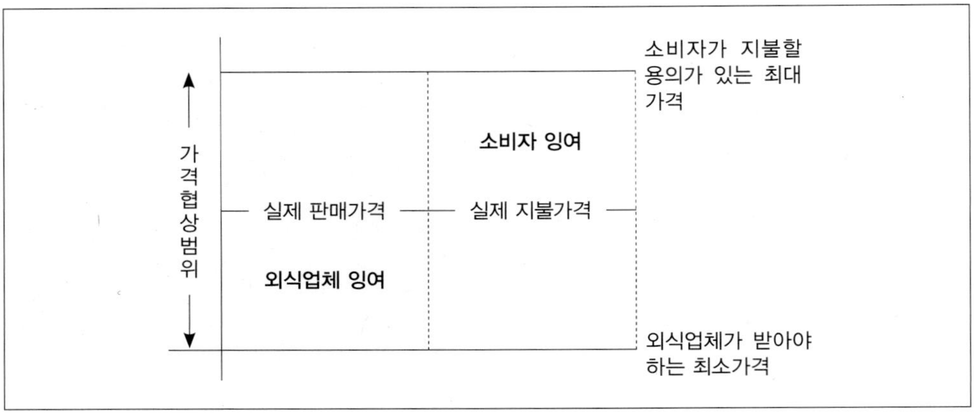

그림 7-6 가격과 외식업체 잉여, 소비자 잉여의 관계

하는 일이 아니다. 외식업체의 이익을 극대화하는 일련의 전략을 세우는 과정이다. 따라서 단 하나의 최적가격을 기초로 가격 결정을 내릴 경우 딜레마에 빠질 수 있다. 너무 높은 가격을 책정하면 더 낮은 가격에서 구매의지를 가지고 있던 잠재고객을 잃게 된다. 반면 가격이 너무 낮으면 더 높은 가격을 지불할 용의가 있는 사람들로부터 얻을 수 있는 이익을 잃게 된다. 이러한 접근법에는 이중적인 문제가 나타날 수 있으므로 완벽한 가격을 찾기란 불가능해 보인다.

외식업체 경영자는 고객에 따라 같은 메뉴에 다른 가치를 매길 수 있다는 사실을 알고, 이를 바탕으로 이익을 낼 수 있고 성장할 수 있는 가격을 결정해야 한다. 즉 고객별로 다른 서비스를 제공함으로써 그들로부터 얻는 이익을 다르게 책정해야 한다. 아침에 일찍 방문하는 고객을 위한 조조할인, 아침과 점심 사이에 방문하는 고객을 위한 브런치 메뉴, 실버 세대를 위한 경로할인, 연간 모든 식사를 30%를 할인해주는 특별회원제, 코스 식사에 대한 할인, 특별한 것을 제공하는 프리미엄 메뉴 등을 이용하면 여러 고객에게 다양한 가격을 받아 이익을 극대화할 수 있다. 올바른 가격옵션전략은 외식업체가 가능한 한 많은 고객을 확보하고 그들로부터 이익을 거둘 수 있게 도와준다.

늘 다른 사람보다 더 높은 가격을 지불하는 고객이 존재하기 때문에, 외식업체의 이익을 늘리려는 노력은 결코 헛되지 않다. 또 이렇게 확보한 이익을 더 많은 고객을 확보하거나 서비스를 향상시키는 데 사용하면 외식업체의 이익은 더욱 늘어나게 된다.

1) 가격 결정에 영향을 미치는 요인

외식업체 창업 시 가장 중요한 의사 결정은 메뉴를 확정하는 일이다. 경쟁력이 있어 보이는 차별화된 콘셉트의 메뉴가 확정되었다면, 해당 메뉴의 가격을 결정하게 된다. 가격을 결정할 때 고려해야 하는 요소는 식재료 원가, 노무비, 경비, 감가상각, 이익, 재투자 및 투자자들에 대한 배당, 기타 고려요소 등 다양하다.

가격 결정에 영향을 미치는 다양한 요소 중에서 원가(cost), 경쟁자(competitor), 고객(customer)은 마케팅에서 가장 중요하게 다루는 가격 결정의 3요소(3C)이다. 이러한 3요소 중에서 원가는 가격의 하한선에 영향을 미치고, 고객에게 제공되는 가치는 가격의 상한선에 영향을 미친다. 경쟁자의 가격은 하한선과 상한선 사이에서 가격을 결정하는 데 영향을 미친다.

따라서 외식업체의 경영자는 가격 결정 시 〈그림 7-7〉과 같은 다양한 요인을 세밀하게 고려하여 목표를 효율적으로 달성해야 한다.

(1) 외식업체의 목표

가격전략을 수립할 때는 가격을 통해 달성해야 할 외식업체의 목표를 구체적으로 정해야 한다. 장기적으로는 '투자수익률(순이익 ÷ 투자액)의 극대화'가 가격 결정의 목표가 되겠

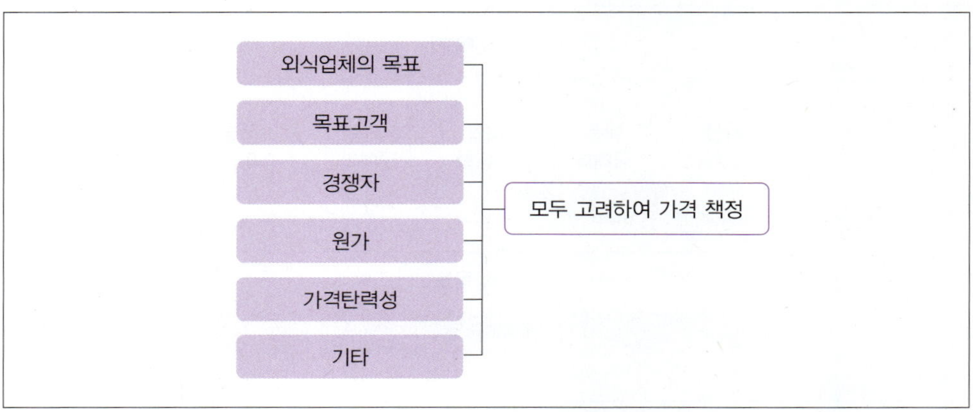

그림 7-7 가격 결정에 영향을 미치는 요인

지만, 단기적으로는 〈그림 7-8〉과 같은 목표를 설정해야 한다.

① 사업의 유지

외식업체는 치열한 경쟁이나 불황에 직면하면 매출이 급격히 감소할 수 있다. 이러한 상황에서 외식업체는 이익이 아닌 사활의 문제에 부딪힐 수 있다. 어려운 상황에서는 이익보다 점포의 변동비만이라도 충당할 수 있는 방안을 찾아야 할 수도 있다. 이때 이익 달성보다는 손실 감소에 초점을 맞추는 가격전략이 필요할 수 있다.

② 매출의 극대화

매출의 극대화를 목표로 하는 가격전략은 시장점유율을 높여야 하는 상황에서 자주 활용된다. 특히 개업 직후에 이러한 전략은 매우 유용하다. 기존의 경쟁업체보다 빠른 시간에 인지도를 높일 수 있기 때문이다. 예를 들어, 새롭게 개점한 외식업체 경영자는 점포의 실체를 빠르게 알리기 위한 목적으로 기존의 경쟁자보다 저렴한 가격으로 소비자를 유인하게 된다.

③ 이익의 극대화

모든 외식업체들이 가격 결정 시 고려하는 최종 목표는 이익의 극대화임에 틀림없다. 이

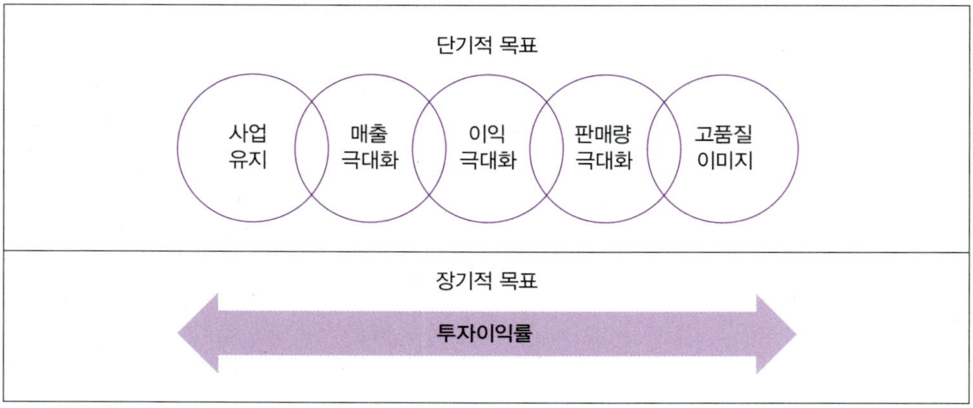

그림 7-8 외식업체 가격 결정의 목표

는 장기적인 측면의 가격 결정 목표이면서 동시에 외식업체의 라이프사이클 측면에서 성숙기와 쇠퇴기의 가격전략 목표가 될 수 있다. 특히 고객의 가격민감도가 낮은 경우에는 고가정책을 통해 이익을 극대화할 수 있다.

④ 판매량의 극대화

외식업체는 판매량을 늘려 규모의 경제를 달성하기 위해서 또는 직원들의 학습효과를 높여주기 위해 매출액이나 이익보다는 판매량에 초점을 맞추어 가격을 결정할 수 있다. 특정 메뉴의 성장률을 높이기 위해 가격을 결정하기도 한다.

⑤ 고품질 이미지

"싼 게 비지떡"이라는 말이 있다. 이 말은 즉, 싼 것은 싼 값을 하고 비싼 것은 비싼 값을 한다는 의미이다. 소비자들은 은연중에 싼 것은 품질이 나쁘고 비싼 것은 좋은 것이라는 편견을 가지게 된다. 소비자들이 그렇게 생각하는 이유는 무엇일까?

소비자들은 구매 전에 제품의 품질을 정확하게 평가할 수 없다. 따라서 대부분의 소비자는 품질에 관한 불완전한 정보와 한정된 정보에 의존하여 품질을 평가하고 구매를 결정한다. 이렇게 하다 보니 잘못된 선택을 하는 경우가 많다.

소비자들은 잘못된 선택을 줄이고자 가격(또는 브랜드와 점포의 외형 등 품질지표라고 생각되는 외형적 요소)의 도움을 받아 정확한 품질을 평가하려고 한다. 이 같은 소비자들의 품질평가방식은 경제적으로 매우 합리적이다. 소비자가 직접 품질과 관련된 정보를 얻기 위해서는 엄청난 시간과 비용이 소모되기 때문에, 비싼 것의 품질이 믿을 만하다고 생각하는 것이 효율적이기 때문이다.

가격이 품질의 지표 역할을 할 때는 가격이 너무 높거나 너무 낮으면 안 된다. 가격이 너무 높으면 품질은 믿을 만하지만 비싸다고 생각하여 소비자가 구매를 기피할 것이고, 가격이 너무 낮으면 품질을 의심해서 소비자가 구매하지 않을 것이다. 따라서 가격이 소비자의 수용범위 안에 있을 때, 제품이 판매될 가능성이 높아진다.

현실적으로 소비자들은 가격을 품질지표로 사용하는 경우가 많다. 하지만 일반적으로 가격반응함수를 산출해보면, 가격이 떨어지더라도 품질이 떨어질 것이라고 생각하지 않는 수준이 존재한다. 이 같은 상황에서는 가격을 인하할 여지가 존재하고, 이때 가격을 적당히 내리면 그에 따른 성과를 거둘 수 있다.

(2) 목표고객

고객 기반의 가격결정방법은 원가나 경쟁을 고려하지 않고 고객의 관점에서 가격을 설정하는 방법이다. 최근 마케팅 패러다임이 고객 중심으로 변화하고 있는 것을 생각하면 마케팅 트렌드에 가장 부합하는 가격결정방법이라 할 수 있다. 이와 같은 가격결정방법을 사용하는 배경은 제품이나 서비스의 차별성이 부각되어 비교 대상이 거의 없다고 판단되는 경우이다. 실제로 외식업체의 가격전략으로 많이 활용되는 심리적 가격결정방법이 대표적인 고객 기반 결정방법에 해당되는데 위신가격, 관습가격, 단수가격 등이 이에 해당된다.

(3) 경쟁자

외식업체에서는 직접적인 경쟁관계에 있는 업체의 가격을 기준으로 메뉴가격을 결정하는 경우가 많다. 이는 외식산업에서 가장 큰 문제점을 내포하고 있는 방법이지만, 현장에서 가장 많이 사용되는 가격결정방법이다.

여기서 가장 큰 문제를 내포한다는 것은 가격 결정에 영향을 미치는 다양한 요소가 있음에도 이를 고려하지 않고 경쟁관계만을 감안하여 가격을 결정하기 때문이다. 수익성을 전혀 고려하지 않은 채 이러한 방법을 사용하는 이유는 치열한 경쟁 때문이다. 다만 경쟁사를 기반으로 한 가격결정방법은 경쟁사가 적절한 이익을 내고 있다는 가정하에 일반적으로 받아들여진다. 만약 경쟁업체가 가격 결정을 잘못했다면 이를 따라한 업체들도 커다란 어려움에 처할 수 있다.

(4) 원가와 이익

원가는 메뉴가격을 결정할 때 신중하게 고려해야 하는 중요한 요소이다. 아무리 많이 팔더라도 원가보다 가격을 낮게 한다면 무슨 소용이 있겠는가. 일반적으로 외식업체의 식재료 원가율은 30~40%가 적정하다고 알려져 있다. 외식업체는 〈표 7-3〉과 같은 레시피를

표 7-3 레시피 견본

<table>
<tr><td>메뉴명</td><td colspan="3">비빔국수</td><td>판매가</td><td colspan="2">4,000원</td></tr>
<tr><td colspan="7"></td></tr>
<tr><td colspan="7">식재료</td></tr>
<tr><td>No.</td><td>식재료명</td><td>단위</td><td>사용량</td><td>금액(원)</td><td>납품업체</td><td>비고</td></tr>
<tr><td>1</td><td>면</td><td>g</td><td>180</td><td>462</td><td></td><td></td></tr>
<tr><td>2</td><td>비빔장</td><td>g</td><td>80</td><td>252</td><td></td><td></td></tr>
<tr><td>3</td><td>콩나물</td><td>g</td><td>40</td><td>40</td><td></td><td></td></tr>
<tr><td>4</td><td>청오이</td><td>g</td><td>40</td><td>27</td><td></td><td></td></tr>
<tr><td>5</td><td>통깨</td><td>g</td><td>2</td><td>10</td><td></td><td></td></tr>
<tr><td>6</td><td></td><td></td><td></td><td></td><td></td><td></td></tr>
<tr><td>7</td><td></td><td></td><td></td><td></td><td></td><td></td></tr>
<tr><td>8</td><td></td><td></td><td></td><td></td><td></td><td></td></tr>
<tr><td>9</td><td></td><td></td><td></td><td></td><td></td><td></td></tr>
<tr><td colspan="7"></td></tr>
<tr><td colspan="7">조리법</td></tr>
<tr><td colspan="7"></td></tr>
</table>

<table>
<tr><td>제품원가</td><td>791원</td><td>매출원가</td><td></td><td>원가율</td><td>19.8%</td></tr>
<tr><td colspan="6">제품 사진</td></tr>
<tr><td colspan="6"></td></tr>
<tr><td>담는 방법</td><td colspan="5"></td></tr>
<tr><td colspan="6">식기</td></tr>
<tr><td>식기명</td><td></td><td>단가</td><td></td><td>관련 식기</td><td></td></tr>
<tr><td colspan="6"></td></tr>
<tr><td colspan="6">기타사항</td></tr>
<tr><td colspan="6"></td></tr>
</table>

이용하여 메뉴별 원가를 산정할 수 있다. 다만 메뉴별로 식재료비율을 맞추어야 한다는 의미는 아니다. 식재료비율은 매출액 대비 전체 식재료비율이 그 수준을 유지하면 된다. 원가율은 개별메뉴뿐만 아니라 전체 매출에 대한 비율로 생각한다.

(5) 가격탄력성

메뉴에 대한 수요는 해당 메뉴의 가격이 상승하면 감소하고 하락하면 증가한다. 즉, 가격탄력성은 가격이 1% 변화하였을 때, 수요량이 몇 퍼센트 변화하는지를 절대치로 나타낸 것이다. 탄력성이 1보다 큰 제품의 수요는 탄력적(elastic)이라고 보고, 1보다 작은 제품의 수요는 비탄력적(inelastic)이라고 본다. 수요의 가격탄력성은 가격을 결정할 때 고려해야 하는 중요한 요소 중 하나이다. 외식업체는 가격이 비탄력적인 경우 가격을 인상하여 이익을 증가시킬 수 있다.

(6) 업태

메뉴의 가격을 결정할 때는 제품의 현재 상황을 파악해야 한다. 한 예로 커피 한 잔의 가격에 관해 생각해보자. 커피 한 잔의 가격은 패스트푸드점의 경우 2,500원 이하, 조금 분위기가 좋은 카페에서는 3,500~4,500원 정도이다. 번화가에 있는 커피 전문점에서는 4,500~5,000원 정도이고 큰 호텔과 일부 고급 음식점에서는 7,000~9,000원 이상인 경우도 많다. 이를 통해 원재료비에 큰 차이가 없는 같은 커피에도 다양한 가격대가 존재한다는 것을 알 수 있다.

어떤 유형의 메뉴든 점포에 따라 가격에 상당한 차이가 존재한다. 커피 한 잔의 점포별 원가 차이는 판매가격의 차이만큼 크지 않다. 즉 메뉴의 가격은 재료의 원가가 아니라, 어떤 점포(입지, 서비스 수준 등)에서 제공되느냐에 따라 달라진다. 업태의 차이에 따라 메뉴의 가격이 달라지는 것이다.

(7) 객단가

메뉴의 가격을 결정할 때는 개별메뉴의 가격보다는 객단가를 고려해야 한다. 식사를 위해 방문한 고객에게는 단품메뉴의 가격보다 객단가가 더욱 중요하다. 예를 들면, 햄버거를 판매하는 점포의 경우 대부분의 손님은 햄버거만 주문하지 않는다. 햄버거와 음료, 사이드메뉴 등을 조합하여 주문한다. 즉, 주로 세트로 주문하기에 세트가격에 만족해야 싸다고 느끼게 된다. 개별 단품가격보다는 세트가격이 중요한 이유이다. 따라서 햄버거 전문점의 객단가는 세트메뉴의 가격이 될 가능성이 높다.

(8) 테이블단가

외식업체는 메뉴의 개별가격이나 객단가를 높이는 데 한계를 느끼는 경우가 많다. 가격은 수요에 직접적인 영향을 미치기 때문에 절대로 소비자의 지불능력을 넘어서지 않아야 한다. 경쟁이 치열한 상황에서는 더욱 그렇다. 예를 들어 삼겹살 전문점을 이용하는 소비자들의 1인당 지불능력이 1만 원을 초과할 수 없다면 메뉴가격이나 객단가를 높이는 전략은 매우 위험하다. 이럴 때는 테이블단가를 높이는 전략을 생각해볼 수 있다. 예를 들면, 객단가가 1만 원인 점포의 평균 방문객 수가 3인이어서 테이블단가가 3만 원이라면 4인용 메뉴를 개발하여 3만 7,000원에 판매함으로써 4인의 방문을 유도할 수 있다. 이렇게 하면 객단가는 다소 낮아지지만 테이블단가가 상승하여 매출이 증가하는 효과를 거둘 수 있다.

(9) 기타 가격 결정 시 고려요인

우리가 주변에서 마주치는 외식업체의 메뉴가격은 천편일률적일 때가 많다. 경영자들이 경쟁업체를 의식하여 그들의 가격과 비슷한 수준으로 가격을 설정하기 때문이다. 학문적으로 볼 때 메뉴가격은 다양한 요소가 고려되어 합리적으로 설정되어야 한다. 즉 원가와 이익을 고려해야 하고 소비자의 효용가치, 수요의 탄력성, 시간대별 수요 및 시장경쟁의 정도가 모두 고려되는 것이 가장 이상적이다. 하지만 현장에서 이러한 고려요인을 모두 참고하기는 힘들다. 경영자의 입장보다는 소비자의 인식과 입장이 우선되기 때문이다.

표 7-4 메뉴가격 결정 시 고려해야 기타 요인

구분	내용
효용가치	고객이 지불하는 가격에 비하여 얻는 효용이 커야 함
시간대별 수요	시간대별 · 요일별 수요를 감안한 가격

2) 메뉴가격 결정방법

메뉴가격을 설정하는 방법은 크게 주관적 방법과 객관적 방법으로 나눌 수 있다. 주관적 가격산출법에는 적정가격법, 최고가격법, 최저가격법, 독창적가격법, 경쟁자가격법 등이 있으며 객관적 가격산출법에는 가격팩터법, 프라임코스트법 등이 있다.

(1) 주관적 가격 결정방법

주관적 가격 결정방법 중에서 현장에서 가장 많이 활용하는 방법은 '경쟁자가격법'이다. 대부분의 외식업체는 자신의 상황보다는 단순히 경쟁자가 얼마를 받는지에 더욱 민감하게 반응한다. 다음으로 많이 활용하는 방법은 '적정가격법'으로 보인다. 이는 외식업체 경영자의 경험과 추측에 따라 적당해 보이는 가격을 설정하는 방법으로, 이 역시 주관적이고 정성적이라는 점에서 권장할 만한 방법은 아니다. 이외에도 고객이 지불 가능하다고 판단되는 최고가격(최고수용가격, 최고가격법), 고객이 품질을 의심하지 않으면서 지불의향이 생길 수 있는 최저가격(최저수용가격), 시장의 반응과 경험을 통해 실험적으로 가격을 책정하는 '독창적가격법' 등이 사용된다.

이와 같은 주관적 가격 결정방법은 대부분 정성적인 방법으로 가격을 결정한다는 차원에서 권장할 수는 없지만, 현장에서 사용하기 편리하다는 측면에서 소상공인들이 주로

적정가격법	경험과 추측에 의해 적당하다고 판단되는 가격
최고가격법	고객이 지불 가능하다고 판단되는 최고가격(최고수용가격)
최저가격법	고객이 품질을 의심하지 않으면서 지불의향을 가질 수 있는 최저가격 (최저수용가격) → 유인을 통해 다른 메뉴도 함께 구입하는 효과가 있음
독창적가격법	시장 반응과 경험을 통해 실험적으로 가격을 책정(비현실적)
경쟁자가격법	경쟁업체의 가격을 고려한 가격 책정(가장 많이 사용)

그림 7-9 주관적 가격 결정방법

이용한다(그림 7-9).

(2) 객관적 가격 결정방법

객관적 가격 결정방법은 수치화된 기초 자료를 활용한다는 측면에서 정량적 가격 결정방법이라고 한다. 외식업체에서 이용하는 대표적인 방법으로 가격팩터법과 프라임코스트법이 있다. 가격팩터법은 식재료비를 기준으로 팩터값를 산출하며, 프라임코스트법은 프라임코스트(식재료비 + 직접인건비)를 기준으로 팩터값를 결정한다.

더 알아보기

팩터를 이용한 가격 결정방법

식재료 원가의 몇 배를 받아야 적절한 판매가격이 되는지를 산출하는 방법으로, 단순히 식재료 원가만을 기준으로 구하거나 외식기업의 비용 중에서 가장 많은 비중을 차지하는 프라임코스트(식재료 원가 + 직접인건비)를 기준으로 구할 수 있다. 팩터값은 외식기업 목표 원가비율로 100을 나누어 구할 수 있으며, 그렇게 구한 팩터값을 실제 원가에 곱하여 가격을 산출한다.

- 식재료 원가: 1,000원
- 외식기업 목표 식재료 원가율: 30%
- 직접 인건비: 500원
- 외식기업 목표 직접 인건비율: 10%(전체 인건비의 1/3 수준)

식재료 원가 팩터를 이용한 가격 계산

- 1단계: 팩터값 구하기 = 100 ÷ 30 = 3.33(팩터값)
- 2단계: 식재료 원가 기반으로 한 가격 결정 = 1,000원 × 3.33= 3,330원

프라임코스트를 이용한 가격 계산

- 1단계: 팩터값 구하기 = 100 ÷ (30 + 10) = 2.5 (팩터값)
- 2단계: 프라임코스트를 기반으로 한 가격 결정 = (1,000원 + 500원) × 2.5 = 3,750원

3) 외식업체를 위한 가격 결정 프로세스

(1) 외식업체를 위한 메뉴가격 결정 5단계

앞에서 가격 결정을 위한 정상적 방법과 정략적 방법을 살펴보았다. 다만 외식업체의 메뉴가격을 결정하기 위해 사용할 수 있는 과학적이고 체계화된 유일한 방법은 존재하지 않는다. 〈그림 7-10〉과 같은 좀 더 구체화된 실무에서 활용할 수 있는 5단계 가격 결정방법을 살펴본다.

① 1단계

외식업체 메뉴의 가격 결정을 위해서는 가장 먼저 메뉴의 식재료 원가를 산출해야 한다. 외식업체 경영자는 판매하고자 하는 모든 메뉴의 단위당 식재료 원가를 구할 수 있어야 한다. 메뉴의 원가는 예상되는 식재료의 감모분, 기타 직접비용과 허용 가능한 간접비용 등 메뉴 제조와 관련된 비용을 모두 포함해야 한다.

외식업체 경영자는 메뉴의 매출원가를 계산하기 위해 기본적인 원가관리능력을 지녀야 하며, 그 원가를 정기적으로 수정·보완하기 위한 시장 조사를 끊임없이 해야 한다.

② 2단계

1단계에서 메뉴의 식재료 원가가 계산되었다면, 그 원가에 3부터 7 사이의 승수를 곱하는 가격 결정의 제2단계 작업을 한다. 만약 가격을 결정하려는 업체가 낮은 가격을 선호

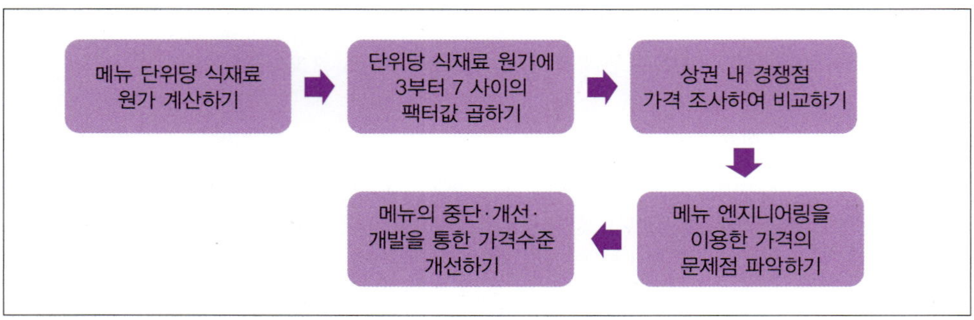

그림 7-10 외식업체 메뉴의 가격 결정과정

한다면, 사용할 승수는 3부터 7 사이의 값 중에서 낮은 값(3에 가까운 값)을 선택하는 것이 좋다. 낮은 팩터값을 이용하는 곳은 외식업체의 임대료나 인건비 등의 고정비가 낮고 감가상각해야 할 투자비도 적게 소요되는 업체라고 할 수 있다. 즉 고정비나 투자비가 낮은 외식업체의 경우, 낮은 승수로 경쟁업체보다 낮은 가격을 설정함으로써 경쟁력을 확보하고자 할 것이기 때문이다.

고급스러운 시설을 갖추고 서비스의 수준을 높게 설정한 외식업체라면 많은 투자비와 고정비를 감당하기 위해 높은 매출액과 이익을 확보해야 한다. 이러한 경우에는 높은 값의 승수(7에 가까운 값)를 사용해야 한다. 물론 가격대 자체가 워낙 높다면 오히려 승수를 낮추기도 하는데 이는 승수가 낮더라도 공헌이익이 높아서 충분한 수익성을 확보할 수 있기 때문이다.

③ 3단계

식재료 원가와 승수를 이용하여 가격을 결정했다면 그다음으로 동일한 메뉴를 취급하는 경쟁업체의 가격을 조사하여 비교해본다. 외식업체 경영자는 직접적인 경쟁관계의 외식업체가 설정한 가격에 항상 집중해야 한다. 특히 동일 상권 내에 있는 경쟁자의 메뉴가격을 수시로 파악해야 한다. 또한 경쟁자 중에서 외식업체의 간접비용이 낮은 곳을 고려할 수 있어야 한다. 예를 들어, 부동산이 자신의 소유라서 임차료 등을 지불하지 않는 외식업체는 큰 장점을 가지고 있다. 그들은 가격 설정 시 낮은 승수를 사용할 수 있다. 하지만 만약 임차료가 높은 입지에 위치하면서 단순히 그들이 사용하는 승수를 따라한다면 큰 어려움에 봉착하게 될 것이다. 그들은 항상 저렴한 가격을 유지할 수 있지만, 임차료를 지불해야 하는 외식업체는 그럴 수 없다. 따라서 반드시 비슷한 간접비를 지출하는 외식업체와 가격을 비교해보아야 한다.

④ 4단계

외식업체 경영자는 원가 계산, 승수를 이용한 가격 설정, 경쟁 외식업체와의 가격 비교 외에도 개점 후 한 달 내에 메뉴 엔지니어링 분석을 하고, 이후에도 분기마다 메뉴를 분석해야 한다. 끊임없는 메뉴분석만이 외식업체의 문제점을 파악하는 지름길이라는 것을 잊어서는 안 된다.

⑤ **5단계**

마지막 단계에서는 4단계의 메뉴 엔지니어링 분석을 기초로 메뉴의 가격을 조정하거나 메뉴를 제거 또는 추가하는 작업을 해야 한다. 영원히 사랑받는 메뉴란 존재하지 않는다. 지속적인 개선과 개발이 이루어지지 않으면 외식업체의 존속이 위태로워질 수 있다.

4) 상황별 가격 결정방법

(1) 테이크아웃서비스

외식업체의 메뉴 중 일부를 테이크아웃(take out)할 수 있게 만들고 싶다면, 약간의 가격 인상이 필요하다. 만약 외식업체 매장을 퀵서비스 형태로 운영하고 싶다면 테이크아웃서비스는 기본이 될 것이다. 이러한 경우라면 테이크아웃서비스를 고려하여 가격을 설정해야 한다. 그러나 만약 테이블서비스를 제공하는 외식업체라면 테이크아웃서비스를 제공하는 데 포장비용과 같은 비용이 더 많이 소요된다. 또 전화주문시스템에 드는 비용은 물론이고 추가 인건비도 고려해야 한다.

테이크아웃서비스는 외식업체의 테이블을 점유하지 않으므로 운영상의 번잡함을 초래하지 않으면서 고객의 수를 늘리는 좋은 방안이기도 하다. 중요한 점은 모든 원가를 포함시켜야 적정가격을 산출할 수 있다는 점이다. 필요하다면 혼란을 피하기 위해 테이크아웃용 메뉴를 메뉴북에 별도로 인쇄할 수도 있다.

최근 많은 피자 전문점에서 테이크아웃 메뉴를 추가로 20% 할인해주는 정책을 도입하고 있다. 이는 배달서비스를 주로 하는 피자 전문점의 경우, 배달로 인해 발생하는 추가비용을 절감할 수 있다는 점에서 테이크아웃 권장을 위한 전략적인 판단으로 볼 수 있다.

(2) 배달서비스

배달서비스(delivery service)는 고객의 수를 늘리기 위한 외식업체의 또 다른 운영방식 중의 하나이다. 그러나 일부 매장에는 이러한 서비스가 적절하지 않을 수 있으므로 경영자의 신중한 결정이 요구된다. 배달은 수요를 예측하기 어려운 서비스 중 하나로, 인력 고용이나 활용에도 많은 어려움이 따른다. 별도의 보험 가입도 필요하며, 최소 주문량을 확보하기 위한 노력이 중요하다. 경우에 따라서는 배달 지역을 제한해야 하는 경우도 있다.

특히 이 서비스는 품질관리가 지속적으로 이루어지기 힘들어 배달하는 메뉴의 수와 형태를 제한하는 것이 필요하다. 품질관리는 외부용역업체에 배달을 하청하는 경우 더욱 힘들어진다. 만약 이 같은 위험을 충분히 수용할 용의가 있다면, 서비스를 위해 높은 가격을 지불할 의향이 있는 고객을 유치함으로써 충분한 보상을 얻을 수 있다. 그러한 보상은 외식업체가 배달시간을 엄수하고 배달에 따른 편리함을 선호하는 고객들이 많아야 얻을 수 있다. 실제로 미국의 연구 결과에 따르면, 고객들이 배달업체 선택 시 가장 중요하게 고려하는 요소가 바로 배달 속도라고 한다. 많은 피자 전문점에서 30분 내 배달을 표준으로 설정하고 준수하려는 것을 보면, 배달하는 시간의 중요성을 충분히 인식할 수 있다. 이때 빠른 배달에서 발생할 수 있는 위험을 고려하여, 고객과 외식업체 모두에게 가장 큰 효익이 돌아가는 배달정책을 수립해야 할 것이다.

(3) 케이터링서비스

외식업체가 제공하는 케이터링서비스(catering sevice)는 업체의 추가 수익원이 될 수 있다. 이 서비스는 예측 가능성이 높고 대부분 수익성도 높은 편이다. 케이터링서비스를 많이 제공할수록 이익은 높아지는 것이 확실하다. 게다가 해당 서비스의 매출액과 이익은 외식업체의 높은 고정비용을 커버해주는 역할도 한다. 이러한 장점을 효과적으로 달성하기 위한 케이터링서비스의 가격결정방법은 다음과 같다.

① 3단계법

3단계법(Thirds Method)은 다음과 같은 세 가지 유형의 원가와 이익을 충당할 수 있도록 가격을 설정하는 방법이다. 첫째는 식음료와 기타 제공품(리넨, 댄스플로어 등)의 원가이다. 둘째는 행사에 소요되는 노무비와 행사장에 필요한 간접비(냉난방비, 전등과 전원에 소요되는 비용 등)이다. 셋째는 이익이다. 예를 들어 1인당 3만 원이 책정되었다면, 2만 원은 첫째와 둘째에서 언급한 비용이고 1만 원은 이익이 된다.

이 3단계법은 기존 외식업체의 메뉴가 아닌 새로운 파티 메뉴를 제공하기에 매우 적절하다. 만약 외식업체 경영자가 메뉴와 테마, 파티 이벤트의 내용 등을 주최자와 논의하여 설정한다면, 그들은 외식업체가 보여주는 관심에 더욱 만족할 것이다. 이것은 기존의 케이터링 메뉴를 이용하거나 또는 주최자가 메뉴를 만들어오는 경우, 기존의 메뉴를 선택하는 경우보다 더 많은 시간이 소요된다. 그러나 이 같은 방식으로 파티를 개최한다면 비용을 산출하기가 용이하고 고객의 본원적 욕구도 만족시킬 수 있다. 이때 최종가격은 고객에게 부담을 주지 않으면서도 모든 비용을 충당하기에 적절해야 한다.

가격이 정해져 있는 기존메뉴를 이용하는 경우에는 메뉴가격만으로는 충당하기 어려운 부대비용, 사회자비용, 오픈 바에 드는 비용 등과 같은 기타 비용을 추가해서 설정한다. 결과적으로 외식업체 경영자는 거래 때마다 홍정을 해야 하는 불편을 겪지만 그럼에도 이러한 가격결정방법을 고수해야 한다. 때로는 좋은 고객을 유지하고 앞으로 수익성이 높은 고객을 유치한다는 점에서 약간의 이익을 포기할 용기도 필요하다. 이러한 고객들은 간혹 해당 외식업체가 그날 문을 닫고 다른 고객을 받지 않기를 원하거나, 벽을 철거했다가 다시 설치했으면 하는 등 외식업체 입장에서는 불편할 수 있는 요구 등을 할 수도 있다. 이에 따라 외식업체는 별도의 비용을 들여야 할지도 모른다. 다만 그러한 상황에서는 대부분의 고객이 융통성을 요구하면서 충분한 대가를 지불할 용의도 가지므로, 그에 따라 충분히 높은 가격을 요구할 수 있다.

② 공헌이익법

규모가 작은 외식업체의 소규모 케이터링을 위한 가격 산정에는 3단계법(thirds method)이 최선일 수 있다. 그러나 외식업체에 커다란 연회장이 있고 지속적으로 케이터링서비스를 해야 한다면, 소규모 파티에 초점을 맞추는 것은 비효율적일 수 있다. 만약 외식업체가 정해진 가격에 케이터링서비스를 제공하고, 서비스를 표준화할 의향이 있다면 공헌이익법(Contribution Margin)이야말로 가장 좋은 가격결정방법이 될 수 있다.

공헌이익법을 사용하면 메뉴를 제외한 모든 것을 표준화해야 한다. 그에 따라 일부 고객의 예약 요청을 거절해야 하는 일도 생긴다. 또 서비스를 제공 가능한 최소 인원수도 설정해두어야 한다. 인원이 적으면 효율성이 떨어지기 때문이다. 메뉴의 가격이 미리 정해져 있다면 갑작스러운 파티를 수용하지 못할 때도 있는데, 해당 파티가 표준과 너무 동떨어진 경우에는 외식업체의 이익 구조에 큰 타격이 생길 수 있기 때문이다. 또 마케터가 예측 가능한 환경이 아닐 경우, 케이터링서비스의 옵션을 통제하기 어려울 경우에도 큰 불편이 따를 수 있다.

이 방법을 이용할 때는 고객이 주문할 메뉴의 유형과는 별도로 연회장에 예약된 파티에서 파티와 관련된 비용을 최대한 파악해놓아야 한다. 그러한 비용에는 급여와 임금, 시설비, 종이제품, 광고 등과 같은 고정비가 포함된다. 이러한 고정비는 연간 소요되는 금액을 파악해두어야 한다. 또 가장 최근의 수치를 알아야 한다. 외식업체의 메뉴가격이 그러

더 알아보기

공헌이익

판매 수량 변화에 따라 변동되는 총 수익과 총 변동비의 차이(매출액 − 변동비)로 고정비를 회수하고 이익을 획득하는 데 공헌하는 이익을 공헌이익(Contribution Margin)이라고 한다. 고정비가 완전히 회수된 이후의 공헌이익은 영업이익에 공헌한다. 공헌이익은 판매량의 변화에 따라 영업이익이 변동하는 원인을 효과적으로 나타내주는 지표이다.

단위당 공헌이익(unit contribution margin)은 단위당 판매가격에서 단위당 변동비를 차감한 금액으로 제품 1단위당 고정비의 회수와 영업이익의 획득에 공헌하는 정도를 나타내준다.

- 매출액 = 변동비 + 고정비 + 이익
  매출액 − 변동비 = 고정비 + 이익
  공헌이익 = 고정비 + 영업이익

- 공헌이익 = 매출액 − 총 변동비
  = 단위당 판매가격 × 판매량 − 단위당 변동비 × 판매량
  = (단위당 판매가격 − 단위당 변동비) × 판매량
  = 단위당 공헌이익 × 판매 수량

- 단위당 공헌이익 = 단위당 판매가격 − 단위당 변동원가

한 수치를 기초로 하기 때문이다. 이렇게 해서 일단 가격을 결정하면 일정 기간 동안은 그 가격을 유지해야 한다.

외식업체는 총 고정비를 1년 동안 방문할 것으로 기대되는 최소 고객 수로 나누어 합리적인 고객 1인당 고정비를 계산해놓아야 한다. 또 고객 1인당 식음료 원가와 특별한 케이터링 메뉴 옵션의 기타 변동비(특별한 리넨 등)를 더하여 고객당 원가를 구해야 한다. 일단 총 변동비와 고정비를 구하여 고객당 원가를 알게 되면 각 메뉴 옵션을 위한 이익을 더하면 된다. 이때 이익은 최소 75%가 되어야 한다. 이 방법은 3단계법을 사용할 때보다 더 많은 이익이 필요해지는데, 케이터링서비스가 대형화되고 횟수가 늘어나다 보면 예상치 못한 비용 등이 추가되기 때문이다. 또 갑자기 비용을 부담해야 할 일도 생긴다. 예를 들면, 대규모의 케이터링서비스에서 고객불만이 발생하여 일부 금액을 받지 못하는 상황이 생길 수도 있다.

모든 고정비가 고객당 1만 5,000원으로 결정되었다고 가정해보자. 또 메뉴를 위한 식음료를 포함한 고객당 변동비가 1만 원이라고 가정해보자. 이때 고객당 총 원가는 2만 5,000원이 된다. 여기에 75%의 이익을 추가하면 메뉴가격은 4만 3,750원이 되고 세금과 팁을 더하면 4만 5,000원 정도가 된다. 만약 추가 요구사항이 있고 이러한 요구가 비용을 수반한다면 그것들을 추가하여 최종 판매가격을 산출할 수 있다.

이 방법은 고객의 수를 충분히 예측할 수 있는 경우, 일반 외식업체의 가격 설정에도 사용할 수 있다. 만약 외식업체가 대형 오피스 건물과 같은 입지에 있다면, 고객의 수와 판매 가능한 메뉴 수량을 충분히 예측할 수 있다. 또 외식업체 경영자는 고객들이 언제 와서 얼마나 머물다 갈지도 알 수 있는데, 그 경우 공헌이익법은 외식업체에게 유용한 가격 결정방법이 될 수 있다.

(4) 특별메뉴의 가격 결정

최근 여러 외식업체에서 매일 1~2가지 정도의 특별메뉴를 제공하는데, 이것은 운영 중인 메뉴를 변경하지 않으면서도 고객들에게 다양성을 제공하기에 가장 적합한 방법이다. 일반적으로 이와 같은 메뉴는 매우 낮은 가격을 받으려는 의도가 아니라면, 다른 정규메뉴와 유사하게 가격을 책정한다.

특별메뉴는 일반적으로 판매가 잘되어 재고가 거의 발생하지 않기 때문에 별도로 할인을 하지 않아도 된다. 그러나 이러한 전략에도 주의를 기울일 필요가 있는데, 평소 Star 메뉴를 주문하던 고객이 저렴한 특별메뉴를 주문하여 순이익이 감소될 수 있기 때문이다. 하지만 너무 걱정할 필요는 없다. 비록 Star 메뉴를 주문할 고객이 특별메뉴를 주문하여 외식업체의 공헌이익이 줄더라도, 결과적으로 값비싼 음식을 버리는 일이 줄어들어 이익이 늘어나는 효과가 생길 것이다.

(5) 무한리필메뉴의 가격 결정

최근 경쟁이 치열해지면서 무한리필(all-you-can-eat)을 표방하는 외식업체가 늘어나고 있다. 그렇다면 무한리필을 허용하는 메뉴에 대한 가격 설정은 어떻게 하면 좋을까? 이러한 경우에는 다른 일반적인 메뉴와 같은 방식으로 가격을 설정하면 된다. 하지만 가장 큰 차이점은 이러한 메뉴들의 원가를 계산할 때, 정확한 원가를 계산하는 대신에 평균적인 원가를 계산해야 한다. 따라서 맨 처음 무한리필메뉴를 제공할 때 평균원가를 산출할 필요가 있다. 외식업체는 원재료비가 저렴한 몇 가지 무한리필메뉴를 교묘하게 이용하여 잠재고객을 유인한 후, 다른 메뉴를 판매하여 수익성을 보완할 수 있다.

정규메뉴의 일부로 무한리필메뉴를 도입하면, 1~2주 정도는 음식과 음료의 가격을 기존 수준으로 유지해야 한다. 이렇게 해야 메뉴가격을 조정하는 데 필요한 정보와 원가자료를 충분히 모을 수 있다. 이때는 식재료의 기초재고에 당기 식재료 매입액을 더한 다음 기말재고액을 차감한다. 이렇게 계산하여 구한 값이 바로 당기 식재료 매출원가가 된다. 즉, 당기 매출을 위해 소모된 실제 식재료 원가가 나오는 것이다. 이렇게 원가를 계산한 후, 이 메뉴를 주문한 총 고객 수로 총 원가를 나누면 고객당 평균원가를 알 수 있다. 이렇게 구한 원가는 매우 정확한 수치는 아닐지라도 대충 짐작하는 것보다는 정확하다.

만약 마케터가 어림짐작으로 원가를 계산해야 한다면, 해당 식재료와 음료를 공급하는 식료품 사업자에게 문의하여 최적의 추측자료를 요청하는 것이 가장 좋은 방법이다. 예를 들면, 여러 외식업체와 거래하는 소프트드링크 납품업자는 비슷한 메뉴를 취급하는 외식업체의 원가 구조를 알기 때문에 원하는 정보를 제공해줄 수 있다.

외식업체에서 뷔페, 샐러드바 또는 정규메뉴에 아침용 바 옵션을 추가할 경우에도 고객당 평균원가 계산을 위해 위와 같은 접근방법을 사용할 수 있다. 이러한 방법은 그와 같은 몇 가지 메뉴의 원가 계산 시의 임시방편이 될 수 있다. 하지만 뷔페 등은 일반적으로 낭비요소가 많이 포함되기 때문에 정확한 원가 계산이 불가능할 수도 있다. 무료 음료 리필 같은 옵션이나 파스타 뷔페 등은 약간의 통제가 요구되며, 푸드바(food bars)는 더욱 특별한 통제를 해야 한다. 푸드바는 음식의 외형을 유지해야 하고, 메뉴 아이템을 교체해야 하며, 먹을 수 있는 음식임에도 최고의 품질을 유지할 수 있는 시간이 지났다는 이유로 버려야 할 수 있기 때문이다.

(6) 외식업체 기념품의 가격 결정

음식이나 서비스가 아닌 외식업체에서 판매하기 위해 제조한 기념품은 외식업체에 약간의 추가 수익을 만들어준다. 그리고 이러한 수익 대부분이 순이익이 될 수 있다. 예를 들어 '하드록카페'나 '플래닛할리우드'와 같이 독특한 분위기의 외식업체는 실제로 음식 판매보다 셔츠 판매로 더 많은 수익을 올리기도 한다.

그런데 외식업체의 판매용 제품에는 2가지 약점이 있다. 하나는 제품 개발에 비용이 소요된다는 것이고 다른 하나는 늘 판매가 가능하도록 재고를 유지해야 한다는 점이다. 예를 들어, 외식업체의 로고가 새겨진 물을 1병에 3,000원에 팔고자 한다면 원가가 병당 300원이 넘어서는 곤란하다. 라벨 개발을 위해 수십만 원에서 수백만 원이 소요될 것이고, 추가로 병을 넣을 수 있는 케이스 몇 가지를 준비하는 데 병당 300원이 초과될 것이기 때문이다.

만약 외식업체 경영자가 그와 같은 선행 투자로 다양한 제품을 확보했다면 몇 가지 판촉방안을 고려해야 한다. 고객은 로고가 새겨진 제품을 좋아한다. 하지만 그것을 얻기 위해 일부러 방문해야 할 정도의 특별한 아이템이 아니라면 그들의 관심을 받을 수 없다.

이러한 제품의 가격을 결정하는 데 활용 가능한 방법에는 2가지가 있다. 하나는 메뉴나 음료의 원가를 계산할 때 그러한 제품의 원가를 포함하는 것이다. 예를 들어, 주문고객만을 위한 개별컵이 사용되는 특별한 음료에는 매우 높은 승수를 사용할 수 있다. 컵의 원가를 음료가격에 포함시키면 되는 것이다. 또 다른 방법은 납품업자의 도움을 얻어 원가를 분리하는 것이다. 공급업자들은 그러한 제품 구성의 가격 설정 시 적절한 방안을 알고 있는 경우가 있다. 그들은 고객이 기꺼이 지불할 수 있는 수용가격을 알고 있을 뿐만 아니라, 마케터가 욕심을 많이 내는 것은 아닌지 여부도 알아차릴 수 있다.

(7) 판매 촉진을 위한 가격 결정

많은 외식업체들이 더 많은 고객을 유인하기 위하여 다양한 가격대를 설정하고 싶어 한다. 그러한 아이디어는 한가한 시간대에 더 많은 고객이 방문하도록 하거나 가능하면 고객들이 좀 더 수익성이 높은 메뉴를 주문하도록 만드는 방법이 될 수 있다. 또한 고객층을 넓혀서 방문 고객의 수를 늘림으로써 고정비를 분산시키는 효과적인 전략이 될 수도 있다.

여러 외식업체에서 실시하는 1 + 1 이벤트, 조조할인, 해피아워할인 및 기타 할인정책은 첫 개업 시 고객이 거의 없을 때 그들을 유치하기 위한 수단으로 활용된다. 외식업체들은 이러한 방법으로 고객을 유인한 후, 다른 메뉴를 추가로 팔 기회를 얻을 수 있다. 즉, 유인메뉴로 고객을 방문하게 하여 대표메뉴 등으로 수익을 확보하는 전략이다.

이러한 가격 할인은 학자나 마케터 사이에서 논쟁이 많은 전략 중 하나이다. 경쟁이 치열한 상황에서 애용할 수 있지만 할인을 통해 증가한 고객의 유형에 관해 고민해볼 필요가 있다는 것이다. 그들이 낮은 가격만 선호하는 고객은 아닌지, 오히려 점포의 혼란만 가중되는 것은 아닌지, 종업원들을 짜증 나게 하고 가치보다는 소액의 할인에만 집착하는 것은 아닌지, 기존 단골고객을 짜증 나게 만들지는 않는지, 오히려 외식업체의 명성을 떨어뜨리지는 않는지 등의 문제를 고려할 필요가 있다.

미국의 디너브로커 홈페이지(www.dinnerbroker.com)처럼 하나의 가격으로 2개를 제공하는 내용을 홍보하는 프로그램은, 할인이 아니면 절대 방문할 일이 없는 고객이 매장을 방문하도록 유인한다. 이처럼 대폭 할인해주는 채널을 통해 방문한 고객들은 해당 제품이 충분히 가치 있고, 다른 사람은 정상적인 가격에 구매한다는 가정을 하게 된다. 이러한 고객들은 단골이 되거나 충성도가 높아지지 않는다. 그들은 쿠폰북이나 할인가격에만 충성도가 높다. 예를 들어 쿠폰북 사용 고객이라고 해서 모두 가격민감도가 매우 높지는 않지만, 외식업체에서 제공하는 쿠폰에 뭔가 목적이 있는 것이라고 인식하고 해당 쿠폰에만 관심을 갖는 경우가 많다.

할인정책은 여러 가지로 나누어볼 수 있는데, 그중에는 유익한 면도 있지만 부정적인 영향을 끼치는 경우도 있다. 따라서 할인정책을 사용한다면 시야를 넓게 하고 장기간 견딜 수 있도록 준비를 해놓아야 한다. 쿠폰을 써서 햄버거를 1,000원에 구입한 경험이 있는 고객은 절대 그보다 높은 가격을 지불하려고 하지 않을 것이다. 그 고객은 단지 외식업체에서 쿠폰을 제공할 때만 방문할지 모른다. 그때 할인정책을 포기한다면, 외식업체의 매출은 하락할 것이다. 이처럼 할인 전략을 한 번 사용하면, 정상가격으로 돌려놓기가 쉽지 않다.

정상가격으로 돌아갈 경우, 기존에 쿠폰을 사용했던 고객이나 낮은 가격으로 팔았을 때 방문했던 고객들은 경계심이 발동할 수 있다. 만약 그들이 소지한 쿠폰의 기간이 만료되었거나 그들이 방문하고자 하는 시간이 할인시간이 아니라면 그들은 구매를 포기할 가능성이 높다. 이때 고객의 수가 줄어드는 것을 두려워하는 외식업체 경영자가 계속 할인을 해주게 되면, 머지않아 쿠폰의 만기일과 해피아워 시간대가 무의미해지는 상황이 온다.

만약 외식업체가 판매촉진정책을 원한다면, 먼저 촉진을 위한 메뉴뿐만 아니라 촉진가격을 적용할 기간을 결정해야 한다. 그다음에 메뉴의 가격 결정을 위한 한계가격(marginal pricing)기법을 사용하는 것을 권한다.

한계가격이란 메뉴의 식재료 원가에 아주 작은 이익만을 추가하여 가격을 결정하는 방식이다. 한계가격을 계산하기 위해서는 식재료 원가에 메뉴를 판매하는 데 소요되는 변동비를 합산해야 한다. 변동비는 정확하게 계산하기가 어려운데, 원가를 발생시키는 많은 요인이 명확하지 않기 때문이다. 예를 들어 노무비(인건비)를 가격을 촉진하려는 메뉴의 총 원가에 배분하려는 경우, 추가로 채용한 종업원의 노무비도 이미 고정비로 간주된다.

한계가격을 위해 사용하기에 편리한 방법은 메뉴의 식재료 원가를 계산하고 그것을 준

한계가격(marginal pricing)

메뉴의 식재료비와 메뉴 관련 변동비 그리고 매우 적은 이익만을 고려하여 가격을 결정하는 판매촉진방법이다.

비하고 제공하는 데 필요한 기타 변동비를 충당하기 위한 적은 이익(약 10%)을 추가하는 것이다. 예를 들어 파스타의 식재료 원가가 3,000원이라면 여기에 최소 10%를 더하여 총 변동비를 3,300원으로 가정한다.

이 같은 현금성 원가는 해당 메뉴의 손익분기점이라고 생각되는 가장 낮은 수준의 가격이다. 실제로 손님에게 부과해야 할 가격은 3,300원과 일반적인 승수를 감안한 가격 사이에서 결정되어야 한다. 즉, 마케터가 기존 메뉴의 가격을 결정하는 데 승수 3을 사용한다면 식재료의 원가 3,000원에 3을 곱한 가격인 9,000원으로 결정이 될 것이다. 한계가격이 3,300원과 9,000원 사이에서 6,000원으로 결정되거나 또는 9,000원의 가격에 '1 + 1 전략'을 사용하여 하나의 가격은 4.500원이 되게 할 수도 있다.

이외에도 가격이 변동비 아래로 내려가지 않도록 설정하는 촉진전략이 있는데, 그중 하나가 바로 최소의 이익만 포함하는 로스리더(loss leader, 적은 이익을 얻기 위한 메뉴)전략이고 다른 하나는 현금성 원가만을 커버하는 로스트리더(lost leader, 현금성 원가의 충당을 위한 메뉴)전략이다. 만약 외식업체가 적은 이익만을 추가하는 로스리더전략을 사용한다면 큰 이익을 얻지는 못하더라도 고정비를 충당하는 데는 도움이 될 것이다.

3 가격전략

1) 가격전략의 기본 이해

가격은 외식업체의 마케팅에서 가장 중요한 역할을 하는 믹스요소 중 하나이다. 다양한 마케팅 믹스요소 중에서 가장 강력하면서도 다양한 활용이 가능하다는 측면에서 현장에서는 '가격전략'이라는 이름으로 많이 이용된다. 미국 등에는 가격전략만을 전문적으로 컨설팅하는 기업이 존재할 정도로 과학적이고 세심하게 접근해야 하는 분야로 알려져 있다. 국내에서도 가격전략에 대한 관심은 매우 높은 편이다. 하지만 너무 일반화된 형태로

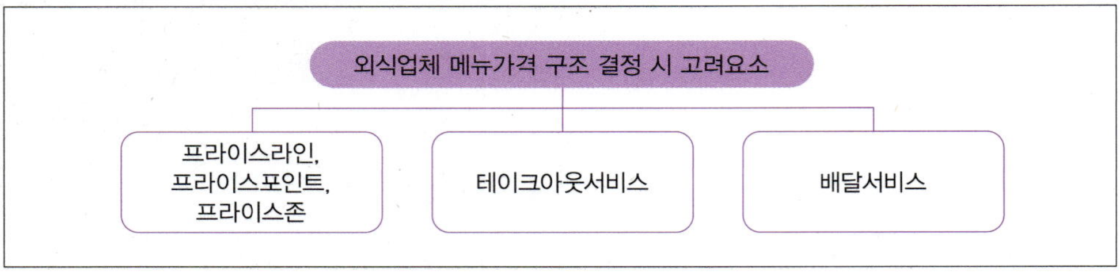

그림 7-11 메뉴가격 구조 결정 시 고려사항

만 이용되고 있으며 음식, 서비스, 물리적 환경, 목표고객을 충분히 고려한 통합적인 접근은 아직 이루어지지 못하고 있는 형편이다.

외식업체는 메뉴의 가격 구조를 결정할 때 〈그림 7-11〉과 같은 요소들을 고려해야 한다.

(1) 프라이스라인, 프라이스포인트, 프라이스존

메뉴 카테고리 내의 모든 메뉴는 가장 높은 가격에서 가장 낮은 가격까지의 프라이스존(price zone, 가격범위 또는 가격분산)이 합리적으로 설정되어야 한다. 그때의 범위는 소비자들의 수용가격범위를 기준으로 설정하는 것이 이상적이다. 설명을 위해 햄버거 전문점에서 소비자들이 지불할 용의가 있는 가격수용범위와 지불용의가 있는 적정가격수준(적정수용가격)에 대한 조사가 다음과 같이 이루어졌다고 가정해보자.

햄버거 전문점의 소비자 조사 사례

1. 가격수용범위: 1,000~7,000원
2. 적정수용가격: 4,000원

햄버거 전문점의 프라이스존은 소비자들의 가격수용범위를 크게 벗어나지 않는 것이 좋다. 프라이스존이 확정되면 소비자의 적정수용가격 수준인 4,000원을 참고하여 목표 객단가를 정하고 프라이스포인트(price point)를 정한다. 경영자는 프라이스존과 프라이스포인트를 기준으로 다양한 메뉴를 이용하여 프라이스라인(price line)을 만들어 고객의 차별화된 제품과 서비스, 가격에 대한 욕구를 충족시켜야 한다(그림 7-12).

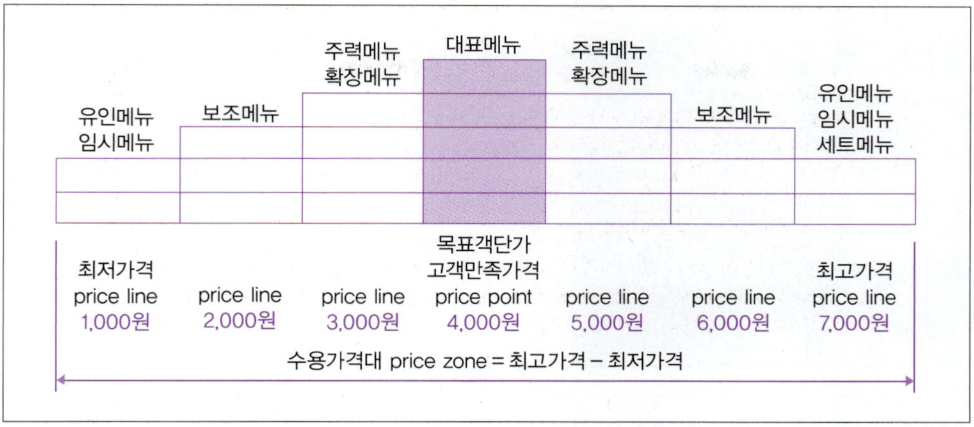

그림 7-12 외식업체 메뉴의 가격 구조

(2) 준거가격

준거가격이란 소비자가 특정한 상품이나 서비스를 반복 구매하면서 고정관념이 된 가격을 의미한다. 예를 들어 모든 소비자의 잠재의식에는 외식업체에서 파는 소주는 4,000원이라는 표준화된 가격이 숨어 있다. 이러한 준거가격은 소비자가 상품이나 서비스를 선택할 때 구매의사 결정의 기준선으로 쓰인다. 소비자는 준거가격보다 판매가격이 높으면 비싸다고 인식하고, 준거가격보다 판매가격이 낮으면 저렴하다고 인식한다. 결과적으로 소비자들은 특별한 경우가 아니라면 저렴하게 인식되는 상품이나 서비스를 결정할 가능성이 크다. 소비자의 구매의사결정에 가장 큰 영향을 미치는 마케팅 믹스요소가 바로 가격이기 때문이다.

좋은 상품을 만들기 위해 좋은 재료 등을 사용한 결과, 상품의 판매가격이 높아지는 경우가 있다. 아무리 같은 메뉴처럼 보이더라도 사업자의 상황과 능력에 따라 메뉴의 원가는 달라진다. 예를 들어 같은 햄버거를 판매하는 유사한 점포라고 해도, 대량구매·대량판매를 하는 전국적인 프랜차이즈 점포와 소량구매·소량판매를 하는 개인 점포의 햄버거 원가에는 큰 차이가 있다. 결국 이러한 규모의 차이는 가격의 차이로 나타난다. 대형업체는 저렴한 가격에 햄버거를 판매하고 소형업체는 비싼 가격에 햄버거를 팔 수밖에 없다.

일반적으로 소비자들이 가지고 있는 햄버거의 준거가격은 3,000~4,000원 내외다. 따라

그림 7-13 햄버거의 준거가격을 높이기 위한 식재료 원가 제시 사례

서 수제버거라 하더라도 6,500원은 선뜻 받아들이기 힘든 가격이 된다. 앞에서 설명한 것처럼, 고정된 햄버거 가격에 대한 인식 때문이다.

이렇게 고정된 인식이 존재하는 경우, 외식업체 경영자는 준거가격을 높이기 위한 합리적이고 과학적인 방법을 찾아야 한다. 이러한 상황에서 소형업체가 아무런 표현도 하지 않으면 소비자는 왜 비싼 가격을 내야 하는지 이해하기 어렵다. 당연히 소량구매·소량판매를 하는 점포의 햄버거가 품질이 더 좋겠지만, 그런 사실을 소비자 스스로 인식하길 바라는 것은 매우 어리석은 일이다. 사업자에게는 자사의 메뉴가격이 왜 그렇게 설정되었는지를 설명할 의무가 있다. 가격이 낮은 경우에는 어떤 노력을 통해 가격을 낮추었는지, 높은 경우에는 왜 그렇게 비싸게 받아야 하는지를 납득할 만한 설명을 제시해야 한다.

〈그림 7-13〉은 수제버거를 만들기 위해 이용된 식재료를 소비자가 직접 구매하는 경우를 가정하여 햄버거의 전체 원가를 제시한 예이다. 이 광고는 소비자가 할인마트에서 식재료를 사서 햄버거를 만들어도 5,700원이 소요된다고 주장한다. 소비자 입장에서는 차라리 이 햄버거를 사서 먹는 것이 더 유리하다고 판단할 수 있도록 유인하는 내용이다. 이러한 테이블시트는 결과적으로 준거가격을 높이는 역할을 한다. 소비자가 해당 테이블시트의 내용을 인정하는 순간 3,000~4,000원이라는 대형 프랜차이즈 햄버거의 준거가격과는 다른 6,000~7,000원이라는 준거가격이 새롭게 형성될 수 있다.

(3) 가치 인식

고가격·고품질 인식이란 가격이 비싸면 품질도 좋을 것이라고 믿는 소비자의 인식을 의미한다. 반대로 "싼 게 비지떡"이라는 말처럼 소비자는 가격이 싸면 품질도 낮을 것이라고 추측한다. 예를 들어, 한 떡볶이 전문점에서 1인분에 1,500원이라는 매우 저렴한 가격을 제시하자 손님이 거의 없었다고 한다. 그러자 이러나저러나 망하기는 마찬가지라는 생

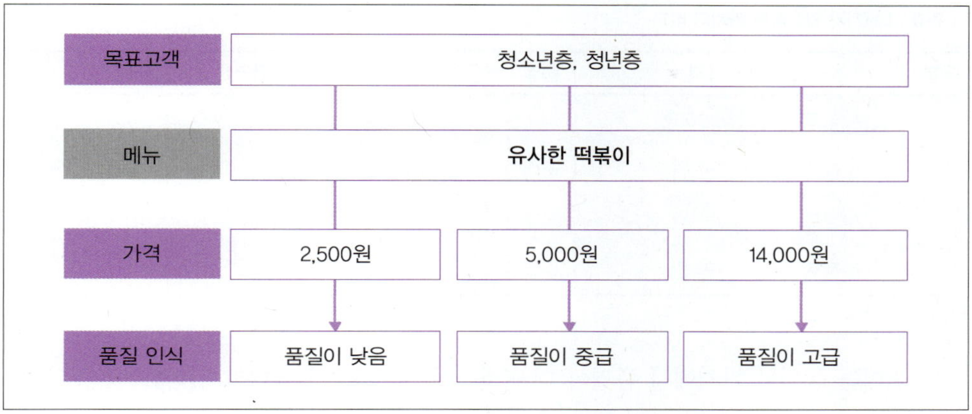

그림 7-14 가격을 이용한 가치 인식 차별화

각으로 떡볶이 양을 늘리고 가격도 1만 4,000원으로 대폭 인상했더니 고객이 물밀 듯 몰려왔다고 한다. 아무 표현 없이 높은 가격을 제시하는 것만으로도, 어디에서도 맛볼 수 없는 특별한 떡볶이라는 인식이 소비자의 머릿속에 포지셔닝된 것이다. 즉, 외식업체는 메뉴에 따라 가격수준을 차별화하여 가치 인식을 높이거나 낮출 수 있다.

이러한 가치를 수학식으로 표시하면 다음 관계식과 같다.

$$\text{가치} = \frac{\text{품질}}{\text{가격}}$$

즉, 가치는 가격이 낮을수록 높아지고 품질이 좋아질수록 높아진다. 소비자들은 어떤 상품의 구매를 결정할 때 비교해보는 대표적인 요인으로 가치를 꼽는다. 그들은 가능하면 가치가 높다고 인식되는 상품을 선택한다. 따라서 외식업체는 가능한 소비자들이 높은 가치를 인식하도록 노력해야 한다.

외식업체는 삼겹살의 가치를 높게 인식하게 만들기 위해 2가지 의사결정을 할 수 있다. 하나는 가격을 낮추는 것이다. 만일 A라는 점포와 B라는 점포가 동일한 품질의 국내산 삼겹살을 판매하는데 A 점포는 1인분에 8,000원, B 점포는 1인분에 1만 원을 받는다고 가정하자. 이때 소비자들은 A 점포의 삼겹살이 더욱 가치가 높다고 판단하고 구매를 결정하게 될 것이다.

표 7-5 소비자가 인식하는 가치의 비교

구분		가격	품질	가치(= 품질 / 가격)	구매
상황 1	A 점포	8,000원	국내산	높음	○
	B 점포	1만 원	국내산	낮음	
상황 2	A 점포	1만 원	국내산	높음	○
	B 점포	1만 원	수입산	낮음	

두 번째는 동일한 가격에서 품질이 더 좋은 상품을 가치가 높다고 인식하는 경우이다. A 점포와 B 점포 모두 삼겹살을 1인분에 1만 원에 판매하는데, A 점포의 삼겹살은 국내산이고 B 점포의 삼겹살은 수입산이라고 가정해보자. 이때 소비자들은 A 점포의 삼겹살이 더욱 가치가 높다고 인식하여 구매를 결정하게 될 것이다. 앞에서 언급한 2가지 상황을 정리하면 〈표 7-5〉와 같다.

2) 가격차별화전략

외식업체에는 기존의 가격을 지불할 의사가 있는 고객뿐만 아니라 가격이 더 낮아지면 구매할 의사가 있는 잠재고객도 있다. 외식업체에서 판매하는 동일한 메뉴라도, 만약 고객이 지불할 의향이 있는 각각 다른 가격을 파악할 수 있다면 그들이 서로 알아차리지 못하도록 각자 원하는 가격을 제시함으로써 최대의 매출을 올릴 수 있다.

가격차별화전략의 구성요소는 '같은' 제품을 '상이한' 고객에게 '상이한' 가격에 팔 수 있도록 도와준다. 이와 같은 가격차별화전략의 목표는 수요가 많을 때를 그렇지 않을 때로 옮기거나, 수요가 적을 때 이를 자극하여 수요를 늘리는 것이다.

다만 경영자나 마케터가 가격차별화전략을 실행하려면 다음과 같은 선행조건을 검토해야 한다. 첫째, 각기 다른 세분고객들이 동일한 제품에 느끼는 가치가 상이해야 한다. 차별화된 가격으로 구매하려는 고객집단이 존재해야 하는 것이다. 둘째, 동일 제품에 대한 가치를 다르게 느끼는 세분집단이 분리 가능하고, 각 집단의 크기가 충분히 커서 활용할 수 있어야 한다. 셋째, 가격차별화로 인한 효익이 비용을 초과해야 한다. 즉, 차별화로 인

고객 특성	나이, 성별, 소속, 조직, 근접성 등에 따른 가격차별
허들	쿠폰, 세일, 회원제, 사이즈 등에 따른 가격차별
시간	서비스 이용시간이나 구매시간에 따른 가격차별
대량구매할인	구매 수량에 따른 가격차별
혼합번들링	제품을 낱개로 파는 동시에 묶음으로 판매하여 차별

그림 7-15 가격차별화전략의 유형

한 수익의 증가분이 차별화를 위해서 지출한 비용보다 많아야 한다. 넷째, 고객들이 차별화된 가격으로 인해 혼란을 느끼지 않아야 한다. 특히 비싼 가격을 지불한 고객에게 불만이 생겨서는 안 된다.

라피 모하메드(Rafi Mohammed)에 따르면 가격차별화전략은 크게 7가지로 나눌 수 있는데, 이 중 외식업체에 유용한 5가지 방법을 살펴보면 〈그림 7-15〉와 같다.

(1) 고객 특성에 따른 가격차별화

동일한 메뉴라도 고객이 인식하는 가치는 모두 다르다. 스파게티의 경우 학생들은 저렴한 스파게티 전문점을 선택하고, 직장에 다니는 연인들은 높은 가격의 스파게티 전문점을 선택한다. 저가 스파게티와 고가 스파게티 사이의 원가 차이는 가격 차이만큼은 아니지만 서로 다른 가치를 추구하는 고객으로 인해 가격 차이는 커지게 된다.

나이, 성별, 직업, 거주지역 같은 개인적 특성 변수에 따라서 외형은 유사한 제품이나 서비스에 부여하는 가치가 다를 수 있다. 이처럼 다르게 인식하는 가치수준을 고객 특성을 이용하여 나눌 수 있다면, 외식업체 경영자는 그와 같은 특성에 따라 고객을 구분하고 각각 다른 가격을 제시하여 가격차별화를 시도할 수 있다.

마케터들은 고객 특성에 따른 고객의 세분화를 위해 일반적으로 군집분석을 사용하는데, 이는 비슷한 특성을 가진 집단을 확인하기 위해 시도하는 통계적 분석기법이다. 하지만 이 같은 분석기법을 사용하지 않아도 주변에서 관찰되는 소비행태를 통해서도 쉽게

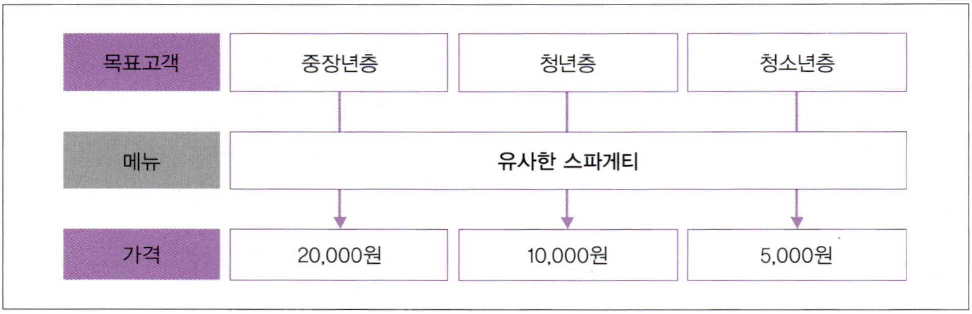

그림 7-16 고객 특성에 따른 같은 메뉴의 가격차별화

고객집단에 따른 가격차별화를 할 수 있다. 한 예로, 외식업체에서 어린이나 노인을 위한 메뉴를 저렴하게 제공하는 것을 들 수 있다. 여성들이 주로 이용하는 외식업체는 남성들이 이용하는 곳보다 대체적으로 가격이 비싸다. 한편으로는 클럽에서 여성 고객만을 대상으로 주류 가격을 인하하여 더 많은 여성고객을 유인하는 전략을 쓰기도 한다. 이는 결혼 적령기의 남성들을 단골로 만들고 가치를 끌어올릴 수 있는 성별 가격차별화전략이다. 독신 남녀들이 주로 방문하는 주점에서는 남성 손님에게 더 높은 가격을 매기는 방법으로 가치를 증대시키기도 한다.

외부로 쉽게 노출되지 않는 특성이기는 하지만, 외식업체 인근지역 거주 여부도 가격차별화의 요소가 될 수 있다. 관광지에 위치한 외식업체의 경우에는 인근에 사는 고객보다는 원거리에서 찾아온 고객이 더 높은 가치를 매기기 마련이다. 따라서 관광지 주변에 위치한 외식업체에서 사정에 익숙한 인근고객을 위하여 별도로 추가 메뉴를 제공하거나 일정한 비율의 할인을 해주는 경우가 있는데, 이것이 바로 근접성에 따른 가격차별화전략이다.

언제부터인가 우리 주변에 1,000원 내지 2,000원만 내면 한 끼를 해결할 수 있는 김밥전문점이 즐비하게 나타났다. 과연 이들은 원가에도 미치지 못할 것 같은 1,000원 내외의 김밥을 판매하여 이익을 얻고 있을까? 물론 정답은 '이익을 얻고 있다.'가 맞다. 다만 가격에 민감한 고객을 대상으로 한 낮은 가격의 김밥 판매로 잃은 수익을, 가격에 민감하지 않은 고객을 대상으로 다양한 분식을 판매하여 수익을 채우고 있다고 보는 것이 더욱 정확한 답일 것이다.

(2) 허들을 이용한 가격차별화

가격에 민감한 고객을 구분하는 가장 간단한 방법은 고객이 직접 행동하도록 유도하는 허들을 만들어 말보다는 행동으로 그들의 민감도를 파악하는 것이다. 허들은 가처분소득이 한정적인 고객들에게 '가격은 내게 중요한 문제다.'라고 확실하게 표현할 기회를 제공한다.

가격에 민감한 고객을 확인하기 위한 가장 쉬운 허들은 바로 쿠폰이다. 우리 주변에는 인터넷을 비롯한 다양한 매체를 통해 배포되는 할인쿠폰이 즐비하다. 하지만 그러한 쿠폰을 모두가 활용하는 것은 아니다. 쿠폰을 찾고 이를 출력 내지는 스마트폰에 보관하다가 사용하기까지는 생각보다 많은 정성이 요구된다. 따라서 쿠폰은 할인의 가치를 진정으로 인정하는, 즉 가격에 민감한 소비자만이 사용하는 할인수단이다. 또 일부 외식업체들은 점심시간에 찾아오는 고객들을 분산시키기 위해 11시에 입장하는 고객에게는 10% 할인을 제시한다. 이는 조금 일찍 점심을 먹더라도 낮은 가격을 선호하는 고객을 유인하여 점심시간 회전율을 높이는 좋은 방법이다. 저녁 9시쯤이면 고객의 발길이 뜸해지는 외식업체나 주점에서는 9시 이후에 방문하는 고객을 위한 가격차별화전략을 세우는 것도 충분히 고려할 만하다.

국내에 할인점이 처음 도입되었을 때, 일부 업체에서 회원제를 실시하며 연회비를 받고 저렴한 가격에 물건을 판매하는 마케팅을 펼쳤던 적이 있다. 외식업체 역시 이 같은 회원제를 도입하여 일정액의 연회비나 월회비를 받고 가격을 일정비율로 할인해주는 제도를 생각해봄직하다. 이와 같은 형태로는 직장인이 많은 상권에서 식권을 다량 구매 시 일정금액을 할인해주는 제도를 예로 들 수 있다. 회원제나 식권제를 선호하는 고객들은 가격에 민감한 사람들로, 그러한 제도를 통해 충성도가 높아지는 고객층이다.

식사량 역시 가격에 민감한 고객을 만족시키는 허들로 이용할 수 있다. 다수의 고객이 함께 방문하게끔 유도하는 수단으로, 외식업체는 고객 수에 따라 차별화된 가격을 제시할 수 있다. 예를 들어 한정식 전문점에서 4인 이상 방문 시 1인분의 가격을 1만 원으로, 3인의 경우에는 1인당 1만 1,000원을, 2인의 경우에는 1인당 1만 2,000원을 제시할 수 있다. 이러한 가격체계를 접한 고객 중 가격에 민감한 고객들은 재방문 시 가능하면 4인이 함께 오고자 노력할 것이기 때문이다.

(3) 이용시간대에 따른 가격차별화

외식업체는 고객이 식사를 하는 곳이다. 일반적으로 사람들이 식사하는 시간은 정해져 있다. 점심은 오후 12시부터 1시, 저녁은 오후 6시부터 8시까지 주로 식사가 이루어진다. 외식업체는 고객수용능력에 따라 주어진 시간의 방문자 수를 맞추어야 하며, 이를 위해 이용시간이나 예약시간에 따라 가격을 달리 책정하여 변동이 많은 방문자 수를 적절히 조절해야 한다.

이용시간에 따른 가격차별 사례는 매우 일반적이다. 대부분의 외식업체는 가격을 중시하는 소비자층을 위해 점심시간에 할인된 가격으로 식사를 제공한다. 저녁시간에는 가격에 덜 민감한 고객을 대상으로 정상적인 가격으로 환원하는 전략을 이용한다. 이것은 이용시간대별로 달라지는 소비자들의 가격민감도에 기초한 가격차별화전략이다. 실제로 외식업체는 상대적으로 수요가 적은 시간에는 수요를 창출하고, 수요가 많은 시간에는 수요를 억제함으로써 수용능력에 맞게 고객을 유치한다. 하지만 오피스 상권과 같이 점심시간의 수요가 많음에도 치열한 경쟁으로 인하여 오히려 더 낮은 가격을 제시하는 상권도 있다. 이러한 현상은 경쟁관계에서 비롯한 것일 뿐만 아니라, 저녁식사보다 저렴하다고 인식되는 점심식사의 준거가격 때문이기도 하다.

예약에 따른 가격차별전략은 호텔이나 항공사 등에서 주로 이용해왔는데, 최근에는 외식업체에서도 예약 시 할인이나 기타 추가 옵션을 제공하는 사례가 늘고 있다. 인터넷에서 예약서비스를 제공하는 네이버의 '마이비즈니스', '메뉴판닷컴', '포잉' 등을 이용하면 구매시간에 따른 가격차별화전략을 쉽게 활용할 수 있다.

(4) 이용 상황에 따른 가격차별화

앞에서는 유사한 메뉴의 가치를 고객군에 따라 다르게 인식하는 경우를 살펴보았다. 이번에는 동일한 사람이 상황에 따라 같은 메뉴에 다른 가치를 부여하는 경우를 생각해보자. 이러한 예로는 피자 전문점에서 식사할 때의 가격과 배달서비스의 가격, 테이크아웃 가격을 다르게 책정하는 경우를 들 수 있다. 동일한 소비자가 같은 상품을 다른 가치로 인식하는 사례는 이외에도 많이 발견된다. A 점포에서는 테이크아웃을 20% 할인해주는

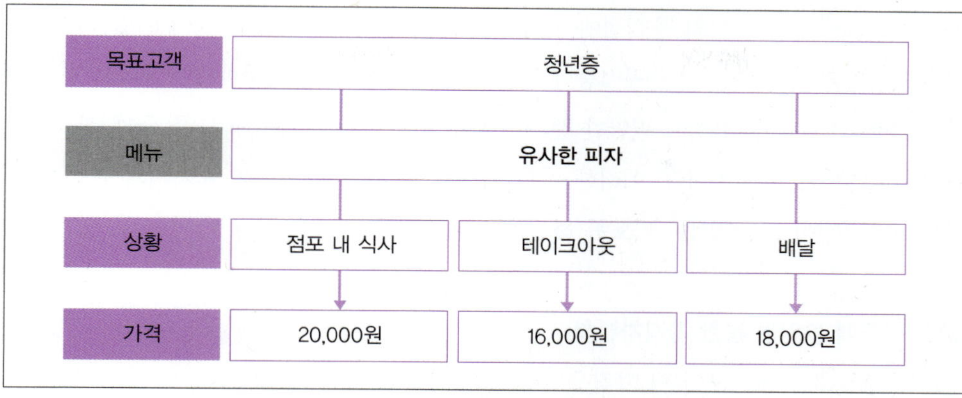

그림 7-17 이용 상황에 따른 같은 메뉴의 가격차별화

등 상황에 따라 가격을 달리 제시하는데, B 점포에서는 테이크아웃을 할 때도 동일한 가격을 받는다고 가정하자. 이 경우 B 점포의 테이크아웃 고객은 A 점포로 이동하여 B 점포의 매출액이 감소할 것이다.

(5) 이용 공간에 따른 가격차별화

앞서 구매 상황에 따라 지불가능금액이 변화한다는 사실을 확인하였다. 사업자는 상황을 임의로 조정하여 매출을 극대화시킬 수 있도록 자원을 배분할 수 있다. 예를 들어 1층

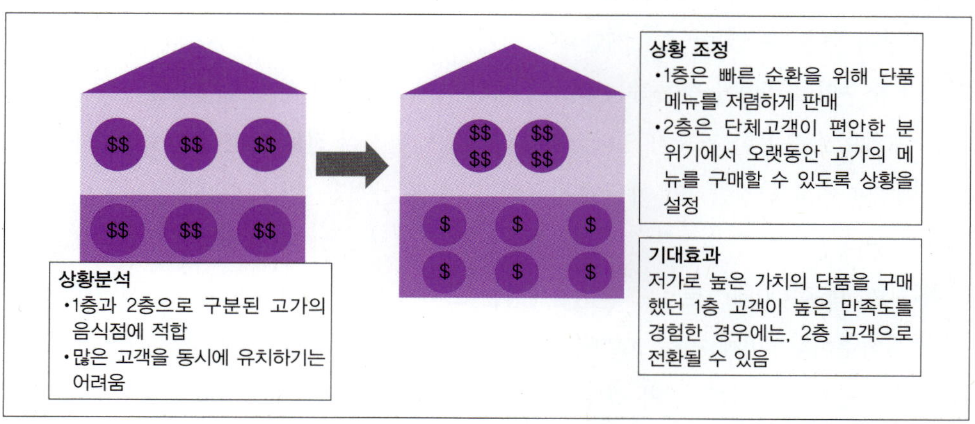

그림 7-18 상황 설정을 통한 자원 배분의 최적화

과 2층으로 구분된 고가의 음식점에서 많은 고객을 동시에 유치하는 것이 어렵다는 점을 인지했다고 가정해보자. 이 경우 1층에서는 빠른 순환을 위한 단품메뉴를 저렴하게 판매하고, 2층에서는 단체고객이 편안한 분위기에서 오랜 시간 고가의 메뉴를 구매하도록 상황을 설정할 수 있을 것이다. 이러한 자원 배분의 목적은, 저가로 높은 가치의 단품을 소비한 1층 고객이 2층 고객이 되도록 하는 것이다(그림 7-18).

(6) 대량구매 할인을 통한 가격차별화

우리는 주변에서 대량구매 시 가격을 낮춰주는 사례를 쉽게 볼 수 있다. 대표적인 사례로는 할인점에서 대용량 제품 위주로 낮은 가격을 제시하는 것을 들 수 있다. 영화관에서 파는 점보 사이즈 팝콘 역시 작은 사이즈와 비교하면 가격 차이가 크지 않아서 작은 사이즈를 구매하고자 했던 소비자를 유혹한다. 편의점에서 파는 탄산음료도 컵 사이즈 업그레이드에 따른 가격 차이가 크지 않아 소비자들은 기왕이면 가격을 조금 추가해서 대용량 음료를 사고 싶어진다.

이 같은 대량구매에 따른 가격 할인은 경제학에서 이야기하는 '수확체감의 법칙'으로 설명할 수 있다. 이는 소비자가 추가로 구매한 팝콘이나 탄산음료의 효용이 줄어드는 것에 착안한 마케팅전략이다. 추가로 제공한 팝콘이나 탄산음료의 원가가 저렴한 것에서도 대량구매 할인의 당위성을 찾을 수 있다. 다만 외식업체에서 판매하는 메뉴의 경우, 한 사람의 고객이 대량으로 구매함으로써 할인을 해준다는 개념은 실제로 거의 일어나기 힘들다. 인간이 먹을 수 있는 양은 제한되어 있기 때문이다. 따라서 외식업체의 대량구매 할인이란 소수의 소비자가 방문하는 것보다는 다수의 소비자가 함께 방문하는 경우에 실행되는 개념으로 응용할 필요가 있다. 이러한 예로는, 한정식 전문점에서 2인 방문 시에는 1인분에 2만 원을 받지만 4인 이상이 방문하면 1인분 가격을 1만 5,000원으로 할인해주는 경우가 있다.

최근 커피숍이나 패스트푸드 전문점에서는 고객이 방문할 때마다 프로모션 카드에 도장을 찍어주어서 5번째 또는 10번째 방문 시 메인 메뉴를 무료로 제공하는 대량구매 할인제도를 활용하고 있다. 이와 같은 프로모션은 대량구매를 유도하는 것 외에도 고객의 충성도를 높이는 부수적인 효과까지 거둘 수 있어 많은 업체에서 시도하고 있다.

이외에도 마케터들은 다양한 대량구매 할인제도를 고안해낼 수 있다. 하나를 사면 하나를 무료로 주는 1 + 1 전략과, 하나를 사면 두 번째 구매 시 50%를 할인해주는 제도 모두 대량구매를 유도하는 전략이다. 대량구매는 고객의 충성심을 보상하거나 충성고객이 되도록 유인하는 데 매우 효과적이다.

(7) 혼합번들링(묶음가격)을 통한 가격차별화

묶음가격전략은 외식산업에서 가장 많이 활용되는 가격결정전략 중 하나이다. 이러한 전략은 서비스나 제품을 낱개로도 판매함과 동시에 다른 유형의 서비스나 제품과 같이 묶어서 할인된 가격에 판매하는 것을 의미한다. 외식업체 경영자나 마케터의 입장에서 보면 실행하기 쉽고 추가로 비용이 들어가지 않아 효과적이면서도 간단하며 직접적인 효과를 기대할 수 있다. 묶음가격전략의 광범위한 용도와 특성을 이해하고 효과적으로 활용하는 방법을 터득할 필요가 있다.

묶음가격전략은 순수묶음가격과 혼합묶음가격으로 구분된다. 순수묶음가격은 서비스나 제품을 패키지로만 구매할 수 있고 개별로는 구매할 수 없도록 가격을 책정하는 것이다. 예로는 돼지고기와 쇠고기를 각각 2인분 또는 4인분의 묶음가격으로만 판매하는 경우를 들 수 있다. 단품으로는 구매가 불가능하고 묶음가격으로 되어 있는 메뉴를 구매한 경우에만 단품메뉴의 추가 구매가 가능하도록 하는 순수묶음가격전략도 있다. 이 같은 전략은 객단가를 낮게 유지하여 고객을 유인하려는 목적을 지니며 테이블단가는 적정수준을 유지하여 매출액을 높이기 위한 전략의 일환이다.

혼합묶음가격은 단품으로 구입이 가능하면서 패키지로 구매할 수 있도록 가격을 설정하는 방법이다. 예를 들어 맥도날드나 롯데리아에서는 단품으로 햄버거와 음료 등을 판매하지만 햄버거, 음료, 감자튀김을 패키지로 구매할 경우 단품가격의 총합보다 저렴한 가격으로 음식을 제공한다.

패스트푸드점을 비롯한 다양한 외식업체에서 가장 많이 활용되는 혼합묶음가격전략은 또다시 혼합리더전략과 혼합결합전략으로 나누어진다. 혼합리더전략은 고객의 수요가 많은 리더 메뉴를 구매하는 고객에게 수요가 낮은 메뉴를 할인 제공하는 방법이다. 예로는 고기구이 전문점에서 고기 메뉴를 구매한 고객에게 냉면이나 주류 등을 할인하여 팔거나 스테이크 전문점에서 스테이크 메뉴를 주문하는 고객에게 샐러드나 후식 등을 할인해 주는 사례를 들 수 있다. 이와 같은 혼합리더전략은 묶음서비스의 대상이 보완재일 때 더욱 효과적이다.

혼합결합전략은 둘 이상의 제품이나 서비스가 고정된 가격으로 함께 제공되는 것을 말한다. 롯데리아나 맥도날드 같은 패스트푸드점에서의 세트메뉴가 대표적인 예이다. 혼합결합전략의 주된 목적은 매출액을 증가시키는 것이다. 결합되는 서비스나 제품은 주로 보완재의 성격을 갖는 것으로, 고객의 입장에서는 이용이 편리하고 가격 면에서도 이익이라고 느끼는 것들이다. 만약 이들을 단품으로만 판매한다면 소비자들은 구매하지 않았을 품목을 구매하게 될 수 있다. 특히 외식업체 입장에서는 여러 가지 메뉴를 결합할 때 이익이 많이 나는 메뉴와, 이익이 적게 나는 메뉴를 결합하여 매출을 늘리면서 이익도 증가시킬 수 있다. 예를 들어, 앞서 설명한 고기요리 전문점에서는 원가가 높은 삼겹살과 원가가 낮은 기타 부위를 적절히 결합하여 낮은 가격으로도 적절한 수익을 유지할 수 있다.

혼합결합전략은 다양한 가치 평가체계를 가진 고객에게 제품을 판매할 수 있는 유연성을 제공한다. 가령 3,000원짜리 햄버거와 1,000원짜리 음료를 패키지화해서 3,500원에 판매한다면 햄버거의 가치를 3,000원, 음료의 가치를 500원으로 매기는 고객과 햄버거의 가치를 2,500원, 음료의 가치를 1,000원으로 매기는 다양한 고객을 유인할 수 있다. 마케터의 입장에서 자세히 살펴보면 알겠지만, 제품을 묶음으로 구매하는 고객들은 종종 동일한 메뉴에 다른 가격을 매기고는 한다. 이처럼 묶음가격전략은 고객들의 다양한 가치 평가를 수용하는 유연성 높은 방안이다. 하지만 이 같은 다양한 장점에도 불구하고 이를 시행하기 전에 고려해야 할 다음과 같은 중요사항이 있다.

- 다양한 묶음과 단품메뉴의 최적가격을 고려해야 한다.
- 묶음일 경우와 단품일 경우의 이익수준을 계산해야 한다.
- 어떻게 조합해야 소비자들에게 영향을 크게 미칠 수 있는지 고려해야 한다.
- 가격수준의 변화에 따른 이익의 변화를 파악해야 한다.

묶음가격전략은 소비자들의 가치 인식을 높이는 데 커다란 역할을 하지만, 반드시 외식업체의 수익성을 개선하는 데 필요한 전략인지에 대해서는 세심하게 생각해야 한다. 불필요한 묶음은 오히려 수익성을 떨어뜨리거나 고객의 만족도를 낮추기도 하므로 위와 같은 사전 고려사항을 생각해보아야 하는 것이다.

정리하면, 외식업체의 묶음가격전략이란 인기 있는 메뉴와 그다지 인기가 없는 메뉴를 하나로 묶어 보다 저렴한 가격으로 고객에게 제공하는 것을 의미한다. 마케터는 이 같은 전략을 사용하여 스타메뉴의 수요를 더욱 증대시키고 인기가 없는 메뉴의 수요 또한 높일 수 있다. 즉 패키지화를 통해 규모의 경제를 달성하여 원가를 절감하는 방향으로 수요를 증대시킬 수 있는 것이다. 결과적으로 묶음가격전략은 외식업체 경영자와 소비자 모두를 만족시키는 윈-윈전략일 수 있다. 외식업체는 보다 낮은 원가로 더 많은 서비스를 제공하여 수익성을 높일 수 있고, 소비자는 낮은 가격으로 많은 서비스를 구매하여 더 높은 효용을 얻을 수 있다.

(8) 다양한 가격차별화기법

외식업체는 같은 메뉴라도 고객들이 각각 다른 가치를 느낄 수 있다는 사실을 바탕으로 이익과 꾸준한 성장을 가져올 만한 가격을 결정해야 한다. 아침이나 점심시간에 방문하는 고객을 위한 할인된 가격의 메뉴를 출시한다거나, 실버세대를 위한 경로 할인을 도입하는 것은 대표적인 가격차별화전략이다. 가격차별화는 시간대에 따른 차별화, 고객층에 따른 차별화, 구매 상황에 따른 차별화, 이벤트를 활용한 차별화 등 다양한 기준으로 활용할 수 있다.

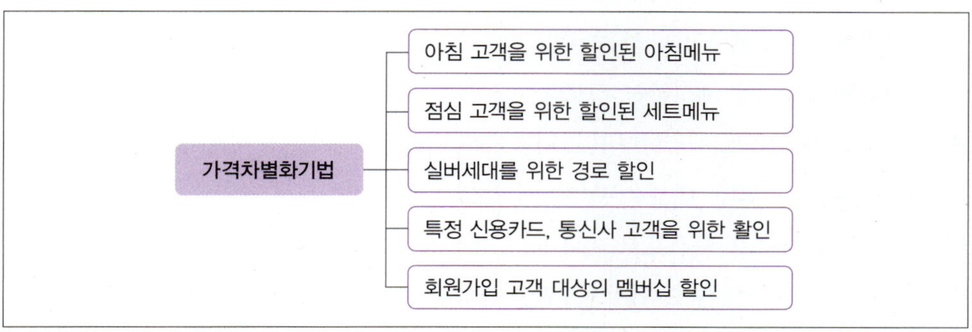

그림 7-19 외식업체의 다양한 가격차별화기법

3) 심리학 기반의 가격전략

외식업체에서 다양한 심리학적 가격결정방법을 활용하여 메뉴가격을 설정하는 것은 드문 일이 아니다. 시장에서 거래되는 기준가격보다 저렴해 보이려는 전략, 기준가격과 차이가 많이 나게 보이려는 전략, 주변을 의식하는 소비자를 위한 전략 등 다양한 심리학적 가격 전략이 활용되고 있다. 마케터들은 세분시장에 따라 기준가격과의 차이를 두는 데 있어, 가격 구조와 관련된 소비자들의 비합리적인 구매행동을 심리학으로 분석하여 가격을 결정한다.

여기서는 심리학 기반의 가격전략을 세우기 위해 반드시 이해해야 하는 기대이론, 웨버의 법칙, 타협효과, 유인효과와 대표적인 심리학적 가격전략인 단수가격전략, 명성가격전략, 관습가격전략 등을 살펴보도록 한다.

(1) 기대이론

기대이론에 따르면 소비자는 동일한 자극이라도 배경과 상황에 따라 다르게 지각할 수 있다. 이는 의사 결정에 관한 심리학적 이론으로 1979년에 카너먼(Kahneman)과 트베르스키(Tversky)에 의해 체계화되었다. 기대이론은 가치를 함수로 표현하는데, 소비자들의 가치에 대한 인식은 이득일 때와 손실일 때 각각 다른 형태로 나타난다. 이득일 때는 볼록한 함수로, 손실일 때는 오목한 함수로 나타나고 손실일 때의 함수가 이득일 때의 함수보다 가파르다는 특징이 있다.

기대이론에 따르면, 소비자에게 혜택은 분리하여 제시하는 것이 효과적이다. 예를 들어 점심메뉴를 할인해주고자 하는 국밥 전문점에서 50%의 할인을 제공하고자 할 때, 즉각적으로 50% 할인을 제시하는 것보다는 30%는 금전적인 할인을 해주고 20%는 음료나 빵 및 샐러드를 무료로 제공한다면 소비자들은 더욱 큰 가치를 느끼게 된다. 반대로 소비자에게 손실로 인식되는 내용은 분리하지 말고 하나로 결합해서 제시하는 것이 효과적이다. 예를 들어, 메뉴를 묶음으로 판매하는 경우에는 개별메뉴가격의 합보다 저렴하게 제공하여 수요를 자극할 수도 있지만, 개별 구매에 손실을 합쳐 제시함으로써 손실의식이 줄어드는 효과도 동시에 얻을 수 있다.

(2) 웨버의 법칙

소비자들이 어떤 자극에 대한 처음과 나중의 차이를 인식하기 위해서는, 처음 주어진 자극과 나중에 주어진 자극에 일정 크기 이상의 차이가 나야 한다. 즉, 차이가 있다는 지각이 발생할 수 있는 최소한의 자극의 양이 존재하는데 이를 '절대식역'이라고 부른다. 반면 새로운 자극의 변화를 알아차리는 것을 '차이식역'이라고 한다.

웨버의 법칙은 초기 자극이 강할수록 차이식역에 도달하기 위한 자극의 강도가 더욱 높아져야 한다는 이론이다. 처음에 너무 강한 자극을 주면 변화를 감지하는 능력이 약해져 다음에 오는 작은 자극을 느낄 수 없게 된다. 더 큰 자극에만 변화를 느끼는 것이다. 반대로 처음에 오는 자극이 약했다면 별로 강하지 않은 다음의 자극에서도 변화를 감지할 수 있게 된다.

이 법칙에 따르면, 외식업체에서 메뉴가격을 올리고자 할 때는 소비자의 저항을 줄이기 위해 소비자들이 그 상승폭을 크게 느끼지 않도록 해야 한다. 즉, 소비자가 처음 가격과 상승한 가격 사이의 차이를 인식할 수 있는 수준을 파악하여 가격을 그 이하로 올려야 하는 것이다. 반대의 경우, 즉 수요를 자극하기 위하여 가격을 내릴 때는 소비자가 인식할 수 있는 수준으로 가격 차이를 두어야 한다. 다만 차이식역 이상의 가격 인하로 소비자의 수요가 늘어난다고 해도 경쟁업체가 같이 가격을 내린다면 추가적인 가격 인하를 고려해야 한다. 웨버의 법칙에 따르면, 이전보다 더 강한 자극이 필요해지기 때문에 결과적으로 경쟁업체가 따라 할 수 있는 수준의 가격 인하는 초기에만 효과를 발휘하고 지속되기는 힘들다고 한다.

(3) 타협효과

소비자는 극단적인 가격을 싫어하고 타협하거나 중간의 것을 선택하는 경향이 있다. 이것을 심리학적으로 타협효과 또는 중심화 경향이라고 한다. 외식업체는 적극적으로 판매하고자 하는 대표메뉴 또는 주력메뉴의 가격을 중간 가격대로 설정하고 타 메뉴의 가격을 극단적으로 높히거나 낮추는 편이 좋다. 그렇게 하여 소비자가 양극단을 피하고 중간가격을 선택하도록 유도할 수 있다. 특히 메뉴북에서 이러한 타협효과를 얻기 위해서는 메뉴의 가격을 기준으로 내림차순으로 나열하는 것이 가장 효과가 크다.

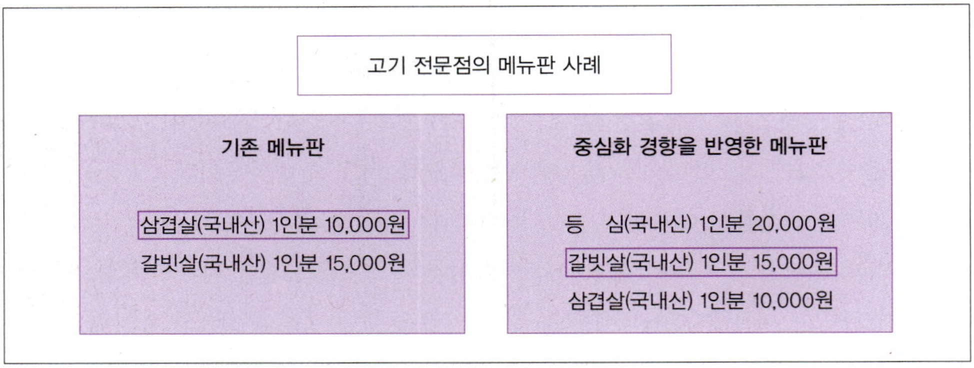

그림 7-20 소비자의 중심화 경향을 이용한 메뉴판 사례

타협효과를 좀 더 구체적으로 살펴보자. 소비자들은 무엇인가를 평가할 때 최저나 최고보다는 중심에 가깝게 평가하려는 경향이 있다. 메뉴를 선택하는 행동에서도 중심에 있는 가격을 선택하려는 경향이 강하다. 〈그림 7-20〉에서 메뉴 간의 특별한 경향성이 존재하지 않는다고 가정하면, '기존 메뉴판'에서 소비자들은 저렴한 가격의 메뉴를 선택할 가능성이 크다. 이때 외식업체들은 매출 증대를 위해 객단가를 높이고 싶은 욕구를 느끼게 된다. 이때 어떻게 하는 것이 가장 이상적일까? 다양한 방법이 있겠지만 가격전략의 측면에서 보면 소비자의 중심화 경향을 이용하는 것이 좋을 것이다. 〈그림 7-20〉의 우측에 있는 메뉴판처럼 '등심'이라는 고가의 메뉴가 등장하면 가장 저가의 메뉴를 선택하던 고객들이 중간가격대의 메뉴를 선택할 확률이 커진다.

이러한 사례에 의문이 생긴다면 실제로 실험을 해보는 것을 권장한다. 물론 설명처럼 되기 위해서는 몇 가지 가정이 필요하다. 중간 가격대의 메뉴가 실제 외식업체의 대표메뉴로서 상당한 가치를 지니고 있어야 한다. 즉, 소비자가 만족할 수 있는 메뉴여야 한다.

메뉴의 나열이 메뉴가격과 관계없이 혼재된 경우에는 가장 낮은 가격을 선택할 가능성이 높아진다. 반면 가격을 오름차순으로 나열하는 경우에는 가장 상단에 있는 낮은 가격을 선택하는 경향이 있다.

(4) 유인효과

외식업체에서 다양한 메뉴 중 가격과 수익성이 가장 좋은 A 메뉴가 있다고 가정하자. 매

그림 7-21 유인효과

출을 극대화하려면 해당 외식업체는 A 메뉴의 판매를 극대화시켜야 한다. 이때 다양한 메뉴 중에서 A 메뉴가 가장 많이 팔리게 할 방법은 없을까?

그럴 때는 유인효과(attraction effect)를 이용해볼 수 있다. A 메뉴보다 가격은 높고 품질은 비슷하거나 낮은 B라는 메뉴를 출시하여 소비자로 하여금 A 메뉴를 선택하도록 유도하는 것이다. 이처럼 기존제품인 A보다도 열등한 대안인 B 메뉴를 새로 도입하여 열등한 대안보다 우월한(dominating) A 메뉴의 판매가 증가하는 현상을 유인효과라고 한다.

외식업체가 객단가를 높이고자 고품질의 수익성도 좋은 대표메뉴를 많이 팔기 위해 미끼(bait) 메뉴인 B 메뉴를 전략적으로 출시한다면, A 메뉴의 매출 증가를 도와 영업이익의 극대화를 도모할 수 있다.

〈그림 7-21〉과 같은 경우가 바로 유인효과를 이용해서 수익성을 개선한 사례이다. 가격과 품질이 가장 열위에 있는 A 메뉴와 가격과 품질이 상위에 있는 B 메뉴를 판매하는 외식업체에서는 대부분의 고객이 A 메뉴를 선택하는 경우가 많다. 이때 B 메뉴의 판매를 증대시키기 위해서는 가격은 상위에 해당하면서 품질은 열위에 있는 미끼메뉴를 통해 B 메뉴를 구매하도록 유인할 수 있다.

(5) 단수가격전략

이미 앞에서 간략하게 설명한 바 있는 단수가격전략은, 제품의 가격에 단수를 붙이는 방법이다. 이는 판매가에 대한 고객의 수용도를 높이고자 할 때 이용된다. 예를 들어 1만

원짜리 상품에 9,990원이라는 가격을 설정하면 그 차이는 겨우 10원에 불과하나 소비자는 1만 원보다 훨씬 싸다는 느낌을 받게 된다. 단수에는 짝수보다도 5나 7, 9와 같은 홀수를 붙이는 편이 더 큰 차이를 느끼게 만드는 것으로 알려져 있다.

1,000원대 제품의 경우에는 판매가격이 '00'으로 떨어지게 하지 않고 80이나 90로 끝내면 고객에게 더욱 강력한 인상을 준다. 실제로 '0' 외의 단수는 소비자들에게 싸다는 이미지를 불러일으킨다. 사람은 10이나 20, 30처럼 '0'으로 끝나는 숫자를 하나의 단위로 여긴다. 따라서 1만 원과 9,990원은 불과 10원 차이이지만 사람들에게 큰 차이로 다가오는 것이다. 마지막 단위가 '0' 외의 단수로 끝나면 '싸다'는 인상을 주고 '0'으로 끝나면 '비싸다'는 인상을 준다. 마지막 단위가 8이나 9로 끝나는 경우와 '0'인 경우는 이미지상 큰 차이가 나지만 8원과 9원, 4원과 5원처럼 단수 간에는 큰 차이가 느껴지지 않는다.

단수를 사용하여 이익을 높이는 방법도 있다. 가격이 잘 알려져 있지 않은 제품의 경우에는 1,000원을 1,090원으로 설정해도 잘 팔린다. 고객이 1,090원을 1,100원에서 할인된 가격이라고 생각하기 때문이다.

일본에서는 제품가격의 마지막 단위에 8을 잘 사용하는데, 이는 8이 일본인들에게 번성을 의미하는 숫자이기 때문이라고 한다. 미국에서는 제품가격이 9로 끝나는 경우가 많다. 한 실험에서 사람들이 10개의 제품 가격을 얼마나 정확하게 기억하고 있는지 알아봤더니 7, 6, 5, 4 등의 단수를 사용해도 대부분의 고객은 9라고 대답했다. 이에 따라 미국에서는 다른 단수보다 조금이라도 이익을 더 높일 수 있는 9라는 숫자를 즐겨 사용하게 되었다. 한편 국내의 경우에는 8과 9를 함께 사용한다.

다만 묶음으로 판매하는 경우에는 0으로 끝나도록 설정하는 것이 좋다. 미국의 슈퍼마켓 랄프스(Ralphs)에서는 코카콜라 2L들이 1개에 89센트, 칫솔 1개에 1달러 99센트처럼 9로 끝나는 가격을 설정하고 있다. 그러나 GE의 전구는 2개에 3달러, 크레스트 치약은 2개에 5달러, 목캔디는 2봉지에 3달러처럼 설정하고 있다. 랄프스뿐만 아니라 다른 소매업체들도 동일한 방식으로 가격을 설정하고 있는데, 이렇게 하면 재고 정리를 위해 끝단위를 절사한 것이라는 인상을 줄 수 있다.

컴퓨터 관련 제품을 판매하는 한 체인점에서는 9, 7, 1의 3가지 단수에 한정된 재미있는 단수가격정책을 실시하고 있다. 이들은 전단지에 제품을 표기할 때도 우선순위를 둔다. 가장 주력하는 제품에는 1, 두 번째로 주력하는 제품에는 7, 나머지 제품에는 단수를 9로 설정한 것이다. 주력제품인 컴퓨터를 구입하려고 마음먹은 후에는 스캐너나 키보드 등 관련 제품에 대한 가격 저항이 약해지므로 이를 이용해서 이익을 높이려는 전략이다. 최근에는 '3개째 무료', '2개째 50% 할인' 등의 가격 설정이 유행이다. '3개째 무료'라는 것은 1개당 33%가 할인된다는 말과 같다. 2개째 50% 할인은 1개당 25%가 할인된다는 의미와 같다. 하지만 굳이 '3개째 무료', '2개째 50% 할인'이라고 표현하는 이유는 무료나 50% 할인 같은 강렬한 표현이 저렴하다는 이미지를 주며, 소비자의 일괄구매를 유도할 수 있기 때문이다.

(6) 명성가격전략

명성가격전략은 가격품질 연상효과를 최대한 활용하는 전략이다. '가격이 높을수록 고급'이라는 소비자의 심리를 이용하기 위해 높은 가격을 매기는 전략으로, 파인다이닝과 같은 고급음식점에서 유효하다.

(7) 관습가격전략

관습가격전략이란 고객의 마음속에 이미 가격이 결정되어 있는 경우에 활용할 수 있다. 메뉴 중에서 짜장면, 냉면, 삼겹살처럼 대중성이 있는 메뉴의 가격 결정 시 고려해야 하는 심리적 가격설정방법이다. 일반적으로 고객이 느끼는 관습가격 이상으로 가격이 책정되면 저항이 거세지므로 중량이나 품질 조정 등의 간접적인 조정방법이 자주 사용된다.

(8) 유인가격전략

유인가격전략은 고객의 반응을 유도하기 위해 정책적으로 낮은 가격을 설정하는 것이다. 앞서 살펴본 유인효과를 이용하는 방법과는 다른 전략이다. 대개 고객들은 특별히 할인받았다고 느끼는 특별가격에 큰 반응을 보인다. 음식점에서 특정 메뉴에 대해 정상적인 이익보다 낮거나 또는 원가 이하의 가격을 설정하여 서비스를 제공하는 경우가 있는데, 이를 유인메뉴(loss leader)라고 하며 이는 보다 많은 고객을 유치하고자 하는 경우에 쓰인다.

할인점 등에서 라면이나 배추 같은 제품의 가격을 원가 이하로 한정판매하는 경우가 종종 있는데 이러한 전략은 유인메뉴의 제품을 이용하여 고객을 유인한 후, 다른 제품의 매출을 통해 이익을 보완하려는 전략이다. 외식업체 역시 이 같은 유인메뉴를 이용하여 수익성을 개선하기 위한 다양한 전략을 사용해야 한다. 상황에 따라 유인메뉴는 단순히 고객의 유인이라는 차원을 넘어 브랜드의 인지도를 높이고 고객의 충성도를 높이는 데 기여한다.

4) 가격관리원칙과 통합적인 가격전략

외식업체들은 이익을 높이기 위해 어떤 노력을 하고 있을까? 대부분 신메뉴를 개발하여 고객의 수요를 늘리고자 안간힘을 쓰고 있을 것이다. 어떤 업체는 마케팅활동을 강화하기 위해 마케팅 예산을 증액시키는가 하면, SNS 등을 이용한 인터넷 마케팅도 강화하게 될 것이다. 대기업수준의 외식업체라면 인기 연예인을 모델로 고용하고 광고에 집중하기도 한다. 원가 절감을 통해 이익을 증가시키려고 노력하는 업체도 많다. 과연 이런 노력들을 외식업체의 이익을 증가시키는 가장 효율적인 방법이라고 할 수 있을까?

이익을 증가시키는 가장 효율적인 방법은?
가격전략 > 변동비 절감 > 판매량 증대 > 고정비 절감

외식업체에서 이익을 증가시키고자 가격을 전략적으로 관리하는 경영자가 얼마나 될지 궁금하다. 최근 외식업체들의 가격시스템을 보면 '경영자는 물론이고 마케팅 담당자조차 무관심하구나.'라고 생각되는 경우가 많다. 많은 외식업체와 개인사업자가 가격을 단순히 경쟁업체와 비슷한 수준에서 결정하거나 관습적인 가격을 답습하고 있음이 현장에서 쉽게 발견되는 것이다.

가격 결정과 관리가 중요한 이유는 기업이 이익을 내면서 지속적으로 성장하게 만들어 주면서 동시에 사업 목표 달성, 고객만족까지도 이루게 해주기 때문이다. 이러한 목적 달성을 위해 외식업체는 가격관리원칙을 수립하고 가격을 통합적으로 관리하는 시스템을 구축할 필요가 있다.

(1) 가격관리원칙의 수립

외식업체가 선호하는 가격결정방법으로는 관습적인 방법, 경쟁자기준방법, 원가기준방법 등이 있다. 관습적인 방법이란 기존의 가격수준을 그대로 따라 하는 것이다. 이는 전통적으로 사용해온 방법이기 때문에 가장 안전하다고 여겨진다. 원가기준방법은 제품을 만드는 데 들어간 비용에 일정한 이익을 붙여 가격을 결정하는 방식이다. 기업의 이익을 보장하는 확실한 방법인 것처럼 보이지만 판매량에 따라 손실이 발생하기도 하고, 더 높은 가격을 받을 수 있음에도 이를 포기하는 사례도 생긴다. 이 방법은 우리 주변의 외식기업이나 사업자가 가장 선호하는 방법이다. 고민할 필요 없이 경쟁자와 비슷한 가격을 책정하면 되기 때문이다.

최근 과도한 판매 촉진 등으로 인하여 외식업체의 가격 결정과 관리에 대한 원칙이 무너지는 경우가 종종 발생하고 있다. 외식업체들이 순간적인 할인으로 큰 홍보효과를 얻겠다는 목표를 세우고는, 현실적으로는 제품의 가치가 상실되어 구매로 연결되지 않는 위험을 초래하고 있는 것이다. 고객은 단순히 음식의 대가만 지불하는 것이 아니라 업체의 가치에 대한 대가를 지불한다고 생각한다. 외식업체의 일관된 '가격 설정 및 관리원칙'이 수립·유지되지 않으면 소비자들은 해당 음식점의 가치를 의심하게 될 것이다. 덧붙여 준거가격마저도 무너지게 되면 기존에 만족하면서 이용하던 고객의 이용 동기까지도 사라지게 된다.

전략적 가격 결정과 관리는 제품과 서비스의 가치를 기초로 해야 한다. 그래서 가치를 측정하고 자신들만의 가치를 알리는 커뮤니케이션이 중요하다. 그다음으로는 경쟁자를 따라 하지 말고 자신만의 기준으로 선도해야 한다. 그러기 위해서는 고객을 세분화하고 다양한 서비스로 차별화함으로써 경쟁자들과 구별되는 가격체계를 만들어야 한다. 마지막으로 수익성 지향적인 원칙을 고수해야 한다. 이윤을 극대화하기 위해 가격과 판매량 사이의 최적 조합을 찾으려는 노력이 필요하다. 다만 가격은 기업의 전략에 기초해야 한다. 무조건적이고 획일적인 가격전략은 업체 성장에 결코 도움이 되지 않는다. 때로는 단기적으로 시장점유율과 브랜드 인지도를 높이기 위한 가격전략이 필요할 수도 있다. 혹은 장기적으로 수익 극대화를 통한 업체 성장에 집중해야 하는 때도 있다.

가격은 기업의 이익을 창출하는 가장 강력한 수단으로 외식업체의 가치를 소구하는 결정적인 도구이다. 외식업체에서 메뉴의 개발과 마케팅에만 집중해왔다면 지금부터라도 가격전략을 주도하는 담당자를 별도로 임명하고 이들을 통해 기업의 가치와 이익을 증대시키려고 노력해야 할 것이다.

(2) 통합적 가격관리시스템 구축

가격을 결정하고 관리하는 가격전략은 마케팅 믹스의 일부로만 여겨지면서 중요성이 간과되는 경우가 많다. 외식업체의 생존에 큰 영향을 미치는 중요한 요소임에도 그동안 경영자나 마케터들이 소홀히 다루어온 것이다. 가격을 시장 상황에 주먹구구식으로 맞추는 업체는 전략적인 가격관리를 통해 시장을 미리 예측·대응하는 업체와의 경쟁에서 결코 승리할 수 없다.

외식업체의 규모가 커질수록 다양한 부서들이 존재하게 된다. 각 부서는 서로의 이해관계에 따라 주장하는 가격에 대한 정책적 관점이 다르다. 가령 주방과 같은 제조부서의 관리자는 음식에 대한 가치를 주장하며 높은 가격을 받기를 원할 것이다. 그들은 저렴한 가격으로 인해 많은 고객이 과다하게 방문하는 것을 싫어한다. 손님이 많이 와서 음식을 빨리 조리해야 하는 수준으로 가격이 낮아지면, 시간을 맞추고자 음식의 품질을 떨어뜨릴 위험이 있다고 생각하는 것이다. 재무담당 부서에서는 이익에만 초점을 맞추어 메뉴별 공헌이익을 극대화시키기 위한 가격을 주장하게 된다. 마케팅 담당 임원은 판매량의 극대화를 위해 무엇이든 하려고 한다. 예를 들어, 50% 이상의 할인을 해서라도 매출액만 높이면 된다고 주장할 수 있다. 물론 여기에는 각 점포의 점장도 동조하게 된다. 그들에게는 이익보다 매출액이 더 중요할 때가 많기 때문이다.

이와 같이 외식업체의 부문별 가격 결정과 관리에 대한 의견은 모두 상이한 것이 당연하다. 따라서 경영자는 이러한 각 주장을 유기적으로 조정하고 통합적으로 가격전략을 수립·시행해야 한다.

지금까지 한 요소만을 고려하여 외식업체의 가격을 결정할 수 없다는 사실을 확인했다. 또 가격전략은 외식업체가 추구하는 목표의 정확한 이해와 다양한 관련 요인의 체계적인 정보에 기초하여 결정해야 한다는 것을 알았다.

가격수준의 결정은 외식업체의 수익성을 결정하는 데 매우 중요하다. 우리는 앞서 가격

결정을 위해 고려해야 하는 다양한 요소에 대해 살펴보았다. 외식업체의 경영자나 마케터는 최적의 가격을 설정하기 위하여 원가를 정확하게 산출해야 한다. 또 가격 결정의 목표를 확인해야 한다. 변동원가만 보전하면 되는지, 고정원가 부분도 커버해야 하는지, 모든 원가에 적정한 이익까지 추구할 것인지를 결정해야 한다.

잠재고객에 대한 외식업체 메뉴의 총 가치뿐만 아니라 고객의 가격민감도까지도 측정해야 한다. 경쟁업체의 가격은 외식업체의 가격 결정에 커다란 영향을 미치는데, 경쟁관계에 놓인 업체가 많을수록 경쟁자의 가격은 더욱 중요한 의미를 갖는다. 결과적으로 외식업체 간의 차별성이 크지 않다면, 가격수준은 경쟁업체와 유사하거나 그 이하로 결정되어야 한다. 만약 경쟁업체의 최고가격이 자사의 최저가격보다 낮다면, 마케터는 2가지 전략을 선택할 수 있다. 첫째, 자사의 메뉴와 서비스에 차별성이 없는 경우에는 판매를 중단하거나 더 높은 가격으로 경쟁이 가능하도록 차별성을 부가해야 한다. 둘째, 메뉴를 경쟁자보다 낮은 가격으로 판매할 수 있도록 원가를 낮추려는 노력을 해야 한다.

한 번 설정한 가격을 할인할 때는 매우 신중해야 한다. 가격 할인은 그동안 소비자가 가지고 있던 준거가격을 낮추고, 경쟁자의 추종으로 인해 수요가 늘어나지 않는 경우 수익성만 악화시키게 된다. 다만 전체적인 할인이 아닌 특정 소비자집단에 대한 차별적인 가격 할인은 신규 시장을 개척하고, 잠재고객의 수요를 보완할 중요한 기회를 제공할 수도 있다. 가격 할인은 다양한 세분시장의 가격탄력성을 이해함으로써 가격에 민감한 소비자를 유인하기 위해 고안된 정책이다. 예를 들어, 회사의 돈으로 회식을 하는 고객들은 가격에 민감하지 않다. 이러한 고객에게는 할인이 불필요하므로 단체회식용 메뉴를 개발하여 만족도를 높이면서 정상가격을 높이려는 전략이 필요하다.

마지막으로 소비자들이 가격을 어떻게 인식하도록 만들지 결정해야 한다. 단수가격을 통하여 경쟁자보다 가격이 저렴하게 느껴지도록 만들지, 오히려 품질이 높아 보이도록 명성가격전략을 사용할지 여부를 결정해야 하는 것이다.

(3) 고객 관찰을 통한 끊임없는 신규 가치 창출

맥도날드가 초기에 고객을 대상으로 제시한 가치는 매장을 방문하여 빠르고 편안하게 간단한 식사를 즐기는 것이었다. 시간이 지나며 고객들은 자동차에서 내리지 않고도 맥도

그림 7-22 내셔널 브렉퍼스트 데이 프로모션 이미지
자료: 맥도날드(필리핀) 홈페이지

날드를 이용하고자 했다. 이는 드라이브 스루의 탄생 배경이 되었다. 이후 고객들은 저녁 10시면 문을 닫는 맥도날드에게 24시간 동안 제품을 판매하는 가치를 제공해줄 것을 원했다. 맥도날드는 고객이 원하는 가치에 부응하고자 24시간 영업점포를 점차 늘려나갔다. 그 후 배달을 원하는 고객을 위해 더 높은 가격으로 배달서비스를 제공하였으며, 햄버거를 커피와 함께 먹기를 원하는 고객이 늘면서 브랜드 '맥카페'를 개발하였다. 24시간 영업을 하면서는 아침식사를 위한 별도의 메뉴가 필요함을 느끼고 '맥모닝'을 개발하여 세계인을 대상으로 '아침 먹기 이벤트'를 실시하기도 했다(그림 7-22).

맥도날드는 비슷한 메뉴라도 고객이 원하는 상황에 따라 패키징을 다르게 함으로써 지속적으로 새로운 가치를 창출하고 있다. 맥도날드가 글로벌 외식기업으로 성장한 비결이 바로 여기에 있는 것이다.

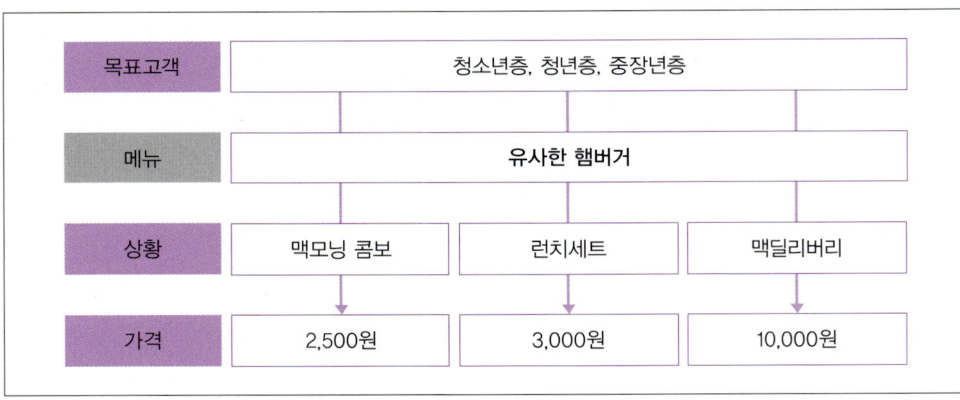

그림 7-23 새로운 가치 창출을 통한 가격차별화

이 장에서 살펴본 가격전략은 다양한 연구를 거쳐서 검증이 이루어진 이론에 기초하고 있다. 특히 현장에서 쉽게 활용할 수 있도록 매우 유용성이 큰 내용만을 선별하였다. 그러나 우리가 상품과 서비스의 가격을 설정하고 소비자 만족을 얻을 수 있는 가격전략을 수립하기 위해서는 매우 많은 조사 분석과 고객을 관찰하여 고객에게 늘 새롭고 더욱 매력적인 가치를 제공하려는 노력이 필요하다.

가격은 단기적인 매출 증대를 위해 소비자를 속이는 수단으로 사용해서는 안 된다. 만약 그러한 의도로 가격을 활용하면, 머지않은 날에 고객의 커다란 저항에 직면하여 낭패를 보게 될 것이다. 소비자 구매심리에 가장 큰 영향을 미치는 것으로 알려진 가격을 다룰 때는 세심한 주의가 필요하다.

학습 요약

1 메뉴의 가격은 음식점에서 구매하는 음식과 서비스의 화폐적 가치를 의미한다. 가격은 소비자의 구매의사 결정 과정에 가장 큰 영향을 미치는 요인이다. 음식점에서 판매하는 메뉴가격은 메뉴의 상품성과 서비스수준, 분위기 등이 복합적으로 작용하여 결정되고 소비자 인식에도 영향을 미치게 된다.

2 메뉴가격을 결정할 때 고려해야 하는 요인으로는 업태, 원가와 이익, 효용가치, 수요의 탄력성, 시간대별 수요, 시장경쟁 정도, 객단가, 테이블단가 등이 있다. 메뉴가격을 설정할 때는 다음의 원칙을 지키도록 노력해야 한다.

- 같은 상품도 고객에 따라 가치가 다르게 인식됨을 안다.
- 같은 사람이 동일 상품의 가치를 상황에 따라 다르게 인식할 수 있음을 안다.
- 상황을 달리하여 자원 배분을 최적화한다.
- 고객 관찰을 통해 끊임없이 새로운 가치를 창출한다.
- 가치에 따라 가격이 결정되기도 하지만, 가격으로 가치가 결정되기도 한다는 것을 안다.
- 가격의 정당성을 지속적으로 설명한다.
- 가격을 차별화한다.

3 메뉴가격을 설정하는 방법은 크게 주관적 방법과 객관적 방법으로 나누어진다. 주관적 가격산출법에는 적정가격법, 최고가격법, 최저가격법, 독창적가격법, 경쟁자가격법 등이 있으며, 객관적 가격산출법에는 가격팩터법, 프라임코스트법 등이 있다.

4 가격 결정과 관리가 중요한 이유는, 이로 인해 기업이 이익을 내면서 지속적으로 성장할 수 있을 뿐만 아니라 사업 목표 달성 및 고객만족까지 충족시킬 수 있기 때문이다. 이러한 목표 달성을 위해 외식업체는 가격관리원칙을 수립하고 가격을 통합적으로 관리하는 시스템을 구축해야 한다. 외식업체 경영자는 각 부문의 관리자가 주장하는 가격의 목표를 조정하고, 통합적으로 가격전략을 수립하여 시행하고자 노력해야 한다. 이렇게 하지 않으면 외식업체는 내부 환경과 경제 상황에 끌려다니는 주먹구구식 가격정책으로 인해 큰 손실을 볼 수 있다.

토의문제

1 자주 가는 음식점 중 세 곳의 메뉴가격이 적절하게 설정되어 있는지 비교·평가해보자.

2 자주 가는 음식점의 메뉴가격이 가격설정원칙을 잘 지키고 있는지 평가해보자.

3 외식업체의 가격전략에서 '중심화 경향, 유인효과, 유인가격'을 이용하는 방법의 차이를 실제 본인이 경험한 사례를 이용하여 설명해보자. 3가지 가격전략이 외식업체의 업태에 따라 긍정적인 효과와 부정적인 효과를 발생시킬 수 있는데, 각 상황에 따라 어떻게 조치할 수 있을지 의견을 제시해보자.

4 대표메뉴 하나를 선택하여 본 수업에서 배운 주관적 방법과 객관적 방법으로 가격을 결정해보자.

8장

학습목표

- 외식업체의 관점에서 상권·입지의 개요 및 상권·입지전략을 설명할 수 있다.
- 4가지 서비스 전달 유형에 따른 상권·입지 결정의 목표를 설명할 수 있다.
- 상권·입지 선정 시 고려해야 할 사항과 선정기법의 유형을 설명할 수 있다.
- 기존의 상권·입지이론을 보완할 수 있는 마케팅을 활용한 전략을 설명할 수 있다.

1 상권과 입지의 개요

외식업체가 최고의 수익을 달성하기 위해서는 먼저 상권과 입지의 개념을 명확히 이해하고 이들의 중요성을 인식해야 한다.

1) 상권의 정의

상권은 '점포를 이용할 가능성이 있는 고객들이 거주하는 범위'를 의미한다. 이외에도 상권의 정의는 다음과 같이 좀 더 다양하게 정리할 수 있다.

- 소비자를 대상으로 점포의 세력이 미치는 범위
- 점포에 고객을 유인할 수 있는 지리적 영역
- 마케팅 단위로서의 공간적 범위
- 실질 구매능력이 있는 유효수요의 분포 공간

외식업체 입장에서 상권은 '점포의 세력이 미치는 범위'이다. 즉, 점포를 찾아줄 것으로 예상되는 고객들의 거주 또는 근무지역을 의미한다. 그런데 최근에는 상권을 좀 더 능동적인 관점에서 정의하는 추세이다. 예를 들면, 상권을 '마케팅 단위로서의 공간적 범위(marketing area)'로 정의하는 경우이다. 이는 상권이 수동적으로 정해지는 것이 아니라 외식업체 경영자의 능력에 의해서 좌우된다고 보는 견해이다.

상권이라는 용어는 종종 다른 의미로 쓰이기도 한다. 예를 들어 '강남역 상권'이라는 표현에서 상권은 강남역 인근에 위치한 '점포의 집단'을 의미한다. 따라서 상권이란 용어는 〈그림 8-1〉과 같이 2가지 의미를 내포하므로 상황에 따라 잘 구분하여 사용해야 한다.

〈그림 8-2〉은 지하철 4호선 범계역 로데오거리의 중심부를 기준으로 상가권과 상세권을 설정한 사례이다. 그림에서 사각형으로 표시된 부분은 범계역 로데오거리를 중심으로 점포들이 모여 있는 지역이다. 원형으로 표시된 부분은 상가권 내 점포를 이용하는 고객

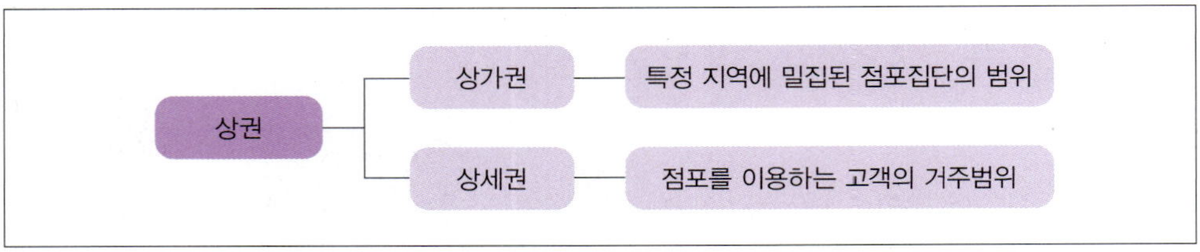

그림 8-1 상권의 정의

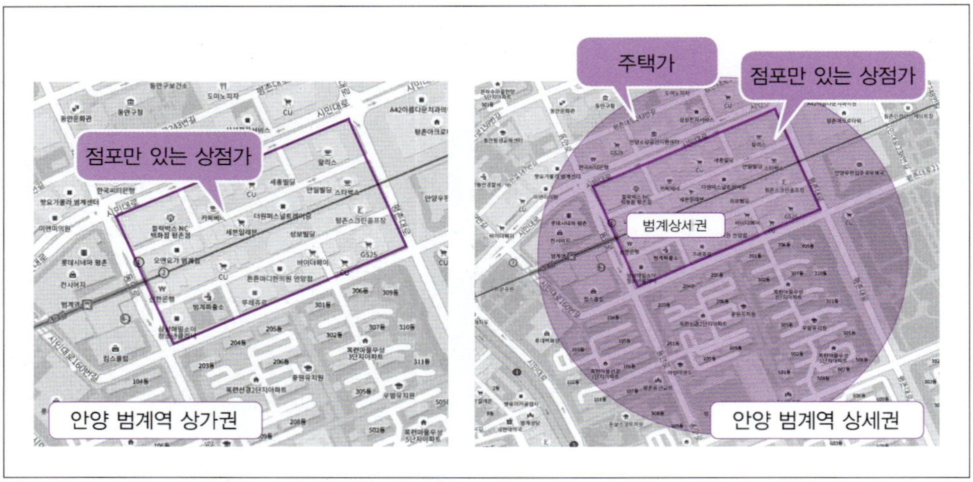

그림 8-2 상가권과 상세권 설정 사례
자료: 중소기업청 상권정보시스템

들이 거주하는 범위로, 반경 400m의 지리적 범위로 표시하였다. 즉 사각형의 지역은 상가권, 원형의 지역은 상세권으로 볼 수 있다.

상권은 상가권과 상세권 외에도 최근 더욱 발전된 형태의 다양한 구분을 〈표 8-1〉과 같이 제시할 수 있다. 즉 상권은 상호작용을 하는 방법에 따라 오프라인 상권과 온라인 상

표 8-1 다양한 상권의 분류

구분	상호작용방법	범위 설정
유형	오프라인 상권	공간적 상권
무형	온라인 상권	시간적 상권

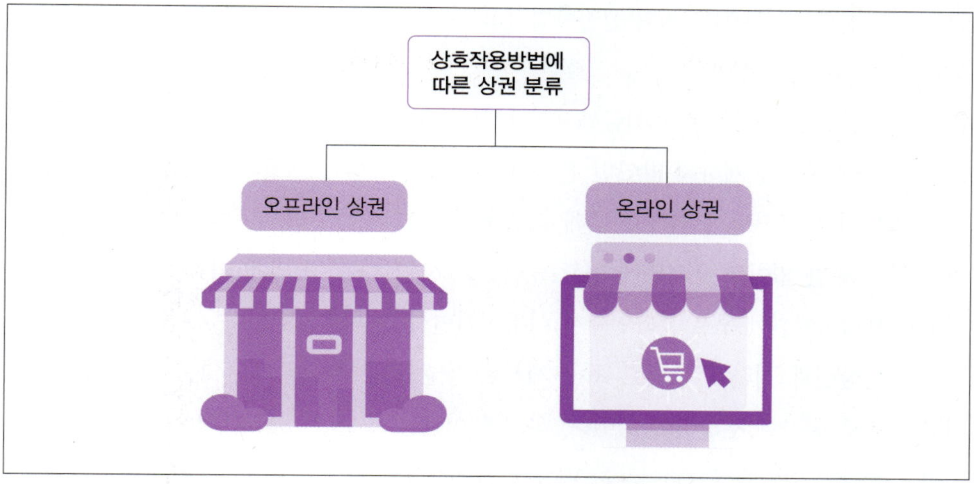

그림 8-3 상호작용방법에 따른 상권의 분류

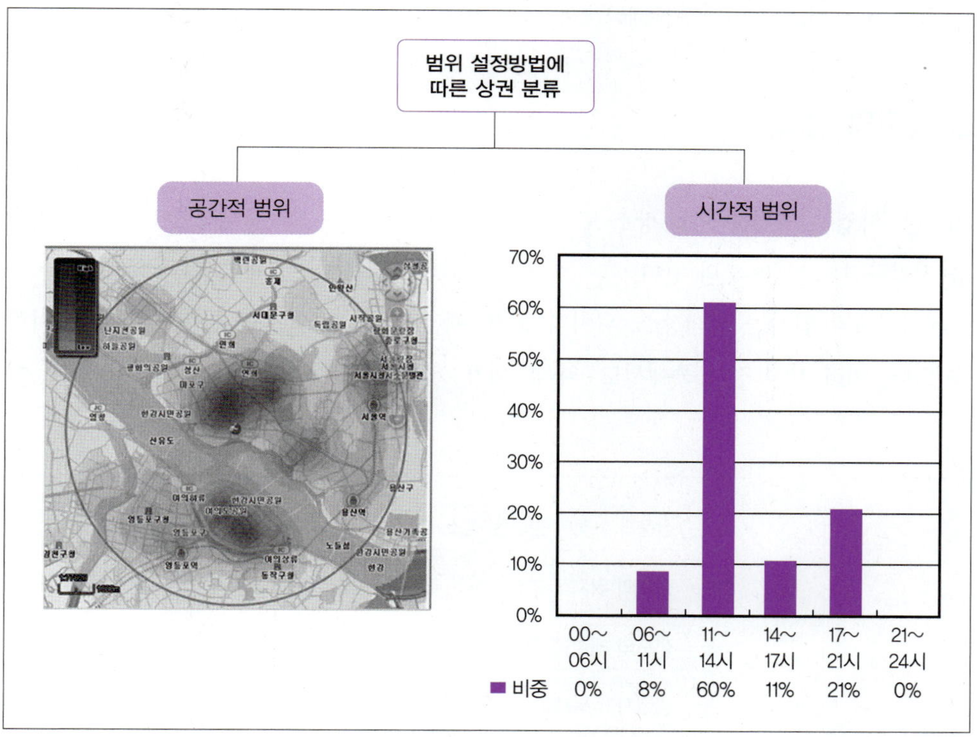

그림 8-4 범위 설정방법에 따른 상권의 분류

자료: BC카드 홈페이지(좌), 김영갑(우)

권으로 분류할 수 있으며, 범위 설정방법에 따라서는 공간적 상권과 시간적 상권으로 구분할 수 있다.

오프라인 상권이 과거부터 지금까지 일관되게 제시되어온 상권의 개념인데 비하여, 최근 들어 과거에는 존재하지 않았던 온라인 상권이란 개념이 제시되고 있다. 옛날에는 점포가 반드시 오프라인 공간에 존재해야 했는데, 어느 순간부터 부동산이라는 점포나 토지와 같은 공간 없이도 온라인에 점포를 만들고 사업을 할 수 있게 되었다. 이에 따라 상업적 커뮤니케이션이 주로 온라인에서 이루어지면서 대두된 개념이다.

공간적 상권과 시간적 상권도 최근 제시된 상권의 분류기준이다. 그동안 상권의 분석 대상은 주로 공간에 집중되어 있었다. 하지만 이제는 시간의 개념이 더 중요해지고 있다. 동일한 공간적 범위에서 100이라는 매출액을 올린다고 가정할 때, 어떤 점포는 이를 12시간 일해서 달성하는 데 비해 어떤 점포는 6시간만 투자하고도 100을 달성할 수 있게 되면서 상권을 시간적으로 구분해야 하는 이유가 생기게 되었다.

2) 입지의 정의

입지란 '사업을 영위하게 될 장소 또는 점포'를 의미한다. 좀 더 구체적으로 입지의 개념을 정리하면 〈그림 8-5〉와 같다.

외식업체의 입지는 접객장소, 위치적 조건, 매출결정요인, 독점성 등 다양하게 정의할 수 있다. 여러 가지 정의 중에서도 '외식업체가 사업을 영위하게 될 점포'가 핵심인데, 이

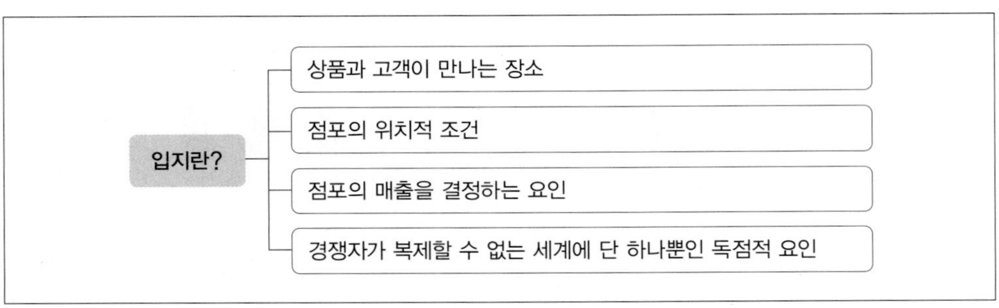

그림 8-5 입지의 정의

표 8-2 다양한 입지의 분류

구분	상호작용방법	범위 설정
유형	오프라인 입지	공간적 입지
무형	온라인 입지	시간적 입지

는 점포의 위치뿐만 아니라 위치적 조건을 포함하는 포괄적인 개념이다. 입지는 세계에서 단 하나라는 독점성을 가지며, 이러한 성질 탓에 외식업체는 입지 결정 시 매우 신중해야 한다. 한 번 선택한 입지는 단기간에 변경하기가 어렵기 때문이다.

상권의 다양한 분류기준이 생겨나는 것과 같이 입지에도 동일한 기준을 적용하여 구분할 수 있다. 고객 및 경쟁자와의 커뮤니케이션 방법에 따라 오프라인 입지와 온라인 입지로 구분하는 것이다. 공간적 입지와 시간적 입지와 같은 구분 역시 입지를 조사·분석할 때 반드시 필요한 개념이 되고 있다.

3) 상권과 입지의 차이

지금까지 살펴본 상권과 입지의 개념 차이는 〈표 8-3〉과 같다. 상권과 입지는 동일한 개념으로 사용되는 경우도 많다. 이는 명확하게 구별해야 하는 개념이라는 사실을 인식해야만 평가조건과 분석 목적 등을 이해할 수 있다.

상권은 점포를 포함한 지역의 수요와 성패를 예측하기 위해 조사·분석한다면, 입지는

표 8-3 상권과 입지의 차이

구분	입지	상권
개념	점포가 소재한 위치 조건	점포를 이용할 고객의 특성과 거주 범위
평가조건	부지 형태, 접근성, 가시성, 인지성, 접근성, 홍보성, 점포 형태, 시설 구조, 주차편의성, 온라인 입지 특성 등	유동인구, 배후지 인구, 경쟁점포, 교통유발시설, 단절요인, 지역 발전 전망, 온라인 상권 특성 등
분석 목적	점포의 예상수익성과 성패 예측	점포를 포함한 상권의 수요 및 성패 예측
최종 목적	창업 예정 점포의 사업타당성 추정	창업 예정 점포의 사업타당성 추정

점포의 예상 수익성과 성패를 예측할 목적으로 조사·분석이 이루어진다는 점에 유의해야 한다. 물론 상황에 따라 상권과 입지를 분석하는 데 활용하는 평가조건들은 변할 수 있다. 분석 목적도 마찬가지다.

4) 상권과 입지의 중요성

외식사업은 대부분 자본집약적인 경우가 많다. 따라서 상권과 입지 결정에 심혈을 기울여야 한다. 상권과 입지 결정이 장기 고정투자에 해당되기 때문이다. 즉 한 번 투자하면 이동이나 변경이 거의 불가능한 경영요소이기 때문에 상권과 입지에 관한 의사 결정은 수요의 증감, 수요 분포의 변동, 시장 범위의 확대와 축소, 비용 구조의 변화, 기술의 혁신, 자원의 고갈, 공해에 대한 규제, 고용환경의 변화 등에 큰 영향을 미친다는 점에서 그 중요성이 매우 크다고 할 수 있다.

또한 상권과 입지가 외식업체의 경영성과에 미치는 영향의 중요성을 다양한 부문에서 확인할 수 있다. 수익성에 영향을 미치는 매출액은 상권과 입지에 가장 큰 영향을 받는다. 그 외에도 고정비, 변동비 등 비용요소에 영향을 미치는 것은 물론이고 고객의 서비스수준 인식에도 큰 영향을 미치게 된다. 예를 들어 저가의 분식점이 모여 있는 상권에 고급 음식점이 위치한다면, 소비자들은 이 가게를 높은 수준의 서비스를 제공하는 음식점으로 인식하지 않을 수도 있다.

2 상권분석과 지역점포 마케팅

국내 외식프랜차이즈 기업들은 본사 차원에서 설정한 목표고객을 대상으로 대량의 마케팅활동을 다양하게 펼치고 있다. 이러한 마케팅활동은 대부분 전체 시장을 타깃으로 하는 경우가 많기 때문에 각 가맹점의 특성에 따라 마케팅효과가 천차만별이라고 알려져 있다. 예를 들어 A 가맹점은 마케팅효과가 매우 좋다고 느끼는 반면, B 가맹점은 마케팅 효과가 전혀 없다고 느낄 수 있다. 이러한 부작용으로 인해 일부 가맹점은 마케팅비용 분담에 불만을 가질 수 있고, 본부의 다른 정책에도 비협조적으로 나오는 사례가 발생할 수 있다.

이 같은 프랜차이즈 기업의 무차별 또는 제한적인 차별화마케팅의 단점을 극복하기 위하여 프랜차이즈 산업이 발전한 국가에서는 일찍부터 LSM(Local Store Marketing, 지역 점포 마케팅)이 적극 도입되었으며, 이러한 마케팅은 국내에서도 적극 추진되고 있다. 가맹본부는 프랜차이즈 브랜드 인지도 및 충성도 향상을 위한 본부 차원의 대량마케팅 외에 각 가맹점 특성에 맞는 미세한 마케팅을 융합적으로 실행해야 한다.

지역의 특성에 맞는 미세 마케팅이 필요하다는 주장은 다음과 같은 사례를 통해 확인할 수 있다. 〈표 8-4〉는 2016년 12월 23일 기준으로 B 브랜드의 부대찌개 & 철판구이 가맹점의 고객 특성을 조사한 결과, 점포별로 고객과 소비행동에 큰 차이가 있다는 사실을 확인한 것이다.

이렇게 각 가맹점을 이용하는 고객의 특성과 소비 행태를 비교해보면 매우 큰 차이가 있는 것을 알 수 있다. 연령대별로 보면 20대 고객이 주를 이루는 점포(남영동, 충장로),

표 8-4 B 브랜드 부대찌개 & 철판구이 가맹점별 고객 특성의 차이 (단위: %, 원)

구분	연령대별				성별		평균 결제금액	재방문율	요일별		시간대별	
	20대	30대	40대	50대	남자	여자			평일	주말	점심	저녁
여서동	29	36	30	5	64	36	22,978	11	35	65	43	57
남영동	29	23	28	20	64	36	24,056	17	51	49	53	47
우동	30	30	24	16	54	46	24,556	5	35	65	45	55
중앙동	12	29	38	21	68	32	45,300	13	95	5	52	48
부평동	20	26	31	23	53	47	22,248	18	35	65	37	63
충장로	36	20	27	17	54	46	25,484	7	26	74	42	58
송정동	13	31	40	16	61	39	23,418	11	41	59	54	46
평촌동	20	31	24	25	80	20	22,864	12	90	10	68	32

30대가 주고객인 점포(여성동, 평촌동), 40대가 주고객인 점포(중앙동, 부평동, 송정동)로 나눌 수 있다. 이외에도 성별에 따라 점포의 특성을 나눌 수 있다. 1회 결제금액, 재방문율, 요일별 고객 비중, 시간대별 고객 비중에 따라서도 점포의 마케팅전략을 차별화시켜야 한다는 사실을 알 수 있다. 마케팅은 표적고객의 범위를 어떻게 설정하느냐에 따라 무차별마케팅, 차별화마케팅, 집중화마케팅과 같이 구분할 수 있는데 고객의 욕구가 다양화됨에 따라 마케팅의 범위를 작게 설정하는 추세가 되고 있다. 이 같은 시장 및 고객의 변화에 부응하기 위한 마케팅기법으로 등장한 LSM(지역점포 마케팅)은 프랜차이즈 가맹점의 경쟁력 강화 및 수익성 개선을 위한 전략적 방안의 하나로 많은 프랜차이즈 기업에서 적극적으로 도입하고 있다.

다만 LSM을 효과적이고 효율적으로 수행하기 위한 전제조건이 충족되지 않는다면, 이는 형식적 구호에 그칠 가능성이 높다. 여기서 전제조건이란 각 가맹점에 따라 차이가 큰 경영자의 능력, 소비자 욕구, 경쟁자 상황에 대한 정확한 조사 및 분석 능력을 의미한다. 최소의 비용으로 최대의 효과를 얻기 위한 LSM을 수행하려면 가맹점별로 정기적 상권분석이 정확하게 이루어질 수 있는 시스템을 갖추어야 한다. 이를 위한 상권분석시스템 구축을 선행하지 않고서는 비용 대비 효익이 큰 차별화된 마케팅을 수행할 수 없다.

그렇다면 LSM을 위한 상권분석시스템은 어떻게 구축할 수 있을까? 이는 프랜차이즈 본

표 8-5 상권 특성에 따른 지역점포 마케팅전략의 필요성 사례

구분	A지점	B지점	C지점
상권	주택가 상권	복합 상권	오피스가 상권
주고객	가족, 연인, 동료	친구, 연인, 가족	친구, 직장동료
동행고객	이벤트, 가족외식	이벤트, 가족외식	회식, 이벤트
방문이유	독특한 음식, 쾌적성	할인카드, 근접성	할인카드, 근접성
교통수단	자가용 〉 버스 〉 지하철	자가용 〉 버스 〉 지하철	버스 〉 지하철 〉 자가용
방문시간	11~30분	11~30분	31~60분
중요도 인식(고)	주차공간 편리성, 어린이 메뉴의 다양성, 어린이 편의시설	매장 위치의 편리성, 부가서비스	매장 위치의 편리성, 신속한 서비스

자료: 박문경 · 김재철(2007). 서비스품질 속성 IPA 분석을 활용한 테마 레스토랑 입지별 LSM 전략수립.

부와 가맹점에서 손쉽게 취득할 수 있는 POS정보와 메뉴분석정보를 기반으로 하여, 범용적으로 이용할 수 있는 빅데이터 및 상권정보시스템 통계를 융합 활용하면 가능하다. 일부 부족한 정보는 가맹점과 슈퍼바이저의 현장조사로 보완할 수 있다. 필요하다면 점포를 이용하는 고객에게 설문조사를 할 수 있는 간단한 도구를 적용하면 된다. 비용과 시스템의 문제보다는 프랜차이즈 가맹본부와 가맹점의 의지와 노력의 문제만 해결한다면, 각 가맹점을 위한 LSM을 도입하여 고객만족도와 수익성을 개선할 수 있을 것으로 보인다.

소비자 욕구가 빠르게 변화하고 있는 소비환경에 대응하기 위해서는 획일화된 마케팅이 아닌, 지역에 특화된 마케팅이 필요하다. 외식업체는 프랜차이즈 가맹점이든 독립점포이든 상권분석에 기초하여 마케팅 믹스요소를 최적화해야 한다.

3 상권과 입지전략 및 프로세스

1) 상권과 입지전략

외식업체를 위한 상권과 입지전략은 크게 전통적 역할과 전략적 역할로 구분한다. 전통적 역할이란 '경쟁기업의 진입을 억제하기 위한 장벽을 구축하면서 수요를 창출할 수 있는 입지를 선정하기 위한 전략'을 뜻한다. 전략적 역할이란 '전통적인 역할을 확장한 개념으로 외식업체의 성장을 목적으로 다양한 상권과 입지로 확장해나가기 위한 활동'을 의

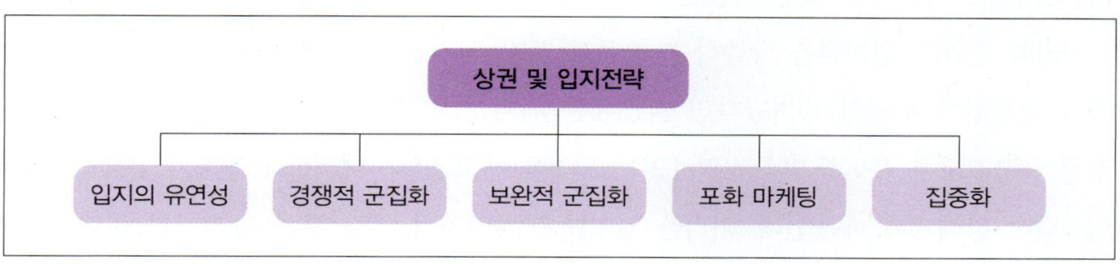

그림 8-6 상권 및 입지전략

미한다(그림 8-6). 상권과 입지전략에서 전략적 역할을 구체적으로 살펴보면 다음과 같다.

(1) 입지의 유연성

입지의 유연성(flexibility)은 경제환경이 변함에 따라 외식업체가 제공하는 제품과 서비스 역시 변경 가능한 방법을 확보하는 전략이다. 이는 즉 미래의 경제적·인구통계학적·문화적·경쟁적 변화에 대응할 수 있는 상권과 입지를 선정해야 한다는 것이다.

상권과 입지 선정은 장기적 자본 투자여서 쉽게 변경할 수 없으므로 가능한 한 둘을 분산시켜야 한다. 만일 한 상권과 입지에 외식업체의 모든 자본을 투자한다면 해당 상권이 쇠퇴하거나 또는 철수해야 하는 등의 위험이 발생할 수 있으므로 포트폴리오 접근법을 써야 할 것이다. 즉 입지의 유연성을 이용한 전략이란, 사업이 성장할 때 특정 상권과 입지의 쇠퇴 또는 철수에 따른 위험을 분산시킬 목적으로 다양한 입지로의 개점을 시도하는 것이다. 증권 투자 시 달걀을 한 바구니에 담지 말라는 격언과 같은 의미이다.

(2) 경쟁적 군집화

경쟁적 군집화란 '경쟁을 통하여 전체 수요를 더 많이 만드는 방법'을 의미한다. 유사한 업종의 점포가 동일상권에 군집을 이루어 위치하면 고객의 편리성이 증대된다. 이 방법은 독립적으로 사업을 할 때보다 더 많은 고객의 방문을 유도하고자 할 때 활용된다.

경쟁적 군집화는 일반적으로 비교 쇼핑이 필요한 제품과 서비스를 판매할 때 더욱 효율적이며, 경쟁업체들이 많이 모임으로써 더 많은 수요를 창출한다는 장점이 있다. 이러한 사례로 중고차시장, 가구시장, 경동 한약재시장, 용산전자상가 등을 들 수 있다. 음식점의 경우에는 신당동 떡볶이골목, 장충동 족발거리, 신림동 순대타운, 응암동 감자국거리, 곤지암 소머리국밥, 포천 이동갈비촌, 횡성 한우촌, 다하누촌 등이 해당된다.

이러한 전략은 입지력을 창출하는 좋은 사례가 되기도 한다. 과거에는 특정 상권에 경쟁적 군집화가 우연히 생겨났다면 최근에는 벤처 창업자나 지방자치단체가 인위적으로 경쟁적 군집화를 유도하거나 지원하려는 노력을 하고 있다. 이러한 군집화가 유효한 것은 입지력이 강해지기 때문인데, 이러한 입지력은 창업자가 일정 부분 관리 가능하다는 사실을 알아야 한다.

입지력이란 '점포 위치의 매력과 편리성 측면에서 고객을 유인하는 힘'을 의미하는데, 수동적 입지력과 능동적 입지력으로 구분할 수 있다. 수동적 입지력은 점포가 자연스럽게 얻은 관리할 수 없는 힘이지만, 능동적 입지력은 점포가 인위적으로 창출해내는 힘이기 때문에 관리가 가능하다. 일반적으로 입지조건에 해당되는 입지력은 수동적 위치력을 의미하는데 자연적으로 부여받은 이것은 시간이 지나면서 약해지게 된다. 따라서 기존의 사업자는 매출액이 감소했을 때 입지력 회복이 불가능하다고 판단되면 과감히 이전을 고려하는 것이 현명하다. 입지력을 스스로 창출한 사례로는 음식점이 모인 빌딩처럼, 상호 시너지효과를 일으킬 수 있도록 복합 출점을 시도하는 경우이다.

(3) 보완적 군집화

보완적 군집화는 주식 투자자가 다양한 종목으로 포트폴리오를 구성하여 위험을 회피하듯, 하나의 상권에서 서로 보완적인 업종을 동시에 창업하여 위험을 피하면서 점포를 확장하는 전략이다. 국내에서 이러한 포트폴리오를 구성하여 성공한 대표적인 사례로는 '더본코리아'를 들 수 있다. 원조쌈밥, 새마을식당, 한신포차, 해물떡찜, 본가, 홍콩반점 등으로 유명한 '더본코리아'의 직영점은 서울 논현동 영동시장 상권에 밀집되어 있다. 이곳은 젊은층부터 중장년층까지 유동인구가 다양한 '먹자거리'라는 특징 때문에 분식, 짜장면, 짬뽕과 같은 전문점부터 삼겹살이나 갈비 및 주점·커피숍까지 온갖 외식점포가 집적되어 있다. 이곳에 모인 다양한 대박 식당 중 대부분이 바로 '더본코리아'의 매장인데, 이 회사의 19개 브랜드 중 16개가 이 상권에 모여 있다. '더본코리아'는 매장이 하나의 상권에 모여 있는 것에 대해 "상권이 좋은 데다 이곳에 위치한 더본코리아 본사에서 직영 매장을 직접 관리하며 브랜드별 고객 반응을 체크하기에 용이하기 때문"이라고 설명한다.

이처럼 보완적 군집화는 앞서 설명한 입지의 유연성과 유사한 개념이지만, 다양한 상권으로 분산시키느냐와 하나의 상권에서 다양한 입지로의 분산을 시도하느냐의 차이가 있다.

(4) 포화 마케팅

포화 마케팅은 '도심지나 교통 중심지에 동일 기업의 동일 브랜드 점포를 집중시키는 방식'을 의미한다. 이런 전략은 '제 살 깎기(cannibalization)'의 위험을 수반하지만 광고비 절감, 수월한 감독, 인지도 상승 등의 장점이 있다. 이러한 마케팅이 적합한 상권은 주로 충동구매자를 유혹하기 쉬운 도심으로, 도심 상권에서 최고의 효과가 난다. 또 가맹점보다는 직영점 위주로 운영되는 체인사업자들이 선호하는 전략이다. 가맹점을 위주로 하는 프랜차이즈의 경우에는 상권을 보호해야 하는 의무가 있는 반면, 직영점 위주로 운영되는 체인사업자는 자신의 의사 결정에 따라 얼마든지 동일 상권에 다수의 점포를 입점시킬 수 있기 때문이다.

포화 마케팅은 전략적 움직임(Strategic Move), 선점전략(Preemptive Strategy)이라고 표현하는데, 이러한 마케팅으로 성공한 대표적인 기업으로 스타벅스를 들 수 있다. 국내에 진출한 스타벅스는 경쟁업체의 진입을 막기 위하여 상권이 활성화된 지역의 복수 입지(multiple location)에 점포를 입점시키는 전략을 사용한 바 있다. 이러한 전략은 시장 인지도 상승은 물론이고 진입장벽의 역할도 하는 장점이 있다. 그 외에도 특정 업종의 시장 수요가 형성되기 전에 주요 입지를 선점하는 전략도 생각해볼 수 있다. 포화 마케팅 전략은 마치 제품의 특허나 실용신안을 따내어 경쟁업체가 침투하는 것을 방어하는 것과 같은 효과를 내는 매우 유효한 방법이다.

(5) 집중화

집중화(focus)란 여러 상권과 입지에서 동일한 제품과 서비스를 판매하는 전략을 의미한다. 즉, 프랜차이즈 본부에서 주로 활용하는 전략이라고 할 수 있다. 프랜차이즈 기업은 표준화된 시설을 여러 곳에 개점함으로써 안정적인 사업 확장을 할 수 있게 된다. 집중화 전략에 대한 세부적인 내용은 프랜차이즈 시스템에 대한 전문서적을 참조하여 이해할 필요가 있다.

2) 상권과 입지 선정 프로세스

상권과 입지에 대한 전략을 수립하였다면, 이어서 상권과 입지 선정 프로세스를 따라가야 한다(그림 8-7). 각 단계를 좀 더 구체적으로 살펴보면 다음과 같다.

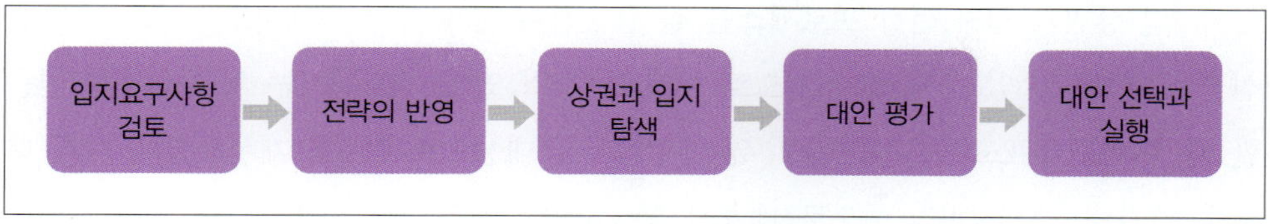

그림 8-7 상권과 입지 선정 프로세스

• 첫째, 사업 계획을 검토하여 어떤 상권과 입지를 선택해야 하는지 검토한다. 이때 제품과 서비스의 유형을 고려한 입지의 요구사항 등을 과학적으로 파악해야 한다. 예를 들어, 사업계획상 목표고객이 대학생이라면 그들의 소비행태를 정확히 파악하는 작업이 이루어져야 한다.

• 둘째, 앞서 다루었던 상권과 입지전략을 상권과 입지 선정에 반영한다. 이 단계에서는 전략 실행을 위해 고려해야 하는 지향점을 찾는 것이 중요하다. 즉, 전략의 목표를 명확하게 재정립하는 과정을 거쳐야 한다. 만일 외식업체가 포화 마케팅전략을 선택했다면 해당 전략의 주된 목표가 경쟁자 진입 차단, 수요 극대화, 홍보 강화 중 어떤 것인지 명확하게 정의할 필요가 있다.

• 셋째, 입지의 요구사항과 전략적 목표가 정해졌다면 해당 조건을 충족시키는 상권과 입지를 탐색한다. 점포를 개점할 후보지를 탐색할 때는 온·오프라인 정보원을 두루 활용하여 사전 조사를 마친 후, 현장 답사를 통해 조사한 내용을 확인하면서 자료를 체계화하는 것이 좋다.

• 넷째, 후보지에 대한 조사와 분석이 이루어졌다면 각 대안을 평가한다. 이때 이미 설정해두었던 상권과 입지 평가기준을 이용하여 후보지에 대한 평가를 실시한다. 다만 평가할 때는, 가능한 한 절대적 평가와 상대적 평가를 조합하여 현재 상황과 향후 변화를 고려해야 한다.

• 마지막은 평가 결과에 따른 대안 선택 및 실행 단계이다. 후보지를 평가·선택할 때는 가장 먼저 투자 자원을 고려해야 한다. 만일 투자가 가능한 범위 내에서 선택하지 않고 무리한다면 향후 재무적 위험에 노출될 수 있다. 선택이 완료되면 가능한 한 빠른 시간 내에 실행에 옮긴다. 좋은 상권의 좋은 입지는 수요자가 많아 빠른 시간에 계약이 이루어지는 경우가 많기 때문이다.

이처럼 상권과 입지 선정 프로세스를 잘 활용하여 경제 불황 속에서도 지속적인 매출 신장을 달성하고 있는 서비스기업으로는 맥도날드가 있다. 맥도날드는 처음 국내에 진출할 때만 해도 목표고객인 젊은층이 많은 번화가를 대상으로 점포를 개설하였다. 이후 맥모닝, 맥카페, 맥딜리버리 등으로 메뉴를 확장하면서 직장인이 많은 오피스상권과 배달주문이 잦은 주택가 상권 인접지역으로 점포를 늘려갔다. 이후 기존 시장에서의 성장이 한계에 직면하자, 맥드라이브 매장을 통해 대형 주유소는 물론이고 자동차 통행량이 많은 1번 국도변의 입지로 점포를 확장하고 있다.

3) 상권과 입지 결정 목표

외식업체가 상권과 입지를 선택할 때는 외식업체와 고객 사이의 상호작용 유형에 따라 입지의 결정요인이 달라진다는 점에 유의해야 한다. 가장 일반적인 외식업체와 소비자의 상호작용 형태는 직접 접촉하는 유형과 간접적으로 접촉하는 유형으로 구분되는데, 이를 4가지 유형으로 나누어 정리하면 〈표 8-6〉과 같다.

- 첫째, 고객이 외식업체로 방문하는 경우이다. 이러한 유형은 상권과 입지의 결정이 매출에 큰 영향을 미친다. 외식업체는 가능한 한 목표고객이 접근하기 편한 상권과 입지를 찾는 데 주력한다. 특히 상권과 입지 결정의 목표를 매출 극대화에 두는 것이 중요하다. 고객이 외식업체를 직접 찾아가는 유형이 가장 일반적인 경우이다.
- 둘째, 외식업체가 고객을 찾아가는 경우이다. 이러한 유형의 경우, 저렴한 비용으로 고

표 8-6 상호작용 유형에 따른 상권과 입지 결정 목표 차이

구분	상호작용 유형	상권과 입지 결정 목표
직접 접촉	고객이 외식업체를 방문하는 유형	매출의 극대화
	외식업체가 고객을 방문하는 유형	유통비용의 최소화, 서비스 수준 극대화
간접 접촉	정보기술을 이용하여 접촉하는 유형	운영비용의 최소화
	접촉이 거의 없는 경우 유형	배달비용의 최소화

객에게 접근하기가 용이해야 성공할 가능성이 높아진다. 이 같은 유형의 외식업체는 상권과 입지 결정의 목표를 유통비용의 최소화, 서비스수준의 극대화에 두어야 한다. 대표적인 사례로는 배달 전문 음식점, 출장요리 전문점, 케이터링업체 등이 있다.

• 셋째, 소비자와 외식업체가 정보기술을 통해 간접적으로 접촉하는 경우이다. 거래 당사자 사이의 직접적인 상호작용은 필요하지만 정보기술이 직접 접촉을 대신하므로 상권과 입지 결정의 목표는 외식업체 운영비용의 최소화가 된다. 대표적인 사례로는 온라인 쇼핑몰 형태의 외식업체, 배달 전문앱을 이용하는 업체 등이 있다.

• 넷째, 외식업체가 고객과 접촉이 전혀 없어도 되는 경우이다. 고객이 전혀 참여하지 않아도 되는 서비스로 제조업과 유사한 형태를 생각할 수 있다. 이러한 유형의 경우에는 상권과 입지 결정의 목표를 운영비용 및 유통비용 최소화, 배달비용의 최소화로 삼아야 한다. 대표적인 사례로는 제조업과 유사한 형태의 도시락 전문점 등이 있다.

서비스 경제화가 급격하게 진행되면서, 앞서 살펴본 상호작용의 특징 중 하나에만 해당되는 유형의 외식업체보다는 복합적인 상호작용 유형을 가지고 있는 외식업체가 많아졌다. 피자 전문점과 같은 유형의 외식업체는 소비자가 직접 외식업체를 찾아오는 경우와 외식업체가 소비자를 찾아가는 경우, 정보기술을 이용하여 접촉하는 경우 등이 결합된 상호작용을 하고 있다. 이 경우 상권과 입지의 선택 목표가 중첩되어 결정에 어려움을 겪을 수도 있다.

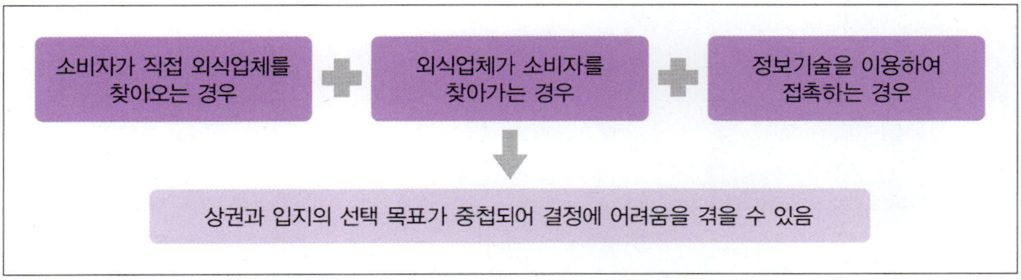

그림 8-8 복합적인 상호작용의 유형 사례

4 상권과 입지 선정 시 고려사항 및 선정기법

1) 상권과 입지전략

상권과 입지 선정 시 고려해야 하는 요소로는 충분한 수요와 경쟁적 요인이 있다. 경쟁적 요인은 또다시 환경요인과 건물 특성으로 나누어진다(그림 8-9).

1) 충분한 수요

상권과 입지를 선정할 때 고려해야 하는 변수 중에서 필수적인 것은, 외식업체가 판매할 제품과 서비스에 대한 수요가 충분한지 여부이다. 수요가 충분하지 않으면 어떤 제품과 서비스를 출시하더라도 원하는 매출을 달성하기는 불가능하다. 특히 수요가 없는 데도 마케팅을 하는 것은 비용의 낭비만 초래할 것이다. 주변에서 종종 이러한 사례를 많이 발견하게 되는데, 충분한 수요가 없다면 어떤 방법으로도 원하는 수익을 달성할 수 없으므로 사전에 충분한 조사와 분석을 해야 한다.

충분한 수요 여부를 판단하기 위해서는 가장 먼저 주요 수요층을 검토해야 한다. 예를 들어, 패스트푸드점은 청소년이나 청년층의 직장인이 주 고객이므로 이러한 수요층이 해

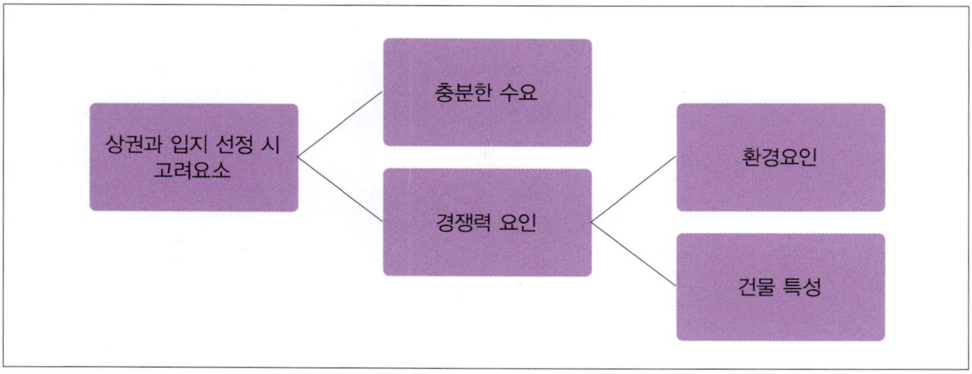

그림 8-9 상권과 입지 선정 시 고려사항

표 8-7 수요 확인을 위한 프로세스 및 변수

구분	내용	사례
목표고객 판별	주요 수요층인 목표고객의 존재 여부 확인	• 은행: 고층빌딩 입주 기업체, 금융자산 보유자 수, 소비를 위한 통행인구 • 패스트푸드점: 청소년, 점심을 해결하려는 직장인
목표고객의 수요 분석	존재하는 목표고객의 수요량 검증	• 은행: 대기업 수, 종사자 수, 유동인구 수 • 패스트푸드점: 청소년 수, 직장인 수, 유동인구 수
목표고객의 접근성	검증한 목표고객이 선정한 상권과 입지로 접근이 가능한지와 경쟁점의 중간 차단 가능성 등 판단	• 은행: 주차장, 건물 내 입주 여부, 도보 거리 • 패스트푸드점: 경쟁점 위치, 건물 내 위치

당 상권과 입지에 존재하는지를 가장 먼저 검토해야 한다. 이어서 해당 수요층의 수요량을 과학적으로 확인해야 한다. 수요층 존재 여부만으로 상권과 입지를 결정하는 것은 매우 위험한 일이다. 따라서 수요층이 제품과 서비스를 구매하기 위해 지출하는 금액을 정확하게 파악하거나, 이것이 불가능하다면 인원수 파악으로 예상 매출액을 추정하여 충분한 수요가 존재하는지 확인해야 한다.

수요층과 수요량이 존재하더라도 상권과 입지의 접근이 어렵다면 외식업체의 목표 매출액을 달성하기란 불가능하다. 따라서 가시성이 좋은지, 접근이 용이한지, 중간에 경쟁점포로 인해 소비자의 접근이 차단될 가능성은 없는지 등을 검토해야 한다. 특히 물리적으로는 접근이 용이하더라도 인지적으로 접근성을 저해하는 요인이 없는지도 확인해야 한다.

2) 건물 특성 및 환경요인

충분한 수요에 이어 상권 및 입지의 '경쟁력 요인'을 살펴보도록 한다. 사업은 충분한 수요가 존재하더라도 반드시 성공을 보장할 수 없는 일이다. 상권과 입지를 결정하는 과정은 그 외에도 다양한 변수를 고려해야 하는 복잡한 작업이다. 이러한 작업이 쉽다면, 강남역이나 홍대처럼 국내 최고의 상권으로 알려진 지역의 최고 입지에 창업한 점포가 2년을 넘기지 못하고 사라지는 것을 어떻게 설명할 수 있을까?

수요층에 대한 검토가 끝나고 목표고객층의 존재와 수요량, 그리고 접근성이 용이하다

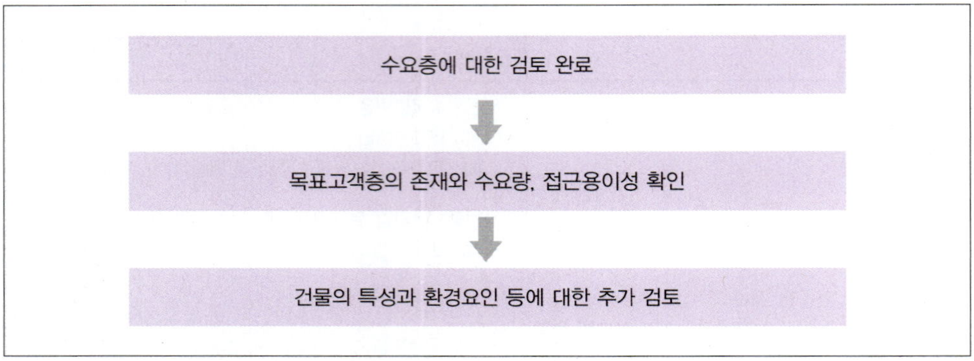

그림 8-10 상권과 입지 선정 시 고려해야 하는 요인

는 사실을 과학적으로 확인했더라도 건물의 특성과 환경요인 등에 대한 추가적인 검토가 필요하다. 즉, 충분한 수요가 절대적인 평가였다면 경쟁력에 대한 상대평가가 필요하다.

경쟁력요인에 해당하는 건물의 특성을 포함한 환경요인은 '주차공간의 적정성, 건물의 매력도, 임차비용의 적정성, 면적의 적정성, 적절한 기능을 가진 가용 노동력, 주변환경, 정부 및 지자체의 각종 정책, 세금' 등을 통해 검증할 수 있다. 예를 들어, 고가의 음식점

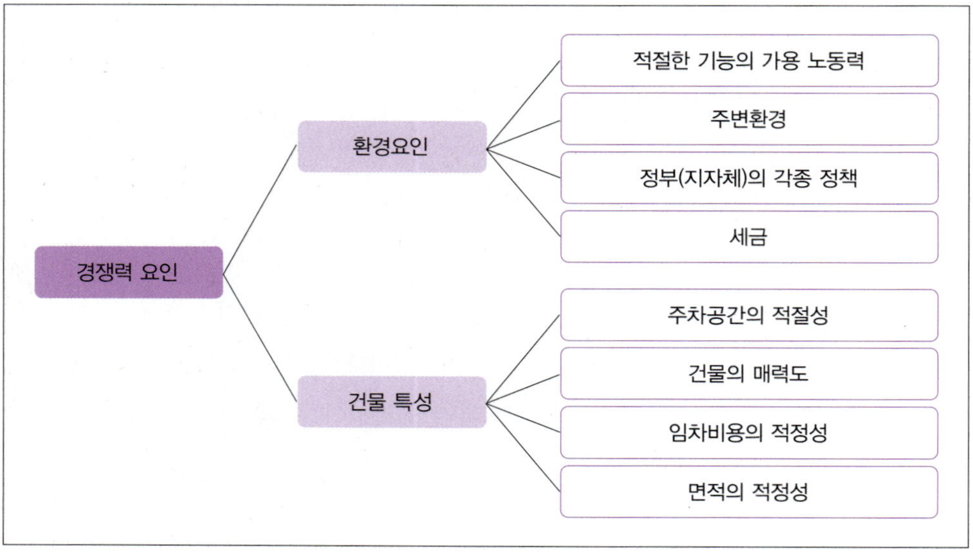

그림 8-11 건물 특성 및 환경요인

을 찾는 소비자는 자동차로 방문할 가능성이 높다. 따라서 음식점에 주차장이 없는 경우 발레파킹 등의 대안을 갖추고 있어야 한다. 모든 조건이 동일하더라도 경쟁점포보다 임차비용과 관리비 등이 많이 나간다면 경쟁에서 우위를 점하기 힘들다. 사업이 아무리 잘되어도 고객을 위한 제조 및 서비스를 수행할 직원 채용이 어렵다면 사업을 지속하기 힘들다.

외식업체는 상권과 입지를 결정할 때, 경쟁력요인에 대한 심도 있는 조사 및 분석을 하고 비교우위가 있는지 평가해야 한다.

5 상권과 입지 선정기법

과거에는 상권과 입지 선정 시 관례나 경험에 의존하는 경우가 많았다. 소규모 업체의 경우에는 이를 주먹구구식으로 결정하거나, 부동산 중개사나 기타 컨설팅업체의 조언에 의존하기도 했다. 하지만 산업이 발전하고 많은 연구가 이루어지면서 과학적·합리적으로 상권과 입지를 선택하기 위한 절차와 기법이 개발되고 있다. 이러한 기법의 내용과 장단점을 정리하면 〈표 8-8〉과 같다.

1) 주관적 평가법

주관적 평가법이란 경험이 많은 전문가의 의견을 중심으로 상권분석을 하는 것이다. 외식업과 같이 점포의 매력도를 측정하는 평가기준이 다양한 경우에는 상권과 입지조사에서 전문가의 주관적 평가가 매우 유용할 수 있다. 하지만 이러한 평가 결과는 조사자에 따라 다르게 나올 수 있으므로 신뢰성을 확보하기 어렵다. 따라서 이럴 때는 3인 이상의 평가자가 분석할 결과를 상호 협의하여 결과를 도출하는 방법을 사용하는 것이 좋다. 주관적 평가법의 사례를 살펴보면 〈표 8-9〉와 같다.

표 8-8 상권과 입지 선정기법의 장단점

유형	장점	단점
주관적 평가법, 체크리스트법, 현황조사법	• 최신자료 취득 용이 • 목표고객 및 경쟁점포 조사 가능 • 현재 현황 파악에 유리 • 설명형 분석에 유리	주관적인 평가로 인한 오류 가능성 있음
설문조사법	통계적으로 파악하기 힘든 소비자 인식 조사에 유용함	• 표본오차 가능성 • 과다한 비용 발생 • 과거 현황 파악의 어려움
통계적 분석법	• 저렴한 비용 • 매출액을 포함한 다양한 정보 취득 용이 • 과거 현황 파악에 유리	• 통계자료의 적시성 문제 • 통계자료의 신뢰성 문제 • 인과관계 추정에 한계
수학적 분석법	• 수학적 방법을 활용하여 과학적 • 인과관계 추정에 유리 • 매출액 추정 등 예측이 가능	• 수학식의 도출이 어려움 • 수학식 도출을 위한 기초자료의 적시성과 신뢰성 문제

표 8-9 주관적 평가법의 사례

구분	내용
상권분석의 검토 결과	• 범계역 상권은 상권 초입인 범계역 2번 출구로부터 가장 많은 인구가 유입된다. 상권의 중심부인 중앙 분수대를 가로 지르는 아파트 진출입로에서도 거주자들이 유입된다. 상권 끝부분에 해당되는 곳은 중앙공원과 접하고 있어 계절적으로는 여름에, 요일을 기준으로 할 때는 주말에 인구가 많이 유입되는 편이다. • 범계역 2번 출구부터 로데오거리의 중앙 분수대까지 1층은 1급지에 해당된다. 1급지에는 주로 판매점(휴대폰 판매점, 화장품 판매점, 여성용품 판매점)과 유명 브랜드의 패스트푸드 전문점, 커피숍 등이 위치하고 있다. • 중앙 분수대부터 중앙공원과 접하는 지역까지의 1층은 2급지이다. 2급지의 1층에는 대중음식점, 치킨호프점 등의 외식업체가 위치하고 있다. • 1급지 점포의 2층 이상에는 커피 전문점과 다양한 서비스업종(병의원, 헤어숍, PC방 등)이 위치한다. 2급지 위치의 점포 2층 이상에는 대개 주류 전문점이 점유하고 있다. • 후면도로의 3급지에는 저가형 일반음식점과 부동산, 기타 서비스업종이 위치하고 있다. • 이상의 상권 내 1~3급지의 업종 구성은 매우 안정적인 형태이며, 중장기적으로 공실인 점포가 거의 발견되지 않는다. 향후 큰 위험요인이 없는 상권으로 안정적인 발전이 예상된다. • 도시가 개발되면서 만들어진 범계역 상권은 형성 후 10년 이상이 지나면서 안정화된 성숙한 상권이다. 인근에 유사한 형태로 개발된 평촌역 상권보다 상권력이 강력하며, 롯데백화점 완공으로 더욱 강력한 상권력을 지닐 것으로 예상된다.

2) 체크리스트법

체크리스트법은 주관적 평가법보다 객관성을 확보하기 위해 '상권과 입지에 영향을 주는 요소들에 대한 평가표(checklist)를 만들어 상권을 진단하는 방법'이다.

상권과 입지의 평가자는 체크리스트에 열거된 평가요소에 대한 질문에 따라 평가항목에 해당되는 사항을 체크하는 형식으로 평가를 진행한다. 이때 평가자는 항목의 해당사

표 8-10 체크리스트법 사례

구분		교통시설	접객시설	배후지인구	유동인구	경쟁 정도
화성시 진안동	매우 우수(5점)					
	우수(4점)					
	보통(3점)		○	○	○	
	나쁨(2점)	○				○
	매우 나쁨(1점)					
점수 총계	13점	2	3	3	3	2
안양시 범계동	매우 우수(5점)	○				
	우수(4점)		○			
	보통(3점)			○	○	○
	나쁨(2점)					
	매우 나쁨(1점)					
점수 총계	18점	5	4	3	3	3
서울시 종로구	매우 우수(5점)	○				
	우수(4점)		○		○	
	보통(3점)					○
	나쁨(2점)			○		
	매우 나쁨(1점)					
점수 총계	18점	5	4	2	4	3

자료: 한양사이버대학원 호텔관광외식MBA 상권분석 프로젝트.

일반적인 체크리스트법 활용 절차

- 상권과 입지 결정에 영향을 미치는 요인을 도출하여 체크리스트 만들기
- 평가자가 체크리스트를 이용하여 후보지 평가하기
- 필요한 경우 각 평가항목에 가중치를 부여하여 전체 점수 결정하기
- 최고 점수를 받은 후보지를 최적입지로 결정하기

항에 '예' 또는 '아니오'로 표시한다. 〈표 8-10〉은 항목을 5등급으로 평가하도록 만든 것이다.

체크리스트법에서 가장 주의해야 할 것은 평가표인 체크리스트를 만드는 일이다. 이를 만드는 데는 상당한 지식이 필요하기 때문에 평가자가 임의로 만들지 말아야 한다. 평가표에는 평가요소가 비교적 구체적으로 제시되어 있어야 한다. 평가표는 전문가에 의해 기존에 개발되어 신뢰성과 타당성이 검증된 항목을 활용한다. 만약 기존에 개발된 항목이 없다면 해당 조사 목적에 맞도록 평가표를 개발해야 한다.

3) 현황조사법

현황조사법이란 '상권과 입지분석을 위하여 반드시 조사해야 할 항목 중에서 누구나 쉽게 파악할 수 있는 내용을 일목요연하게 정리하여 상권을 조사하는 방법'이다. 현황조사법으로 조사하기 위해서는 사전에 조사항목을 확인하고 쉽게 정리할 수 있도록 도표화하는 작업을 선행해야 한다(표 8-11).

4) 설문조사법

설문조사법이란 목표고객과 경쟁점포를 대표할 수 있는 표본을 추출하여 설문조사 또는 인터뷰 등의 방법으로 상권과 입지를 분석하는 방법이다. 이를 실행하기 위해서는 점포를 이용할 것으로 예상되는 전체 소비자, 전체 점포를 대표할 수 있는 표본을 선정하는 것이 무엇보다 중요하다.

표 8-11 현황조사법 사례

구분	분석 항목	경쟁점포						
		B1	B2	B3	B4	B5	B6	B7
점포 개요	상호	에이스치킨	치킨앤비어	오!베리치킨	둘둘치킨	더후라이팬	삼통치킨	오빠닭
	면적	35.4m² (10.7평)	38.7m² (11.7평)	37.8m² (11.4평)	36.9m² (11.1평)	37.8m² (11.4평)	66.4m² (20평)	73.0m² (22평)
	영업 활성화 정도	중	중	중	하	상	상	상
	구조	복층 ×	복층	복층	복층	복층 ×	복층	복층 ×
	주메뉴	프라이드 치킨	크리스피 치킨	순살마늘 치킨	순살파닭	안심프라이드 치킨	프라이드 치킨	순살베이크
	객단가	12,000원	15,000원	13,000원	18,000원	16,800원	15,000원	16,900원

자료: 한양사이버대학원 호텔관광외식MBA 상권분석 프로젝트.

일반적으로 표본을 대상으로 하여 설문지나 인터뷰 등을 통해 상권을 분석한다. 만약 전체를 조사할 수 있다면 굳이 표본을 선정할 필요는 없다. 체크리스트법과 마찬가지로, 점포의 선택 확률에 영향을 미칠 것으로 예상되는 항목을 개발하는 과정이 과학적으로 이루어져야 한다.

5) 통계적 분석법

통계적 분석법은 대표적인 정량적 평가법이다. 이는 거주인구수, 유동인구수, 아파트의 수, 과거 매출자료, 경쟁점포의 실적 등을 분석하여 수치적으로 평가하는 방법'이다. 다양한 평가방법 중 가장 객관적이라고 할 수 있지만, 실제 현장에서 수치자료를 얻는 것이 어려운 경우가 많다. 또 자료를 얻을 수 있다고 해도 많은 비용이 소요되는 경우가 많아 직접 수치자료를 조사하기보다는(1차 자료), 기존의 수치자료를 검색하여 활용(2차 자료)하는 것이 유리하다. 국가통계포털, 중소기업청의 상권정보시스템, 나이스지니데이터의 상권분석시스템과 같은 상권정보 제공 사이트를 활용하면 원하는 자료를 얻을 수 있다.

표 8-12 통계적 분석 사례

상권명	구분	인구수	연령						
			10대 이하	10대	20대	30대	40대	50대	60대
1상권	전체	19,308	2,042	3,306	2,526	3,502	3,887	2,194	1,851
	남	9,335	1,053	1,760	1,193	1,598	1,844	1,156	731
	여	9,973	989	1,546	1,333	1,904	2,043	1,038	1,120
2상권	전체	103,682	11,908	16,291	13,980	20,335	20,109	11,882	9,177
	남	50,694	6,174	8,629	6,735	9,623	9,695	6,200	3,638
	여	52,988	5,734	7,662	7,245	10,712	10,414	5,682	5,539
의견	1상권 및 2상권 거주 인구는 30~40대가 가장 많으며 남성보다는 여성의 인구가 다소 많은 편								

자료: 중소기업청 상권정보시스템 홈페이지

이처럼 다양한 통계정보를 이용한 상권분석시스템이 대중화되면서 일반인도 쉽게 통계적 분석법을 활용할 수 있게 되었다.

6) 수학적 분석법

수학적 분석법은 여러 가지 상권과 입지분석방법 중에서도 가장 과학적이고 합리적인 방법이다. 수학적 분석법의 대표적인 방법으로는 레일리의 소매중력법칙, 컨버스의 상권분기점, 호프모델 등이 있다. 다만 이러한 분석법은 소규모 창업을 위한 상권분석에서 활용하기에는 제약이 너무 많고, 효용성에도 문제가 될 수 있다. 따라서 상권분석을 위해 수학적 분석법을 사용하려면 점포의 특성에 따라 별도의 수학식을 만들어야 한다.

수학적 분석법으로 가장 많이 활용되는 방법은 회귀분석법이다. 이 방법은 요인 도출이라는 측면에서는 체크리스트법과 유사하지만, 과거의 자료를 수집하여 회귀모델의 독립변수로 변환하고 가중치는 자의적 판단이 아닌 실제 관계에 의하여 도출하므로 체크리스트법보다 과학적이라고 할 수 있다. 다만 신생기업의 경우 과거 자료가 없어 활용이 불가능하다는 단점이 있다. 그럼에도 회귀분석을 이용한 수학적 분석법은 다수의 가맹점을 보유한 프랜차이즈 본부의 경우에 유용하게 사용할 수 있다. 예를 들어, 기존 점포의 통계자

더 알아보기

수학적 분석법의 활용

30대와 40대가 주 고객인 삼겹살 전문점 프랜차이즈 본부는, H 대학의 K 교수에게 가맹점의 매출액 정보를 제공하고 신규 가맹점의 상권분석을 위한 수학식을 만들어줄 것을 요청하였다. H 대학의 K 교수는 가맹점이 위치한 상권의 인구통계정보, 경쟁점포 현황, 경제적 변수 등을 파악한 후 가맹점의 매출액을 추정하는 데 유용한 변수를 찾았다.

수학식을 만들기 위한 기존 가맹점의 정보

가맹점	30~40대(천 명)	평균 가계 수입(백만 원)	매출액(백만 원)
사당점	5	30	60
관악점	10	25	85
천호점	7	80	90
강남점	12	85	120
상계점	6	25	40
목동점	14	60	110

K 교수는 다양한 통계적 방법으로 가맹점의 매출액을 설명하는 독립변수를 찾았다. 그것은 상권 내 가맹점의 주 고객인 30대와 40대 인구수, 상권 내 가구의 평균 가계 수입이었다. 이에 따라 인구수와 평균 가계 수입을 독립변수로 투입하고, 매출액을 종속변수로 하여 다중회귀분석한 결과 다음과 같은 회귀식이 도출되었다.

$$y = 9.87 + 5.22x_1 + 0.54x_2$$

다중회귀식에서 y는 매출액, x_1은 인구수, x_2는 평균 가계 수입이다. 해당 삼겹살전문점 프랜차이즈 본부는 경기도 수원점의 개설을 검토 중이다. 개설 가능한 상권의 30~40대 인구수가 8,000명이고 해당 상권 거주자들의 평균 가계 수입이 9,000만 원이라면 수원점의 예상 매출액은 어느 정도일까?

수원점의 매출액을 추정할 때는 위에서 도출한 회귀식에 인구수(x_1)와 평균가계수입(x_2)을 대입하면 된다.

$$y = 9.87 + 5.22 \times 8 + 0.54 \times 90 = 100.23$$

결과에 따르면 수원점의 연간 예상 매출액은 약 1억 원이다.

료로 수학식을 만들어서 신규 가맹점의 상권분석에 사용할 수 있다.

7) 기타 방법

지금까지 살펴본 기법 외에도 유사기업유추법이나 중력모델 등을 활용할 수 있다. 유사기업유추법이란 개점하려는 점포와 유사한 점포의 매출액을 기초로 상권과 입지를 분석하는 방법으로 소매점 입지분석에서 자주 활용된다. 이 방법의 구체적인 활용법은 다음과 같이 후보 점포와 유사한 기존의 점포를 표본으로 선정하여 다음과 같이 매출을 추정하는 것이다.

- 첫째, 유사한 경쟁점포 판별 및 선정
- 둘째, 경쟁점포의 소비자 표본 조사(주거지, 인구통계적 특성, 구매습관 등)
- 셋째, 무작위로 선정된 소비자를 대상으로 면접조사

유사기업유추법은 실제 데이터를 기초로 한 계량화된 예측시스템이라는 장점이 있지만, 경쟁점포 선정 시 주관적 판단에 의존할 가능성이 높다는 단점도 있다.

공간상호작용모델이라고도 하는 중력모델(gravity model)은 소매 관련 서비스기업의 입지결정모델로 활용되며, 고객이 소매점을 선택하는 실제 이동패턴에 관한 과정을 설명한 것이다. 이 모델은 소비자들이 소매점을 선택할 때 이동거리를 최소화한다는 가정에 입각한 것으로, 소비자의 실제 행동을 반영하지 못한다는 단점이 있다.

6 마케팅을 고려한 상권과 입지전략

일반적으로 상권과 입지를 선정할 때, 외식업체의 목표는 주로 이동거리로 측정된 고객의

그림 8-12 온라인 푸드마켓

자료: 더반찬 홈페이지

편리성에 초점이 맞추어지는 경우가 많다. 하지만 소비자의 선택속성이 복잡해지는 상황에서 향후의 마케팅을 고려한 상권과 입지 선정은 반드시 필요하다. 이러한 요구는 상권과 입지에 대한 고정관념을 탈피하게 만드는 '경쟁적 군집화, 포화 마케팅, 중간 마케터, 이동을 대체하는 커뮤니케이션, 인터넷의 영향, 현장부서와 지원부서의 분리'와 같은 현상 때문이다. 여기서는 앞서 다루었던 상권전략(경쟁적 군집화, 포화 마케팅) 외에 추가적인 전략을 살펴보도록 한다.

1) 정보통신기술의 이용

인터넷 및 정보통신기술의 활용은 상권과 입지전략에서 큰 의미를 갖는다. 최근 인터넷은 새로운 유통경로의 역할을 수행하고 있다. 그 예로는 인터넷 쇼핑몰이 대표적이다. 이러한 새 경로는 정보통신기술을 이용한 인적 이동의 최소화를 가능하게 만들었다. 원격 진료, 급여의 계좌 이체, 재택근무 등이 대표적 사례이다. 이에 따라 외식업에서도 인터넷 및 정보통신기술을 활용한 상권전략을 충분히 고려해볼 수 있다. 〈그림 8-12〉와 같은 온라인 푸드마켓은 가정에서 쉽게 만들 수 없는 파티요리나 식재료 등을 반조리 형태로 제공하는 인터넷 쇼핑몰로, 최근 각광받고 있다.

2) 현장부서와 지원부서의 분리

현장부서와 지원부서의 분리를 통한 전략도 생각해볼 수 있다. 최근에는 부서를 분리하여 성공적인 성과를 올리는 외식업체가 많이 있다. 이는 새로운 상권전략의 유형인 듯하지만 이미 오래전부터 활용되어왔던 방법이다. 내부고객과 외부고객의 입장에서 상권과 입지를 결정하기 위한 분석을 해보면, 셀프서비스의 기회나 정보기술을 활용한 물리적 이동 대체의 기회가 다수 존재함을 알 수 있다. 이 같은 현장부서와 지원부서의 분리를 통한 상권전략은 경쟁자에 대한 진입장벽을 구축하거나 규모의 경제를 실현하는 최적의 방법이 되기도 한다.

이러한 전략의 대표적 성공 사례로는 타코벨의 CK(Central Kitchen, 중앙주방시스템)를 들 수 있다. 푸드트럭(Food Truck) 역시 현장부서와 지원부서의 매우 유용한 분리전략에 해당한다.

3) 생산과 소비의 분리

상권과 입지전략으로 생산과 소비를 분리하는 경우도 있다. 보통 외식업체는 대표적인 서비스업으로, 생산과 소비가 동시에 일어난다는 특징이 있다(그림 8-13). 음식점의 예를 들면, 고객은 음식점을 방문하여 현장에서 주문하고 그렇게 생산된 상품을 현장에서 소비한다. 그런데 생산과 소비의 동시성을 분리하려는 노력이 바로 전략의 중요한 포인트가 되기도 한다.

그러한 노력의 대표적인 사례가 바로 테이크아웃과 딜리버리서비스이다. 최근에는 패스트푸드의 대표 업종인 햄버거 전문점들이 배달서비스를 시작하였고, 커피 전문점들도 테

더 알아보기

현장부서와 지원부서 분리의 성공 사례

미국의 멕시칸 패스트푸드 체인점인 타코벨(Taco Bell)은 1980년대 초에 심각한 위기에 직면해 있었다. 타코벨은 여러 분기 동안 마이너스 성장을 하고 있었는데, 이는 다음과 같은 문제점에서 비롯된 것이었다.

- 어두운 매장
- 한정된 메뉴
- 진부한 광고
- 멕시코계 전화회사로 착각할 정도의 낮은 인지도

당시에 새로 취임했던 존 마틴(John E. Martin) 사장은 고객의 소리를 경청한 결과 더 낮은 가격으로 더 많은 것을 원하는 고객의 욕구에 맞추기 위해 과감한 변화를 추진하기로 했다. 그들은 고객이 중요하게 생각하지 않는 것에 대한 관심을 줄이고, 높은 가치를 제공하고자 다음과 같은 사항에 더 큰 관심을 기울였다.

- 우리의 고객은 누구이고 그들의 요구는 무엇인가?
- 고객의 요구를 충족시킬 수 있는 상품에는 어떤 것이 있는가?
- 그러한 상품을 어떻게 개발하고 제공할 수 있는가?

존 마틴 사장은 이와 같은 가치 프로그램을 도입하여 1988년에서 1992년까지 패스트푸드 서비스의 면모를 혁신하였다. 그중에서도 입지와 관련된 혁신은 고객이 중요하게 생각하지 않는 부문에 대한 것이었다. 예를 들면, 주방 없는 레스토랑(K-Minus, restaurant without kitchens)의 개념을 도입한 것이다. 그들은 음식의 최종 조합과 데우기를 제외한 나머지 이전 과정은 중앙으로 이관하여 지루하고 복잡한 조리과정을 없앰으로써 보다 저렴한 가격에 신속하게 음식을 제공하게 되었다. 이러한 조치에 따라 본사는 식자재 구매 시 규모의 경제를 실현하여 낭비를 덜 할 수 있었으며, 매장은 고객을 위한 공간이 30~70% 증가하고 서비스의 질도 높일 수 있었다.

자료: 김연성(2002). 서비스 경영-전략, 시스템, 사례. 발췌 재구성.

그림 8-13 생산과 소비의 동시성

이크아웃을 기본으로 하고 있으며 그 밖에 여러 음식점에서도 테이크아웃을 기본으로 하고 있다. 따라서 창업자들은 자사의 점포에서 생산과 소비를 분리할 수 있는지 여부와, 만약 분리할 수 있다면 어떤 품목을 어떻게 분리할지를 검토해야 한다(그림 8-14).

경기도 의왕에 위치한 부대찌개 전문점 '발리부대찌개'는 아파트 상권이라는 위치에 착안하여 포장서비스를 활성화해서 커다란 성공을 거둔 대표적인 사례이다.

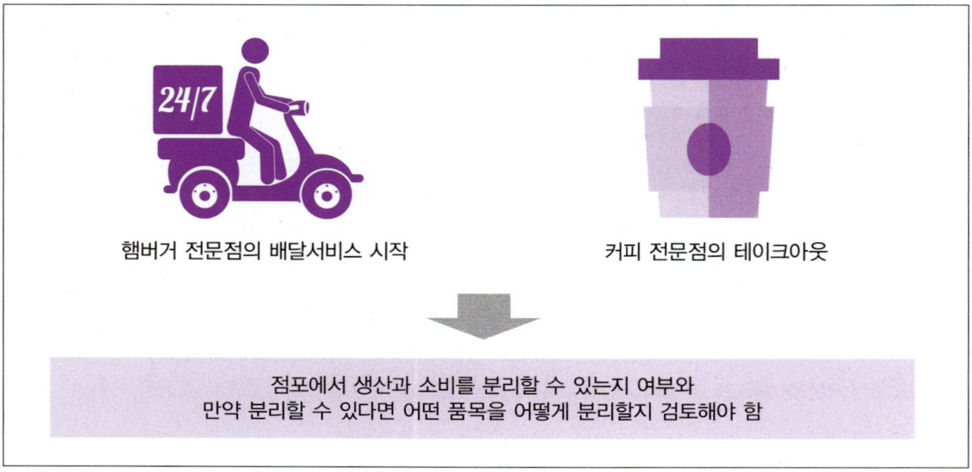

그림 8-14 생산과 소비를 분리하는 사례

4) 상권과 입지의 수명주기

상권과 입지전략에서는 수명주기도 고려해야 한다. 대개 외식업체 경영자들은 상권의 성패를 수명주기 측면에서 판단해야 한다는 인식을 제대로 하지 못하는 경우가 많다. 제품의 수명주기에도 관리가 필요하듯 상권도 도입기-성장기-성숙기-쇠퇴기로 구분하여 성패를 예측하려고 노력해야 한다.

신도시 상권의 경우 초기의 5년을 도입기라 하고 10년까지를 성장기, 20년까지를 성숙기, 그 이후를 건물의 노후화, 과도하게 높은 임차료 등과 같은 상황에 따라 쇠퇴기로 볼 수 있다(그림 8-15).

경험이 많은 경영자들은 신도시가 만들어지면 이러한 수명주기를 고려하여 수익을 극대화하는 전략을 추구한다. 예를 들면, 도입기는 상권이 형성되기 전이라 안정성이 떨어져 사업자가 수시로 바뀐다. 따라서 신도시가 만들어졌다면 도입기에 창업과 폐업이 어떻게 이루어지는지 잘 살펴보는 것이 바람직하다. 도입기에는 점포의 권리금이 거의 없거나 매우 낮으므로 예비 창업자들이 창업비용을 절감할 수 있다는 장점이 있다. 도입기를 지나 성장기 초기에 접어들면 권리금이 형성되기 시작하지만 수익성은 아직 낮은 편이다. 다만 도입기를 잘 이겨낸 점포는 성장기에 높은 수익을 실현하고 높은 권리금을 받을 수 있는 기회를 잡을 수 있다. 이때까지는 프랜차이즈 가맹점보다는 개인 창업이 다수를 이루는 특징이 있다.

10년 내외의 기간이 되면 상권이 본격적인 성장기에 접어들고 경쟁이 치열해진다. 상권

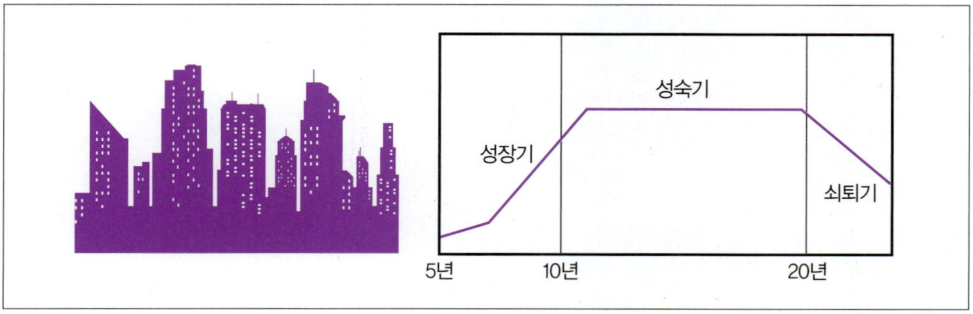

그림 8-15 상권과 입지의 수명주기

이 형성되어 권리금이 최고조에 달하고 독립 창업보다는 프랜차이즈 가맹점 창업이 늘어난다. 상권의 업종 구성이 이상적인 형태로 자리 잡아 1급지, 2급지, 3급지가 명확해지기도 한다. 예를 들면 상권 초입은 유동인구가 많아 판매업종이 주를 이루는 1급지, 그 이후 지점의 1층과 2층은 음식점이 주로 위치하는 2급지, 건물의 3층 이상이나 후면 도로변이 3급지로 정착된다. 이 같은 상권의 수명주기에 따른 상권전략을 가지고 창업과 경영을 한다면 큰 성공을 거둘 수 있을 것이다.

학습 요약

1 외식업체 상권·입지는 '외식업체 매출의 하한선과 상한선을 결정하는 요인으로 상권은 고객의 거주범위, 입지는 제품 및 서비스와 고객이 만나는 위치적 조건'을 의미한다.

2 외식업체의 상권·입지는 장기 고정투자로 한 번 결정하면 변경할 수 없고, 외식업체의 매출에 커다란 영향을 미치는 중요한 요소이다. 따라서 외식산업을 상권·입지산업이라고 부르기도 한다.

3 상권·입지는 전통적으로 진입장벽, 수요 창출의 역할을 하였으며 유연성, 경쟁적 위치 선정, 수요관리, 초점화 등의 역할을 하였다.

4 서비스 전달 유형에 따른 상권·입지 결정 목표를 구분하면 다음과 같다.

- 고객이 외식업체를 찾는 경우: 매출의 극대화가 입지 선정의 목표
- 외식업체가 고객을 찾는 경우: 유통비용의 최소화 및 서비스 수준의 극대화가 입지 선정의 목표
- 정보기술을 통한 간접적 접촉: 운영비용의 최소화가 입지 선정의 목표
- 고객과 접촉이 없는 경우: 운영, 유통, 배달비용의 최소화가 입지 선정의 목표

5 상권·입지 선정 시 고려사항은 다음과 같다.

- 충분한 수요의 존재 여부: 수요층, 수요량, 수요자 접근성
- 건물 특성 및 환경요인: 주차공간의 적정성, 건물의 매력도, 임대비용 적정성, 면적의 적정성, 적절한 기능의 가용 노동력, 주변환경, 정부 및 지자체의 정책, 세금

6 마케팅을 고려한 상권·입지전략을 분류하면 다음과 같다.

- 경쟁적 군집화: 유사 외식업체의 군집화가 고객의 편리성 증대
- 포화 마케팅: 도심지 등에 동일 점포를 집중시키는 방식
- 정보통신기술 및 인터넷의 영향: 고객의 이동 및 접촉을 최소화시켜주는 새로운 유통경로
- 현장부서와 지원부서의 분리: 고객의 참여를 차단시켜서 지원 부문을 공장화하는 방식

토의문제

1 외식업체의 마케팅을 위해 상권과 입지를 어떻게 정의하는 것이 좋은지 정리해보자.

2 브랜드가 동일한 2개의 점포를 대상으로 상권과 입지의 차이로 인하여 통합적 마케팅활동을 달리해야 하는 사례를 찾아서 제시해보자.

3 다음 논문을 참조하여 국내 프랜차이즈 브랜드의 1호점 개점을 위한 상권과 입지 선정에 영향을 미치는 요인을 정리한 후, 현재 시점에서 논문의 결론을 비평(또는 평가)해보자.

이영희(2009). 서울지역 외식산업 프랜차이즈 1호점의 공간입지분석. 대한지리학회, 44(4). pp.535-543.

4 이 책에서 제시한 내용을 중심으로 하여 국내의 마케팅을 고려한 상권과 입지전략 사례를 찾아 정리하고, 자사 점포나 브랜드에 적용할 수 있는 방안을 제시해보자.

9장

학습목표

- 촉진의 개념을 이해하고 중요성을 설명할 수 있다.
- 촉진 믹스로서 광고, 홍보, 판매촉진, 인적판매 등의 활용방법과 통합적 커뮤니케이션을 구체적으로 설명할 수 있다.
- 판매촉진을 위해 사용할 수 있는 쿠폰 활용법과 구매시점 커뮤니케이션 등을 설명할 수 있다.

1 촉진의 정의와 도구

촉진은 영어로 'Promotion'이라 하고, 국어사전에는 '다그쳐 빨리 나아가게 함'이라고 정의되어 있다. 외식사업 마케팅에서 촉진은 외식업체들이 매출 증대를 위해 활용할 수 있는 다양한 방법 중 하나로 '메뉴와 서비스에 대한 정보를 고객에게 널리 알려 구매하도록 설득하기 위한 일련의 활동'이다. 즉, 소비자의 욕구를 자극할 목적으로 외식업체의 메뉴와 서비스를 잠재고객에게 알리는 활동이 바로 촉진이다. 다만 이러한 개념은 다분히 기업 중심적이므로 소비자 중심적으로 촉진을 다시 정의할 필요가 있다. 다시 말해 촉진이란 '고객 개개인이 평생가치가 극대화되는 구매의사 결정을 할 수 있도록 광고, 판매 촉진, 홍보, 인적판매, 스폰서십 마케팅, 구매시점 커뮤니케이션을 통합적으로 하는 활동'으로 정의할 수 있다(그림 9-1).

촉진은 표적시장에 따라 다르지만, 목표고객을 대상으로 기존고객은 제품과 서비스를 더 많이 사용하도록 권장하고, 신규고객은 시험적으로 사용해보도록 권유하여 새로운 고객을 개척하는 것을 목적으로 이루어진다. 여러 가지 촉진 믹스도구는 개별이 아닌 적절한 조합을 통해 외식업체의 가치를 전달하게 된다.

1990년대부터 외식업체들의 마케팅에서 '촉진'이라는 용어가 '마케팅 커뮤니케이션'이라는 용어로 대체되기 시작했다. 촉진이 결과적으로 커뮤니케이션 활동임이 드러나기 시

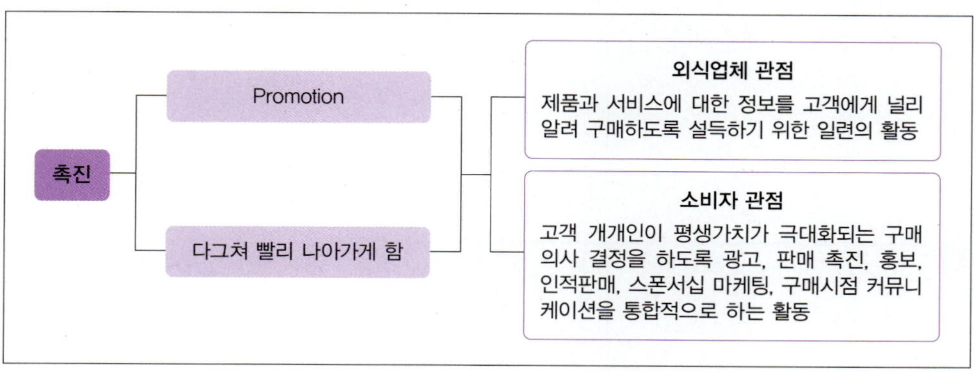

그림 9-1 촉진의 정의

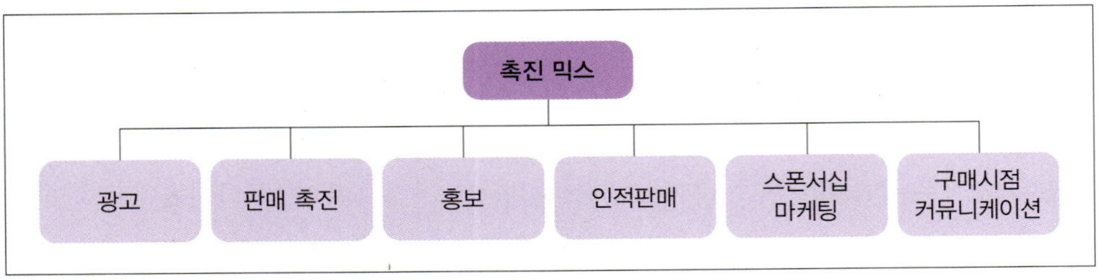

그림 9-2 촉진 믹스

작했기 때문이다. 특히 다양한 마케팅활동 중에서도 촉진은 외식업체와 고객 간의 커뮤니케이션을 활성화시켜서 상호간의 의미 있는 교환 혹은 수익성 있는 교환이 일어나도록 가치를 공유하는 과정이라는 점에서 더욱 그러하다.

외식업체들이 촉진을 위해 사용할 수 있는 수단에는 여러 가지가 있으며, 이런 다양한 수단을 통합적으로 칭할 때 '촉진 믹스' 또는 '마케팅 커뮤니케이션 믹스'라고 한다. 촉진 믹스는 광고(advertising), 판매 촉진(sales promotion), 홍보(public relations 또는 publicity), 인적판매(personal selling), 스폰서십 마케팅(sponsorship marketing), 구매시점 커뮤니케이션(point of purchase communication) 등으로 구성된다(그림 9-2).

다양한 촉진 믹스도구는 각각의 장점과 단점을 가지고 있다. 마케터는 한 가지 도구에만 의존하지 말고 모든 요소를 적절하게 조합하여 최적의 촉진 믹스를 구성하도록 노력해야 한다. 왜냐하면 모든 도구에는 각각의 특징이 있어서 적절하게 결합했을 때 목표고객에게 외식업체의 브랜드 인지도를 높일 수 있으며, 브랜드 이미지를 강력하고 호의적으로 형성할 수 있기 때문이다.

2 통합적 마케팅 커뮤니케이션

촉진 믹스도구를 적절하게 활용하기 위해서는 해당 도구의 발전과정을 이해할 필요가 있

그림 9-3 촉진 믹스 활용의 발전과정

다. 촉진 믹스도구의 활용방법은 과거 대중적 대량 마케팅에서 세분화된 표적고객을 대상으로 한 표적 마케팅을 거쳐, 최근에는 고객 개개인의 특성을 반영하여 실시하는 개인화된 일대일 형태로 발전하고 있다(그림 9-3).

과거에는 외식업체들이 쿠폰 발송 시 모든 고객에게 동일한 쿠폰을 제공했다. 하지만 시간이 지나면서 고객의 성별·연령별로 차별화된 쿠폰을 제공했고, 최근에는 POS를 통해 축적된 개인별 구매특성에 따라 각 고객에게 모두 다른 개인화된 쿠폰을 제공하는 수준까지 발전했다.

이와 같은 변화는 소비자와 미디어환경의 변화로부터 기인한다. 과거에는 소비자들이 주로 대중매체를 통해 정보를 취득하였다. 하지만 어느 순간부터 소비자들은 자신이 필요한 정보를 직접 취득하기 위한 활동을 시작했다. 가장 대표적인 변화가 인터넷 검색이다. 최근에는 이동 중에 스마트폰을 가지고 실시간으로 원하는 정보를 찾아내는 수준까지 발전했다. 이렇듯 소비자의 미디어 활용능력이 발전하면서 외식업체들도 매스미디어에 대한 의존도를 줄이고 개인화된 미디어, 전문화된 미디어를 더 많이 활용하기 시작했다.

예를 들면 TV, 신문, 잡지 등과 같은 대중매체보다는 블로그, 페이스북, 인스타그램, 카카오스토리와 같은 소셜 네트워크 서비스에 대한 마케팅 커뮤니케이션 의존도가 높아지고 있다.

소비자 욕구의 다양화, 마케팅 커뮤니케이션 도구의 개인화 및 차별화가 진행되면서 외식업체들의 고민이 더욱 커지고 있다. 치열한 경쟁환경 속에서 수많은 소비자의 욕구에 최적화된 커뮤니케이션 모델을 구축해야 하는 문제에 직면한 것이다. 너무 많은 촉진 믹스도구를 어떻게 결합하여 최고의 성과로 연결시킬까 하는 문제는 외식업체가 시급히 해결해야 할 당면과제가 되었다. 이제 외식업체들은 〈그림 9-4〉와 같은 통합적 마케팅 커뮤니케이션(Integrated Marketing Communication: IMC)을 적극적으로 도입해야 한다. 특

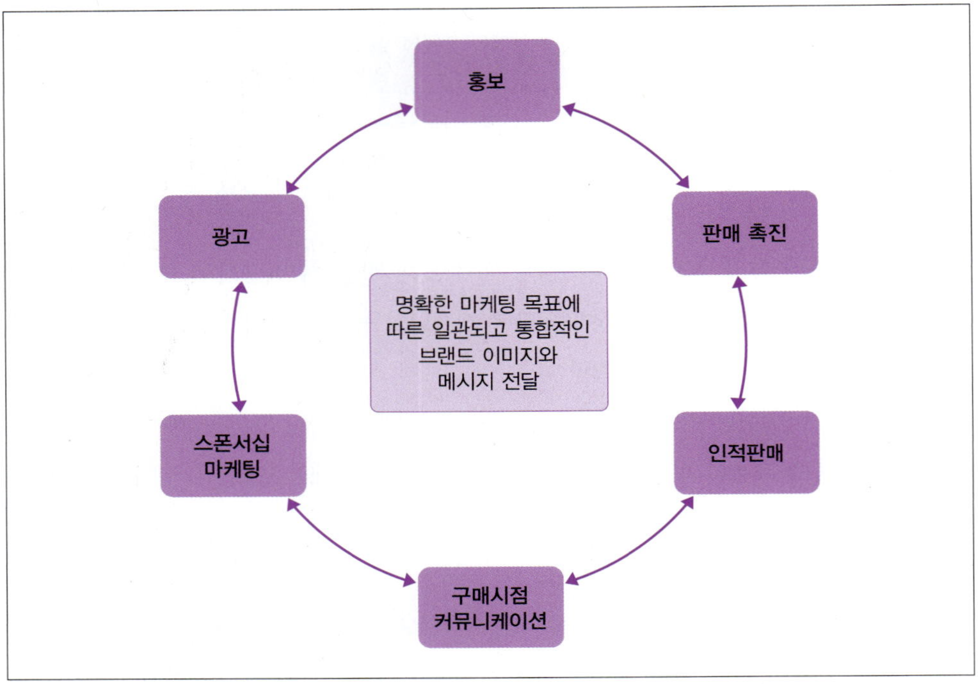

그림 9-4 통합적 마케팅 커뮤니케이션

히 각 마케팅 믹스도구를 최적화시키는 구체적인 조합을 찾아내는 것이 무엇보다도 중요한 마테터의 과업 중 하나가 되었다.

통합적 마케팅 커뮤니케이션에 대한 요구가 커지는 이유는 소비자들이 원하는 정보와 커뮤니케이션 매체가 지속적으로 늘어나고 있으며 복잡해지고 있기 때문이다. 국내의 경우를 보면 2015년 말을 기준으로 통계청에 등록된 일간지, 통신, 주간·인터넷 신문 등 정기간행물(언론사)이 1만 8,712개에 이른다. 이 중에서 인터넷 신문으로 분류된 매체만 무려 6,650개에 이르러 현재는 이보다 더 많은 수의 매체가 존재할 것으로 추정된다. 이와 같은 언론사 외에도 카카오스토리, 밴드, 페이스북, 네이버 카페, 스노우, 인스타그램, 다음카페, 트위터, 빙글, 텀블러, 비트윈, 모씨, 스타일쉐어, 블라인드, 핀터레스트, 어라운드, 폴라, 링크드인, 스탭챗과 같은 소셜 네트워크 서비스가 이용되고 있다.

모든 매체를 대상으로 마케팅 커뮤니케이션을 추진할 필요는 없다. 다만 지속적으로 변화하는 커뮤니케이션 환경에 적응하고 통합적인 촉진활동을 하기 위해 지속적인 영향력과 활용도에 대한 검증이 이루어져야 한다.

결국 마케터들은 이러한 요구에 부응하고자 수많은 정보를 접하고 생산하며 매체를 활용해야 하는데, 그러다 보면 복잡하게 꼬인 촉진 믹스의 체계적 관리에 한계를 느낄 수 있다. 이상의 문제를 해결하기 위해 외식업체들은 과학적이고 논리적인 방법으로 통합적 마케팅 커뮤니케이션을 수행하고자 한다. 예를 들면, 촉진 믹스도구들의 역할을 오프라인과 온라인으로 나누어 배분하고, 각 도구를 활용하기 위한 수준을 정하기 위해 노력한다. 좀 더 구체적으로 살펴보면 마케터들은 일·주·월·분기·반기·연간 촉진계획을 세우고 실행하며 통제하는 구조를 만들고, 가능하면 자동적으로 관리 가능한 시스템을 구축하고자 고민하게 된다.

3 커뮤니케이션 과정과 개발 단계

1) 커뮤니케이션 요소와 과정

외식업체의 마케팅 커뮤니케이션은 목표고객의 단기적 반응과 인지도 상승에 치우치는 경향이 강하다. 특히 소규모 업체일수록 빠른 시간에 마케팅 성과를 높이려고 무리한 시도를 하는 경우가 많다. 하지만 마케팅 커뮤니케이션은 장기적인 고객관계를 활성화시키는 것을 목표로 해야 한다.

갈수록 복잡해지는 소비자를 만족시키고 시험구매에 이은 반복구매가 가능하게 만들기 위해 외식업체는 고객에게 더욱 가까이 다가갈 수 있는 방법을 찾음과 동시에 고객이 외식업체에 다가올 수 있게 만드는 방법을 제시할 수 있어야 한다.

마케팅 커뮤니케이션은 목표고객이 외식업체와 만나는 모든 접점을 이해하고 효과적·효율적으로 커뮤니케이션이 작용하도록 만들어야 하는데, 그 구성요소는 〈그림 9-5〉와 같이 크게 구성원, 도구, 기능, 잡음으로 구성된다.

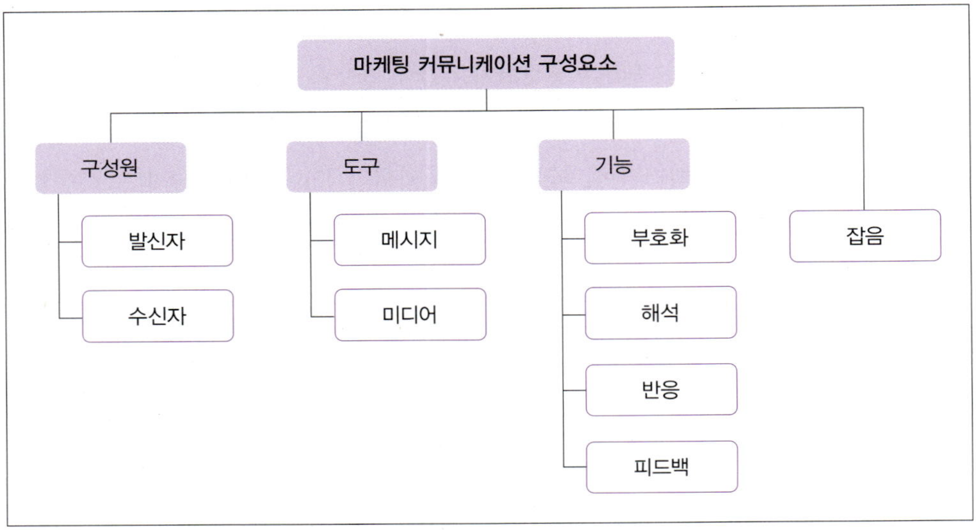

그림 9-5 마케팅 커뮤니케이션 구성요소

이 같은 9가지 구성요소를 커뮤니케이션 과정에 따라 정리하면 〈그림 9-6〉과 같이 표현할 수 있다. 외식업체는 발신자로서 자신들의 브랜드 및 메뉴 등을 상징적인 행태로 전환

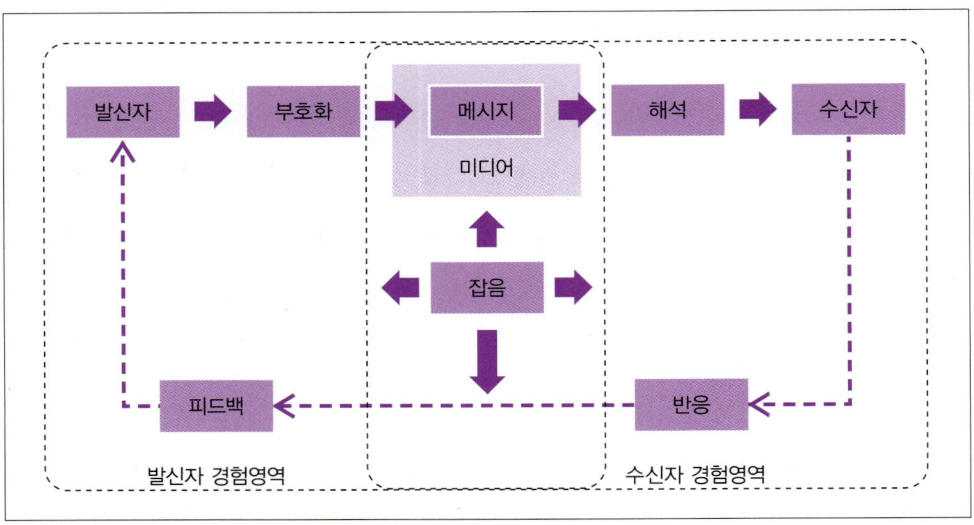

그림 9-6 마케팅 커뮤니케이션 구성요소의 커뮤니케이션 과정
자료: P. Kotler, G. Armstrong(2015). Philip Kotler의 마케팅원리, p.428.

하는 부호화를 거치게 된다. 이렇게 만들어진 메시지가 다양한 미디어 매체를 통해 수신자인 소비자에게 전달되면 소비자는 부호화되어 전달된 상징들에 의미를 부여하여 해석하게 된다. 수신자는 해석된 메시지에 반응하게 되고 이러한 반응은 다시 발신자에게 피드백의 형태로 전달되는 순환과정을 거치게 된다. 물론 발신자와 수신자의 커뮤니케이션 간에는 뜻하지 않은 잡음이 생겨서 왜곡이 일어나기도 한다.

이와 같은 과정에서 발신자인 외식업체는 다음과 같은 의문을 가지게 된다. '수신자인 소비자에게 메시지가 잘 전달되려면 어떻게 되어야 할까?' 하고 말이다. 따라서 외식업체의 마케터는 다음과 같은 내용에 주의를 기울여야 한다.

- 첫째, 수신자인 목표고객이 누구이고 발신자의 의도대로 수신자가 해석할 수 있도록 부호화해야 한다.
- 둘째, 메시지를 전달하기 위한 매체로는 수신자가 실제로 사용하고 있으며 비용 대비 효과가 가장 큰 것을 선택해야 한다. 아무리 부호화가 잘된 메시지라도 결국 잘못된 매체를 선택하면 커뮤니케이션이 불가능하다.
- 셋째, 발신자는 반드시 수신자의 반응을 측정할 수 있어야 한다. 만약 측정 불가능한 부호화와 매체를 선택했다면 커뮤니케이션 활동의 관리가 불가능하다. 즉, 소비자의 반응에 대한 피드백이 불가능하게 되고 외식업체의 경쟁력을 강화시킬 마케팅 커뮤니케이션의 발전을 기대할 수 없게 된다.

2) 커뮤니케이션 개발 프로세스

외식업체는 통합적인 마케팅 커뮤니케이션을 위한 촉진 믹스를 개발하기 위하여 〈그림 9-7〉과 같은 단계를 거쳐야 한다. 가장 먼저 목표고객 또는 목표 수신자를 정하는 일부터 시작한다.

목표고객인 커뮤니케이션 수신자가 정해지면, 커뮤니케이션 목표를 설정한다. 여기서 커뮤니케이션 목표 설정은 목표고객이 구매 준비 단계의 어떤 영역에 위치하느냐에 따라 달라진다. 일반적으로 소비자들의 구매 준비 단계는 제품이나 브랜드에 대한 '인지, 지식,

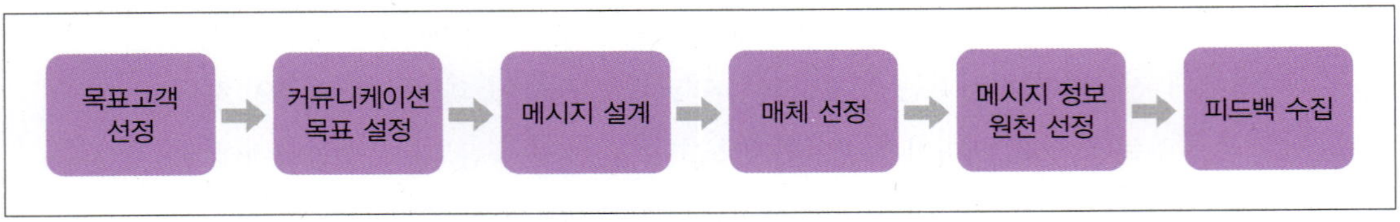

그림 9-7 커뮤니케이션 개발 프로세스
자료: P. Kotler, G. Armstrong(2015). Philip Kotler의 마케팅원리, pp.427–435.

호감, 선호, 확신'의 단계를 거친 후 구매에 이르게 된다. 따라서 소비자가 어떤 단계에 있느냐에 따라 커뮤니케이션의 목표와 촉진 믹스의 활용에 차이가 발생한다. 예를 들면, 소비자가 해당 외식업체의 브랜드를 전혀 알지 못하는 상황에서는 커뮤니케이션의 목표가 '인지'를 하게 만드는 것이 될 수 있다.

커뮤니케이션 목표가 정해졌다면 마케터는 효과적인 메시지를 개발하는 단계에 들어간다. 메시지 설계는 〈그림 9-8〉과 같이 메시지 내용, 메시지 구조, 메시지 형태 순으로 진행된다.

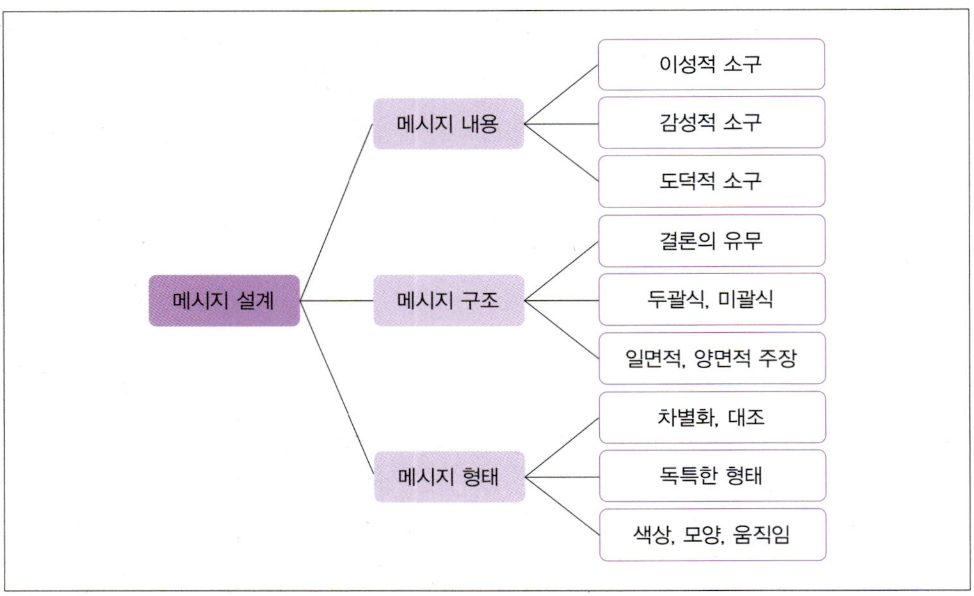

그림 9-8 메시지 설계방법
자료: P. Kotler, G. Armstrong(2015). Philip Kotler의 마케팅원리, pp.431–433.

메시지 설계가 끝나면 마케팅 커뮤니케이션을 위한 매체를 선택한다. 매체는 오프라인 매체와 온라인 매체로 구분하여 외식업체의 활용능력과 비용 등을 고려하여 선택한다. 다음으로는 메시지를 전달할 신뢰할 만한 정보의 원천을 찾는다. 이때 일반적으로 전문가나 유명인을 이용하는 경우가 많은데, 외식업체의 경우에는 전문가보다는 연예인 같은 대중적 인지도가 높은 사람을 이용하게 된다.

통합적 마케팅 커뮤니케이션의 마지막은 피드백을 수집하는 단계이다. 이 과정에서는 그동안 커뮤니케이션을 위해 노력한 메시지가 목표고객에게 미친 영향을 측정하고 해당 수치가 목표치에 도달했는지 파악한다. 만약 성과가 목표를 초과하거나 미달했다면 그 원인을 찾아 개선방안을 수립해야 한다.

4 촉진예산과 믹스의 개발

지금까지 촉진 믹스를 실행하기 위한 통합적 마케팅 커뮤니케이션에 대한 전반적인 내용을 살펴보았다. 다음 단계에서는 이를 실행하기 위해 필요한 예산과 촉진 믹스도구의 개발이다. 지금부터 이에 대한 구체적인 내용을 살펴보도록 하자.

1) 촉진예산의 수립

촉진활동을 함에 있어 외식업체가 직면하는 가장 큰 문제는 예산을 얼마나 사용할 것이냐이다. 일반적으로 촉진예산을 결정하는 방법은 〈표 9-1〉에서 제시한 바와 같이 4가지 방법이 주로 활용된다. 외식업체는 자사의 상황에 따라 적절한 촉진예산결정법을 이용한다.

표 9-1 촉진예산결정법

구분	방식 및 장단점
가용예산할당법	• 외식업체가 감당할 수 있다고 생각하는 수준에서 촉진예산을 설정하는 방식 • 장점: 여유자금 범위 내에서 촉진예산 지출 • 단점: 연간 촉진예산이 불확실하고 장기적 계획이 어려움
매출액비율법	• 현재 또는 예상되는 매출액의 일정비율을 촉진예산으로 설정하는 방식 • 장점: 사용이 편리하고 촉진비용과 수익 간의 관계 판단이 쉬움 • 단점: 예산이 매출에 따라 달라지므로 장기적 계획이 어려움
경쟁사대비할당법	• 경쟁사가 지출하는 촉진예산을 고려하여 설정하는 방식 • 장점: 산업 전체의 추세와 지혜를 반영할 수 있음 • 단점: 자사만의 특성을 반영하지 못함
목표대비할당법	• 촉진 믹스를 통해 달성하기를 원하는 성과에 근거해서 예산을 설정하는 방식 • 장점: 가장 논리적인 방식으로 지출된 금액과 성과 간의 관계에 대한 가정을 명확하게 설명할 수 있음 • 단점: 활용이 가장 어려움

자료: P. Kotler, G. Armstrong(2015). Philip Kotler의 마케팅원리. pp.438-439.

2) 촉진 믹스 개발

촉진 믹스를 활용한 통합적 마케팅 커뮤니케이션의 가장 큰 목적은 촉진 믹스도구들을 조화시켜 최적의 결합을 만들어내는 것이다. 다만 이러한 조화는 외식기업이 처한 환경과 특성에 따라 얼마든지 달라질 수 있다. 한 예로, 과거 경쟁관계였던 스타벅스와 카페베네는 연간 촉진예산으로 비슷하게 100억 원을 사용했는데, 스타벅스는 이 비용을 주로 판매촉진에 사용한 반면 카페베네는 이 비용을 주로 광고에 사용했다. 결과적으로 두 외식기업의 촉진 믹스도구 활용을 위한 의사 결정은 촉진 믹스 개발에 영향을 미쳤고 예산 사용에도 큰 차이를 발생시켰다.

이미 살펴보았던 바와 같이 각 촉진도구는 저마다의 특징과 장단점을 가지고 있다. 외식업체의 경영자와 마케터는 〈표 9-2〉와 같은 내용을 참고하여 촉진 믹스의 통합적 활용 전략을 수립해야 한다.

촉진예산과 촉진 믹스도구의 적절한 배분과 활용방안이 결정되었다면, 외식업체는 촉

표 9-2 다양한 촉진 믹스도구의 특징과 방법

구분	특징	방법
광고	외식업체가 많은 비용을 부담하여 단시간에 큰 시장을 대상으로 알리는 데 효과적인 활동	TV, 라디오, 신문, 잡지 광고
판매촉진	특정 목적에 의한 일방적 커뮤니케이션으로, 단기적 인센티브로 강하고 신속한 반응을 얻을 수 있는 활동	쿠폰, 할인, 경품 등
인적판매	판매원을 매개로 하는 촉진수단으로 면대면 판매활동	영업사원에 의한 판매활동
홍보	외식업체의 비용 부담이 없으며, 제품이나 서비스에 대한 내용을 보도자료 형식으로 매체에 알리는 활동	라디오, TV, 신문 등의 기사, 강연활동 등
구매시점 커뮤니케이션	구매시점에서 소비자의 구매의사 결정에 영향을 미칠 목적으로 외식업체들이 사용하는 커뮤니케이션 도구	POP, 디스플레이, 포스터, 각종 사진
스폰서십 마케팅	사회공헌활동이나 타 기관의 이벤트와 연결시킴으로써 관심을 제고시키는 커뮤니케이션 활동	사회공헌활동, 다른 기관의 이벤트 연계

진 믹스요소들이 회사의 비전과 브랜드 정체성 및 메시지에 부합되도록 통합적으로 진행되게끔 노력해야 한다.

5 촉진 믹스의 구체적인 커뮤니케이션 도구

지금까지 촉진 믹스를 활용하여 통합적 마케팅 커뮤니케이션을 어떻게 진행하는지에 대한 내용을 살펴보았다. 이후 구체적인 마케팅 커뮤니케이션 도구에 대해 자세히 살펴본다.

촉진을 마케팅 커뮤니케이션이라고 하는 이유는 다양한 마케팅활동 중에서 외식업체와 소비자가 상호 소통하는 데 가장 적극적인 역할을 하는 도구들의 집합이기 때문이다. 그리고 그러한 커뮤니케이션은 1~2개의 수단을 이용하기보다는 통합적으로 활용할 때 최고의 효과를 낼 수 있다. 따라서 외식업체의 마케터들은 촉진 믹스를 구성하는 다양한 도구를 자신들이 수립한 마케팅 목표를 달성할 수 있는 최적의 결합으로 만들어서 활용해야 한다.

1) 광고

외식업체는 맛있는 메뉴, 친절한 서비스, 멋진 분위기와 같은 가치를 만들어내는 것, 그 이상의 무엇인가를 해야 한다. 아무리 멋진 최고의 가치를 만들어낸다 해도 목표고객에게 그러한 가치가 전달되지 못한다면 무슨 소용이 있겠는가. 마케터는 외식업체가 만들어낸 가치를 목표고객에게 정확하고 설득력 있게 전달하기 위해 다양한 촉진 믹스를 활용할 줄 알아야 한다. 그중에서도 광고(advertising)는 매우 유의미한 커뮤니케이션 도구임에 틀림없다.

광고란 "소비자를 대상으로 제품과 서비스의 판매 또는 외식업체의 이미지 증진 등을 목적으로 이에 필요한 정보를 비대면 매체를 통하여 유료로 전달하는 프레젠테이션과 촉진행위"를 의미한다. 광고는 어떤 것을 알리고 설득하기에 유용하다. 다만 광고주가 비용을 지불해야 한다는 부담이 있다. 광고를 집행할 때 비용이 드는 것은 대량 커뮤니케이션이 가능한 TV, 라디오, 신문, 잡지와 같은 대중매체를 활용하기 때문이다.

광고는 특정 기업이나 개인을 대상으로 하는 다이렉트 커뮤니케이션도 포함하는데, 최근에는 오프라인 매체와 온라인 매체로 광고의 유형을 나누기도 한다. 광고는 대중에게 짧은 시간에 정보를 알리고자 할 때 유용하며, 전체 금액은 고객 1인당 비용으로 환산하면 저렴하다는 장점이 있다. 경쟁시장에서 정보의 전달 지연이 곧 패배로 직결된다는 점을 고려하면, 대량으로 전달되는 광고의 효과와 비교할 때 광고비용은 비교적 낮다고 할 수 있다. 외식업체들은 광고를 통해 자사의 제품을 일시에 널리 알릴 수 있다.

그림 9-9 도미노피자의 공중파 TV광고 사례
자료: 도미노피자 홈페이지

다음의 〈표 9-3〉은 국내 프랜차이즈

표 9-3 프랜차이즈 기업의 광고비 지출 현황

구분	교촌치킨				BHC치킨			
	2021년		2020년		2021년		2020년	
	금액(백만 원)	비율	금액(천원)	비율	금액(천원)	비율	금액(천원)	비율
매출액	493,460		435,823		477,088		400,394	
광고선전비	5,899	1.2	5,798	1.3	7,543	1.6	7,215	1.8

기업 중에서 두 기업의 2020 회계연도와 2021 회계연도의 손익계산서를 기초로 광고비 현황을 정리한 것이다. 2021년을 기준으로 살펴보면, 교촌치킨은 약 59억 원을 지출하였고, BHC치킨은 약 75억 원을 지출하였다.

소비자가 광고를 통해 얻은 정보는 간접적인 것이어서 광고를 통해 제품 구매를 설득시키는 데 한계가 있다는 점에 유의해야 한다. 단순히 광고만으로 높은 매출을 올리거나 고객충성도를 높이겠다는 것은 위험한 발상이다.

광고는 소비자에게 메시지를 반복해서 보여줌으로써 대중의 무의식 속에 자리매김하는 하나의 수단이다. 외식업체는 이를 구체적으로 표현하기 위해 소리, 색상, 인쇄를 이용하기도 한다(그림 9-10).

광고에 활용되는 매체는 TV, 신문, 잡지, 라디오, 인터넷 등 다양하다. 광고매체는 유형별로 특징과 장단점이 다르므로 외식업체와 목표고객의 특성 등을 고려하여 통합적으로 활용하는 지혜가 필요하다. 잡지는 외식업체의 이미지를 반복적·효과적으로 알리는 수단

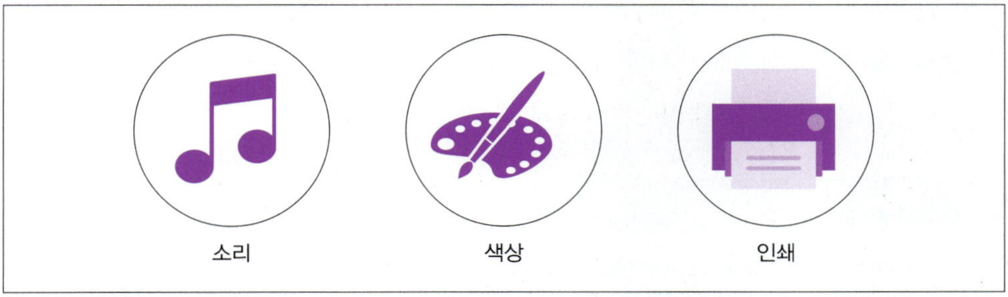

그림 9-10 구체적인 표현을 위한 이용수단

그림 9-11 외식업체 광고매체 사례

이지만 목표고객이 해당 잡지를 읽는지 사전에 확인해야 한다(그림 9-11).

라디오와 TV는 가장 대중적인 방송매체로 불특정 다수의 사람들에게 호소할 수 있어 효과가 크지만 비용이 많이 든다는 단점이 있다. 반면에 인터넷 광고는 적은 비용으로 많은 소비자를 만날 수 있으며 고객의 반응도 바로 파악할 수 있다는 장점이 있다. 대표적인 유형으로 인터렉티브 미디어(interactive media) 방식과 배너광고(banner advertising) 등이 있다. 인터렉티브 미디어 광고는 인터넷의 쌍방향성을 활용하여 목표고객을 분석한 후 차별적으로 광고를 하는 것인 데 비해, 배너광고 또는 키워드 광고는 관심이 있는 사람이 클릭하여 자사의 홈페이지에 접속하도록 하는 것으로 가장 광범위하게 쓰이는 형태이다.

IT기술이 발달하고 고객정보의 축적이 가능해지면서 외식업체의 광고가 대중매체를 이용한 대량마케팅에서, 표적고객을 대상으로 하는 다이렉트 광고와 데이터베이스 마케팅으로 변화하고 있다. 효과적이고 효율적인 광고를 위해서는 전략이 필요하다. 광고전략을 수립하고 실행하는 과정을 정리하면 〈그림 9-12〉와 같다.

광고의 목적

광고의 목적에는 특정 제품과 서비스의 판매를 위한 것도 있지만, 최근에는 외식업체 브랜드의 인지도와 호감도를 높이고자 하는 의도가 점점 강해지고 있다.

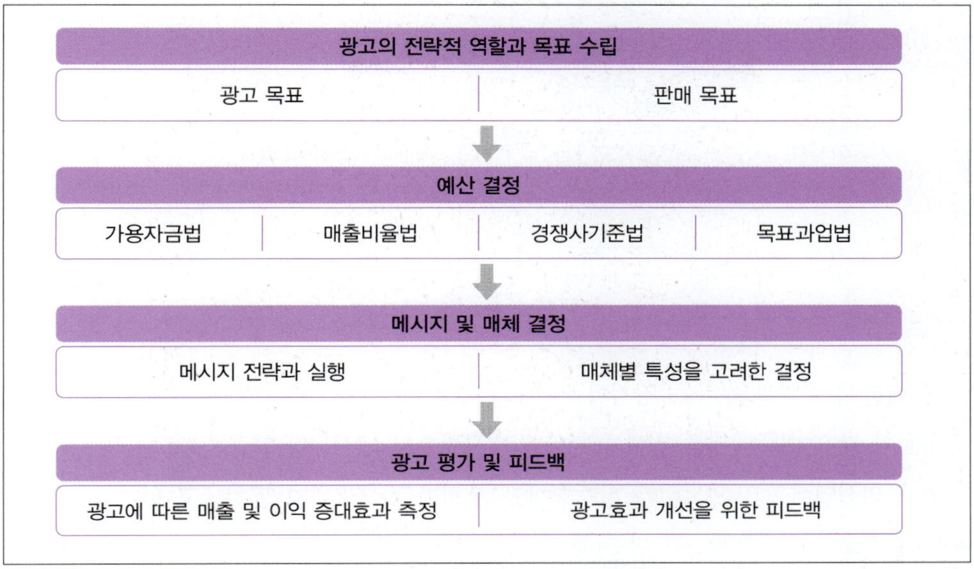

그림 9-12 광고전략 수립 및 실행 프로세스

광고는 광고목표와 판매목표를 수립하는 단계부터 시작된다. 광고목표란 목표고객에게 정해진 기간 안에 달성해야 할 구체적인 목표를 의미한다. 예를 들면 광고를 통해 매출이나 이익을 언제까지 어느 수준으로 상승시킨다는 것도 목표가 될 수 있고, 목표고객에게 원하는 정보를 전달하고자 하는 것도 목표가 될 수 있다. 또 비교 등을 통해 소비자를 설득하겠다는 것도 목표가 될 수 있고, 제품과 브랜드를 지속적으로 기억하게 해서 반복구매하도록 만들기 위한 상기도 목표로 삼을 수 있다.

광고목표가 명확하게 설정되면 외식기업은 광고예산 설정, 메시지 및 매체의 결정을 통해 광고를 실행한 후, 최종적으로 평가와 피드백을 진행한다.

2) 홍보

공중관계라고도 하는 홍보(public relations, publicity)는 불특정 다수를 대상으로 하는 비대면 커뮤니케이션으로 광고와 유사하지만 비용을 지불하지 않는다는 점이 다르다. 이는 기사나 뉴스에 상품이나 서비스에 대한 정보의 형태로 제시되기 때문에 광고보다 정

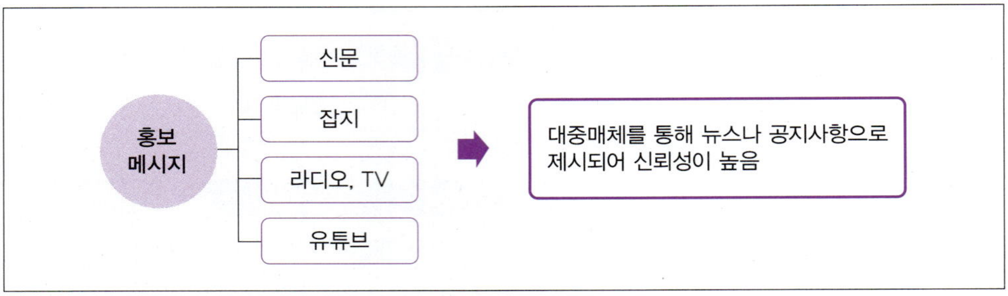

그림 9-13 홍보매체의 특징

보에 대한 신뢰성이 높다는 장점이 있다. 홍보 메시지는 대체로 신문, 잡지, 라디오, TV, 유튜브와 같은 대중매체를 통해 뉴스나 공지사항으로 제시된다(그림 9-13).

최근 외식업체들은 광고비가 상승함에도 오히려 광고효과가 저하되고 있다는 판단을 하면서 홍보를 할 때 광고를 다른 촉진 믹스요소와 통합시켜야 한다는 필요성을 인지하게 되었다. 홍보활동은 외식업체 브랜드 인지도를 제고하고 소비자에 대한 정보 제공 및 교육, 기업 및 상품에 대한 이해 증진, 신뢰 구축, 소비자에 대한 구매 동기 부여 등을 위해 한다(그림 9-14).

홍보는 매체에 직접적인 비용을 지불하지 않지만, 홍보를 위한 스토리나 이벤트와 같은 콘텐츠 개발을 위해 비용을 지불할 수도 있다. 자칫 홍보를 큰 비용을 들이지 않고 소비자에게 외식업체를 알리는 수단으로 생각하여 소홀하게 대응하기도 하는데, 이는 매우 위험한 인식이다. 홍보는 고객이 직접 참여하는 경우가 많고, 고객이 콘텐츠의 일부가 되

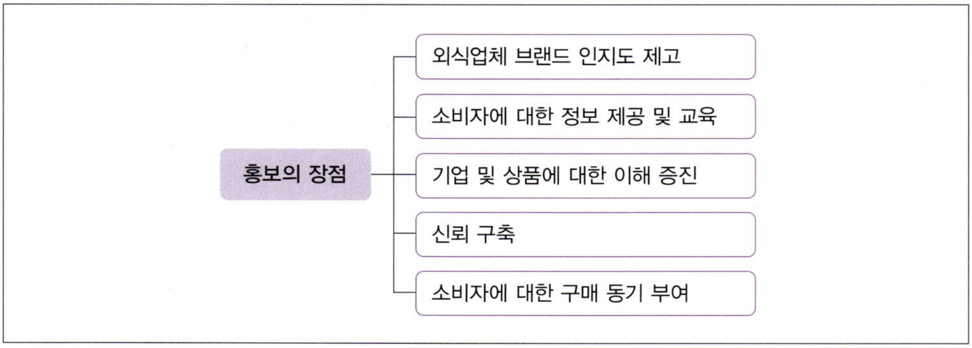

그림 9-14 홍보의 장점

FASHION BEAUTY STAR HOROSCOPE DECOR

LOVE&LIFE

베이글 맛집 찾고 있다면 여기! #베이

지금 가장 핫한 베이커리, 담백하고 고소한 베이글을 맛볼 수 있는 핫플레이스를 소개힙

BY 2021.11.14

런던 베이글 뮤지엄

LONDON BAGEL MUSEUM

그림 9-15 신문 홍보 사례
자료: 엘르(https://www.elle.co.kr/article/61175)

그림 9-16 유튜브 홍보 사례
자료: 매기는녀석들(https://www.youtube.com/watch?v=4ldHLdGhQtl)

어 브랜드 스토리로 결합됨으로써 외식업체가 전국적인 유명세를 타는 데 큰 역할을 할 수 있다.

3) 판매촉진

판매촉진(Sales Promotion)이란 구매자의 즉각적인 행동 유발이나 단기적인 매출 증대를 위한 모든 형태의 마케팅 커뮤니케이션 활동을 의미한다. 대체로 다른 촉진도구의 기능을 보완하기 위하여 설계되는 활동으로 쿠폰, 견본(샘플), 프리미엄, 추첨이나 경품, 트레이딩 스탬프, 리베이트, 전시회 등은 판매촉진으로 분류될 수 있는 대표적인 예이다. 판매촉진을 줄여서 '판촉'이라고 표현하기도 한다.

판매촉진은 매우 다양하고 광범위하기 때문에 구체적인 분류기준은 없지만 주어지는 혜택이 가격혜택에 가까운지, 아니면 비가격적인 혜택인지에 따라서 가격지향적 판매촉진과 비가격지향적 판매촉진으로 나눌 수 있다. 그 외에 물리적 증거를 활용한 판매촉진 등의 세부적인 내용을 살펴보면 다음과 같다.

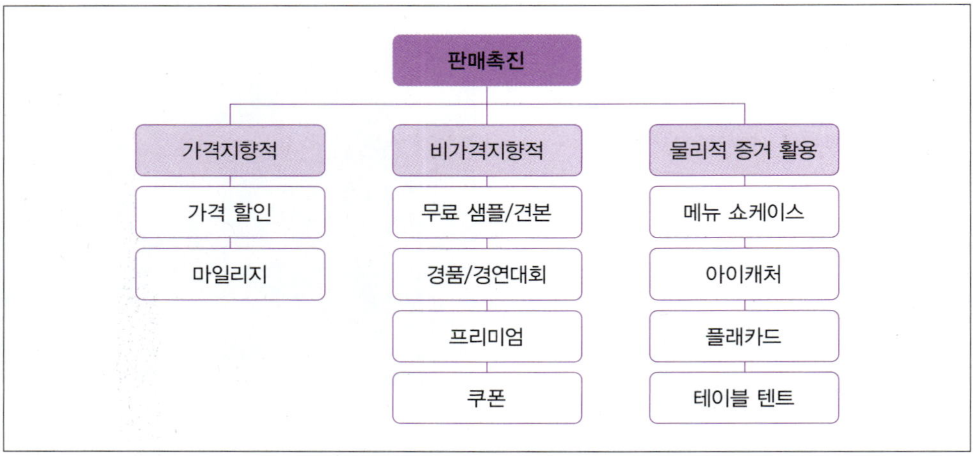

그림 9-17 판매촉진의 분류

(1) 가격 할인

가격 할인은 제품 또는 서비스의 가격을 낮추는 것으로 주로 서비스의 이용을 증대시키기 위해 사용된다. 고객이 인식하는 구매 가능성을 증대시키며, 때로는 제값에 구매하려는 고객에게까지도 가격 할인을 해주는 결과를 낳기도 한다. 이는 수요의 분산을 위해 사용하기도 하는데, 예를 들어 저녁이나 주말에는 가격을 비싸게 받고 평일 점심에만 할인을 해주면 고객들은 가능하면 평일 점심으로 방문시간을 조정할 것이다.

그림 9-18 가격 할인 사례
자료: 부엉이돈가스 홈페이지

가격 할인 시 주의사항은 할인가격이 준거가격(reference price)으로 인식되지 않도록 해야 한다는 것이다. 즉, 제값을 주고 식사하는 사람들이 상대적으로 손해를 본다는 느낌이 들지 않게 주의해야 한다. 가격 할인이 지속적으로 반복될 경우 혹은 동종 업체들과의 가격 경쟁이 일어날 경우에는 수익성이 악화되고 브랜드 이미지가 훼손될 수 있다.

(2) 마일리지

마일리지의 주목적은 서비스를 이용한 개인에게 보상을 해줌으로써 지속적인 구매를 유도하는 것이다. 이는 외식업체에서 가장 많이 활용되는 판매촉진 도구 중 하나이다. 많은 외식업체에서 사용한 금액에 대한 포인트를 적립하여 포인트에 해당하는 선물을 제공하거나 누적된 포인트를 현금처럼 사용할 수 있는 혜택을 제공하고 있다. 한 예로, 본아이에프의 본포인트는 모든 브랜드의 포인트를 통합 누적하여 현금처럼 사용하게 해준다.

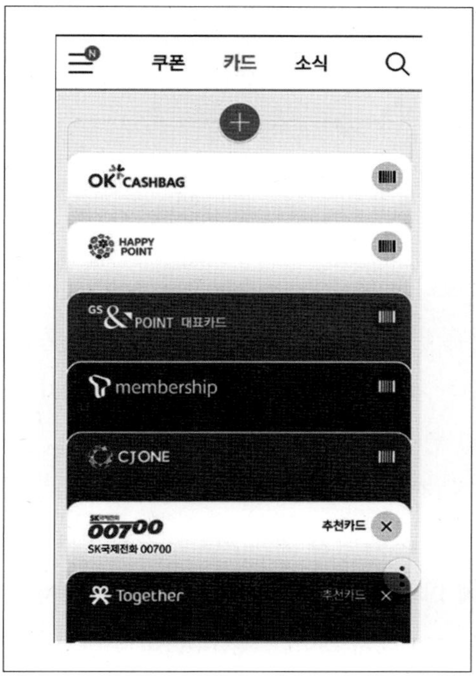

그림 9-19 통합형 적립카드 사례
자료: Syrup 앱

그림 9-20 스탬프 적립 사례
자료: 부엉이돈가스 홈페이지

(3) 무료 샘플 · 견본

잠재고객들이 서비스를 무료로 체험할 기회를 주는 것으로 패스트푸드와 같은 물리적 서비스 상품의 경우 샘플을 효과적으로 사용할 수 있다. 음료수나 샐러드 등을 무료로 제공하여 신규고객을 확보할 수도 있다.

그림 9-21 무료 샘플 사례

자료: 맥도날드 홈페이지

(4) 경품 · 경연대회 이벤트

외식업체의 경연에서 참가자들은 쿠키 만들기, 요리 등과 같이 어떠한 요건을 만족시키는 기술을 바탕으로 하여 경쟁을 하게 된다. 경연은 간혹 신제품이나 기존제품의 새로운 용도를 제안하도록 요구되기도 한다. 추첨의 경우는 참가자들이 수상자 추첨에 포함되기 위해 적절한 양식에 이름을 적어 제출하기만 하면 된다.

경연·추첨 이벤트는 외식업체의 마케팅 프로그램에 소비자들을 직접 참여시키는 것으로 제품에 대한 소비자의 관심을 높여줄 뿐만 아니라, 수요가 적은 제품이나 광고 캠페인에 새로운 활기를 더할 수 있다. 쿠폰이 가격에 민감한 고객에게 효과적인 촉진수단이라면 경연대회와 경품은 자극과 재미를 좋아하는 고객에게 적절한 촉진수단이 된다. 또 경영대회나 경품전략의 충분한 효과를 내기 위해서는 흥미가 있고 자극적이어야 한다. 대부분의 행사에 참여하는 고객들은 대개 경품 자체에 관심이 있기도 하지만 승리를 좋아하는 경우가 대부분이다.

그림 **9-22** 이벤트 사례 1
자료: 부엉이돈가스 홈페이지

그림 **9-23** 이벤트 사례 2
자료: 도미노피자 홈페이지

(5) 프리미엄

프리미엄(premium)은 특정 제품을 구매한 고객에게 감사의 뜻을 표현하기 위해 무료 또는 염가로 제공하는 사은품 또는 서비스를 말한다. 이는 제품 자체의 효익으로부터 소비자의 관심을 빼앗을 가능성이 있으나 경쟁제품의 구매자로 하여금 자사의 제품을 사용하게 만들어 상표 대체를 유도하거나 현재 고객의 사용률을 증대시키도록 격려하기 위해 실시된다. 프리미엄은 소비자가 쉽게 인식할 수 있어야 하며, 상표의 이미지와 일치해야 효과를 거둘 수 있다.

그림 **9-24** 일정 금액 이상 구매 시 제공하는 프리미엄 사례
자료: 본도시락 홈페이지

(6) 쿠폰

쿠폰(coupon)은 소지자가 특정한 제품이나 서비스를

구매할 때 일정한 혜택을 제공받을 수 있게 해주는 증명이다. 이는 대개 소비자에게 가격에 대한 혜택을 제공하기 위한 수단으로 활용되며, 직접우편 또는 신문이나 잡지 등의 인쇄 간행물을 통하거나 제품 포장의 표면이나 내부를 통해 또는 인터넷 매체를 통해 외식업체가 잠재고객에게 배포하는 것이다.

쿠폰은 여러 가지 목적을 위해 이용된다. 소비자로 하여금 새로운 또는 개선된 제품을 사용하게 만들거나, 최초 이용 후 반복구매를 유도하거나, 기존제품의 사용 빈도를 증대시키기 위해 이용된다. 또 가격 인하 혜택에 민감한 고객에게만 가격을 인하시켜주고 다른 고객에게는 정상적인 가격이 적용되는 효과를 주며, 판매촉진의 기한을 규정함으로써 즉각적인 구매를 유인할 수도 있다.

그림 9-25 1 + 1 쿠폰 사례
자료: 맥도날드

그림 9-26 홈페이지를 통해 배포되는 쿠폰 사례
자료: 도미노피자 홈페이지

(7) 메뉴모형 쇼케이스

메뉴모형 쇼케이스는 고객에게 자사 메뉴의 내용을 알려주는 중요한 도구의 역할을 한다. 깨끗하게 잘 진열된 샘플케이스는 세일즈맨의 역할을 하며 점포의 첫인상을 결정하는 요소가 된다. 샘플케이스는 가능한 한 고객의 눈에 띄게 제작하고, 내부에 전등을 설치하여 메뉴 샘플이 잘 보이도록 한다.

그림 9-27 메뉴모형 쇼케이스 사례

(8) 아이캐처

아이캐처(Eye-Catcher)는 점포의 전반적인 이미지업(image up)전략과 연결되는 촉진도구이다. KFC의 할아버지 형상이나 맥도날드의 황금아치와 같은 상징물은 고객들이 해당 점포를 알 수 있게 해준다. 점포 외관뿐만 아니라 점포 내에 어떤 상징성이 있는 설치물을 제시하는 것도 아이캐처에 해당된다(그림 9-28, 9-29).

그림 9-28 치폴레의 아이캐처 사례
자료: 치폴레 홈페이지(좌), 치폴레 인스타그램(우)

그림 9-29 KFC의 아이캐처 사례

(9) 플래카드

플래카드는 개점 1~2개월 전부터 개점을 알리는 내용이나 연말연시에 단체예약을 알리는 내용, 특별히 고객에게 알리고자 하는 내용 등을 담는 도구이다. 적은 비용과 단기간의 준비만으로도 사용 가능한 판매촉진수단으로 유용하지만, 관리적인 측면에서 문제가 발생할 소지도 많다. 이는 설치 후 다양한 오염으로 인해 찢어지기 쉬우며, 시간이 지남에 따라 보기가 흉해지면 오히려 나쁜 인상을 줄 수 있으므로 철저히 관리해야 한다(그림 9-30).

(10) 테이블텐트

테이블 위에 설치하는 소형(삼각형) 메뉴판인 테이블텐트는, 고객의 식욕을 자극하는 효과가 있어 새로운 계절요리를 개발했을 때나 이벤트를 실시할 때 사용하면 효과적이다(그림 9-31).

그림 9-30 마이스터심슨 부대찌개 플래카드 사례

그림 9-31 종로 시민식당 테이블텐트 사례

4) 인적판매

인적판매(personal selling)란 판매를 목적으로 1명 또는 그 이상의 잠재고객과 구두로 상호 소통하는 것을 말한다. 판매원이 잠재고객과 대면 접촉하여 수행하는 제품이나 서비스 또는 아이디어의 제시로, 전화판매뿐만 아니라 모든 유형의 판매원활동을 지칭하며 산업고객, 중간상인, 최종소비자에 대한 접촉까지 포괄한다.

인적판매는 소비자가 제품에 대한 모든 정보를 충분히 알고 있을 때 구매를 결정하도록 설득하는 가장 영향력 있는 촉진수단이다. 구매를 효과적으로 촉진하기 위해 자사 상품의 경쟁적 차별점을 효과적으로 설명해야 할 때 필요한 커뮤니케이션 수단이기도 하다. 인적판매 시 판매원은 필요, 욕구, 동기 또는 각 고객의 행동에 알맞은 판매제시(sales presentation)를 할 수 있다. 다른 촉진방법보다 표적시장에 접근하는 기회를 잡기가 훨씬 수월한 방법이다.

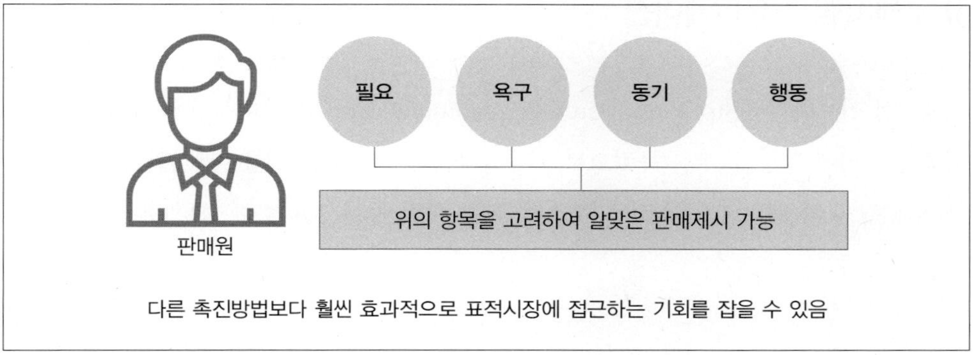

그림 9-32 인적판매의 장점

5) 스폰서십 마케팅

스폰서십 마케팅(sponsorship marketing)이란 외식업체나 외식업체의 브랜드를 사회공헌활동이나 다른 기관의 이벤트와 연결시킴으로써 소비자들로 하여금 외식업체에 대한 관심을 제고시키는 커뮤니케이션 활동이다. 스포츠, 사회단체, 환경단체 등을 지원하여 외

그림 9-33 교촌치킨의 사회공헌 활동 사례
자료: 교촌치킨 홈페이지

그림 9-34 서현순대 구매시점 커뮤니케이션 사례

식업체나 브랜드의 이미지를 제고하고 인지도를 향상시키는 활동이 바로 스폰서십 마케팅이다.

6) 구매시점 커뮤니케이션

구매시점 커뮤니케이션(point of purchase communication)은 구매시점에서 소비자의 구매의사 결정에 영향을 미칠 목적으로 외식업체들이 사용하는 커뮤니케이션 도구를 의미한다. 매장 내의 POP, 디스플레이, 포스터, 각종 사진 등이 바로 이에 해당된다.

학습 요약

1 외식사업 마케팅에서 촉진은 '고객 개개인이 평생가치가 극대화되는 구매의사 결정을 할 수 있도록 광고, 홍보, 판매촉진, 그리고 인적판매, 스폰서십 마케팅, 구매시점 커뮤니케이션 등을 통합적으로 하는 활동'으로 정의할 수 있다.

2 촉진 믹스도구의 활용은 과거 대중적인 대량 마케팅에서 세분화된 표적고객을 대상으로 한 표적 마케팅을 거쳐 최근에는 고객 개개인의 특성을 반영하여 실시하는 개인화된 일대일 형태로 발전하고 있다. 소비자 욕구의 다양화, 마케팅 커뮤니케이션 도구의 개인화 및 차별화가 진행되면서 외식업체들의 고민이 커지면서 통합적 마케팅 커뮤니케이션(Integrated Marketing Communication: IMC)을 적극적으로 도입해야 하는 상황이다.

3 마케팅 커뮤니케이션은 목표고객이 외식업체와 만나는 모든 접점을 이해하고, 효과적이고 효율적으로 커뮤니케이션이 작용하도록 만들어야 한다. 커뮤니케이션은 구성원, 도구, 기능, 잡음의 요소로 구성된다. 커뮤니케이션 개발 프로세스는 목표고객 선정, 커뮤니케이션 목표 결정, 메시지 설계, 매체 선정, 메시지 정보원천 선정, 피드백 수집의 순서로 이루어진다.

4 촉진예산은 가용예산할당법, 매출액비율법, 경쟁사대비할당법, 목표대비할당법과 같은 방법을 활용하여 수립한다. 촉진 믹스를 활용한 통합적 마케팅 커뮤니케이션은 촉진 믹스도구들을 조화시켜 최적의 결합을 만들어내는 것이 가장 큰 목표이다. 다만, 이러한 조화는 외식기업이 처한 환경과 특성에 따라서 달라질 수 있다.

5 촉진을 위해 활용할 수 있는 구체적인 마케팅 커뮤니케이션 도구는 ① 광고, ② 판매 촉진, ③ 홍보, ④ 인적 판매, ⑤ 스폰서십 마케팅, ⑥ 구매시점 커뮤니케이션 등이 있다.

6 촉진을 마케팅 커뮤니케이션이라고 하는 이유는 다양한 마케팅활동 중에서 외식업체와 소비자가 상호 소통하는 데 가장 적극적인 역할을 하는 도구들의 집합이기 때문이다. 그러한 커뮤니케이션은 1~2개의 수단을 이용하기보다는 통합적으로 활용할 때 최고의 효과를 낸다. 따라서 외식업체 마케터는 촉진 믹스를 구성하는 다양한 도구를 자신이 수립한 마케팅 목표를 달성할 수 있는 최적의 결합으로 만들어 활용해야 한다.

토의문제

1 소규모 외식업체가 활용할 수 있는 촉진 믹스 도구를 사례를 들어 제시해보자.

2 촉진예산을 수립하기 위해 활용할 수 있는 방법 중에서 소규모 점포에 가장 적합한 방법을 제시하고, 해당 방법이 왜 적절한지를 설명해보자.

3 촉진 믹스 중에서 판매촉진방법 실제 사례 10가지를 조사하고, 사진을 찍어 정리한 후 촉진의 효과성 여부를 평가해보자.

4 현장에서 활용되는 구매시점 커뮤니케이션 사례를 5가지 이상 조사하고, 사진으로 정리한 후 효과성 여부를 평가해보자.

5 촉진을 가장 잘하는 것으로 판단되는 외식업체를 선정한 후, 해당 업체의 촉진 믹스도구별 비중을 분석해보자.

10장

외식사업 물리적 환경

학습목표

- 외식업체를 위한 물리적 환경의 개념과 중요성을 설명할 수 있다.
- 외식업체의 물리적 환경을 구성하는 요소와 역할을 설명할 수 있다.
- 물리적 환경의 행동모델을 설명하고 외식업체에 활용할 수 있다.
- 외식업체의 디자인 구성요소와 디자인전략을 설명할 수 있다.

과거 외식사업이 주로 소상공인들의 사업영역이었다면 1990년대 들어서면서부터는 대기업이 해당 산업에 참여하고, 외국 패밀리레스토랑까지 들어오면서 국내 외식산업의 규모가 점진적으로 성장하였다. 또 교육수준과 경제수준이 향상되면서 소비자들이 더 많은 정보와 지식을 바탕으로 소비가치가 높은 외식업체를 찾게 되었다. 이러한 환경에서 고객의 기대에 능동적으로 대처하기 위해서는 효율적인 경영관리와 서비스관리가 필요해졌다. 최근에는 감성적 소비를 추구하는 고객들이 환경품질에 관심을 가지기 시작했고, 동시에 취향에 맞는 분위기에 대한 요구가 높아지고 있다. 결과적으로 외식업체에서는 디자인 설계와 시공에 많은 투자를 하고 있다.

다차원적 소비가치의 중요성이 커지고 있다. 따라서 외식업체를 이용하는 고객들이 어떤 시점에 소비가치를 평가하느냐를 이해할 필요가 생겼다. 소비자들은 상품과 서비스를 구매하고 나서야 소비가치를 정확하게 평가할 가능성이 가장 크지만, 상품과 서비스를 경험하기 전부터 소비가치를 평가하고 소비행동을 하기도 한다. 유형의 상품을 구매할 때는 사전에 상품을 체험하고 구매할 수 있지만, 서비스라는 무형의 상품을 판매하는 외식업체에 대해서는 환경이라는 유형의 단서를 가지고 미리 소비가치를 평가하고 구매를 결정하는 것이다.

외식업체의 물리적 환경은 서비스품질과 만족도에 영향을 미칠 수 있다는 점에서 경영자에게 매우 중요한 경영자원이다. 소비자의 인식·태도·행동에 영향을 미치는 물리적 증거에 대한 개념적 정의를 체계화한 비트너(Bitner, 1992)는, 자연적·사회적 요소와 영향을 배제하고 인공적으로 만들어진 물리적 증거를 서비스 스케이프(Servicescape)라고 정의하였다. 그는 서비스 스케이프가 소비자의 행동에 어떤 영향을 미치는지 검증하고자 하였다.

1 물리적 환경의 개요

1) 물리적 환경의 개념

물리적 환경이란 외식업체가 고객과 상호작용하면서 서비스를 전달하는 환경으로 '인간이 창조한 환경'을 의미한다. 즉, 무형의 서비스를 전달하는 데 사용되는 모든 유형적 요소를 포함하는 개념으로 중요한 마케팅도구 중 하나이다.

물리적 환경은 고객뿐만 아니라 종업원의 인식과 행동에도 영향을 준다. 아르바이트를 해본 경험이 있다면, 근무했던 외식업체의 물리적 환경이 인식과 행동에 어떠한 영향을 미쳤는지 알 수 있을 것이다.

고객 및 직원의 긍정적인 태도와 행동을 유발하는 데 필요한 물리적 환경은 서비스 경영 분야에서 서비스 스케이프, 분위기, 유형재, 물리적 증거, 상황, 유형적 단서 등 다양하게 표현된다. 이렇듯 표현은 다양하지만, 물리적 환경이 고객의 인식과 태도에 영향을 미쳐 구매를 유발하고 그 결과 고객만족으로 연결된다는 점에는 많은 학자가 일치된 견해를 보이고 있다.

현대 마케팅의 대가로 알려진 필립 코틀러(Philip Kotler, 1973)는 소비자들이 구매의사결정을 위해 활용하는 환경적 단서로 '시각·후각·청각·촉각을 포함한 분위기'라는 개념을 제시한 바 있다. 이후 물리적 환경을 구성하는 요인에 대한 연구가 다수 이루어졌다. 특히 서비스 스케이프라는 단어를 처음 사용한 비트너(Bitner)는 환경심리학적 연구를 바탕으로 사람에게 환경적 자극이 주어지면 내면적 변화를 거쳐 행동으로 표현하게 된다고 지적하면서 직원과 고객에게 미치는 영향에 관한 서비스 스케이프(물리적 환경)의 이론적 모형을 제시하였다. 그는 물리적 환경을 "서비스 접점에서의 서비스환경"이라고 하면서 "인간에 의해 만들어진 물리적 환경"이라고 정의하였다. 그는 행동에 영향을 미치고 이미지를 만들어내는 물리적 환경의 영향이 서비스산업에도 영향을 미치고 있다고 주장하면서 물리적 환경의 범위로 환경적 조건, 공간·기능 조건, 사인·심벌·인공물이 있다고 하였다(표 10-1).

표 10-1 비트너의 서비스 스케이프 구성요소

구분	내용
환경적 조건들	환경의 배경적인 특성을 포함. 오감에 영향(기온, 조명, 소음, 음악, 색깔, 향기 등)
공간적 배치와 기능	서비스접점환경은 목적을 가진 환경이므로 물리적 환경의 공간적 배치와 기능이 특히 중요 • 공간적 배치: 정렬, 크기 및 모양, 기계, 장비, 기구들 간의 공간적 관계들 • 기능성: 실행을 용이하게 하고 목표들을 달성하기 위한 동일 항목들의 능력
사인, 심벌, 인공물	구조물의 외부와 내부에 나타난 사인은 명백한 정보발신자임 • 사인: 표식들(예: 회사 이름, 부서 이름), 지시적 목적들(예: 입구, 출구), 행동규칙들을 전달(예: 금연, 어린아이는 어른과 동행해야 함) • 다른 환경적 대상들: 건축에 사용된 재료들의 질, 공예품, 벽에 걸린 인증서들과 사건들의 존재, 바닥 포장, 개인적 물품 등

자료: Bitner(1992). Servciescapes: The impact of physical surroundings on customers and employees.

이외에도 서비스 스케이프의 구성요소에 대한 분류는 〈표 10-2〉와 같다. 고객의 구매의사 결정에 영향을 주는 서비스 스케이프는 서비스 상품을 차별화시켜주는 역할도 한다. 또 서비스 직원의 태도와 생산성에 영향을 주는 유형의 요소로도 작용하며, 서비스품질에 대한 단서로서 고객의 기대와 평가에 영향을 준다.

표 10-2 여러 학자들이 정의한 서비스 스케이프 구성요소

학자	내용
베이커 (Baker, 1987)	주변요소(온도, 색상, 음악, 조명, 향기), 디자인요소(건축미, 색상, 레이아웃, 안정성), 사회적 요소(고객과 직원의 특징과 행동)
비트너 (Bitner, 1992)	주변환경(온도, 공기 상태, 소음, 음악, 향기 등), 공간의 배치 및 기능성(설비 배치, 설비 장치, 가구 등), 사인 · 심벌 · 인공물(도형/기호, 개인적 조형물, 장식의 스타일 등)
이유재 · 김우철 (1998)	공간의 접근성, 미적 매력성, 시설물의 청결성, 편의성
이형룡 · 왕상 · 김태구 (2002)	오락성, 공간성, 쾌적성, 청결성, 편의성, 심미성
김성혁 · 최승만 · 권상미 (2009)	청결성, 매력성, 편리성, 오락성
최영환 · 최화열 · 김성훈 (2012)	디자인환경, 인적 환경, 감각적 환경, 쾌적한 환경

서비스 스케이프는 성공적인 외식업체 경영을 위해 매우 중요하다. 서비스는 무형적인 특성을 가지고 있기 때문에 고객의 체험이나 신뢰 같은 요인들이 중요하게 작용한다. 따라서 이는 서비스 개념(콘셉트)과 일치하도록 설계되어야 한다.

2) 물리적 환경의 중요성

물리적 환경은 고객 및 종업원의 인식과 태도, 행동에 영향을 미치기 때문에 서비스기업은 비전·미션·전략을 수립할 때 설정한 서비스 개념과 서비스 스케이프가 일치하도록 설계·실현해야 한다. 예를 들어 셀프서비스가 주를 이루는 외식업체의 경우에는 서비스를 제공하는 종업원을 대신하여 직관적인 디자인을 많이 활용해야 한다. 직관적인 디자인을 이용하면 고객이 스스로 어떻게 행동해야 하는지 알 수 있기 때문이다. 그와 반대로 풀 서비스를 제공하는 외식업체의 경우에는 고객이 프라이버시를 존중받으면서 권위를 느낄 수 있도록 설계되어야 한다.

서비스 스케이프 속에서 고객과 직원은 사회적 상호작용을 하기 때문에, 설계 시 이를 충분히 고려해야 있다. 고객이 서비스 스케이프에서 만족을 느끼게 되면 마음껏 즐기고 돈을 지불하려는 욕망을 갖는다. 또한 직원들도 지속적으로 열심히 근무하며 기업에 남고자 하는 욕망을 갖게 되어 고객과 직원 모두 상호작용적 행동을 활성화하게 된다.

서비스 스케이프는 인식과 태도를 통해 구매행동에 직접적인 영향을 주기 때문에 외식

서비스 기대의 결정요인으로 서비스품질과 고객만족에 영향

서비스의 동시성은 고객이 서비스공간에 체류하는 시간을 길게 함

기업이미지, 고객(만족도 등) 및 직원의 행동(직무만족 등)에 영향을 줌

고객의 구매행동에 직접적인 영향을 미쳐 외식업체의 매출에 영향을 줌

그림 10-1 서비스 스케이프의 중요성

업체는 이것의 설계에 집중하게 된다. 설계를 통해 만들어진 서비스 스케이프는 지속적으로 관리되어야 하며, 관리 점검을 위해 미스터리 쇼핑과 같은 제도를 활용하기도 한다. 특히 고객의 관심을 끌고자 만들어진 서비스 스케이프가 오히려 고객에게 불편함을 주지는 않는지 파악하기 위해서라도 미스터리 쇼핑은 필수불가결하다.

3) 서비스 스케이프의 영향

고객은 외식업체의 서비스 스케이프 차원을 인지하고 정서적인 기분이나 태도를 결정하며 생리적인 반응을 나타내게 된다. 무엇보다 서비스 스케이프는 고객의 만족에 미치는 다양한 요소 중에서 그 중요성이 가장 크다. 서비스 스케이프는 고객의 태도나 구매 만족 그리고 구매 후 행동에 상당한 영향을 미친다. 서비스 스케이프가 외식업체에 미치는 영향은 〈그림 10-2〉와 같다.

(1) 구매 결정에 영향

분위기가 심리에 미치는 영향을 고려할 때, 서비스 스케이프가 외식업체의 서비스품질인식에 미치는 영향은 매우 크다. 예를 들어 소비자들은 외식업체를 선택할 때, 음식보다는 분위기를 기준으로 방문을 결정하는 경우가 많다.

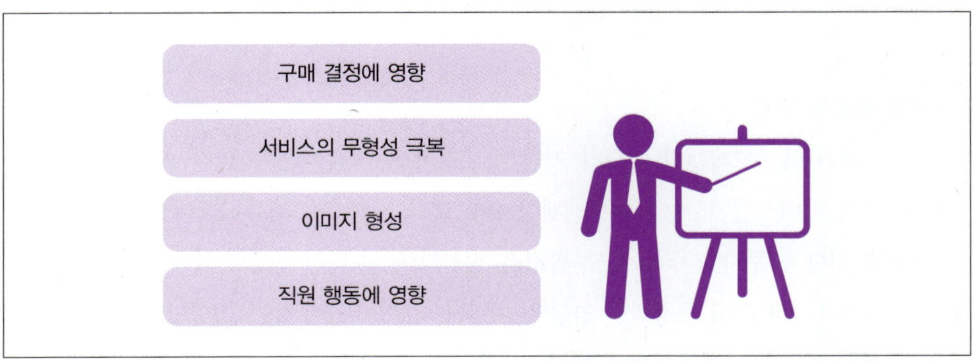

그림 10-2 서비스 스케이프의 영향

자료: 이유재(2009). 서비스 마케팅.

어떤 구매 상황에서는 매장의 음악, 향기 또는 인테리어와 머천다이징 등이 서비스 상품 자체보다 구매 결정에 더 큰 영향을 준다. 서비스 스케이프는 서비스를 소비자의 마음속에 포지셔닝하여 상품 그 자체보다 구매 결정에 더 큰 영향을 미치며, 고객의 태도와 이미지 형성에 직접적으로 영향을 주는 중요한 역할을 한다.

(2) 서비스의 무형성 극복

외식업체에서는 고객들이 정해진 공간에서 서비스를 소비하므로 서비스 스케이프가 매우 중요하다. 특히 서비스에 대한 경험이 전혀 없거나 적은 고객에게 더 많은 영향을 준다. 또 서비스의 특성인 무형성을 극복하려면 서비스 스케이프가 서비스품질에 대해 고민하는 고객들에게 서비스 상품을 이해하거나 평가하는 데 도움을 주어야 한다. 예를 들어, 고객들은 처음 방문하는 외식업체에 갔을 때는 음식을 먹어보지 않았고 서비스를 경험한 적도 없으므로 외부환경만을 보고 구매를 결정하게 된다.

(3) 이미지 형성

서비스 스케이프는 첫인상을 좋게 하거나 고객의 기대를 설정해주는 역할을 한다. 외식업체의 색상, 조명, 음향, 실내공기, 온도, 공간 배치, 가구 스타일, 향기 등과 같은 서비스 스케이프는 서비스에 대한 고객감정을 형성하는 데 도움을 준다. 따라서 외식업체는 궁극적으로 서비스 자체에 대한 긍정적 인식을 창조하기 위하여 서비스 스케이프를 잘 조성해야 한다.

(4) 직원 행동에 영향

서비스 스케이프는 고객뿐만 아니라 기업 내부고객, 즉 직원에게도 많은 영향을 준다. 제조업과 달리 서비스업에서는 서비스 제공자와 고객의 직접적 커뮤니케이션을 통해 고객의 감정에 영향을 준다. 쾌적한 근무환경은 직원의 일에 대한 만족도와 생산성을 높이며 동료 직원과의 조화에도 긍정적인 영향을 미친다. 자신이 근무하는 기업의 서비스 스케이프가 근무만족도와 직장의 충성도에 어떤 영향을 미치는지 곰곰이 생각해보면, 그 가치를 충분히 이해할 수 있을 것이다.

2 서비스 스케이프의 구성요소와 역할

본 서에서는 서비스 스케이프의 구성 요소를 비트너(Bitner, 1992)의 연구에 근거하여 '주변요소, 공간 배치와 기능성, 사인·심벌·조형물'로 나누어 자세히 살펴본 후, 서비스 스케이프의 역할을 제시하도록 한다(그림 10-3).

1) 서비스 스케이프의 구성요소

(1) 주변요소

주변요소란 물리적 환경의 배경적 특성인 온도, 조명, 소음, 음악, 전망 등을 의미한다. 외식업체의 주위환경 변수는 실내외 온도와 습도, 조명, 소음, 공기질, 향기, 색상과 같은 실내외의 풍경과 전망 등을 의미한다. 주변요소는 배경적 특성을 가지며 인간의 오감에 영향을 미칠 수 있는 요소들로 구성되어 있다. 예를 들어, 고파장의 색상을 이용한 외식업체와 저파장의 색상을 이용한 외식업체는 서로 다른 감성을 자극하게 된다. 붉은색, 노란색, 오렌지색 같은 고파장 색상은 고객의 강한 흥미와 각성을 불러일으키고, 파란색이나 초록색 계열의 저파장 색상은 차분한 분위기를 연상시킨다.

구성요소	내용
주변요소	• 실내온도와 습도, 조명, 소음, 음악, 냄새, 색상, 실내외의 풍경과 전망 등과 같은 환경의 배경적 특성을 가짐 • 인간의 오감에 영향을 미침
공간 배치와 기능성	• 식탁의 위치, 가구 스타일, 장비와 기계의 크기, 형태, 배열하는 방법과 관련이 있음 • 기능성은 성취하려는 목표와 성취를 용이하게 하기 위한 품목들의 기능임
사인·심벌·조형물	• 고객들에게 장소의 명시적·묵시적 정보를 제공함 • 부착된 표지판은 명시적 커뮤니케이션의 역할을 함

그림 10-3 서비스 스케이프의 구성요소

음악의 경우도 고객 행동에 영향을 미친다. 음악이 빠르고 시끄러우면 체류시간이 줄고, 조용하면 고객이 오래 머물면서 매출이 상승한다는 결과의 연구가 이미 발표된 바 있다. 또 고객의 나이에 따라 음악의 볼륨과 빠름에 대한 선호도가 다르다는 사실도 밝혀져 있다.

주변요소는 고객의 만족도와 매출 성과에 영향을 미침과 동시에 직원의 업무 성과와 만족도에도 영향을 미친다. 즉 열악한 환경에서 근무하는 것보다는 쾌적한 환경에서 근무할 때 업무 성과와 만족도가 높게 나타난다.

(2) 공간 배치 및 기능성

공간 배치와 기능성 변수는 가구의 배치, 장비와 기계의 크기 및 형태와 관련이 있다. 기능성은 성취하려는 목표와 성취를 용이하게 하기 위한 품목들의 기능을 말한다. 좀 더 구체적으로 살펴보면 공간 배치는 장비, 기기류, 가구 등의 크기와 모양, 배열방법과 그들의 공간적 관계를 의미한다. 기능성은 장비, 기기류, 가구 등이 외식업체의 성과와 목표를 달성하도록 촉진하는 능력을 말한다.

이와 같은 외식업체의 디자인요소로서의 공간 배치와 기능성은 고객의 행동에 영향을 미친다. 예를 들어, 식사하는 공간을 협소하게 만들거나 공간을 전체적으로 개방형으로 구성하면 고객의 체류시간이 줄어든다. 패스트푸드점에서 딱딱하고 작은 의자를 제공하고 테이블 간격을 좁게 만드는 이유는 이러한 공간 배치와 기능성을 고려한 것이다.

(3) 사인 · 심벌 · 인공물

사인·심벌·인공물은 고객들에게 장소의 명시적·묵시적 정보를 제공한다. 즉 외식업체와 고객 간의 커뮤니케이션을 위해 반드시 필요한 서비스 스케이프 요소이다. 특히 표지판·상징물·조형물 등은 외식업체가 고객에게 제공하는 특별한 의미를 지닌 서비스의 일부이다.

좀 더 구체적으로 살펴보면, 외식업체의 로고가 그려진 간판이나 다양한 게시물은 점포의 콘셉트와 이미지를 전달하는 중요한 역할을 한다. 또한 바닥, 벽, 천장 등의 내부 인테리어와 점포 내부를 장식한 다양한 조형물은 외식업체의 미적 이미지는 물론이고 차별화된 상징성을 전달하는 매체로 작용한다. 가령 바닥이 카펫으로 되어 있고 흰색의 깔끔한 테이블보와 은은한 간접조명이 갖추어져 있는 외식업체에서는 높은 가격의 풀서비스가 제공된다는 상징적인 의미가 고객들에게 전달될 것이다. 외식업체의 외형을 대표하는 파사드에서도 이러한 기능이 작용한다.

2) 서비스 스케이프의 역할

지금까지 살펴본 바와 같이 경제가 발전하고 소비자들의 욕구수준이 높아지면서 서비스 스케이프의 중요성이 날로 증가하고 있다. 여기서는 그 이유를 좀 더 구체적으로 살펴보고자 서비스 스케이프의 역할을 체계화하고자 한다. 서비스 스케이프를 패키지, 편의 제공, 사회화, 차별화와 같은 구분을 통해 살펴보면 〈그림 10-4〉와 같다.

(1) 패키지

서비스 스케이프는 제품의 패키지와 같이 서비스를 포장하여 내부의 가치를 이미지로 전달해준다. 외식업체의 서비스 스케이프는 광고처럼 고객의 첫인상을 끌거나 고객의 기대를 설정하는 역할을 한다. 이것은 서비스의 무형성을 시각적으로 제시하는 것으로 실내장식이나 직원의 옷차림, 화장실의 청소 확인 표시, 영수증의 디자인 등 모든 서비스의 물리적인 환경들은 유형적 단서로서 외식업체를 포장하는 역할을 한다.

패키지	서비스를 싸서 내부의 것을 외부적 이미지로 전달하는 제품의 패키지와 같은 역할
편의 제공	물리적 환경은 환경 내에서 활동하는 사람의 성과를 도움(예: 키즈카페와 같은 편의시설)
사회화	고객과 종업원이 기대된 역할, 행동, 관계를 수행하도록 도움
차별화	물리적 환경을 통해 경쟁자와의 차별화와 이를 통한 세분화 가능

그림 10-4 서비스 스케이프의 역할
자료: 이유재(2009). 서비스 마케팅.

(2) 편의 제공

서비스 스케이프는 환경 내에서 활동하는 사람의 성과를 높여준다. 여기서 사람이란 고객과 직원 모두를 의미한다. 최근 선풍적인 인기를 끌고 있는 키즈카페는 아이를 데리고 일반 카페나 외식업체를 찾기 쉽지 않은 젊은 어머니들이 아이와 편안하게 함께할 수 있는 공간을 제공한다. 키즈카페의 경우 아이의 놀이공간과 어머니를 위한 안락한 카페테리아를 분리하여, 아이는 안전하게 어머니는 마음 편히 휴식과 식사를 즐길 수 있도록 했다. 즉, 서비스 스케이프가 어떻게 구성되어 있느냐에 따라 직원도 고객도 색다른 편의를 느끼게 될 수 있다.

(3) 사회화

잘 갖추어진 서비스 스케이프는 고객과 직원으로 하여금 기대된 역할, 행동, 관계를 하도록 돕는다. 즉 고객이나 종업원을 사회화시켜준다. 직원은 서비스 스케이프로 인해 자신의 지위를 인지하게 되며 고객은 서비스 스케이프의 설계를 통해 자신의 역할이 무엇인지, 어느 부분에 있어야 하는지, 어떻게 행동해야 하는지 등의 암시를 느낀다.

(4) 차별화

기업은 서비스 스케이프를 통해 자사를 경쟁사와 차별화할 수 있으며, 이를 통해 시장을 세분화하기도 한다. 외식업체의 경우 조명, 선곡, 실내장식 등을 통해 기업의 주요 타깃 고객층을 선택할 수 있다. 예를 들어 70~80년대의 분위기가 주를 이루는 외식업체는 중장년층이 선호할 것이며, 모던하고 심플한 분위기의 외식업체는 청년층이 선호할 가능성이 높다.

3) 서비스 스케이프의 구분

서비스 스케이프는 물리적인 환경을 통하여 고객과 직원의 행동에 영향을 미치기 때문에 외식업체의 서비스 콘셉트와 일치하는 느낌이 들도록 설계되어야 한다. 그런 차원에서 서비스환경 내의 참여자와 서비스 스케이프를 기준으로 서비스 스케이프를 다음과 같이

표 10-3 서비스 스케이프의 구분

구분	특징
셀프서비스	사용자 접점에서의 직관적 디자인을 활용하여 고객의 행동을 유도(예: 패스트푸드 외식업체의 카운터, 휴지통 안내 표시 등)
상호서비스	개인화 정도에 따라 차이는 있지만 고객과 종업원 간 상호작용이 서비스 스케이프에 영향을 받게 됨(변호사 또는 의사와 같은 전문서비스의 경우 권위적인 분위기, 에버랜드의 경우에는 서비스 스케이프가 고객에게는 환상적 경험을 선사하고 직원에게는 무대의 역할을 함)
원격서비스	고객이 업체를 직접 방문하지 않음{예: 인터넷 쇼핑몰, 콜센터 같은 원격서비스기업의 경우 서비스 스케이프는 종업원 만족(동기 유발), 운영의 효율성에 초점이 맞추어짐}

자료: 이유재(2009). 서비스 마케팅.

구분할 수 있다.

(1) 셀프서비스

서비스의 많은 부분을 고객이 직접 담당해야 하는 셀프서비스는 서비스 스케이프를 직관적으로 디자인하여 소비자의 원활한 행동을 유도해야 한다. 패스트푸드 외식업체에서는 카운터의 디자인으로 고객이 주문을 편리하게 할 수 있도록 하며, 식사 후 쓰레기 처리와 기타 외식업체 내에서의 서비스를 직관적으로 알 수 있게 디자인한다.

(2) 상호서비스

상호(대인)서비스는 셀프서비스보다 직원과 고객 사이에 상호작용이 많이 일어나는 서비스 유형이다. 에버랜드와 같은 놀이공원의 서비스 스케이프는 고객에게 환상적인 경험을 선사하고, 직원에게 무대가 된다. 외식업체의 경우도 파인다이닝과 같이 풀서비스를 제공하는 곳의 서비스 스케이프는 고급스러운 분위기를 창출하는 데 비해 간단한 식사를 할 수 있는 곳은 심플한 분위기를 연출하는 것에 그친다.

(3) 원격서비스

원격서비스의 서비스 스케이프란 고객이 외식업체를 직접 방문하지 않는 상황에서 이루어지는 것을 의미한다. 이때는 고객이 아닌 직원의 만족, 동기 유발, 운영의 효율성 등이 물리적 설계 시 가장 신경 써야 할 부분이 된다.

3 서비스 스케이프에서의 행동모델

서비스 스케이프에 대한 전략적 결정을 하려면 이러한 요소들이 소비자 행동에 어떠한 영향을 미치는지 알아보는 것이 중요하다. 서비스 스케이프가 소비자행동에 미치는 영향을 설명하는 포괄적인 모형은 비트너의 '자극-조직-반응(stimulus-organism-response)'

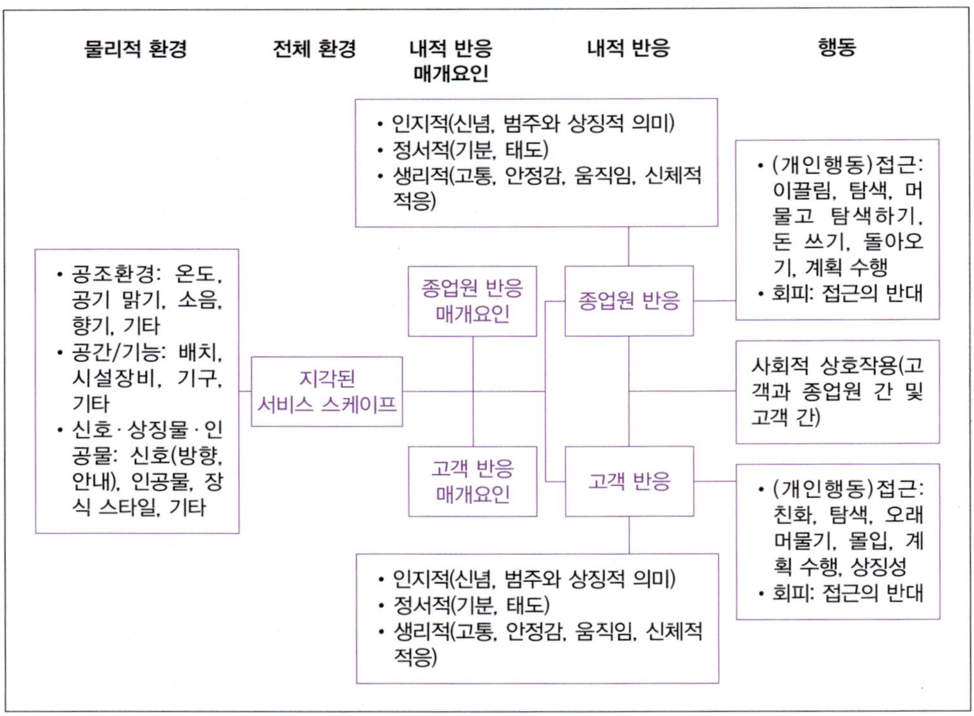

그림 10-5 서비스 스케이프의 행동모델

자료: Bitner(1992). Servciescapes: The impact of physical surroundings on customers and employees.

의 프레임워크를 기초로 한다. 여기에서 자극은 서비스 스케이프의 여러 가지 요소를 의미하고, 조직은 고객과 직원, 반응은 서비스 현장에서의 여러 행동을 의미한다. 기본적인 가정은, 서비스 스케이프의 여러 차원과 요소들이 고객과 직원의 심리에 영향을 미치며 이에 따라 여러 가지 행동과 반응을 일으킨다는 것이다(그림 10-5).

1) 서비스 스케이프의 환경적 차원(자극)

서비스 스케이프는 외식기업이 서비스 제공과정을 촉진시키고 직원과 고객의 원활한 상호작용을 이끌어내기 위해 사용하는 모든 객관적·물리적 요소들을 말한다. 서비스 스케이프를 구성하는 요소들은 크게 주위환경, 공간과 기능, 사인과 심벌로 크게 3가지 유형으로 분류할 수 있다.

주위환경은 기온, 공기질, 소음, 음악, 향기 등으로 구성된다. 이러한 주위환경은 오감을 자극하여 소비자의 기분과 생각, 행동에 크게 작용하기 때문에 외식업체 경영자는 이러한 요소를 놓치지 말아야 한다. 예를 들어 분위기 있는 고급 외식업체에서 댄스음악이 흘러나온다면 고객들은 분위기에 맞지 않는다고 생각할 것이다. 이에 따라 매장의 배경음악과 소비자행동에 대한 연구도 활발히 이루어지고 있다.

공간과 기능은 소비자의 욕구를 채워줄 수 있는 중요한 부분이다. 서비스 제공을 위한 도구, 기기, 가구 등이 어떻게 배치되어 있는지 그 기능은 소비자와 직원의 업무효율화를 위해서 잘 구성되어 있는지 살펴보아야 한다.

사인과 심벌은 전달되어야 하는 의미나 지켜야 할 규칙들을 표시하여 고객과 직원에게 전달해준다. 이때 해당 디자인이 외식업체의 콘셉트와 잘 맞아야 의미가 더 잘 전달되며, 외식업체의 특성인 무형성 극복에도 도움이 될 수 있다.

이러한 물리적인 요소들은 각각 반응하는 것이 아니라 전체적인 분위기와 기분에 따라 반응한다. 이러한 전체적인 반응을 서비스 스케이프 소비자 행동모형에서는 '지각된 서비스 스케이프'라고 한다.

2) 서비스 스케이프에 대한 내적 반응(조직)

소비자행동모델에서 말하는 것처럼 서비스는 직원과 고객, 서비스 스케이프의 여러 자극에 대해 인지적·감정적·생리적 반응과 사람의 행동을 나타낸다. 서비스 현장에서의 콘셉트에 잘 맞는 물리적인 환경은 고객과 직원에게 신뢰감을 준다. 서비스 스케이프에서 이미지는 인지적 반응을 긍정적으로 이끌어낼 수 있도록 직원의 옷차림, 매장의 분위기 등의 요소로 서비스의 기대수준을 결정할 수도 있다.

서비스 스케이프에서의 이미지는 고객의 긍정적·감정적 반응을 이끌어내도록 현장에서 기쁨과 즐거움을 주는 서비스를 해야 하며 설계에 따라 다양한 고객의 생리적 반응을 이끌어내야 한다. 예를 들어 패스트푸드 전문점의 딱딱한 의자는 고객이 음식을 더 빨리 먹고 나가도록 유도하며, 커피 전문점의 편안한 소파는 고객이 더 오래 머무르고 싶게 만든다.

3) 서비스 스케이프에서의 행동(반응)

고객은 어떤 외식업체에 대해서든 접근 또는 회피의 행동을 보이게 된다. 접근행동이란 고객의 어떤 장소에 대한 긍정적인 행동, 즉 관계를 맺고 오래 머무르고 싶고 무엇인가 하고 싶은 행동을 유발하는 것이다. 반대로 회피행동은 어떤 장소에 대한 부정적 행동, 즉 피하고 싶고 빨리 떠나고 싶도록 만드는 것을 말한다. 연구에 의하면, 소비자의 회피행동은 서비스 스케이프에 영향을 많이 받으며 서비스 스케이프가 원하는 고객의 접근행동을 유발시키도록 해야 한다.

서비스 스케이프는 소비자 개인의 행동과 직원 개인의 행동뿐만 아니라 고객과 직원의 상호작용에도 영향을 미친다. 고객과 직원 간의 물리적 거리, 좌석 배치, 공간 규모와 같은 요소들은 사회적 상호작용에 많은 영향을 미친다. 따라서 고객에게 서비스현장에서의 좋은 경험을 제공하고, 직원과 소통하며 교류할 수 있는 노력을 촉진하는 일도 필요하다.

4 외식업체의 디자인 구성요소

외식업체의 내부와 외부는 업종과 업태에 적합한 콘셉트를 설정하고, 객석 수와 좌석 회전율, 메뉴의 내용, 영업의 성격에 따라 목표고객에게 어느 정도의 가격으로 상품과 서비스를 어떻게 제공할 것인지 결정해야 서비스 스케이프 구성요소에 대한 실현이 가능하다. 명확하고 일관된 콘셉트가 수립되어 원하는 서비스 스케이프가 계획되었다고 하더라도, 실제 인테리어와 익스테리어로 구현하는 것은 다른 문제일 수 있기 때문이다.

서비스 스케이프를 구체적인 형태로 구현하려면 디자인을 해야 한다. 즉 디자인 구성요소 측면에서 서비스 스케이프를 검토해야 한다. 외식업체의 디자인 구성요소를 시각디자인, 제품디자인, 공간디자인, 웹디자인으로 나누어 살펴보면 〈표 10-4〉와 같다.

지금까지 살펴본 서비스 스케이프와 디자인 구성요소를 고려하여 외식업체의 디자인에 대한 착안사항을 살펴보면 다음과 같다.

1) 외부환경

소비자는 외식업체가 어떤 종류의 음식을 판매하는 공간인지, 가격대는 어느 수준인지, 맛은 어떤지, 혹은 편안하고 아늑한 분위기인지에 대해 점포 외관의 이미지로 판단한다.

표 10-4 외식업체의 디자인 구성요소

구분	세부 항목
시각디자인	로고, 심벌, 색채, 캐릭터, 전용 서체, 시그니처, 유니폼, 사무집기, 패키지, 간판, 수송물, 유도사인물
제품디자인	식기, 커트러리, 푸드스타일링, 테이블리넨, 센터피스, 메뉴판
공간디자인	점포정면, 대기실 인테리어, 실내 섬유 및 직물, 실내 가구, 조명, 인테리어 색상, 바닥재, 소품 및 액세서리, 외관환경디자인, 벽지, 테이블 및 의자, 파티션
웹디자인	웹상의 로고, 웹상의 심벌, 웹컬러, 서체, 이미지(음식 사진), 스타일&이미지, 인터페이스, 기술, 멀티콘텐츠, 레이아웃, 아이콘과 메뉴바, 네이게이션, 배너

자료: 김인화(2012). 레스토랑 디자인 구성요소가 디자인 수행도에 미치는 영향에 관한 연구.

따라서 점포의 콘셉트는 목표고객이 한눈에 파악할 수 있도록 디자인되어야 한다. 간판은 멀리서도 눈에 잘 띄어야 하고, 주위환경과 조화를 이루면서 경쟁업소와는 차별화되어야 한다. 또한 목표고객층이 선호하는 자재와 색상으로 고객의 호기심을 유발해야 한다. 메뉴모형 케이스를 설치하여 업종과 메뉴의 특성을 잘 보여주는 것도 한 가지 방법일 수 있다. 여기서는 외식업체의 외부환경요소에 해당하는 파사드와 주차장을 세부적으로 살펴본다.

(1) 파사드

파사드(facade)의 어원은 라틴어의 'facies'으로, 이는 얼굴(face)과 겉모양(appearence)이라는 뜻을 가지고 있다. 파사드는 건물의 현관이 위치하는 정면(front)과 거리에 접하는 면으로, 외식업체가 판매하는 음식은 물론이고 분위기와 서비스수준을 전달하는 가장 중요한 요소이면서 외식업체와 고객이 최초로 대면하는 접점이기도 하다. 또 시각적으로 정보를 전달하는 물리적 경계 역할을 하며, 내·외부 공간의 연결을 통해 점포의 콘셉트, 점포와 상품 이미지 등의 정보를 전달하여 고객의 유입 정도를 결정해준다.

파사드는 사람이 모이는 공간의 디자인요소로 기능적·감각적·감성적으로 어필할 수 있어야 한다. 외식업체의 첫인상인 파사드는 다른 경쟁업체와 차별화되는 요소이면서 그 업체가 가지고 있는 핵심 이미지를 전달한다. 파사드가 소비자의 감성을 자극해야 하는 이유는 가고 싶고 머물고 싶은 장소로 인식되어야 하기 때문이다. 이는 다른 곳과의 차별성, 호기심 자극, 일관된 주제, 한눈에 부각되어 시선을 집중하게 만드는 요소들이 통합적으로 포함되어야 하는 이유이기도 하다.

파사드를 개성적이고 독창적으로 만들어 통행객의 발길을 멈추게 하고 그들을 점포로 유도하려면 AIDMA 법칙(Attention: 관심, Interest: 흥미, Desire: 욕망, Memory: 기억, Action: 구매행동)을 따라야 한다. 점포의 이미지는 지나가는 고객의 시선을 유도한다. 그리고 소비자는 점포의 이미지를 통해 상품가격, 서비스, 품질수준에 대한 상상을 하게 된다. 이러한 점포의 이미지는 사용한 자재나 조명, 점포의 전면 크기, 디스플레이 유형, 판매하는 음식의 종류에 따라 달라진다. 파사드는 일반적으로 간판, 출입구, 메뉴진열케이스 등으로 구성된다.

① 간판

간판은 상품에 대한 정보를 전달하는 것뿐만 아니라 외식업체의 전반적인 이미지를 전달할 수 있어야 한다. 간판의 그래픽과 디자인을 결정할 때는 2가지를 주의해야 한다. 첫째는 목표고객이고 둘째는 목표고객이 방문하는 핵심요소이다. 간판은 목표고객과 그들이 원하는 가치 사이에서 징검다리 역할을 한다.

외식업체의 간판은 점포 이미지를 심어주는 역할뿐만 아니라 간판을 통해 고객이 점포를 발견하고 가장 먼저 점포를 인식하게 만드는 역할을 한다. 고객은 간판을 보고 업종을 짐작하고 분위기를 상상하여 점포의 이용 여부를 결정한다. 따라서 간판은 가격이나 미적인 면에만 치중해서는 곤란하다.

② 출입구

출입구는 고객이 외식업체를 출입하는 데 있어 심리적·물리적으로 부담이 되지 않아야 한다. 가능하면 넓은 것이 좋지만 물리적으로 그렇게 하기가 어렵다면 벽을 유리로 만들어서 넓어 보이게 하는 방법도 있다. 일반적으로 현관을 설계할 때는 출입구의 수, 위치, 방향, 크기, 비상구 등을 고려하고 추가로 전후 미닫이, 좌우 미닫이, 회전, 자동문 중에서 출입방식을 선택해야 한다. 특히 출입구에는 여름이나 겨울의 내외부 온도 차이로 인한 불편을 덜기 위해 이중문을 설치하기도 한다.

③ 메뉴진열케이스

메뉴진열케이스는 외식업체의 대표메뉴나 고객을 유인하기 위한 전략상품(세일품목, 계절상품, 신상품, 기획상품 등)을 진열하여 잠재고객의 관심을 끄는 역할을 한다. 그곳에 진열할 상품은 고객의 구매욕구를 파악하여 선택한다. 계절이 변하거나 신메뉴가 출시되었다면 상품을 주기적으로 바꿔줄 필요도 있다.

최근에는 외부가격표시제가 실시되어 주요 메뉴와 최종지불가격을 점포의 출입구에 표시하고 있다. 하지만 장기적으로 볼 때 메뉴진열케이스와 같은 구체적 판매촉진도구가 활성화되어야 할 것이다.

(2) 주차장

주차서비스 제공은 필수이다. 다만 주차장 확보가 어려운 경우, 인근의 공영주차장을 이용하거나 발레파킹서비스를 제공해야 한다. 주차장 확보는 점포의 수준과 방문하는 고객의 특성을 고려해서 한다. 인근에서 도보로 찾아오는 고객이 대부분이라면 구태여 주차장이나 주차서비스를 제공할 필요는 없다. 자동차를 타고 찾아와야 하는 상권과 입지에서 사업을 하는 경우라면, 주차장은 사업의 성패를 좌우하는 요소가 될 수 있다.

2) 내부환경

영업공간과 조리공간으로 구분되는 점포 내부는, 고객은 물론이고 직원들도 행복한 시간을 보낼 수 있게끔 분위기를 연출해야 하며 기능적인 효율성도 함께 고려해야 한다.

(1) 영업공간

외식업체의 영업공간(hall)은 점포의 콘셉트에 적절한 레이아웃과 분위기로 계획해야 한다. 세부적인 내용은 공간 설계, 탁자와 의자 배치, 분위기, 계산대, 화장실의 순으로 살펴본다.

① 공간 설계

영업공간의 레이아웃은 고객만족과 수익성 달성을 위한 적절한 배치와 동선 설계가 무엇보다 중요하다. 레이아웃의 경우, 고급 외식업체일수록 복잡한 구조를 만들어 프라이버시를 고려하고 패스트푸드점의 경우에는 좌석 회전이 빨리 이루어지도록 단순한 레이아웃을 추구한다. 외식업체의 영업공간은 서빙하는 직원이 일하기 편한 동선과 레이아웃을 생각한 후에 객단가와 목표고객층에 맞는 디자인을 적용하는 것이 좋다. 단체고객이 많은 업종의 경우에는 좌석을 탄력적으로 운영할 수 있도록 공간을 설계한다.

영업공간의 동선은 고객동선과 종업원 동선이 상호 교차하지 않아야 한다. 고객은 순서에 따라 음식을 제공받아 편하게 식사하고 대화할 수 있어야 하며, 종업원은 서비스를 원활하게 할 수 있도록 동선을 구성해야 한다. 서비스동선을 단순화하고 보행거리를 단축하기 위한 주방의 위치를 고려하고, 빠르고 원활하게 고객 응대가 가능하도록 서비스동선을 단순화시켜 종업원의 보행거리를 단축해야 한다.

② 탁자와 의자 배치

외식업체에서 테이블과 의자의 배치는 식사 장면을 연출하는 것과 같은 의미이다. 비슷한 업종의 외식업체라도 목표고객의 욕구에 따라 테이블의 크기와 높이, 형태, 배열 등이 달라진다. 외식업체는 점심과 저녁처럼 한정된 시간에만 고객이 집중되므로 탁자와 의자를 적절하게 배치해야 목표매출액을 달성할 수 있다.

효율적인 점포 운영을 위해서는 탁자를 1인용, 2인용, 4인용처럼 다양하게 배치해야 한다. 또한 좌식과 입식 여부에 따라 좌석 회전율이 달라질 수 있으며, 좌석 간의 프라이버시가 확보된 자리와 개방적인 자리에 따라서 기능적·심리적 차이도 발생한다. 의자 배치는 고객의 시선 위치와 높이를 정하는 일이므로, 탁자의 높이와 천장의 높이 및 파티션의 높이 등을 고려해서 결정한다.

③ 분위기

분위기란 고객이 외식업체에 도착하여 식사를 마치고 나갈 때까지의 모든 과정에서 접하게 되는 유무형의 요소이다. 고객에게 감동을 줄 수 있는 모든 유무형의 요소들을 칭하기도 한다. 고객이 외식업체에서 오래 머무를수록 분위기가 오감에 많은 영향을 준다. 이 같은 분위기는 건축가, 컨설턴트, 인테리어 디자이너가 함께 만드는 기능적·물리적·심리적 요소와 의장 등을 포함한다.

외식업체는 동일한 상품을 판매하더라도 내부 인테리어(interior)나 익스테리어(exterior), 직원의 서비스를 차별화하여 디자인한다. 같은 상품이라도 장소에 따라 가격이 다르게 책정된다는 것을 소비자들도 인정한다. 자판기 커피, 노점상 커피, 카페에서 파는 커피는 모두 같은 상품이지만 소비자는 저마다 다른 금액을 지불하고 구매한다.

외식업체의 분위기를 창출하는 인테리어의 주안점은 '멋진 점포'가 아니다. '어떻게 해야 고객의 구매욕구를 높일 수 있는가?' 하는 문제가 중요하다. 내부의 모든 장식과 조명, 집기, 장비 등은 이 포인트에 맞추어 선택해야 한다. 외식업체의 가장 이상적인 분위기란 고객이 식사를 편하게 할 수 있고 행복하며, 직원이 효율적으로 일할 수 있게 하는 것이다. 외식업체의 분위기를 좌우하는 요소(그림 10-6)를 조명, 색상, 벽, 천장, 바닥 순으로 살펴보면 다음과 같다.

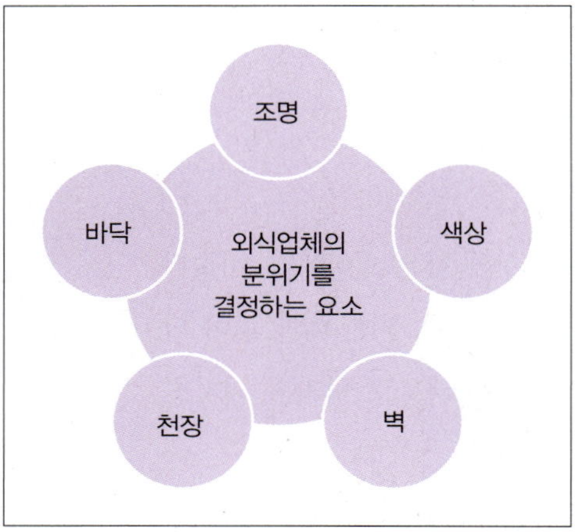

그림 10-6 분위기를 결정하는 요소

- **조명** 동일한 인테리어의 외식업체라도 조명에 따라 고객이 느끼는 감성은 달라질 수 있다. 조명은 실내 분위기를 최종적으로 완성하므로 외식업체 디자인의 초기부터 전략적으로 접근해야 한다. 외부의 조명은 고객을 내부로 유도하고, 내부의 조명은 고객이 상품을 구입하고자 할 때 또는 서비스를 제공받을 때 만족스럽게 설계되어야 한다. 고급스러운 외식업체처럼 고객이 장시간 머무르는 점포의 경우에는 조명의 색온도와 설치 높이를 낮추고 간접조명을 병행해야 한다. 그렇게 하면 테이블마다 아늑한 느낌을 줄 수 있기 때문이다. 그러나 패스트푸드처럼 고객 회전이 빨라야 하는 외식업체에서는 조명의 색온도와 조도(밝기), 조명의 설치 높이를 높혀 밝고 활기찬 느낌을 주어야 한다. 조명방식도 직접조명으로 하는 것이 좋다. 한편 주야간으로 실내외의 조명방식과 조도(밝기)를 조절할 수 있도록 계획한다. 영업시간대에 따라 외식업체의 조명을 조절하여 실내분위기를 바꿀 수 있다면 주야간의 매출이 달라질 수 있다. 물론 업종에 따라 차이는 있지만, 식사를 주로 하는 업소에서는 조도가 밝은 것이 좋으며 주류를 판매하는 업소에서는 조명이 어두운 것이 좋다. 색온도가 낮은 조명은 사람을 안정시키는 효과가 있는 반면, 색온도가 높은 조명은 심리적 긴장감을 높이고 활동적으로 만든다.
- **색상** 점포의 분위기와 이미지를 창조하여 고객의 관심을 끌 수 있어야 한다. 색은 사람의 시선을 끌기도 하지만, 개인의 경험과 본능을 통해 마음속에 각인된 감성적 이미지에도 영향을 미친다. 색상은 마감재의 형태나 질감, 패턴 등과 결합하여 감성에 영향을 주며, 마감재나 색의 조합과 배색을 통해 목표고객이 선호하는 이미지를 만들어준다. 따라서 외식업체는 업종, 서비스 형태 및 전통적인 면을 고려하여 각 공간의 분위기와 이미지를 창출할 수 있는 색채 구성을 계획하는 것이 바람직하다. 부드럽고 따뜻한 톤은 전통적

인 메뉴를 제공하는 고급 외식업체에 어울리며, 강렬한 색채는 좌석의 회전율을 높여야 하는 패스트푸드점에 어울린다. 색상을 통해 고객이 들어오고 싶어지도록 고객의 호기심을 자극해야 한다.

- **벽** 인간의 시선과 동작을 차단하고 공기의 움직임을 제어할 수 있는 공간을 형성한다. 외식업체의 벽은 수직적 구성요소로서, 공간의 구성요소 중에서 가장 많은 면적을 차지하며 제일 먼저 눈에 띄는 부분이다. 벽이 눈보다 높으면 그 공간은 폐쇄적인 공간이 되고, 눈보다 낮으면 개방적인 공간이 된다. 일반적으로 1,700~1,800mm 이상의 높이는 시각적으로 프라이버시가 보장된다. 눈보다 낮은 900~1,200mm 정도의 벽을 사용하면 개방적으로 느껴진다. 60mm 이하의 낮은 벽체는 편안하고 안락한 분위기를 요구하는 공간에 주로 사용된다.
- **천장** 바닥과 함께 실내 공간을 구성하는 수평적 요소이다. 이는 다양한 형태나 패턴처리를 통해 공간의 형태를 변화시킬 수 있다. 천장이 낮으면 실내가 포근하고 아늑한 느낌을 주며, 천장이 높으면 시원함과 확대감을 줄 수 있다. 천장에는 여러 가지 실내 설비를 배치하게 되는데 전기조명, 통신, 공조시설, 소방장치 등을 체계화하고 산만하지 않게 처리해야 한다. 벽과 천장의 마감재를 통일하면 넓어 보이는 효과를 줄 수 있다.
- **바닥** 천장과 함께 실내공간을 구성하는 수평적 요소로 인간의 감각 중 시각, 촉각과 관계가 있는 요소이다. 바닥은 신체와 직접 접촉하는 부분이 인간의 촉각을 만족시킬 수 있어야 한다. 바닥의 재질은 매장 분위기 연출뿐만 아니라 기능적인 측면도 고려해서 내구성이 강하고 음식물이 쏟아져도 쉽게 닦아낼 수 있는 것을 고른다. 흠집이 나기 쉽고, 한 번 공사하면 교체가 어려우며 비용이 많이 소요되므로 신중하게 선택한다.

④ 계산대

계산대(counter)는 고객 안내부터 점포 내 냉난방, 조명, 음향 등을 조절하는 다기능적 공간이다. 일반적으로 카드단말기 등을 배치하고 서비스나 부가가치를 높이기 위한 포장이나 정보 전달 등의 커뮤니케이션 공간으로 이용되기도 한다. 현금보다는 신용카드를 이용하는 사람이 많으므로 고객이 서명하기 용이한 높이여야 한다. 또 적극적인 서비스를 제공하거나 커뮤니케이션을 하기 쉽고, 고객이 인지하기 쉬운 위치에 설치하는 것이 좋다.

위치는 출입구 가까운 곳에 전체 고객의 동향을 잘 살필 수 있는 곳이 적절하고, 전기와 설비계통 등을 전체적으로 조절할 수 있는 스위치가 설치되어야 한다는 점을 고려한다.

⑤ 화장실

최근 외식업체의 화장실 인테리어가 청결하고 고급스럽게 변하고 있다. 아무리 음식이 훌륭하더라도 화장실이 지저분하면 고객에게 청결하지 못한 업체라는 이미지를 심어주게 된다. 많은 고객이 화장실의 이미지가 외식업체의 중요한 점포경쟁력이라는 생각을 하고 있다. 이 공간이 외식업체의 시각적 이미지를 평가하는 데 절대적인 영향을 미치기 때문이다.

(2) 조리공간

조리공간은 주방 면적과 동선, 주방 바닥과 벽, 주방 천장, 주방 동선, 주방 색상의 순으로 살펴본다.

- **주방 면적과 동선** 외식업체의 전체 면적에 적당한 면적을 배분해야 한다. 면적이 필요 이상으로 넓으면 객석 수 감소에 따른 매출 손실이 발생할 것이고, 반대로 매출을 중시하여 면적을 좁게 한다면 주방의 대처능력 부족으로 고객에게 불만이 생겨 매출이 하락할 것이다. 따라서 업종별로 적당한 주방 면적을 결정하는 것이 중요하다. 일반적으로 주방 면적에 대한 기준은 없지만, 일반 외식업체의 경우 객석을 70%, 주방을 30%로 나누기도 한다. 다만 객단가가 낮고 좌석 회전율이 높은 업종의 경우에는 객석과 주방의 비율을 75 대 25로 하기도 한다. 주방의 동선은 각 구역이 작업의 흐름에 맞게 배열되어야 한다.
- **주방 바닥과 벽** 주방 내 시공 중 가장 까다로운 부분이다. 주방에서는 물을 사용하므로 방수가 중요하다. 바닥은 미끄럽지 않으면서 청소가 용이해야 한다. 특히 바닥에는 가스, 전기, 상하수도 등의 배관이 지나가고 무거운 기기가 설치되므로 하중을 견딜 수 있고 부패가 일어나지 않아야 한다. 또 배수상태가 양호하여 물이 고이지 않도록 배수관 지름이 20cm는 되어야 한다. 바닥은 경사 처리되어 늘 건조상태가 유지되어야 하고 바닥의 재질은 수분, 손상, 세균에 강해야 한다.

- **주방 천장** 천장에 가연성 물질이 쌓이면 화재가 발생할 위험성이 높아지므로 마감재로는 불연성 재료, 내열성 및 내습성이 강한 것을 사용한다. 높이가 2.5m 정도는 되어야 하는데, 공기의 순환이 잘되는 곳이라면 2.2m 정도도 무난하다.
- **주방 색상** 색상은 근무하는 직원의 피로 감소, 사기 증진, 생산력에 영향을 미치는 요소이다. 좋은 색상은 사고 감소에도 영향을 미친다. 사물과 주변의 색상 및 명암이 같으면 사람들은 주변 사물을 쉽게 구분하기 어려워진다. 따라서 단색상이나 단조로운 색상을 주로 사용하면 사고율이 높아지고 직원의 사기가 낮아지기도 한다. 또 일반적으로 따뜻한 색상은 작업공간에 잘 사용하지 않는다. 어느 정도 시간이 지나면 눈이 피로해지기 때문이다. 반대로 푸른색이나 녹색 계열은 눈의 피로를 덜어준다.

주방의 설계는 점포의 업종, 업태, 서비스 방법 등 외식업체만이 가지고 있는 조리기능의 특성을 이해한 후 결정해야 한다. 외식업체는 음식과 서비스를 고객에게 제공하는 장소이다. 이전에는 주방의 디자인이나 레이아웃을 중요하게 생각하지 않았지만, 최근에는 오픈 주방을 이용하는 점포가 늘어나면서 조리과정을 퍼포먼스로 보여주는 등 점포의 중심적 역할이 강조되고 있다.

주방 설계는 우선 점포의 메뉴 구성을 고려한 후에 착수한다. 메뉴의 조리방법이나 서비스에 따라 주방의 동선도 변하기 때문이다. 예를 들어, 화덕에 굽는 피자를 메인으로 하는 외식업체의 경우에는 화덕을 객석에서 잘 보이도록 배치하면 인테리어 연출효과가 있어 매출 상승에 기여할 수 있다. 주방의 레이아웃은 단순히 보기 좋은 배열보다는 주방에서 어떤 작업을 할 것인지를 분명히 하고 디자인해야 한다. 또 작업 진행의 능률을 생각하여 조리사, 조리장비, 조리방법, 이용 식자재 등에 대한 고려도 해야 한다.

주방을 계획하는 전체적인 목적은 고객만족을 위해 직원의 행동을 최소화하고 주방의 특성을 고려함과 동시에 주방의 장비를 효율적으로 운영하는 것이다. 불필요하게 큰 주방은 홀의 좌석 수를 감소시키며, 주방 내 작업동선을 길게 하여 직원의 피로감을 높인다. 일반적인 외식업체에서는 4인 테이블 하나가 연간 1,000만 원 내외의 매출을 좌우하므로, 주방의 규모를 잘 계획해야 매출을 늘릴 수 있다.

5 외식업체의 디자인전략

외식업체의 서비스 스케이프 디자인은 매출과 같은 성과지표에 큰 영향을 미친다. 제한된 공간을 어떻게 디자인하느냐에 따라서 좌석의 회전율은 높아지거나 낮아진다. 한 예로 좁은 탁자와 딱딱한 의자는 좌석 회전율을 높여준다. 템포가 빠른 음악도 마찬가지의 효과를 내는 서비스 스케이프 전략 중 하나이다.

서비스 스케이프를 효율적으로 계획하려면 소비자의 심리 및 태도와 행동을 이해하는 것이 선행되어야 한다. 이러한 이해를 바탕으로 해야 외식업체의 생산성을 높이고, 결과적으로 이익을 극대화할 수 있다. 다만 단기간의 이익을 추구하는 것이 최종 목표여서는 곤란하다. 서비스 스케이프의 계획은 직원의 만족과 고객만족에 영향을 미치고 궁극적으로 외식업체의 높은 성과로 연결되는 구조여야 한다. 이 같은 목적 달성을 위한 외식업체의 디자인전략을 위한 명제는 〈표 10-5〉와 같다.

표 10-5 디자인전략을 위한 명제

서비스 스케이프 구성요소	구분	내용
주변요소	색채	• 고객의 주의를 끌고 유인하기 위해서는 외식업체 외부를 따뜻한 색채와 밝은 조명으로 디자인 • 높은 회전율을 추구하는 외식업체는 따뜻한 색채와 밝은 조명으로 디자인
	음악	• 높은 회전율을 추구하는 외식업체는 음악의 볼륨과 템포를 높고 빠르게 함 • 낮은 볼륨의 느린 음악으로 소비자가 머무는 시간을 늘려 매출을 높임 • 고객층의 연령에 따라서 음악의 속도와 볼륨을 적절히 조절함
공간 배치와 기능성	공간 배치	높은 회전율과 빠른 서비스를 추구하는 외식업체는 개방형 공간, 좁은 좌석, 고정 좌석 배치가 유효함
	기능성	서비스품질을 높이기 위해서는 동선의 단순화, 넓은 통로, 장치의 효율적 배치가 필요
사인 · 심벌 · 인공물	디자인	사인 · 심벌 · 인공물은 상품, 서비스와 일치하도록 통합적으로 디자인해야 소비자들이 서비스품질을 높게 인식함

자료: 전병길 · 고동우(2002). 레스토랑 디자인 요소로서 물리적 환경의 기능.

학습 요약

1 서비스 스케이프(servicescape)는 서비스(service)에 자연환경을 의미하는 접미사 스케이프(scape)를 합성하여 만든 단어로 '인간이 창조한 환경'의 의미를 담고 있다. 즉, 서비스가 전달되고 서비스기업과 고객의 상호작용이 이루어지는 환경을 일컫는다. 이는 마케팅도구의 일환으로, 무형적 서비스를 전달하는 데 동원되는 모든 유형적 요소를 포함한다.

2 비트너(Bitner)는 서비스 스케이프를 "서비스 시설 그 자체"로 "인간에 의해 만들어진 서비스 스케이프"라고 정의하기도 했다. 서비스 스케이프는 서비스 상품을 차별화시켜주기 때문에 고객의 구매 의사 결정에 영향을 미쳐 서비스품질에 대한 단서로 고객의 기대와 평가에 영향을 줄 뿐만 아니라, 서비스 종업원의 태도와 생산성에도 영향을 주는 유형의 요소로 작용한다.

3 서비스 스케이프의 구성요소는 주변요소, 공간 배치와 기능성, 사인·심벌·조형물의 3가지 차원으로 분류할 수 있다. 서비스 스케이프는 서비스 개념(콘셉트)과 일치하도록 설계되어야 한다.

4 서비스 스케이프는 서비스품질, 고객만족에 영향을 미치는 서비스기대의 결정요인이다. 서비스기업에서는 생산과 소비가 동시에 이루어지므로 고객이 서비스공간에 장시간 체류하기 때문에 이러한 공간이 기업 이미지, 고객만족도 및 종업원의 직무만족도 등에 영향을 미친다. 이는 고객의 구매행동에 직접적인 영향을 미치기 때문에 그 가치가 더욱 강조되고 있다.

5 서비스 스케이프가 소비자행동에 미치는 영향을 설명하는 포괄적인 모형으로는 비트너의 '자극-조직-반응(stimulus-organism-response)' 프레임워크가 있다. 자극은 서비스 스케이프의 여러 가지 요소를 의미하고, 조직은 고객과 직원을 의미하며, 반응은 서비스 현장에서의 여러 행동을 뜻한다.

6 서비스 스케이프가 구체적인 형태로 구현되려면 디자인이 필요하다. 따라서 디자인 구성요소 측면에서 서비스 스케이프를 검토할 필요가 있다. 외식업체의 디자인 구성요소는 시각디자인, 제품디자인, 공간디자인, 웹디자인으로 나눌 수 있다.

7 서비스 스케이프의 디자인은 매출과 같은 성과지표에 큰 영향을 준다. 제한된 공간을 어떻게 디자인하느냐에 따라 좌석의 회전율은 높아지거나 낮아진다. 서비스 스케이프를 효율적으로 계획하려면 소비자의 심리 및 태도와 행동의 이해가 선행되어야 한다.

토의문제

1 외식업체의 입장에서 서비스 스케이프의 개념, 중요성, 역할 등을 구체적인 사례와 이미지 자료를 이용하여 설명해보자.

2 외식업체의 서비스 스케이프에서 외부환경은 파사드에 의해 좌우된다고 할 수 있다. 그동안 국내 레스토랑은 소규모로 운영되면서 외부환경에 대한 중요성을 간과한 경향이 있었다. 향후에는 음식점의 경쟁 증가와 고급화 경향에 맞추어 파사드의 중요성이 증가할 것으로 예상되는데 이에 대비하기 위해 파사드의 중요성, 파사드가 갖추어야 할 속성, 성공적인 파사드의 사례 등을 정리해보자.

3 본문의 내용이 외식업체 서비스 스케이프의 중요성을 충분히 이해하는 계기가 되었으리라 본다. 다만 콘셉트를 설정하고 차별화된 인테리어를 추구하려면 상당한 창업비용이 소요되며, 더 큰 문제는 이러한 인테리어도 2년 정도가 지나면 트렌드에 뒤처진다는 것이다. 재투자를 계속하기에는 많은 어려움이 예상되는데, 이러한 문제를 어떻게 해결할 수 있을지 생각해보자.

4 서비스 스케이프의 디자인은 디자이너나 창업자 등 이해관계인의 안목에 의해 창조된다. 여기서는 인테리어 디자이너의 안목이 중요할 수도 있고, 창업자 자신의 안목이 중요할 수도 있다. 안목은 전문화된 지식과 경험을 통해 만들어지므로 다양한 인테리어 현장을 경험하는 것이 무엇보다 중요하다. 전문가들이 국내외의 다양한 음식점을 방문하고 기록으로 남기는 것이 바로 이러한 이유 때문일 것이다. 최근에는 직접 현장을 탐방하지 않고도 전문 잡지나 인터넷을 통해 간접적인 경험을 하거나 인테리어 트렌드를 익힐 수 있다. 인테리어에 대한 정보를 얻을 수 있는 전문 잡지 또는 카페, 블로그, 맛집 소개 홈페이지, 기타 사이트 정보를 수집하여 제시해보자.

5 비트너가 제시한 서비스 스케이프는 인공적인 물리적 환경에 국한되어 있다고 한다. 서비스 스케이프를 사회적 영역과 자연적 영역까지 확장시키기 위해 제시되는 사회적 서비스 스케이프와 회복적 서비스 스케이프의 개념을 파악하고, 외식업체에 어떠한 시사점을 제공할 수 있을지 제시해보자.

11장

외식사업 서비스 프로세스관리

학습목표

- 서비스 프로세스의 개념과 중요성을 이해한다.
- 서비스 프로세스의 개별화와 표준화를 이해한다.
- 서비스 프로세스의 고객 참여의 중요성과 고객의 역할을 이해한다.
- 대기관리의 개념과 기본원칙을 이해한다.
- 외식업체 서비스의 MOT관리를 이해한다.
- 서비스 프로세스의 개선을 위한 분석기법을 이해한다.

제조기업의 '생산관리'에 해당하는 부분이 서비스기업에서는 '프로세스관리'이다. 생산관리는 유형적인 제품이 주된 대상으로 고객의 참여가 거의 배제되는 반면, 프로세스관리는 무형의 서비스를 대상으로 하며 고객의 참여를 전제로 한다는 점에 차이가 있다.

생산관리나 프로세스관리 모두 최종목표가 고객만족이라는 점에서 동일하지만, 프로세스관리가 더 막연하고 추상적인 면이 강하다는 점이 관리상의 문제점으로 부각된다. 하지만 생산관리가 과학적이고 효율적인 수단을 통하여 제품의 목표 품질을 달성하는 것과 같이 프로세스관리 역시 보다 높은 서비스품질의 달성을 위해 대기관리, MOT관리, 서비스청사진기법, 피시본 다이어그램 같은 효과적이고 합리적인 수단 등을 개발하여 활용하고 있다.

1 서비스 프로세스의 개요

1) 서비스 프로세스의 개념과 중요성

서비스 프로세스란 서비스가 전달되는 과정을 통칭하는 것으로, 구체적으로는 서비스가 전달되는 절차나 구조 또는 활동의 흐름(flow)을 의미한다. 고객에게 제공되는 서비스는 택배나 전자제품 수리 등과 같이 일정한 결과물이 나오는 경우도 있지만, 대부분 일련의 과정(process)이자 흐름의 형태로 전달된다. 따라서 서비스 프로세스는 서비스 상품 자체를 의미하기도 하지만 서비스의 전달과정인 유통의 성격을 내포하기도 한다. 그리고 그것은 학문적으로 '서비스 프로세스' 또는 '서비스전달시스템' 등으로 다루어진다.

서비스는 동시성과 비분리성이라는 고유의 특성 때문에 고객과 분리하여 생각할 수 없다. 서비스를 구매하는 고객은 단순한 수혜자의 입장을 넘어 서비스 프로세스에 직접 참여한다. 이러한 이유로 서비스 생산의 흐름은 제품을 홍보하기 위한 마케팅보다 더욱 중요하다. 자동차를 구매하는 고객은 자동차가 만들어지는 과정에 특별한 관심을 두지 않

> **서비스 프로세스관리의 중요성**
>
> 외식업체의 서비스 프로세스관리는 서비스품질관리를 통해 고객만족과 고객의 재방문의사결정에 영향을 미친다.

지만, 음식점을 찾은 고객은 '배고픔의 해소'와 같은 최종 결과물보다는 외식업체에 도착해서 자리에 앉고, 안락한 분위기를 즐기며, 주문하고, 음식을 받고, 식사하는 과정과 그 속에서 얻는 경험을 더 중요하게 여긴다.

이러한 프로세스의 단계와 서비스 제공자의 처리능력은 고객의 눈에 가시적으로 나타난다. 그러므로 서비스 프로세스는 서비스의 품질을 결정하는 데 매우 중요한 역할을 하며, 구매 후 고객의 만족과 재 구매의사에 결정적인 영향을 미친다.

2) 서비스 프로세스의 표준화와 개별화

외식업체의 서비스 프로세스와 서비스 처리능력은 고객이 외식업체의 품질을 평가하는 데 커다란 영향을 미친다. 따라서 서비스의 일관성과 품질을 향상시키기 위한 서비스 프로세스의 표준화와 함께 프로세스의 개인화를 필수적으로 수행해야 한다.

다만, 표준화라는 개념은 주로 제품의 생산과정에서 많이 사용되는 것으로 서비스에서도 표준화라는 게 가능한 것인지에 대한 의문이 생길 수 있다. 서비스의 표준화가 불가능하다는 견해는 결과적으로 서비스가 과학적 측정과 피드백이 어렵다는 인식에 기초한다.

하지만 실제로 많은 서비스 프로세스가 체계적인 규칙과 기준을 갖추고 있어 표준화할 수 있는 경우가 많다. 예를 들어 패스트푸드 또는 테이크아웃 외식업체는 저렴한 가격으로 최소한의 서비스만을 제공하는 표준화된 프로세스를 제공하는 것을 목표로 한다. 맥도날드는 비교적 저렴한 가격으로 제한된 메뉴의 햄버거와 음료를 판매한다. 고객은 카운터에서 직접 주문하고 계산한 후, 햄버거와 음료 등을 받아 원하는 자리에서 음식을 먹게 되며, 식사가 끝나면 직접 쓰레기와 쟁반을 처리하는 수고를 한다. 높은 수준의 표준화된 프로세스만을 제공하고 있는 것이다. 반면, 파인다이닝 외식업체는 개별화된 풀서비스를 통해 자신의 업체를 차별화한다. 파인다이닝의 직원은 여러 가지 권한을 위임받아 고객의 취향에 맞는 차별적 서비스를 제공하는 프로세스를 따르게 된다.

대부분의 외식업체에서 서비스 프로세스의 표준화와 개별화는 적절하게 조합되어 적용되고 있다. 따라서 표준화나 개별화 중 어느 하나만 추구하기보다는 최적의 효과와 효율성을 내기 위해 둘을 적절히 조화시켜야 한다.

2 서비스 프로세스의 고객 참여

1) 고객 참여의 중요성

외식업체의 서비스에서 고객은 서비스 프로세스에 참여하는 내부요인에 해당되므로 서비스 생산 구조에 포함시켜야 한다. 많은 서비스기업에서 제조업과 같은 형태로 서비스 생산 구조를 인식하고 있어 고객을 외부요인으로 인식하기 쉽지만, 실제로 서비스기업의 고객은 생산 구조 내에서 서비스 생산요소의 하나로 프로세스에 포함되어야 한다.

물론 프로세스에 고객이 참여하는 정도는 외식업체의 유형이나 콘셉트에 따라 차이가 난다. 예를 들어, 패스트푸드 외식업체는 고객이 직접 주문하고 해당 메뉴가 전달되면 직접 자리로 들고 가서 식사하며, 식사 후에는 잔여물을 치우는 일까지 직접 하게 된다. 다른 외식업체보다 노무적으로 많은 참여를 하는 편이지만 복잡하지 않은 단순한 참여가 주를 이룬다. 이와 달리 고객의 노력이 좀 더 부가되어야만 서비스가 효과적으로 생산·전달되는 경우도 있다. 패밀리레스토랑이나 고급 외식업체에서의 식사는 좀 더 적극적인 고객 참여를 요구한다. 고객은 좀 더 다양한 메뉴를 선택해야 하고, 선택된 메뉴에 들어가는 소스와 고기의 굽는 정도까지 직접 고르는 노력을 해야 한다. 패스트푸드 외식업체보다 노무적 참여도는 낮지만 다양한 생산활동에 깊숙이 참여하기 때문에 결과적으로 서비스품질관리에 미치는 영향과 함께 고객의 관여도와 애착도가 커지게 된다.

이와 같이 서비스에 직접 참여하는 고객 외에도 직접 서비스에 참여하지 않는 다른 고객에 의해서도 서비스의 결과나 과정은 영향을 받는다. 예를 들어, 방문자가 많은 외식업체의 경우에는 장시간 대기해야 하는 고객이 서비스에 부정적 이미지를 가질 수 있고, 어린이 고객의 시끄러운 행동 등도 서비스경험에 부정적인 작용을 하게 된다. 반면 고급 외식업체 등에서의 세련된 매너와 조용하게 식사하는 기존의 고객은 다른 고객에게 긍정적인 영향을 주기도 한다. 이 경우 고객은 환상적인 서비스환경에 직접 참여한다는 것에 자부심을 가져 해당 업체에 대한 충성도가 높아지기도 한다.

2) 프로세스에서의 고객 역할

외식업체의 서비스 프로세스에서 고객은 임시직원, 주요 인적자원, 능력의 원천, 혁신자와 같은 4가지 역할을 하게 된다. 이를 구체적으로 살펴보면 다음과 같다.

(1) 임시직원의 역할

외식업체의 고객은 서비스 프로세스의 참여 정도에 따라 임시직원과 같은 역할을 할 수 있다. 이는 외식업체 구성원의 범위를 고객까지 확장한 경우로, 고객은 직원과 같이 서비스 전달 시 적극적인 역할을 수행할 수 있기 때문에 고객을 임시직원처럼 인식할 필요가 있다. 다만 고객은 직원처럼 직접적 교육과 관리가 불가능하므로 생산활동의 참여에 따른 결과의 불확실성에 대한 문제를 가지고 있다. 따라서 이러한 불확실성을 충분히 고려하여 고객의 참여를 설계해야 고객이 부담을 느끼지 않으면서 서비스의 품질을 높이는 방향으로 자연스럽게 행동할 수 있다.

(2) 주요 인적자원의 역할

고객은 경우에 따라 최상의 능력을 발휘하는 인적자원의 역할을 수행한다. 서비스기업이 고객에게 최적의 역할을 부여하면, 고객은 자신의 생산 역할을 매우 효과적이고 효율적으로 수행할 수 있다. 예를 들어, 음료를 셀프로 이용하는 경우와 서비스를 받는 경우의 가격을 차별화한 외식업체가 있다고 하자. 이곳에서 저렴한 가격의 셀프서비스를 선택한 고객은 원하는 음료를 마음껏 즐길 수 있고, 외식업체의 입장에서는 직원의 수를 줄여 경비를 절감하면서도 고객만족도는 높아지는 결과를 얻게 된다. 외식업체가 고객을 생산시스템 안으로 자연스럽게 유도함으로써 생산성을 높임과 동시에 고객의 외식업체에 대한 이해도와 만족도를 높이는 일석삼조의 효과를 얻는 것이다.

(3) 능력의 원천

기업 중심의 경제환경이 고객 중심으로 이동하면서, 고객이 기업의 능력과 노하우의 원천으로 부각되고 있다. 정보통신기술의 발전에 따라 기업이 독점하던 정보를 고객이 공유하면서 고객 스스로 자신의 소비경험을 설계·시행하고 있는 것이다. 고객은 이 같은 개인화된 상호작용을 통해 가치를 스스로 창출해나갈 수 있다.

외식업체는 이와 같은 고객의 특성을 고려하여 서비스 프로세스의 적절한 조정은 물론이고 고객이 직접 서비스 접점을 가장 효율적이고 효과적으로 활용할 수 있도록 개선해야 한다. 이에 따라 최근 스파게티 전문점 및 카레 전문점 등에서 주재료의 양과 부재료의 종류를 고객이 직접 선택하게 하여 가격과 중량, 내용물 등을 고객이 취향에 맞게 설계하는 사례가 늘고 있다.

(4) 혁신자로서의 역할

고객은 서비스기업에서 혁신자로서의 역할을 수행하기도 한다. 새로운 상품과 서비스의 개발에 직접 참여하는 것이다. 적극적인 고객은 선도적 이용자의 형태로 기업의 혁신 프로세스에 참여하는데, 이들은 시장의 그 어떤 고객보다 먼저 서비스의 문제점과 해결안에 관심을 가짐으로써 다른 고객에게 커다란 혜택을 제공해준다. 이에 외식업체들은 고객이 새로운 환경을 설계할 수 있는 제작도구를 공급하려고 노력하고 있다. 패밀리레스토랑인 '빕스'는 2002년부터 고객이 제안한 메뉴를 판매하는 '고객제안메뉴' 제도를 실시하고 있다. 이들은 제안메뉴에 대한 시식회 등을 통해 또 다른 고객의 참여를 유도함과 동시에 채택된 메뉴의 수익금 1%를 메뉴 제안자에게 돌려준다. 메뉴 제안자가 된 고객은 간접적으로 회사 경영에 참여한다는 점이 매우 매력적이라는 반응을 보이고 있다.

3) 셀프서비스

서비스기업의 입장에서 보면, 프로세스에 고객이 참여하는 최적의 모델은 서비스기업이 제공한 시스템이나 장치를 고객이 직접 이용하며 스스로 특정 서비스활동을 수행하는 것이다. 이 같은 과정은 기업에 속한 직원의 업무를 고객이 자신의 시간과 노력을 들여 수행하는 것이기 때문에, 기업의 입장에서는 인건비 절감이라는 커다란 혜택을 얻게 된다. 외식산업의 가장 큰 문제가 바로 과중한 인건비임을 고려할 때, 셀프서비스 확대와 서비스의 적극적인 이용은 시급한 현안임에 틀림없다.

셀프서비스의 도입은 경제적 합리성을 기반으로 한다. 고객의 입장에서는 외식업체의 직원이 수행해야 할 프로세스를 떠안아야 한다는 점이 불합리하지만, 저렴하게 원하는 혜택을 누릴 수 있어 그들은 기꺼이 불합리함을 받아들인다. 다만 외식업체의 입장에서는 서비스 프로세스의 고객 참여로 인건비 등의 비용 절감효과가 커질 수 있지만, 프로세스의 설계와 관리에 오히려 더 큰 비용이 소요되거나 고객만족도가 감소하여 기업의 수익성에 부정적인 영향을 미칠 수도 있다. 따라서 고객 불합리성과 인적자원의 불합리성 또는 이의 적절한 조합 중 어떤 식으로 프로세스를 설계해야 가장 이상적인지 판단하고 선택해야 한다.

더 알아보기

셀프서비스의 변화

셀프서비스(self-service)와 풀서비스(full service)로 양분되어 있던 외식업계에 하프 셀프서비스(half self-service) 개념이 확산되고 있다. 하프 셀프서비스는 반찬 등 일부 품목을 고객이 직접 덜어먹을 수 있도록 하는 패스트푸드점의 주문방식으로 추가 주문 등의 번거로움을 줄일 수 있다. 이를 통해 서빙 인원을 줄일 수 있으며 잔반 재사용 등의 불안감을 해결할 수 있다.

자료: 파이낸셜뉴스(2009). '하프 셀프서비스'를 아시나요. 발췌 재구성.

4) 고객 참여의 증대

외식업체의 서비스 프로세스에서 고객의 참여를 증대시키기 위해서는 ① 고객이 수행해야 할 과업의 정의, ② 적절한 고객의 유치, ③ 고객에 대한 교육, ④ 참여에 따른 보상, ⑤ 고객 믹스관리와 같은 노력이 요구된다(그림 11-1).

외식업체의 업종 및 업태 그리고 콘셉트에 따라 서비스 유형이 다르고 고객이 서비스과정에 참여하는 수준이 다르기 때문에 고객이 수행해야 할 과업수준을 설정하는 것은 매우 중요한 일이다. 다만 모든 고객이 과업에 참여하는 것을 좋아하지 않는다는 사실을 기억해야 한다. 한 예로 일본의 패밀리레스토랑에서는 음료를 저가에 마음껏 마시길 원하는 고객에게는 셀프서비스로 제공하는 반면, 직원의 서비스를 받길 원하는 고객에게는 좀 더 높은 가격을 책정하여 고객의 과업 정의에서 고객의 결정권을 고려하였다.

고객의 참여를 증대시키기 위해서는 외식업체가 설정한 서비스수준에 적합한 고객을 유치하고자 노력해야 한다. 이를 위해서는 외식업체에서 제공하는 서비스의 내용을 명확하게 광고 또는 홍보하여 고객의 기대를 관리해야 한다. 가령 풀서비스를 예상하고 들어온 고객에게 낮은 가격의 셀프서비스를 제시하는 것은 전반적인 서비스품질과 관계없이 낮은 고객만족도를 초래하여 부정적인 구전의 원인이 될 수 있다.

고객의 참여를 확대시키기 위해서는 적절한 교육이 선행되어야 한다. 고객은 자신의 역할을 효과적으로 수행하기 위해 교육을 받거나 사회화되어야 한다. 뷔페 외식업체 등에서 고객에게 음식 이용방법을 간략하게 설명하는 것이 바로 그러한 예이다. TARP 조사에 따르면 고객이 불만을 느끼는 원인 중 1/3이 고객 자신 때문에 일어나는 문제라고 한

그림 11-1 고객 참여 증대의 관리

다. 즉, 급격히 변하는 사회환경 속에서 제대로 교육받지 못한 고객은 자신에 대한 불만으로 서비스 자체를 불신하게 된다. 최근 다국적 음식을 취급하는 음식점이 늘면서 낯선 음식을 어떤 방법으로 먹어야 할지 고민하는 소비자가 많아지고 있다. 이들에게 적절한 식사방법을 사전에 알리려는 노력은 고객만족에 커다란 영향을 미칠 수 있음을 명심해야 한다.

외식업체는 서비스에 대한 고객의 공헌도에 따라 적절한 보상을 계획해야 한다. 그것이 금전적이든 시간적이든 심리적이든 서비스 프로세스에 적극 참여한 고객을 위한 보상은 동기 유발요인으로 작용함과 동시에 보다 적극적인 고객 참여를 유도하게 된다. 외식업체를 방문하기 전에 예약하는 고객을 위한 할인제도나 외식업체의 홈페이지, 인터넷 블로그나 카페 또는 페이스북 등에 이용 후기를 올린 고객에게 경품을 제공하는 활동 등은 효과적인 보상에 해당된다.

일반적으로 고객은 다른 소비자의 영향을 받는다. 조용히 식사하고 싶은 연인과 비즈니스맨의 경우에는 시끄럽게 떠드는 어린아이를 동반한 가족고객과 격리해야 한다. 이처럼 다양하고 때로는 모순되는 세분시장을 관리하는 전략을 바로 '고객적합성관리'라고 하며, 이러한 전략을 위해 다양한 방법이 사용된다. 고급 외식업체에서 예약하지 않은 고객은 입장을 시키지 않거나, 정해진 드레스코드를 지키지 않은 고객의 입장을 제한하는 것이 바로 고객을 선별하여 수용하는 대표적인 사례이다.

3 구매과정관리

서비스 프로세스의 구매과정관리는 크게 ① 구매가 시작되기 전의 과정에 해당되는 관리, ② 구매과정에서의 고객접점관리, ③ 구매과정이 마무리된 후의 잘못된 결과에 대한 원인을 찾아 문제를 해결하는 것으로 나눌 수 있다. 여기서는 이와 같은 세 단계를 관리하는 수단으로의 대기관리, MOT관리, 피시본 다이어그램을 중심으로 구매과정관리에 대해 살펴보고자 한다.

1) 대기관리의 개념과 기본원칙

대기관리는 구매 전 프로세스관리의 핵심이다. 외식업체에서의 대기란 고객이 음식을 제공받기까지 기다리는 시간을 의미한다. 서비스의 특성인 소멸성과 비분리성 때문에 고객은 종종 서비스를 받기 위해 오랜 시간을 기다려야 한다. 외식업체에서 대기가 발생하는 원인은 서비스를 받으려는 소비자는 많은 반면, 제공하는 시설은 제한되어 있기 때문이다. 이러한 상황에서 고객은 줄을 서서 기다리는 대기상황에 직면한다.

대기는 불가피하게 발생하는 상황이지만, 모든 고객이 이러한 상황을 이해하고 긍정적으로 받아들이는 것은 아니다. 대부분 이러한 대기상황을 매우 부정적인 경험으로 인식한다. 고객이 서비스를 받기 위해 기다라는 시간을 효과적으로 관리하는 것은 고객만족과 재구매의사에 커다란 영향을 미치게 된다.

외식업체는 대기관리를 위해 무엇보다도 대기수준의 파악을 먼저 해야 한다. 일본 외식업체의 긴 대기 행렬, 국내의 대기 행렬은 이제 쉽게 찾아볼 수 있는 현상이다. 이처럼 고객은 그 상황과 서비스의 유형에 따라서 같은 가치를 다르게 인식하고 있다.

외식업체의 입장에서 가장 이상적인 상황은 대기를 만들지 않는 것이지만, 서비스에는 소멸성과 공간 제약이 있어 고객만족도가 높은 외식업체는 대기를 피할 수 없다.

이러한 경우 결국 최선의 관리방안을 찾아 효과적으로 대처하는 길밖에 없으며, 실제 서비스 생산을 조정하거나 고객의 인식을 조절하는 방법을 생각해볼 수 있다. 서비스 생산관리는 서비스방법을 변화시켜 실제 대기시간을 줄이는 것이고, 고객의 인식관리는 실

그림 11-2 구매관리과정의 수단

제적인 대기시간을 줄이지 못하는 경우에 인지적으로 대기시간이 짧게 느껴지도록 하거나 대기를 즐겁게 할 수 있도록 하는 것이다.

실제적인 대기시간을 줄이기 위한 프로세스관리기법을 살펴보면 다음과 같다.

- 첫째, 고객에게 예약을 받아서 그들이 도착하자마자 서비스를 제공할 수 있도록 예약시스템을 활성화한다. 예약을 활용할 때는 초과예약에 관한 정책을 미리 정해두어야 한다. 실제 현장에서는 예약한 고객이 약속을 이행하지 않는 경우를 대비하여 초과예약을 받는 것이 일상화되어 있다. 외식업체의 관리자는 과거의 예약 불이행률을 고려하여 초과예약을 받지만 경우에 따라서는 가용능력 이상으로 예약고객이 방문하는 상황이 발생한다. 이와 같은 상황을 고려한 초과예약 고객에 대한 처리방침을 내부적으로 미리 준비해놓아야 한다. 다만, 예약시스템은 외식업체의 효율성을 저하시킬 수 있기 때문에 이를 기피하는 외식업체도 존재하게 된다. 예를 들어 아웃백에서는 일반적인 예약시스템과 조

더 알아보기

대기관리의 기본원칙

대기관리의 기본원칙은 외식업체에서의 대기를 관리함으로써 고객만족을 높이기 위해 반드시 기억해야 할 수칙이다.

- 무엇을 할 때보다 아무것도 하지 않고 있을 때가 더 길게 느껴진다.
- 구매 시작 전의 대기가 더 길게 느껴진다.
- 근심이 있으면 대기가 더 길게 느껴진다.
- 언제 서비스를 받을지 모른 채 대기하면 더 길게 느껴진다.
- 원인을 알 수 없는 대기가 더 길게 느껴진다.
- 불공정한 대기가 더 길게 느껴진다.
- 가치가 적을수록 대기가 더 길게 느껴진다.
- 혼자서 하는 대기가 더 길게 느껴진다.

자료: Maister(1985).

금 다른 예약서비스를 하고 있다. 고객의 회전율이 높은 아웃백에서 일반적인 예약서비스를 제공한다면 고객이 도착하기 전까지 테이블을 비워두어야 하는 비효율적 상황이 발생할 수 있다. 이러한 상황은 매출 감소로 이어질 수 있고 그렇다고 예약서비스를 제공하지 않으면 고객에 대한 서비스의 질이 저하되므로 이를 모두 해결하기 위한 방법으로 콜어헤드서비스(call ahead service)를 제공하고 있다. 이는 고객이 예약을 할 경우 그 시간에 대기하는 다른 고객보다 우선적으로 좌석을 제공하는 서비스이다. 이 같은 유형의 서비스를 실시하면 예약고객을 위해 테이블을 비워놓는 비효율성을 감소시키고 고객의 만족도도 동시에 충족시킬 수 있다. 결과적으로 아웃백은 고객이 다른 일을 하지 못하고 단순히 기다려야 하는 경제적 가치를 최소화하는 방안을 찾아 고객의 심리적 만족도를 높이는 대기관리기법을 보여주고 있다.

• 둘째, 외식업체의 유휴시간대에 고객을 유인하기 위해 적합한 커뮤니케이션 전략을 이용할 필요가 있다. 고객에게 혼잡한 시간대와 한가한 시간대를 알리고, 가능하면 한가한 시간대에 방문하여 할인 등의 혜택을 누리도록 유도하는 것이다. 예를 들어 점심시간대에 수요가 없거나, 수요가 있더라도 목표고객의 가격민감도가 높다면 저녁시간대보다 할인된 가격으로 판매하는 것이 가장 대표적인 고객유인 커뮤니케이션 전략이다. 오피스상권의 경우에는 주말고객이 거의 없으므로 평소에 주말 할인가격제도를 고객들에게 전달하여 주말 수요를 늘리려는 것도 대표적인 커뮤니케이션 전략이다.

• 셋째, 공정한 대기시스템을 설계하는 것도 매우 중요하다. 현장에서는 먼저 도착한 사람이 먼저 서비스를 받는 원칙을 지켜야 한다. 이때 한 가지 이슈는 예약 순서와 도착 순서 중 어떤 것을 우선하느냐 하는 것이다. 만약 예약손님을 우선하고자 한다면 미리 도착한 손님의 입장에서는 예약손님을 식별할 방법이 없으므로, 대기고객에게 사전에 이해를 구하고 불필요한 오해가 발생하지 않도록 충분히 설명해주어야 한다.

실제적인 대기시간 관리기법

- 예약을 통해 대기시간을 단축한다.
- 다양한 커뮤니케이션을 적극 활용한다.
- 고객이 공정하다고 인식할 수 있는 대기시스템을 구축한다.

앞서 살펴본 실제적인 대기관리기법 외에도 외식업체에서는 고객의 대기에 대한 인식을 관리하는 방법도 적극 활용해야 한다. 시간에 대한 고객의 인식을 개선하는 것은 실제로 기다리는 시간을 줄이는 것과 동일한 효과를 발휘하기 때문이다. 예를 들어 고객들이 대기시간을 30분 정도로 기대하였는데 25분 만에 서비스를 받았다면 그들은 상당한 시간을 기다렸음에도 불구하고 만족스러운 서비스를 받았다고 생각할 수 있다. 따라서 외식업체는 다음과 같은 대기관리를 위한 고객의 인식관리기법을 전략적으로 충분히 활용해야 한다.

• 첫째, 서비스 제공 이전의 대기가 서비스과정 중의 대기보다 더 길게 느껴지므로 고객에게 서비스가 이미 시작되었다는 인식을 주어야 한다. 많은 외식업체가 대기시간에 간단한 업무를 볼 수 있도록 페이저를 이용한 호출서비스를 제공하는 것도 고객의 지루함을 덜어주는 방법에 해당된다.

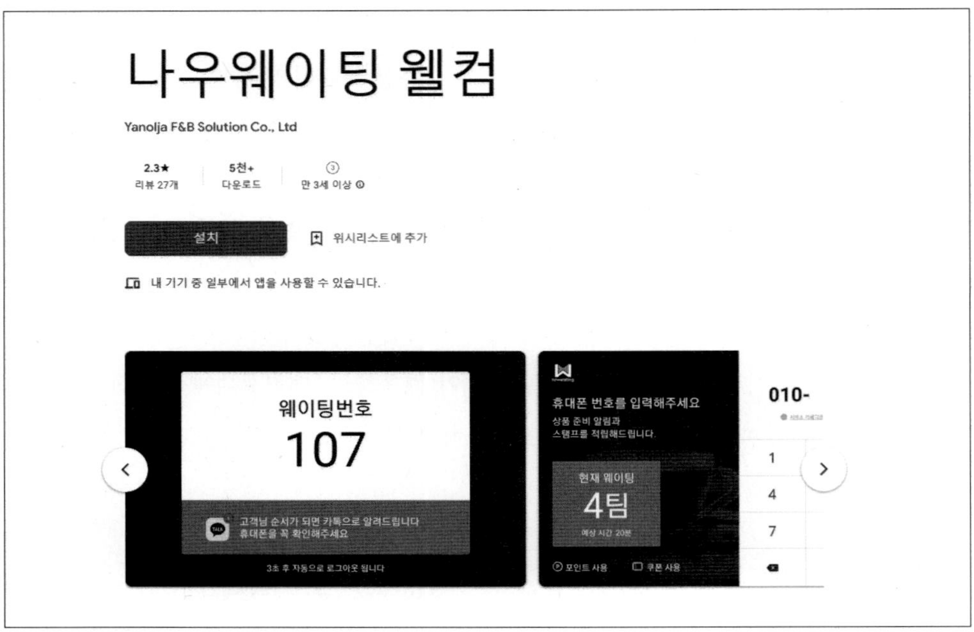

그림 11-3 대기관리 솔루션 '나우웨이팅'
자료: 구글 플레이 사이트

대기고객의 인식 관리기법

- 이미 서비스가 시작되었다는 느낌을 심어준다.
- 예상되는 대기시간을 사전에 알려준다.
- 이용되지 않는 자원은 가능한 한 보이지 않게 한다.
- 고객의 유형에 따라 차별적으로 응대한다.
- 가상 대기를 최대한 활용한다.

• 둘째, 예상되는 대기시간을 미리 알려주면 ① 고객이 더 기다릴지 아니면 대기를 포기할지 선택할 기회를 제공해준다. ② 동시에 기다림의 지루함을 어느 정도 줄이는 효과가 있다. 전화주문서비스를 제공하는 외식기업의 경우에는 대기시간관리의 중요성을 인식하고 대기시간을 정확하게 알려주는 서비스를 제공하고 있으며, 배달 전문 피자 전문점의 경우에는 주문부터 배달 완료까지의 시간을 보증하는 제도를 도입하여 고객들이 대기시

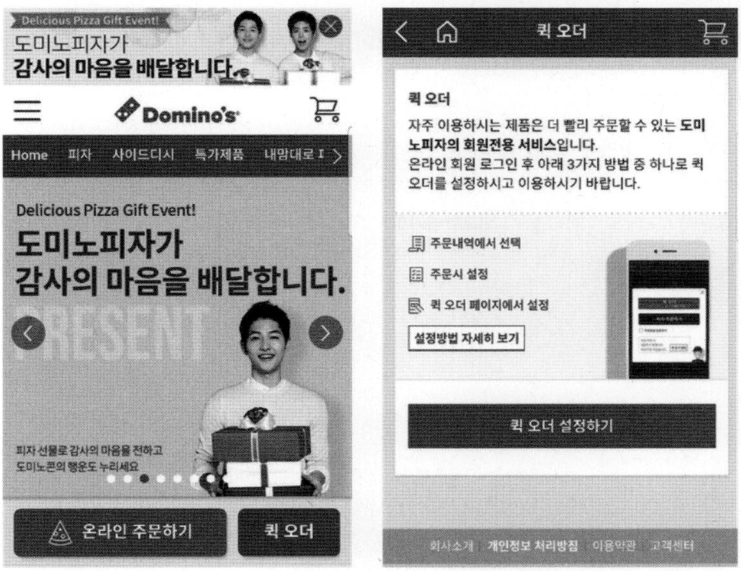

그림 11-4 도미노피자 앱의 '퀵 오더'
자료: 도미노피자 앱

간을 미리 예측하는 데 도움을 주고 있다.

- 셋째, 이용되지 않는 자원을 고객들이 보지 못하도록 하는 것도 고객의 대기에 대한 인식을 관리하는 데 필요하다. 예를 들어, 외식업체 직원들이 바쁘게 일하는 모습을 본다면 고객은 대기시간에 크게 신경 쓰지 않는다. 하지만 직원이 고객에게 관심을 보이지 않는 상황이나 직원들이 업무를 하고 있지 않은 모습을 본다면 고객은 화가 나게 될 것이다. 따라서 직원이 고객과의 상호작용이 아닌 업무를 할 경우에는, 가능하면 보이지 않는 곳에서 처리하는 것이 좋다.

위와 같은 방법 외에도 고객의 대기시간에 대한 인식을 관리하기 위한 방법으로 고객의 성격 유형에 따라서 차별적으로 대응한다거나 가상대기를 활용하는 방법 등이 있을 수 있다. 하지만 서비스기업에서 다양하게 활용되는 관리방법을 외식업체에서 모두 활용할 수 있는 것은 아니다. 따라서 외식업체 마케터는 업체의 성격에 맞는 다양한 대기에 대한 인식관리방안을 개발하고자 노력해야 한다. 최근 여러 외식업체 사이에서 인기를 얻고 있는 '망고플레이트' 비즈니스의 대기관리시스템은 대기관리비용의 절감, 직원의 스트레스 감소효과, 그에 따른 수익 증대와 고객의 만족도가 증가할 수 있는 시스템을 개발하여 활성화하고 있다(그림 11-5).

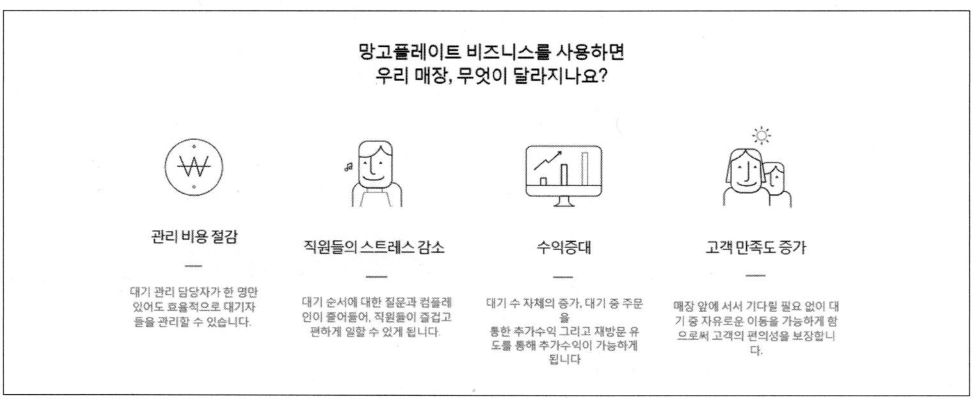

그림 11-5 망고플레이트의 대기관리 사례

자료: 망고플레이트 홈페이지

2) 외식업체 서비스의 MOT관리

스웨덴 학자 리처드 노먼(Richard Norman)이 최초로 사용한 개념인 MOT(Moments Of Truth)는 '진실의 순간' 또는 '결정적 순간'으로 불리며 '고객이 기업의 직원 또는 특정 자원과 접촉하는 15초의 순간'을 의미하는데, 이때 제공되는 서비스가 고객의 품질인식에 절대적인 영향을 미친다고 알려져 있다. 결정적 순간은 서비스 제공자가 고객에게 서비스의 품질을 보여줄 수 있는 기회로, 지극히 짧은 순간이지만 고객의 서비스에 대한 인상을 결정한다.

서비스에 이러한 개념을 도입함으로써 성공한 스칸디나비아 항공사의 얀 칼슨(Jan Carlson) 사장은 《고객을 순간에 만족시켜라: 진실의 순간》이라는 책에서 1년에 1,000만 명의 승객이 5명의 스칸디나비아 항공 종업원과 접촉했음을 강조했다. 1회 접촉시간이 평균 15초인 순간순간이 항공사의 성공을 좌우하기 때문에, 종업원들은 이 같은 결정적 순간이 항공사의 전체 이미지를 결정한다는 사실을 인식해야 한다고 역설하였다. 이러한 개념을 도입한지 1년 만에 스칸디나비아 항공사는 연 800만 달러의 적자에서 7,100만 달러

더 알아보기

'결정적 순간'의 의미와 상황

결정적 순간(Moment De La Verdad)이란 스페인의 투우용어에서 기원된 단어로, 투우사와 소가 일대일로 대결하는 최후의 순간을 의미한다. 이는 경기에서 매우 중요한 순간으로 승패를 결정하는데, 일반적으로 외식업체에서 결정적 순간은 다음과 같이 다양한 상황에서 발생한다.

- 소비자가 외식업체의 광고를 볼 때
- 외식업체의 건물이나 외관을 볼 때
- 주차장에 차를 세울 때
- 외식업체에 들어섰을 때
- 종업원과 접촉하는 순간 등

의 이익을 내는 흑자 기업으로 전환되었다.

고객과 접촉하는 순간 이루어지는 결정적 순간에 고객이 경험하는 서비스품질이나 만족도에는 곱셈의 법칙이 적용된다. 이것은 많은 결정적 순간 중에서 단 한 번이라도 실수를 하면 고객을 한순간에 잃어버리게 됨을 의미한다. 외식업체에서 단순업무를 맡아 소홀하게 생각할 수 있는 경비원, 주차원, 전화예약 담당자 등의 한순간 실수로 전반적으로 높게 인식되었던 서비스품질이 최저수준으로 떨어질 수도 있다.

서비스의 제공과정에서 지속적으로 발생하는 진실의 순간, 결정적 순간 또는 서비스 접점의 관리는 매우 복잡한 문제이다. 하지만 순간순간의 관리가 최적으로 결합되면 서비스품질을 높일 수 있다. 일반적으로 서비스품질은 기술적 품질과 기능적 품질로 구분된다. 기술적 품질은 외식업체에서 식사 후 느끼는 포만감 등을 사례로 들 수 있으며, 기능적 품질은 직원의 서비스 능력이나 단정한 복장 등으로 표현할 수 있다.

외식업체에서 서비스 접점을 효과적으로 관리하면 열악한 기술적 품질이나 기능적 품질에 의해 부정적인 인상을 가질 수 있는 상황 극복에 도움이 된다. 예를 들어 음식이 맛이 없거나 서버의 부적절한 서비스나 너저분한 복장으로 불만족한 고객에게 계산하려는 순간, 캐셔가 무료식사 기회나 할인쿠폰 등을 제공하거나 고객만족을 위해 최선을 다한다면 고객의 만족도가 급격하게 높아질 수도 있다. 실제로 외식업체의 서비스 제공과정에는 여러 사람이 관여하므로 지각된 품질을 통제하기란 매우 어렵다. 따라서 MOT를 충분히 인지하고 마지막까지 주의 깊게 관리해야 서비스를 고품질로 유지할 수 있다.

3) 피시본 다이어그램

인과관계도표로 잘 알려진 피시본 다이어그램(fishbone diagram)은 잘못된 결과의 원인을 찾아 연결하는 일종의 도식이다. 일본의 품질관리 전문가인 카오루 이시가와가 개발한 이 다이어그램은 기업이 고객의 불만을 직접 추적하는 도구로 활용된다.

물고기의 뼈 구조 그림에 문제점을 기술하는 형태인 이 다이어그램은 머리에 해당되는 부분에는 직면한 문제점을 기술하고, 머리에서 꼬리까지의 중심뼈에서 갈라져 나온 뼈에는 문제를 일으키는 중요 요소를 표시하게 된다. 마지막으로는 각 원인에 대한 상세한 이

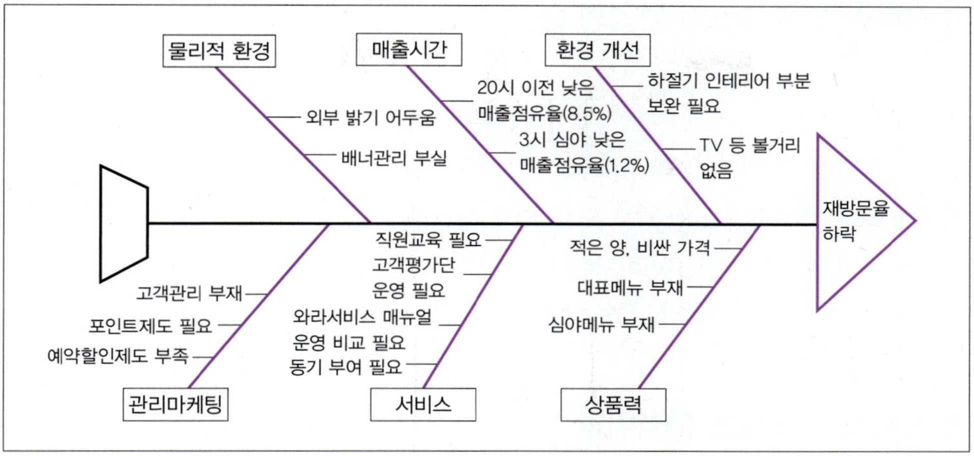

그림 11-6 외식업체의 피시본 다이어그램 사례

자료: 조제도(2016. 4). 외식사업콘셉터과정 2기 최종발표자료.

유를 뼈에 가지를 치듯 기술한다.

피시본 다이어그램을 이용하면 품질문제를 일으키는 것으로 의심되는 요인과, 그와 관계되는 부수적인 요인을 함께 검토하여 이 중에서 어떤 것이 문제를 야기하는지 확인할 수 있다. 〈그림 11-6〉은 외식업체의 피시본 다이어그램 사례이다.

4 서비스 프로세스의 개선

서비스 제공과정의 효과적·효율적 관리는 모든 외식업체가 추구하는 목표 중 하나이다. 서비스기업의 서비스 효율화를 위해서는 우선 서비스 프로세스를 분석해야 한다.

1) 서비스 프로세스의 분석의 중요성

외식업체가 서비스 프로세스 분석을 수행함으로써 얻게 되는 이점은 작업을 프로세스의 형태로 표현할 수 있으며, 프로세스를 검토하기 위한 서류 작업이 동시에 이루어진다는 것이다. 또한 프로세스를 한눈에 볼 수 있게 만들어줌과 동시에 전체 시스템의 구조와 기능을 파악할 수 있게 해준다. 이처럼 서비스 프로세스를 분석한다는 것은 현재 서비스전달시스템의 현황을 파악한다는 점에 의의가 있다.

2) 서비스 프로세스 분석기법

서비스 프로세스, 즉 서비스전달시스템은 서비스가 생성되어 고객에게 전달되기까지의 전 과정을 의미한다. 이러한 전달시스템을 설계하는 것은 고객만족을 위한 창조적인 과정이다. 서비스 프로세스 분석에는 다양한 기법이 존재하는데, 가장 일반적인 분석도구로는 서비스청사진(service blueprint)기법이 이용된다. 서비스청사진은 핵심 서비스 프로세스를 그 특성이 나타나도록 알아보기 쉬운 방식의 그림으로 나타낸 것이다. 직원, 고객, 기업 측에서 서비스 전달과정에서 해야 하는 각자의 역할과 서비스 프로세스와 관련된 단계와 흐름 등 서비스 전반을 이해하도록 묘사해놓은 것이다.

대부분의 서비스는 동태적 시스템이기 때문에 정해진 순서대로 전달되어야 한다. 잘못 설계된 프로세스는 서비스품질을 현저하게 떨어트리므로 이러한 잘못을 예방하기 위해 외식업체와 같은 서비스기업에서는 주로 플로 차트(flow chart)와 같은 서비스청사진기법을 활용한다.

서비스청사진기법 외에도 '서비스 사이클', '서비스과정도', '시간요소 분석', '요인분석도'와 같은 다양한 기법이 존재하지만 여기서는 서비스청사진을 중심으로 서비스 프로세스 분석에 대해 설명하기로 한다.

(1) 서비스청사진기법

건물을 신축할 때는 청사진이라는 도면에 설계 내역이 표기되는데, 여기에는 형태와 규격 등이 표기된다. 이처럼 주로 건축에서 활용되던 청사진을 서비스에 도입한 사람은 쇼스텍(Shosteck)이다. 그는 서비스전달시스템, 즉 서비스 프로세스를 시각적 도표로 표현하는 형식으로 서비스 설계에 적용 가능하다는 점에 착안하여 서비스청사진기법을 개발해냈다.

여기서 말하는 서비스청사진이란 "서비스시스템을 정확히 묘사해서 그 서비스를 제공하는 데 관계되는 서로 다른 사람들이 그들의 역할 및 관점에 상관없이 그 서비스를 이해하고 객관적으로 처리할 수 있도록 해주는 그림"이라고 할 수 있다. 이 기법은 구체적으로 서비스 상품 개발의 설계와 재설계 단계에서 유용하게 쓰인다. 이를 이용하면 서비스 전달 프로세스와 고객과 종업원의 역할, 가시적인 서비스 구성요소 등을 동시에 볼 수

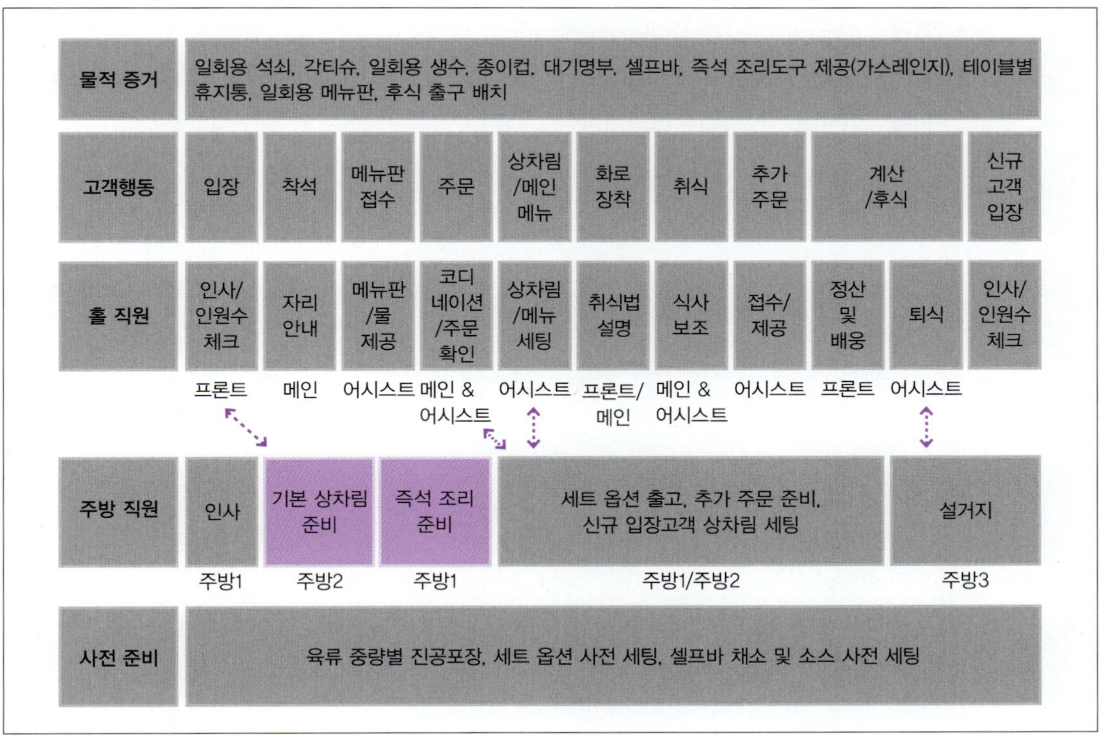

그림 11-7 렛잇고기의 서비스청사진 사례

자료: 박상훈 대표 제공

있고 서비스를 시각적으로 제시할 수 있다. 또 서비스를 논리적인 구성요소로 나누어 프로세스의 각 단계와 과업, 과업이 수행되는 수단, 고객이 경험하는 서비스의 물리적 환경 등을 살펴볼 수 있다.

대표적인 서비스 프로세스의 분석기법인 서비스청사진을 작성하는 단계는 다음과 같이 구성된다.

- **1단계** 서비스 프로세스를 구분하는 단계이다. 고객의 눈에 보이는 활동과 눈에 보이지 않는 활동을 가시선으로 구분하여 도표를 작성한다. 가시선 아래의 보이지 않는 활동에는, 주방에서 식사를 준비하거나 사무실에서 전화로 주문을 받는 일 등이 해당된다. 고객의 눈에 보이는 가시선은 고객의 행동과 종업원의 일선 행동으로 구성되고, 고객의 눈에 보이지 않는 선은 종업원의 후방 행동과 지원 프로세스로 구성된다.
- **2단계** 실수가능점(fail point)을 제시하는 단계이다. 서비스기업의 실수가능점을 제시함으로써 실패를 미연에 예방하고, 보다 높은 서비스품질을 고객에게 제공할 수 있다.
- **3단계** 성과를 분석하는 단계이다. 각 서비스가 수행되는 소요시간을 측정하여 비정상적인 실패나 지연이 생겼을 때 이를 개선한다.

더 알아보기

서비스청사진기법 활용의 장점

- 관리자가 서비스를 실행하기 전에 도표화함으로써 서비스 개념을 검증하고 시스템을 정의내릴 수 있다.
- 개선 전후의 시스템을 비교함으로써 추가적 서비스 개선 기회를 발견할 수 있다.
- 서비스청사진을 면밀히 검토함으로써 특정 프로세스를 구체적으로 정의할 수 있다.
- 서비스청사진 작성으로 실수가능점을 발견할 기회를 제공받음으로써 고품질의 서비스가 가능해진다.

(2) 고객경험관리

외식업체의 고객충성도는 다양한 경험을 통하여 높아지거나 일순간에 낮아지기도 한다. 따라서 외식업체는 수많은 접점에서 일관성 있는 고객경험을 제공하도록 서비스품질을 총체적으로 관리할 필요가 있다.

고객이 외식업체를 방문하기 전부터 외식을 경험한 이후까지의 모든 고객접점을 분석하고 개선하려는 노력은 고객만족의 관리 측면에서 반드시 필요한 일이다. 이러한 작업은 서비스청사진기법을 이용해서도 할 수 있지만 고객경험관리(Customer Experience Management: CEM)를 통해서도 할 수 있다.

고객경험관리란 제품이나 서비스에 관한 고객의 전반적인 경험을 체계적으로 관리하는 프로세스를 말한다. 이는 고객관계관리(Customer Relationship Management: CRM)의 다음 단계로, 고객의 거래 단계를 제품 탐색부터 구매 사용 단계까지 파악하여 고객이 무엇을 보고 느끼는지 분석하고 문제점을 개선하여 보다 나은 고객경험을 창출하는 것을 말한다.

고객경험관리에 대한 외식업체의 관심이 점점 높아지는 데는 복잡해지는 고객의 요구와 더불어 구매 결정에 있어 제품이나 서비스품질뿐만 아니라 고객의 감정적인 특성과 같은 주관적인 면이 부각되고 있다는 점이 강하게 작용한다. 따라서 고객정보의 효율적인 활용이 비즈니스 가치를 결정 짓는다는 공감대를 형성하여 고객관계관리의 보완재로서 고객경험관리의 중요성이 더욱 커지고 있다.

고객경험관리의 범위는 고객 세분화와 타깃고객의 선정, 고객혁신, 고객포지셔닝, 브랜딩전략 및 서비스 등 다양한 영역에서 적용할 수 있다.

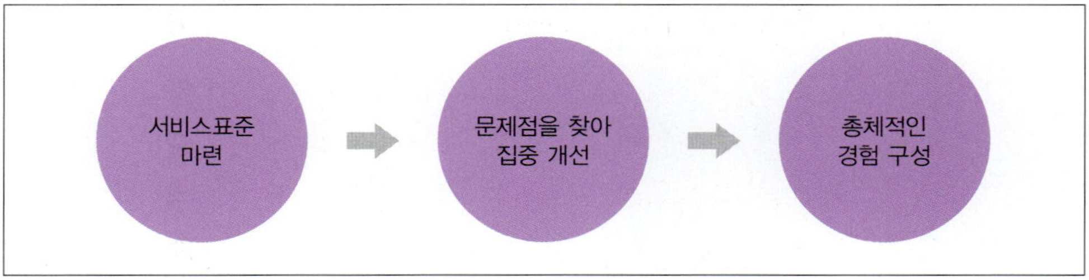

그림 11-8 고객경험관리 절차

기업차별화의 포인트: 제품(양) < 서비스(질) < 경험(감성)으로 이동

고객경험관리를 위한 절차를 살펴보면 다음과 같다.

- 첫째, 고객의 입장에서 부정적 서비스, 표준 서비스, 긍정적 서비스가 구체적으로 어떤 것인지 확인할 수 있도록 서비스표준을 마련한다.
- 둘째, 고객접점의 모든 프로세스를 분리하여 문제점을 찾아 집중 개선한다.
- 셋째, 고객의 경험을 개별적이 아닌 총체적인 극적 경험으로 구성한다.

여기서는 고객경험지도(customer experience map)를 이용하여 고객경험관리를 하는 외식업체의 사례를 살펴보도록 한다(그림 11-9). 해당 점포는 고객이 매장에 들어와서 식사를 마치고 퇴점할 때까지의 전 과정을 세부적으로 나누어 고객경험지도를 그리고, 이를 기초로 하여 문제점을 찾아 개선대책을 수립·시행하고 있다. 이는 서비스청사진과 유사하지만 각 접점의 고객만족도를 구체화시켜서 현재 상태를 알 수 있다는 점에 차이가 있다.

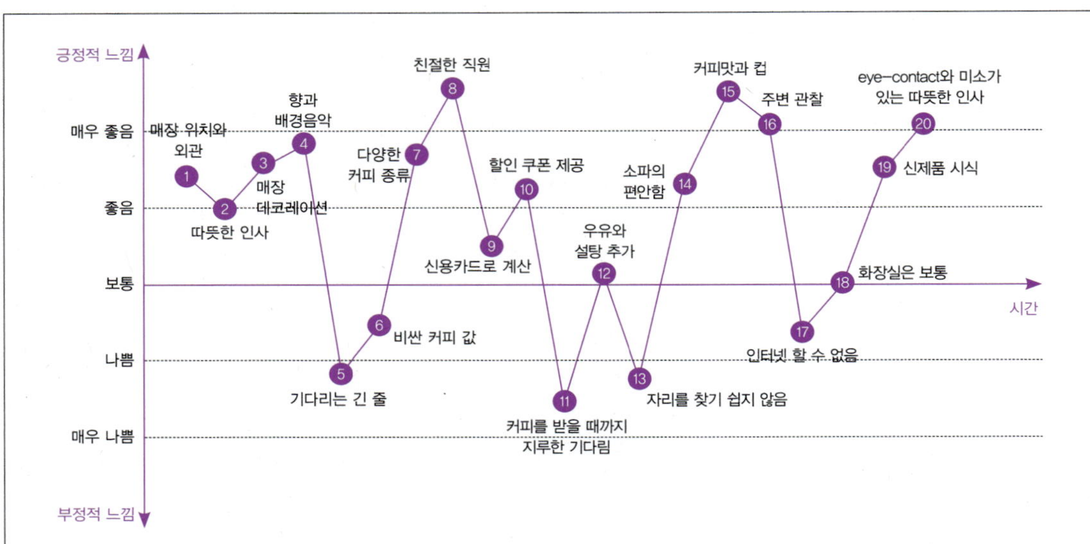

그림 11-9 스타벅스의 고객경험지도

자료: 장정빈(2009). 리마커블 서비스.

학습 요약

1 서비스 프로세스란 서비스가 전달되는 과정을 통칭하는 것으로, 구체적으로는 서비스가 전달되는 절차나 구조 또는 활동의 흐름(flow)을 의미한다. 외식업체에서의 서비스 프로세스관리는 서비스품질관리를 통해 고객만족과 고객의 재방문의사 결정에 영향을 미친다.

2 패스트푸드 또는 테이크아웃 외식업체에서는 저렴한 가격으로 최소한의 서비스만을 제공하는 표준화된 프로세스를 제공하는 것을 목표로 한다. 반면 풀서비스 외식업체에서는 높은 가격으로 개별화된 서비스를 통해 차별화를 시도한다. 대부분의 외식업체에서는 서비스 프로세스의 표준화와 개별화를 적절하게 조합하여 적용되고 있다.

3 외식업체의 서비스에서 고객은 서비스 프로세스에 참여하는 내부요인이므로 서비스 생산 구조에 포함되어야 한다. 많은 서비스기업에서 제조업과 같은 형태로 서비스 생산 구조를 인식하고 있어 고객을 외부요인으로 인식하기 쉽지만, 실제로 서비스기업의 고객은 생산 구조 내에서 서비스 생산요소의 하나로 프로세스에 포함되어야 한다.

4 외식업체에서의 대기란 결국 최선의 관리방안을 찾아서 효과적으로 대처하는 길밖에 없는 문제이다. 이에 대처하기 위해서는 서비스 생산을 조정하거나 고객의 인식을 조절하는 방법을 사용할 수 있다. 서비스 생산의 관리는 서비스방법을 변화시켜 실제 대기시간을 줄이는 것이고, 고객의 인식관리는 실제적인 대기시간을 줄이지 못하는 경우에 인지적으로 대기 시간이 짧게 느끼게 하거나 즐겁게 기다릴 수 있도록 관리하는 것이다.

5 스웨덴의 학자 리차드 노먼(Richard Norman)이 최초로 사용한 MOT(Moments Of Truth)는 '진실의 순간' 또는 '결정적 순간'으로 불리는 '고객이 기업의 직원 또는 특정 자원과 접촉하는 15초의 순간'을 의미한다. 이는 고객의 서비스품질인식에 절대적인 영향을 미치는 상황으로 정의할 수 있다.

6 서비스 프로세스, 즉 서비스전달시스템은 서비스가 생성되어 고객에게 전달되기까지의 전 과정을 의미하며, 이러한 전달시스템의 설계는 고객만족을 위한 창조적인 과정임에 틀림없다. 서비스 프로세스를 분석하는 데는 다양한 기법이 존재하는데, 가장 일반적인 분석도구로 서비스청사진(service blueprint)이 이용된다.

토의문제

1 경영하고 있는 외식업체의 서비스품질이 떨어져서 매출이 하락하는 상황을 가정하여 피시본 다이어그램을 만들어보자.

2 외식업체를 선택하여 서비스청사진을 작성한 후 실수가능점을 찾고 이의 개선을 위한 방안을 제시해보자.

3 외식업체에서의 대기관리 사례를 조사하여 우수한 부분과 개선점을 제시해보자.

4 가족과 함께 외식업체를 방문했던 경험을 떠올린 후, 해당 외식업체의 MOT 단계와 연인(또는 친구)과 함께 방문했을 때의 MOT 단계에 어떤 차이가 있는지를 검토하고 차이가 나는 이유를 설명해보자.

5 국내외 외식업체의 고객경험관리 우수 사례를 조사하고 평가해보자.

12장

학습목표

- 내부 마케팅이란 무엇인지 설명할 수 있다.
- 성공적인 내부 마케팅을 위한 실천방안을 설명할 수 있다.
- 관계 마케팅과 기존 마케팅의 차이를 설명할 수 있다.
- 수익성 있는 고객을 유치하는 방법과 불량고객을 퇴치하는 방안에 관해 설명할 수 있다.

외식업체 경영자가 마케팅을 할 때, 광고와 홍보, 인적판매, 판매촉진처럼 잠재고객을 향한 직접적인 노력에만 집중하는 경우가 많다. 외부 마케팅에만 관심을 기울이는 것이다. 하지만 외식업체는 직원에게 집중하는 내부 마케팅도 중요시해야 한다. 외식사업에서 직원은 인적자원의 개념을 넘어 제품의 일부로 간주된다. 그들은 자신이 판매하는 메뉴에 흥미를 가지고 그러한 관심과 흥미를 고객에게 동일하게 전달하는 주체이다. 직원이 행복하고 즐거운 감정을 느낄 때, 고객에게 긍정적인 감정이 전달되고 고객들도 비슷한 행복감을 느낄 수 있다. 내부고객만족이 외부고객만족으로 이어지면, 결과적으로 외식업체는 원하는 목표를 달성할 수 있다.

결과적으로 외식사업이 성공적으로 운영되려면, 고객과 직원 모두를 잘 관리해야 하는데 이러한 활동을 외식업체의 '사람관리'라고 부른다. 외식업체는 사람을 관리하기 위하여 고객을 소비자인 외부고객과 직원인 내부고객으로 구분한다. 그중 외부고객을 대상으로 하는 마케팅을 외부 마케팅(관계 마케팅)이라고 하며, 내부고객을 대상으로 하는 마케팅을 내부 마케팅이라 한다. 또한 외식업체와 외부고객이 만나는 접점을 외부시장이라고 한다면, 외식업체와 직원이 만나는 접점은 내부시장이라고 한다. 외식업체의 제품과 서비스는 내부시장에서 먼저 경험된 후 외부시장에 선을 보이므로, 내부시장을 1차 시장이라 하고 외부시장을 2차 시장이라 한다.

외식업체가 제공하는 모든 제품과 서비스는 이것을 제공하는 당사자에게 우선적으로 지각·평가된다. 만약 직원들이 외부 마케팅활동 및 캠페인의 내용을 믿지 않거나, 그들 스스로 제품과 서비스를 어떻게 제공해야 할지 모르거나, 필요한 기술을 가지고 있지 않다고 가정해보자. 이 경우 직원들은 자신이 제공하는 제품과 서비스를 스스로도 구입하지 않을 것이고, 서비스 제공자 스스로도 구입하지 않을 제품이라면 그에 대한 고객들의 반응 역시 뻔하다.

외식업체와 직원이 형성하는 내부시장은 외부시장보다 먼저 존재하는 시장이므로 매우 중요하다. 내부시장을 만족시키지 못하는 제품과 서비스는 외부시장도 만족시킬 수 없다. 외식업체에게는 비용을 지불하고 제품을 구입하는 사람들만 고객이 아니다. 제품의 제공 주체인 직원들도 외식업체 입장에서는 고객이다. 실제로도 그들은 고객이며, 외식업체는 이들을 외부고객과 동일하게 여겨야 한다. 이들이 느리고 무관심한 서비스로 제품을 판매한다면, 실제 고객은 좋은 제품을 제공받을 수 없다. 외식업체가 외부고객에게 고품질의 제품을 제공하기 위해서는 직원들의 능력이 필수인데, 외식업체로부터 좋은 제품을 받지 못하면 내부고객의 능력은 저하된다.

여기에서는 필립 코틀러의 서비스삼각형(service triangle)을 이용하여 외식업체의 마케팅 믹스 중 사람관리에 관해 설명하고자 한다. 외식사업 마케팅은 외식업체, 고객, 직원의 세 집단이 다양한 구성요소에 영향을 받는 복잡한 상호작용이므로 내·외부 마케팅 및 상호작용 마케팅이 필요하다.

외부 마케팅은 외식업체가 고객에게 제공하는 제품과 서비스를 준비·분배·촉진하는 활동이다. 내부 마케팅은 외식업체가 고객에게 제품과 서비스를 제공하기 위하여 직원을 교육·훈련하고 동기를 부여하는 활동이다. 상호작용 마케팅은 고객에게 약속한 제품과 서비스를 제대로 제공하는 구성원의 전달활동이다.

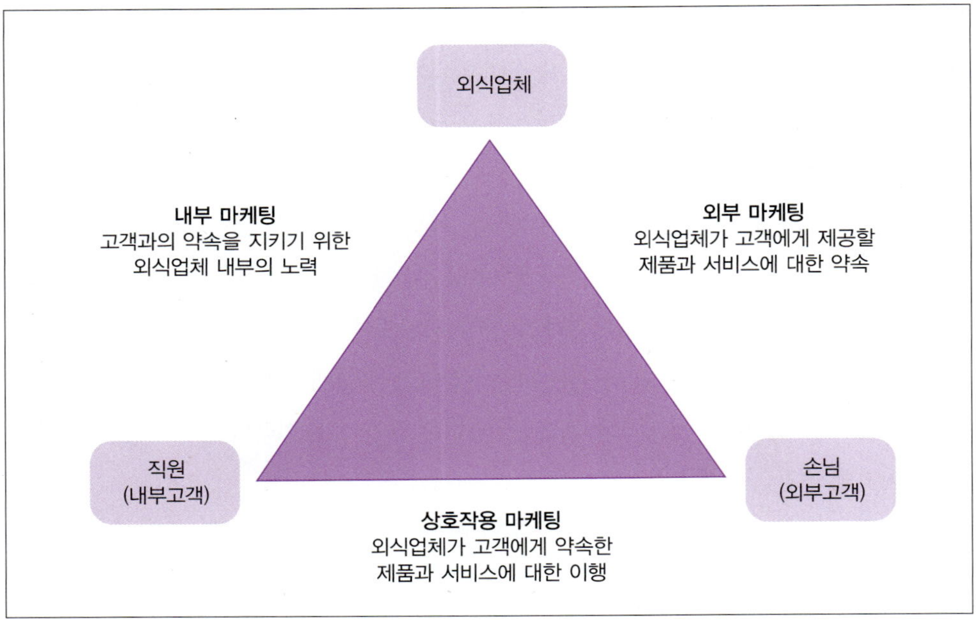

그림 12-1 필립 코틀러의 서비스삼각형 모형

1 내부 마케팅

1) 내부 마케팅의 정의

외식업체의 고객은 제품과 서비스를 구매하는 외부고객과 제품과 서비스를 판매하는 내부고객이 있다. 내부 마케팅은 직원도 고객이라고 생각하고 마케팅활동을 펼쳐야 한다는 경영철학이다. 즉, 내부고객인 직원을 외식업체의 제품과 서비스를 경험하는 최초의 고객으로 정의하고, 고객지향적인 사고와 서비스 마인드를 심어주며 동기를 부여함으로써 더 좋은 성과를 내도록 지원·관리하는 활동이라고 할 수 있다.

> 서비스를 판매할 때, 경영자가 서비스품질을 통제한다는 것은 매우 어렵다. 서비스품질은 경영자의 의지로 통제되지 않는다. 그것은 서비스를 만들고 제공하는 직원의 손에 달려 있기 때문이다.
>
> – 칼 알브레히트 (Karl Albrecht), 서비스 아메리카의 공동 집필자

내부 마케팅은 1970년대 후반, 외부고객만족과 외부고객충성도를 제고시키기 위한 목적으로 조직행동론과 마케팅을 조합하여 개발된 이론이다(Varey & Lewis, 1999). 초기 연구자들은 외부고객에게 제품과 서비스를 제공하는 것처럼 직원을 내부고객으로, 직무를 내부의 제품으로 인식하면서, 내부 마케팅 연구에 관심을 가지게 되었다.

베리와 파라슈라만(Berry & Parasuraman, 1991)은 내부 마케팅을 "직원의 욕구에 부

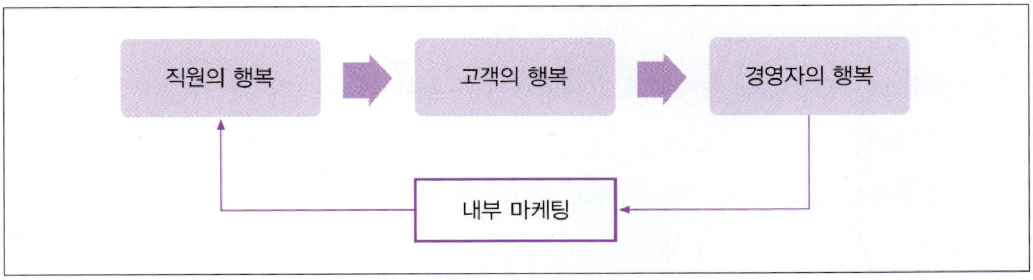

그림 12-2 내부 마케팅의 중요성

합하는 직무 관련 제품을 통해 자격을 갖춘 직원을 채용하고 개발하며 동기를 부여시키고 보유하는 마케팅"이라고 정의하였다. 그리고 "직원을 고객으로 취급하는 경영철학으로 규정하고 직무상품을 형성시키는 전략"이라고 주장하였다.

라피그와 아흐메드(Rafig & Ahmed, 2000)는 내부 마케팅을 "고객만족에 목표를 두고 마케팅과 유사한 접근방법을 사용하는 계획된 노력으로, 고객지향적 직원을 선발·교육·훈련하여 외식업체의 전략을 효과적으로 수행할 수 있도록 직원을 배치하고 동기를 부여하며 기능적으로 상호 협조하는 접근방식"이라고 정의하였다.

결론적으로 내부 마케팅은 직원을 대상으로 하는 내부 지향적 마케팅활동이다. 종래의 마케팅은 경영자나 마케터가 수행하는 외부시장에 대한 활동으로 나타났으며, 마케팅조사를 비롯하여 마케팅 믹스에 의한 포지셔닝전략 모두 외부고객에 초점을 맞추어왔다. 이에 비해 내부 마케팅은 외부고객 중심에서 외식업체의 내부고객으로 대상이 이동했다는 점, 내부고객(특히 외식업체의 현장 종업원)의 동기 부여에 대한 계획·실행·통제가 이루어지는 마케팅이라는 점에서 외부 마케팅과 차이가 있다.

2) 내부고객으로서의 직원

직원은 마케팅조직 구조에서 마케팅 마인드와 기술을 습득하여 실천하는 가치전달자의 역할을 담당한다. 제품과 서비스에 대한 지식을 습득한 직원은 직무에서 인지한 구매경험을 통해 고객지향적 사고를 이해하게 되고 고객에게 제품과 서비스의 편익을 알리고 설득할 수 있게 된다. 비록 모든 직원이 고객에게 제품과 서비스를 직접 전달하지는 않더라도 그들을 통해 간접적으로 제품과 서비스를 전달하는 만큼, 모든 직원이 직간접으로 제품과 서비스를 전달하게 된다. 직원은 외식업체가 제공하는 제품과 서비스를 차별화시키고, 구매의 불확실성을 줄여주며 고객의 인지부조화 현상을 감소시켜준다. 또 제품과 서비스의 가치를 높여 반복구매를 유도하는 외식업체의 가장 중요한 자원이다.

직원의 만족도를 높여 우수한 제품과 서비스를 제공하도록 자극하기 위해서는 〈그림 12-3〉과 같이 직원 조사, 직원 세분화, 홍보활동을 해야 한다.

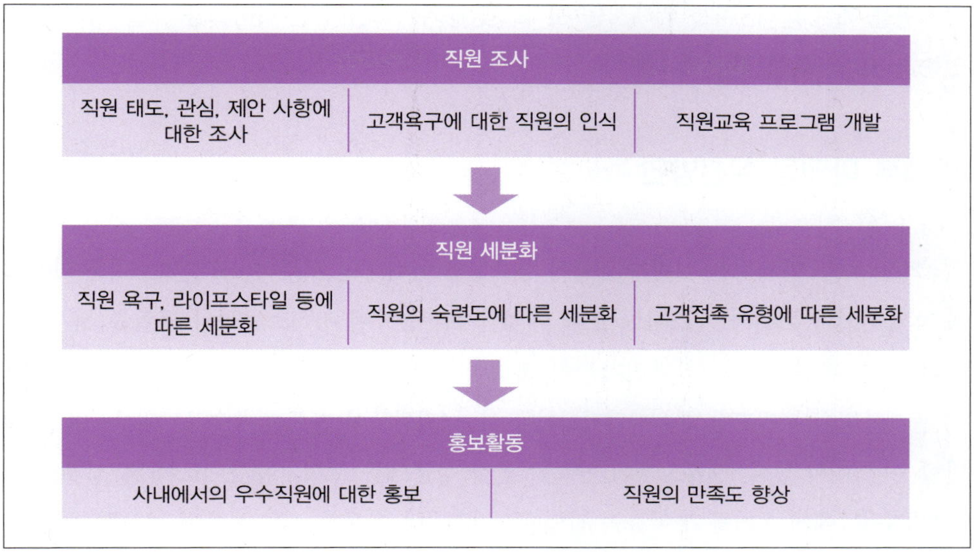

그림 12-3 내부 마케팅 프로세스

3) 내부 마케팅 목적 및 목표

내부 마케팅의 목적은 내부고객의 서비스문화를 확립하는 것이다. 또 내부고객이 외식업체의 서비스문화를 개발·유지하며, 새로운 제품과 서비스 마케팅활동에 대해 직원의 역할을 적절하게 수행할 수 있는 분위기를 조성하는 것을 목표로 삼는다(그림 12-4).

서비스에 강한 외식업체가 되려면, 직원이 고객접점에서 다양한 고객의 요구에 대해 일관성 있는 고객지향적 서비스로 대처하는 자신의 역할을 이해하고 그를 수행하도록 내부

그림 12-4 내부 마케팅의 목표

마케팅을 해야 한다. 이를 위해서는 서비스 공통가치와 규범인 서비스를 개발·유지할 수 있는 서비스문화를 확립해야 한다.

4) 내부 마케팅 실천방안

성공적인 내부 마케팅은 직원의 역할과 중요성을 인식하는 것부터 시작한다. 내부 마케팅을 성공시키기 위해서는 조직 구조나 외식업체의 전략이 서비스문화의 확립을 지지해야 한다. 고위 관리자나 중간 관리자들이 내부 마케팅에서 적절한 역할을 수행하려면 그들의 관리방법이나 지도방식이 지원적이어야 하며, 직원들이 만족할 수 있는 내부상품을 개발할 수 있어야 한다. 내부고객이 만족할 만한 상품에는 고객지향성으로 좋은 성과를 내도록 직원들에게 동기를 부여하는 작업환경이라거나 훌륭한 직원을 유치·보유할 수 있는 직무나 환경이 포함된다.

성공적인 내부 마케팅을 위해 외식업체는 다음과 같은 내용을 적극적으로 검토하고 활용해야 한다.

(1) 이해관계자의 원활한 상호작용

오크(Oke & Oke, 2010)가 신제품 개발 업무에 종사하는 근로자를 상대로 조사한 연구결과에 따르면, 다양한 채널(면 대 면 의사소통, 비디오, 전화, 이메일 등)에 의존하는 의사소통의 품질은 신제품 개발과 같은 서비스가치 혁신에 소요되는 기간을 단축시키고 구성원들의 원활한 소통관계를 만드는 데 효과가 있다고 한다.

외식업체에서 직원과 고객은 서비스전달시스템(서비스 프로세스)에 의해 상호작용을 한다. 예를 들어, 로맨틱하고 조용한 분위기를 즐기고자 외식업체를 선택한 연인들은 시끄러운 고객을 만날 경우 외식업체에서 한 모든 경험에 실망할 수 있다. 이는 고객에게 최고의 서비스를 제공하기 위해 외식업체가 다른 고객까지도 관리해야 한다는 의미이다. 이를 위해서는 단체고객을 다른 고객과 분리하거나 개별 룸을 사용하게 하여 부정적 상호작용을 최소화하거나, 어린아이를 동반한 고객은 다른 고객과 부정적 상호작용이 일어나지 않도록 놀이방 등을 제공하여 타 고객을 방해하지 않게 해야 한다.

서비스는 직원과 고객이 함께 만들어가는 것이므로 상호 이해가 필요하다. 또한 고객들도 외식업체의 서비스제공시스템을 이해할 필요가 있다. 직원들은 전반적인 서비스전달시스템을 고려하여 어디서 문제가 발생할지 미리 확인해야 한다. 이외에도 고객이 주문한 메뉴를 쉽게 이해할 수 있도록 도울 수 있게 교육된 상태여야 한다. 직원들은 특별한 메뉴에 대해 고객에게 자세히 설명할 수 있어야 한다. 예를 들어, 외식업체에 방문한 20대 고객이 주로 40대 고객이 좋아하는 메뉴를 주문하려고 한다면, 20대 고객이 선호하는 메뉴를 권유할 수 있어야 한다.

(2) 직원의 정서적 노동관리

외식업체는 제품과 서비스를 제공하는 직원의 만족도가 서비스품질의 결정요인이라는 사실을 인식하고 직원의 갈등과 스트레스를 관리해야 한다. 직원은 직무를 수행하는 과정에서 외식업체의 요구사항과 고객의 기대수준, 그리고 조직 내 다른 직원과의 관계 사이에서 여러 가지 갈등을 겪게 된다. 조직이론의 갈등관리에서는 갈등의 수준을 말하는데, 적당한 갈등수준 형성은 직원에게 적당한 자극제가 되어 동기를 부여하고 성과를 향상시킬 수 있다. 따라서 적당한 갈등수준을 유지하기 위한 갈등관리가 필요하다.

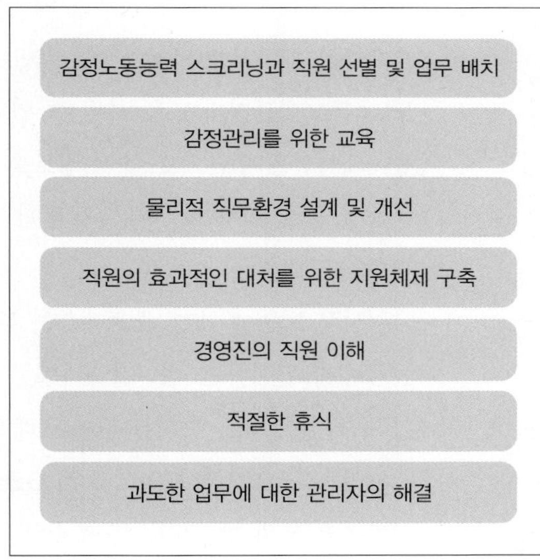

그림 12-5 정서적 노동관리방법
자료: 이유재(2009). 서비스마케팅.

정서적 노동관리는 직원의 정서적 노동에서 오는 스트레스를 관리하는 활동이다. 여기서 말하는 '정서적 노동'이란 정신적·육체적 노동 외에 직원의 감정이 업무상 하나의 노동이 되는 것을 의미한다. 고객과 눈을 맞추거나 미소를 띠고, 진지하게 관심을 갖고, 고객의 소리에 귀를 기울이는 것 등이 바로 정서적 노동에 해당된다. 외식업체의 직원은 항상 고객과 마주하므로 상대적으로 정서적 노동에 시달릴 가능성이 크다. 이러한 정서적 노동의 지속은 직원의 스트레스를 유발하고, 이렇게 유발된 스트레스는 직원의 건강 및 의욕

표 12-1 서비스 사보타주의 원인변수

원인변수	내용
개인적 요인	서비스 위험에 대한 태도, 경력지향성, 성격, 인구통계적 요인
집단 및 역할요인	직무의 수행성격, 사회화, 직무훈련, 조직 내 하위문화 강도
조직요인	외식업체 통제시스템 강도, 문화적 통제장치의 정교성과 유효성
환경적 요인	노동시장 유연성, 외식업체 간 이동가능성

을 훼손할 뿐만 아니라 고객에게 바람직하지 못한 정서적 대응을 하도록 만들 수 있다.

따라서 경영자는 직원의 정서적 노동을 관리해야 한다. 경영자는 직원의 정서적 노동에 대한 저항력에 따라 직무를 배치하고 순환시켜야 하며, 사내 커뮤니케이션을 통해 스트레스를 해소하게 하거나 해소방법을 공유해야 한다. 매스 커뮤니케이션을 활용하는 것도 내부고객관리에 도움이 될 수 있다. 이 경우, 사보 및 업계 관련 소책자 등의 매스 커뮤니케이션을 수단으로 하여 정보를 제공할 수 있다. 또 외부를 향한 매스 커뮤니케이션 활동을 통해 내부에 있는 직원의 관심을 유도하고 사기 증진과 동기 부여 등의 효과를 발휘할 수도 있다.

정서적 노동에 대한 스트레스는 많은 사람을 일대일로 접촉하는 업무에 종사하는 사람들에게 일어나는 대인접촉과잉증후군(contact-overload syndrome)으로 나타나기도 한다. 정서적 노동에 대한 문제를 해결할 때는 다양한 방면에서 접근할 필요가 있다.

하미스와 오그본나(Hamis & Ogbonna, 2002)의 연구에 의하면, 직원들은 자신들이 불만족을 느낄 때 서비스를 축소하거나 망가뜨리는 '서비스 사보타주(service sabotage)'를 한다. 이러한 서비스 사보타주가 일어나는 것에는 개인적 요인, 집단 및 역할요인, 조직요인, 환경적 요인의 4가지 원인변수가 존재하고 이는 직원의 행동, 서비스 성과, 외식업체 성과라는 3가지 결과 변수에 영향을 미친다(표 12-1).

(3) 외식업체의 서비스문화 창조

외식업체는 자신들만의 서비스문화를 창조해야 한다. 직원이 긍정적인 자세로 일하기를 기대한다면 경영자 역시 직원이 바라는 방향으로 행동해야 한다. 이는 서비스품질을 유지하면서도 보증할 수 있는 유용한 방법이다.

직원의 열정을 이끌어내고자 시도하는 일회성 거래(one-shot deal)은 하지 않는 편이 좋다. 많은 조직에서 높은 서비스품질을 제공하도록 직원의 동기를 유발시키는 일회성 교육에 돈을 낭비하는데, 이러한 교육의 효과는 보통 단기로 끝난다.

직원들이 고객을 위해 긍정적인 자세를 취하도록 하려면 경영자가 수시로 매장을 순회하면서 근무하는 자세를 모니터링해야 한다. 이러한 행동은 경영자의 사업에 대한 열정을 표현하는 수단이며, 그러한 열정은 모든 직원들에게 전파된다.

종종 우리는 새로운 경영자가 부임하며 매출이 상승하고, 사내 분위기까지 즐겁게 변하는 경우를 볼 수 있다. 이러한 현상은 경영자가 사무실에 앉아 관리만 하고 손익만 계산하는 것이 아니라, 서비스정신을 가지고 현장에서 솔선수범한다는 증거이다.

외식업체 경영에는 서비스문화 개발이 필수이다. 즉 외식업체는 정책, 절차, 보상시스템, 모든 활동이 고객서비스를 지원하는 문화를 만들기 위해 노력해야 한다. 서비스문화는 조직문화의 일부분으로 직원들이 가야 할 방향에 대한 가치와 신뢰를 공유하는 활동이다. 관리가 잘되는 외식업체는 모든 조직원이 서비스문화를 기꺼이 받아들인다. 서비스문화는 직원들에게 목적의식을 심어주고 애사심을 갖도록 만든다. 잘되는 업체의 직원들은 회사가 달성하려는 것이 무엇이며, 그러한 목표에 도달하기 위해서는 자신들이 어떻게 행동해야 하는지 잘 알고 있다.

훌륭한 경영자는 고객뿐만 아니라 직원들에게도 존경심을 가지게 만든다. 훌륭한 경영자는 직원과 서비스를 논하고, 더 나은 서비스를 위해 직원이 해야 할 일을 직접 요청한다. 직원들이 일을 하는 데 필요한 도구를 준비하게 만드는 것이 외식업체 리더의 역할이다. 그들은 직원에게 정보를 지속적으로 제공하고 직원들이 고객에게 최선을 다하도록 즐겁게 만드는 훈련을 실시한다. 최고의 서비스를 적시에 제공하는 가장 좋은 방법은 경영자가 매일 스스로에게 "어떻게 하면 직원들에게 더 좋은 직무와 조건을 제공할 수 있을까?" 하고 묻는 것이다.

서비스문화는 서비스 리더십에 적합한 문화를 형성하게 된다. 외식업체의 현재 상태를 유지하려는 거래적 리더십보다는 목표를 설정하고 보다 나은 성과를 달성하려는 변환적 리더십이 직원의 개인적 성장을 전문적으로 발전시킬 수 있는 서비스문화를 이끌어낸다.

더 알아보기

리츠칼튼 호텔의 직원만족

"우리는 신사 숙녀를 모시는 신사 숙녀입니다(We are Ladies & Gentlemen serving Ladies & Gentlemen)." 리츠칼튼 호텔은 단 한 문장으로 직원들에게 자부심과 긍지를 심어주고 있다. 신사와 숙녀의 서비스, 받고 싶지 않으십니까? 이처럼 직원만족에 가장 큰 영향력을 미치는 것은 금전적 보상이 아니고 정서적 보상이다.

베리(Berry, 1999)는 가치주도적 리더십은 봉사하려는 열정으로 서비스 제공자인 직원을 유도하여 창의력과 집중력, 직장생활의 만족도를 높이는 서비스문화를 만든다고 하였다.

(4) 서비스에 적합한 직원 채용

서비스 재능 사이클(Witrz 외, 2013)은 성공적인 직원관리를 위한 순환 구조를 설명해준다. 이 이론에 따르면, 서비스의 수월성과 생산성을 향상시키기 위해서는 적합한 사람을 고용하고, 직원의 능력을 강화하고, 직원에게 동기를 부여하고 보상을 통한 활성화가 가능하게 만들어야 한다.

모든 사람이 서비스를 잘할 수는 없다. 서비스정신은 교육에 의해 길러지기보다는 타고난 기질이 더 큰 영향을 미치는 것으로 알려져 있다. 외식업체에서 친절한 서비스, 예의 바른 서비스를 원한다면 친절하고 예의 바른 사람을 채용해야 한다. 즉, 외식업체는 자신들이 원하는 능력을 보유한 직원을 선발해야 한다. 직원은 고객가치를 창조하고 고객만족을 창출하는 자원인 만큼, 선발 역시 중요하다. 직원을 선발하는 중요한 기준은 고객지향적 태도이다. 직원을 선발할 때는 능력이 뛰어난 사람보다는 '올바른 사람'을 선발해야 한다. 이때 누가 올바른 사람인지 판단하기 위해서는, 기존 직원 중 만족도가 높은 직원을 중심으로 모범직원 선발모델을 수립하여 직원 선발에 이용해야 한다.

많은 외식업체에서 훌륭한 서비스는 가슴에서 우러나야 한다고 말한다. 훌륭한 직원은 저녁식사를 즐기는 고객들을 바라보며 행복한 감정을 느낀다. 경영자는 고객의 본원적 욕구를 미리 파악하려고 노력하지만, 고객마다 다양한 취향을 가지고 있으므로 이를 파악하기란 쉬운 일이 아니다. 직원에게 서비스를 교육시킬 수는 있겠지만, 그들이 고객을 친절하게 대하도록 만들기란 쉽지 않다.

따라서 외식업체의 경영자들은 직원 고용 시 개인의 태도에 집중하게 된다. 면접 시에는 지원자가 긍정적인 사람인지 확인하는 질문으로 성격을 예상해보아야 한다. 일상적이지 않은 서비스 상황을 제시하고 그러한 상황에서 어떻게 해결할지를 묻는 것도 좋은 방법이다. 또 지원자의 개성을 확인할 수 있는 독창적이거나 속내를 확인할 수 있는 질문을 할 수도 있다. 지원자 그룹 인터뷰에 고객을 참여시켜, 고객이 원하는 직원을 찾아낼 필요도 있다.

(5) 직원의 교육 · 훈련과 전문지식 함양

외식업체의 교육·훈련은 직원들이 빠르게 변하는 시장 상황에 대처하게 만들고, 외식업체의 전략이나 자신의 중요성에 대한 이해를 향상시키는 것을 목적으로 한다. 이는 직원들이 직무를 충실히 하도록 만들며, 일에 대한 자신감과 자부심, 삶을 이끌어나갈 수 있는 능력을 향상시키는 것을 목표로 한다. 초기의 교육·훈련을 통해 형성된 인성은 이후 그들의 태도에 결정적인 영향을 미치기 때문에 초기의 교육·훈련은 직원들이 그들의 과제를 성공적으로 수행할 수 있도록 그들에게 필요한 기술을 정확히 전달하는 것에 집중해야 한다. 무엇보다 선행되어야 할 것은 고객지향마인드 확보와 자신감 획득이다.

직원이 서비스에 대한 지식을 충분히 갖추지 못하면 부정적인 태도를 보일 수 있다. 서비스지식에 대한 수준을 갖추는 것은 직원의 태도를 변화시키는 것과 연관이 있다. 상사와 직원이 공동으로 참여하는 교육의 경우, 교육과 훈련의 중요성을 같이 느끼고 공동의 목표를 가지도록 한다. 교육 후에는 직원들이 새로운 아이디어를 개발·실천할 수 있도록 경영 지원과 내부 커뮤니케이션을 강화해야 한다.

저마다 다른 개성을 가진 구성원이 하나의 목표를 향해 일사불란하게 움직이려면 전문성 있는 인력 확보와 교육을 통한 인력 개발이 필요하다. 직원들은 회사의 역사와 현재 진행 중인 사업, 사명서 및 비전을 익혀야 한다. 또한 교육을 통해 고용주를 자랑스럽게 생각하고 회사의 성공을 위해 공헌하려는 욕구가 생겨야 한다. 관리가 잘되는 외식업체에서는 직원들이 메뉴를 완벽하게 이해하고 설명 역시 잘한다. 그러한 업체의 직원들은 고객의 취향에 가장 맞는 메뉴를 추천하게끔 교육받고, 선택을 망설이는 고객에게 메뉴를 판매하는 방법을 익히게 된다. 이를 위해 직원들은 모든 메뉴를 시식해야 하고, 메뉴에 대한 훈련을 지속적으로 해야 한다. 이러한 과정을 통해 외식업체의 이미지를 향상시키고 더 많은 고객을 유치할 수 있는 것이다.

외식산업에서 교육·훈련의 필요성이 강조되는 또 다른 측면은 직원들이 자신의 직업에 자긍심을 갖도록 만드는 것이다. 경영자는 직원에게 자기 위치의 중요성과 외식업체에 공헌하는 정도를 알려주어야 한다. 전문가 양성은 단기간에 이루어질 수 없으므로, 실무 위주의 교육을 통해 목적을 달성하도록 책임자가 관심과 열정을 가져야 한다. 직원교육은 참가 여부를 기록하여 차후의 상벌에 참고하고, 진급 심사 시 객관적 심사 자료로 사용할 수 있어야 한다. 이를 통해 직원 개개인이 교육의 중요성을 인식하고, 교육에 성실하게 참여하는 습관을 가지도록 만들어야 한다.

때때로 경영자는 직원의 이직률이 높은 데도 왜 교육·훈련에 투자해야 하는지에 대해 의문을 표현하기도 한다. 하지만 그렇다고 해서 직원을 적절하게 교육·훈련하지 않으면, 고객에게 적절한 서비스를 제공하지 못하게 된다. 그렇게 되면 직원은 훌륭한 서비스를 제공하지 못하게 되어 스스로에게 자신감을 갖지 못하며, 그로 인한 스트레스가 직장을 그만두도록 만든다는 점을 고려해야 한다. 불행하게도 그러한 직원들의 퇴직은 교육·훈련이 돈과 시간의 낭비라는 고용주의 생각을 강화시킨다. 직원의 교육·훈련에 투자를 하지 않게 되면 이직율과 고객불만은 더욱 높아지므로 경영자는 이러한 악순환을 멈추기 위해서라도 교육에 투자해야 한다.

교육·훈련 프로그램에는 업셀링(upselling)기법에 대한 내용도 포함시켜야 한다. 직원들에게 객단가(average check)를 올리기 위한 방법을 알려주고 주문을 받을 때, 고객에게 부수적으로 추가 메뉴를 권하는 법을 익히게 해야 한다.

테이크아웃 피자를 주문한 사람에게 1,000원짜리 스틱브레드를 하나 더 주문하도록 만드는 것은, 실제로 순이익을 상승시키는 데 크게 기여한다. 이때 직원을 돕기 위해, 그들이 주문을 받을 때 해야 할 일을 잊지 않도록 하려면 고객에게 추천해야 하는 특별한 옵션메뉴를 알려주는 시스템을 구축할 필요가 있다. 그렇게 하면 직원이 주문을 입력할 때,

컴퓨터시스템에 고객에게 추천할 만한 사이드 메뉴가 나타날 것이다. 이 소프트웨어는 고객이 받아갈 잔돈을 계산하여 그 잔돈에 적합한, 고객에게 제안할 만한 메뉴를 표시해준다. 예를 들어 고객에게 3,000원의 잔돈을 거슬러 줄 것으로 예상되면, 시스템이 직원에게 3,000원짜리 추가메뉴 주문을 유도하도록 알려주는 것이다.

가장 복잡한 업셀링은 컨설팅형 판매(consultative selling)이다. 기본적인 업셀링은 컴퓨터시스템이 미리 알려주면 비교적 쉬우나, 컨설팅형 판매는 직원이 고객에 대해 충분히

더 알아보기

업셀링과 크로스셀링

우수한 직원은 주문을 받을 때 더 나은 가격 조건을 제안하거나 메뉴의 품질을 강조하는 등의 행동을 통해 고객이 원했던 메뉴보다 단가가 높은 메뉴를 판매한다. 또한 그들은 A 메뉴를 사고자 하는 고객으로부터 B 메뉴의 추가 구입까지 유도해낸다.

업셀링과 크로스셀링의 정의

구분	내용
업셀링 (upselling)	고객이 희망했던 메뉴보다 단가가 높은 상품의 구입을 유도하는 판매방법이다.
크로스셀링 (cross selling)	추가 구입을 유도하는 판매방법이다. 판매 증대는 물론 고객만족을 위해서도 중요한 마케팅 활동이다.

이러한 업셀링과 크로스셀링의 성패는 경영자의 관리능력에 달려 있다. 경영자는 '누가 크로스셀링을 잘하고 누가 못하는지', '누가 업셀링을 잘하는데 누구는 못하는지'의 질문에 대한 답을 찾은 후 직원들의 훈련계획을 세워야 한다. 그렇게 하지 않으면 판매를 배가시킬 아까운 기회를 놓칠 뿐만 아니라, 고객들을 떠나게 만들 수 있다.

한 번 떠난 고객은 두 번 다시 돌아오지 않는다. 그들은 다른 고객들까지 떠나게 만들 수 있는 막강한 구전의 힘도 갖고 있다. 경영자는 고객이 구매를 결정하기 전에 다양한 선택방법을 제안해야 한다. 매출 상승의 성패는 업셀링과 크로스셀링에 달려 있으며, 이는 단순히 판매량을 증가시킬 뿐만 아니라 고객만족에도 커다란 영향을 미친다.

이해하지 않으면 실행이 불가능하다.

와인을 즐기는 고객들은 최상급 와인에 충분한 가격을 지불할 의향이 있다. 그들은 소믈리에의 추천을 받아들이고 가격은 별로 고려하지 않는다. 이러한 상황에서 좋은 와인과 특별한 와인을 많이 보유한 외식업체의 컨설팅형 판매는 매우 중요하다. 예를 들어, 좋은 와인을 원하지만 가격에 민감한 고객에게 컨설팅형 판매를 할 때는, 고객이 기꺼이 수용할 만한 적당한 가격의 와인을 찾아내는 능력이 필요하다.

디저트를 사례로 들어보자. 커플고객이 디저트 주문을 망설인다면 직원은 고객이 배가 너무 불러서 그러는 것인지, 식사 후 다른 곳에 가서 디저트를 먹으려는 것인지, 아니면 더 이상 추가 주문을 할 생각이 없는 것인지 확인할 필요가 있다. 만약 고객이 배가 부르다고 한다면, 서버는 디저트 하나를 둘이서 나누어 먹는 것을 권할 수 있다. 이런 식의 권유를 하면 고객의 만족도가 높아질 뿐만 아니라 객단가 또한 높일 수 있다.

더 알아보기

컨설팅형 판매

컨설팅형 판매란 객단가를 높이면서 고객만족을 높일 수 있는 것으로, 경영자는 이러한 판매가 가능하도록 직원을 교육시켜야 한다. 컨설팅형 판매는 수동적 판매가 아니라 능동적으로 컨설팅을 하듯 판매하는 것이다. 세일즈맨과 컨설턴트 사이에는 차이가 있는데, 두 가지의 절묘한 조합이 바로 컨설팅형 판매의 특징이다.

세일즈맨과 컨설턴트의 비교

세일즈맨(sales man)	**컨설턴트**(consultant)
• 단순 판매 • 매출 중심 • 판매자 중심 • 일방적으로 많은 말을 함 • 수단과 방법을 가리지 않음	• 판매보다는 상담 • 매출보다는 고객 문제 해결 • 고객 중심 • 대화를 많이 듣고 이해 • 지속적인 관계와 신뢰
절묘한 결합, 컨설팅형 판매(consultative selling)	

업셀링의 목표는 객단가 증대이지만, 컨설팅형 판매는 2가지 목적을 가진다. 하나는 객단가를 올리는 것이고, 다른 하나는 고객만족도를 높이는 것이다. 이것은 미묘한 차이처럼 보여도 매우 중요한 차이라고 할 수 있다.

(6) 내부고객의 세분화

내부고객인 직원들은 동질적 욕구를 가진 집단이 아닌, 이질적 욕구를 가진 하나의 집단이다. 따라서 이들의 라이프스타일과 개인적 욕구에 따른 시장세분화가 필요하다. 세분화 전략의 예로는 출퇴근시간을 선택할 수 있는 연동근무제, 다양한 복리후생계획을 직원이 조합하여 선택할 수 있는 카페테리아 후생제 등이 있다.

표 12-2 내부고객 세분화의 장점

직원	외식업체
개인적 욕구의 효율적 충족	직무만족도와 생산성 증가
업무 만족도 증가	습관적인 지각과 이직 감소
희망하는 복지 후생 선택	노동비 절약효과
업무효율성 증가	개인용무 감소효과

(7) 직원에 대한 공정한 평가와 보상

고객가치의 창조를 위해서는 직원의 지속적 교육 및 훈련은 물론, 직원의 성과에 대한 평가와 보상이 필요하다. 직원은 그들이 조직으로부터 안정감을 느끼고 대우를 받는다고 생각할 때 능력을 발휘하기 때문에, 훌륭한 경영자는 정기적으로 그들의 달성가능한 성과를 공개적으로 칭찬해야 한다.

고객서비스를 강화하려면 직원에 대한 규칙과 보상이 명확하고 공정해야 한다. 한 예로 서비스 스테이션은 적절한 서비스를 위해 미리 준비되어야 하는데, 일부 직원들은 기물 준비 및 세팅을 위해 일찍 출근하여 일하는 시간을 팁을 받지 않으므로 낭비적이라고 생각하여 늦게 출근하고 준비 작업에 소홀할 수 있다. 이때 경영자는 최선을 다하지 않는 직원에게 패널티를 주어야 한다. 모든 직원이 경영자의 불공평한 대우를 인지하면 그들은 더 이상 동기가 유발되지 않는다. 경영자가 기분에 따라 차별적인 대우를 한다면, 이러한 유형의 행동은 부정적인 분위기와 불필요한 퇴직을 유발하게 된다. 직원의 동기를 유발시키려면 규칙과 정책을 공평하게 적용해야 한다.

일부 외식업체들은 직원 보상을 위한 평가방법으로 미스터리 쇼핑을 이용한다. 미스터리 쇼퍼가 미스터리 쇼핑을 하는 과정에서 뛰어난 직원을 발견하여 현장에서 현금으로 보상하는 경우도 있다. 가령 미스터리 쇼퍼에게 한 직원이 오늘의 메뉴와 가격 등에 대해 완벽하게 설명한다면 그에게 5만 원 정도의 상품권으로 즉각적인 보상(instant reward)할 수 있다. 이외에도 보상시스템의 일부로서 실시하는 콘테스트를 이용할 수도 있다. 외식업체는 직원들이 좀 더 즐겁게 일할 수 있고 경쟁심이 유발될 수 있도록 콘테스트를 개발할 수 있는데, 예로는 가장 빨리 서빙하는 직원이나 쇼를 제일 잘하는 바텐더에게 상을 주는 것을 들 수 있다. 콘테스트는 다양한 수준을 설정하여 많은 직원에게 수상의 기회를 주는 것이 좋다. 다만 직원들이 보상을 빈약하다고 느끼면 흥미도나 참여도가 떨어져 그 효과가 미미할 수도 있다.

(8) MOT 집중을 위한 동기 부여

라피그와 아흐메드(Rafig & Ahmed, 2000)는 서비스 내부 마케팅 모델을 통해 내부 마케팅에 의한 직원의 동기 부여가 효과적임을 입증하였다. 내부 마케팅은 직원의 태도와 행동의 변화에 긍정적이라는 점에서 외식업체의 식품안전에 대한 예방활동, 관리자들의 태도, 시설이나 작업환경의 청결과 안전성 유지에도 긍정적인 영향을 미친다.

《서비스관리》의 저자 리처드 노먼은 '진실의 순간(MOT)'이라는 용어를 언급하면서 '진실의 순간' 또는 '결정적 순간'이 외식업체의 성패를 판가름한다고 하였다. 그는 이 순간, 외식업체의 이미지가 결정된다고 보았다. 외식업체의 서비스경험은 직원의 서비스 기술과 동기 유발 정도, 기타 직원이 활용하는 다양한 도구와 고객의 기대 및 행동이 결합되어 만들어진다.

직원과 고객이 상호작용 시 직원의 실수나 부적절한 응대는 고객의 불만을 야기한다. 따라서 경영자는 직원의 실수를 예방하고 그들이 고객의 요구에 충분히 대응할 수 있도록 도와야 한다. 그러기 위해서는 서비스를 즐기는 직원을 채용하여 실수하지 않도록 교육시키고, 또 실수하더라도 이를 회복할 수 있도록 해주는 서비스문화를 창조해야 한다. 또 직원들이 서비스 강화를 위해 노력할 수 있도록 동기를 부여해야 한다.

(9) 고객불평의 빠른 해결을 위한 권한 위임

직원의 권한은 직원에 대한 보상과 더불어 직원의 생산성과 밀접한 관련이 있는 것으로 알려져 있다. 직원의 권한에 대해 가장 보편적으로 받아들여지는 것이 바로 임파워먼트(empowerment)이다. 권한 이양을 의미하는 임파워먼트는 직원이 스스로 지시하고 관리하도록 하는 것을 말한다. 이 이론에 따르면 "자율적인 사람은 부서, 조직 사이의 벽을 효과적으로 허물 수 있고, 고객만족을 방해하는 요소를 제거"해준다. 이러한 '자율적인 사람'이 되기 위해 직원 및 조직은 개인 차원 및 조직 차원에서 학습해야 하며, 이때 직원의 권한은 '학습된 권한'이어야 한다. 이 권한이라는 것은 상사가 하위 직원에게 잘라내어 주는 것이 아니라 공유하는 것이며, 학습을 통해 스스로 습득해나가는 것이다. 이렇게 하면 고객과 접촉하게 되는 모든 고객접점을 중심으로 시스템이 통합되고, 통합된 고객정보를 토대로 직원들이 고객과 일대일 커뮤니케이션을 하게 된다. 이때 가장 중요한 역할을 맡은 접점의 직원은 고객의 불평 처리와 문제 해결 및 교차 판매를 위한 특별한 제안 등의 임무를 맡게 된다. 이렇게 개인화된 서비스를 제공하려면 무엇보다 순발력과 유연성이 요구되는데, 이러한 순발력과 유연성을 뒷받침해주는 것이 바로 권한이다. 다만, 순발력과 유연성을 높이기 위해 직원에게 권한을 무한대로 부여할 필요는 없다. 설사 그것이 가능하더라도 그것은 직원을 지치게 하는 원인이 될 수 있다. 외식업체의 입장에서는 고객에 대한 대처능력 향상도 중요하지만 고객 못지않게 직원 또한 중요하기 때문에 그들을 혹사시켜서는 안 된다.

권한을 위임하려면 직원이 권한을 행사할 수 있는 적절한 능력에 대한 지원이 필요하다. 이를 위해 사내 네크워크 활용과 의사 결정의 권한을 행사하는 경영지원, 적절하게 상황을 분석하고 이해하기 위한 지식지원, 기술을 처리하기 위한 정보와 기술에 대한 기술지원을 해야 효과적인 권한 위임이 이루어진다.

바로와 몰러(Barlow & Moller)의 《불평은 선물이다》라는 책에 의하면, 많은 경영자가 미스터리 쇼퍼들에게 레스토랑을 순회하며 음식과 서비스를 평가하게 하고 있다. 이러한

표 12-3 권한 위임의 장단점

구분	장점	단점
서비스 전달 및 회복	즉각적 대응	비일관성과 서비스 속도 저하
서비스문화	만족도 증가	인건비 상승
직무교육 및 능력수준	고객 대응성 증가	직원 선발과 훈련비용 증가
창의성과 자율성	자발적 창의적 가치 개발	잘못된 의사결정
고객가치 및 만족	고객 구전효과	페어플레이에 대한 고객 기대 저하

쇼퍼들이 지적한 문제점은 종종 외식업체의 목표고객과 관련이 없는 경우도 있다. 그러나 불평고객도 일반적인 고객이며 어떤 의미에서 그들은 최고의 고객이라 할 수 있다. 외식업체의 잘못된 점을 지적한다는 것은 다시 방문할 생각이 있기 때문이다. 그들은 문제가 해결되어 자신들이 다시 방문했을 때, 이러한 문제가 다시 일어나지 않는다는 것을 보장받고 싶어 한다. 따라서 그들이 문제를 해결할 기회를 주는 것에 감사하며 그들의 소리에 귀 기울이고 응답해야 한다. 외식업체들은 미스터리 쇼핑 서비스에 대한 비용을 기꺼이 지불해야 한다. 불평이 곧 선물이기 때문이다.

외식업체의 직원들은 불평을 해결하려고 노력하는 교육을 받아야 하며, 경영자는 불평을 열정적으로 듣고 해결하고자 노력해야 한다. 또한 직원들이 "책임자를 불러드리겠습니다."라고 말하는 대신 직접 문제를 해결할 권한을 위임하고 그에 관해 교육해야 한다.

(10) 주요 의사결정에 직원 참여

경영자는 지속적으로 직원의 동기를 유발하기 위해 노력해야 한다. 이때 가장 효과적인 방법은 회사의 주요 의사결정에 직원이 참여할 기회를 주고, 결정된 내용이 실행될 때 어

> **임파워먼트와 임파워먼트 서버**
>
> - **임파워먼트(empowerment)** 권한 이양. 직원이 스스로 지시하고 관리하도록 하는 것
> - **임파워먼트 서버(empowering servers)** 경영자 없이 스스로 문제를 해결할 수 있도록 교육 · 훈련된 직원

떤 결과가 나타날지에 대한 정보를 제공해주는 것이다.

직원 참여와 동기 유발과정은 위험이 따를 수도 있지만 유용한 관리기법일 수 있다. 처음부터 규칙을 세우고 모든 직원에게 그들의 의견이 반영되어 최종적인 의사결정이 이루어짐을 알려주는 것이다. 이때 최종 결정은 경영자가 하는 것이지만, 직원들은 의사결정에 참여했다는 사실만으로도 만족하게 된다. 한 예로, 직원들이 유니폼을 선택할 때 의사결정에 참여하도록 할 수 있다. 유니폼은 직원을 쉽게 식별하게 해주고, 고객으로 하여금 도움을 청하기 쉽다는 인상을 줄 수 있다. 이는 외식업체의 분위기에도 영향을 주며, 고객만족에도 크게 공헌한다. 유니폼은 전문성을 나타내주는 효과도 있다. 이것의 선택은 직원의 자세에도 영향을 주어 정해진 유니폼을 입은 직원들은 다르게 행동한다. 캐시 넬슨(Kathy Nelson)과 존 보웬(John Bowen) 교수의 조사 결과, 직원의 유니폼에 대한 인식과 그들의 직업적 자세 간에는 상당한 상관관계가 있다고 한다. 직원들이 자기가 입은 유니폼을 높게 평가하는 경우 일에 대해서도 매우 긍정적인 자세를 갖는다는 것이다. 따라서 유니폼은 외식업체의 이미지를 높이기 위한 도구임과 동시에 마케팅도구로 간주

더 알아보기

최고의 마케팅

외식업체의 외부 마케팅은 고객을 내부로 불러들인다. 이때 한 번 방문한 고객이 직원에게 기대에 미치지 못하는 서비스를 제공받으면, 외부 마케팅의 효력은 사라진다. 음식이 탁월하더라도 서비스 제공자의 태도가 불량하거나 형편없으면 고객은 불만족하게 되고 외식업체에 대한 경험이 전반적으로 형편없어진다. 서비스가 형편없다면 고객을 만족시키기란 거의 불가능하므로, 이러한 차원에서 볼 때 내부고객만족은 마케팅의 성과를 좌우하는 요인임에 틀림없다.

적절한 시간 동안 긍정적·열정적으로 일하는 직원은 최고의 서비스를 제공한다. 많은 시간을 일하며 항상 피곤하다고 느끼는 직원은 최악의 서비스를 제공할 가능성이 높다. 일부 경영자들은 노무비를 절약하기 위해 직원의 근무 일정을 관리한다. 이때 가능하면 직원들의 감정적 건강을 관리할 수 있도록 그들의 일정을 수립해야 한다. 경영자는 직원들이 고객 앞에서 즐거운 표정으로 최고의 서비스를 제공할 수 있도록 최선의 방법을 찾아야 한다. 이것이 바로 최고의 마케팅이다.

되며, 이를 선택할 때는 직원들에게 의견을 구하는 것이 중요하다.

(11) 직원들과 프로모션정책에 대한 정보 공유

직원들은 외식업체가 실시할 프로모션에 관한 정보를 사전에 충분히 숙지해야 한다. 이를 통해 직원들은 앞으로의 상황을 예측하고 해야 할 일을 계획할 수 있다. 예를 들어, 인터넷에 판촉광고를 올린다면 미리 그들에게 보여주고 광고의 목적을 설명해주어야 한다.

직원들이 계획과 실행에 참여하지 않은 프로모션은 그 효과가 크게 떨어질 수 있다. 따라서 프로모션 실시 전에 직원들과 프로모션 메뉴를 즐기며 자연스럽게 특별한 교육을 시키면, 직원들이 프로모션 때 고객에게 어떻게 서비스해야 할지를 정확히 이해하게 된

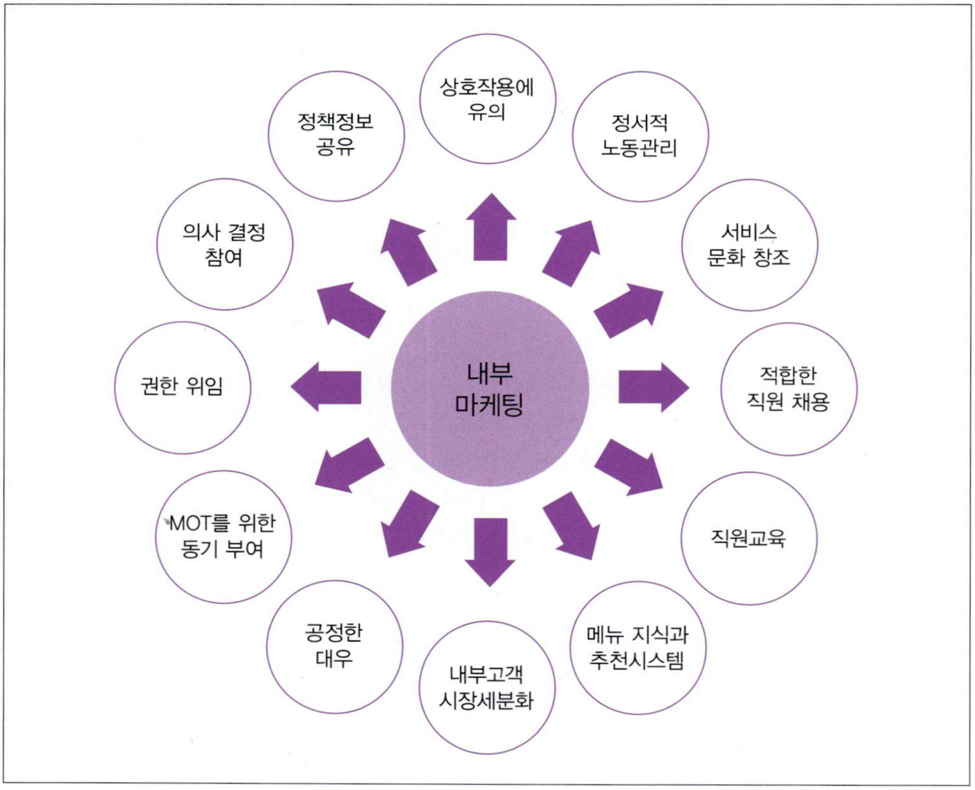

그림 12-6 내부 마케팅의 실천방안

다. 이렇게 하면 직원들은 해당 프로모션을 외부고객에게 설명할 때 본인들이 경험한 지식을 토대로 하여 새 상품과 프로모션을 더욱 정확하고 적극적으로 전달할 수 있게 된다.

2 관계 마케팅

1) 관계 마케팅의 개요

(1) 관계 마케팅의 정의

외식업체는 급속한 환경 변화와 경쟁 심화로 전통적 마케팅의 한계를 극복하기 위한 새로운 방안을 요구하고 있다. 그들은 매출을 극대화할 수 있는 효율적 경영을 위해 고객과의 단기적 거래보다는 장기적인 관계를 중요시하게 되었고, 이러한 요구에 부합하기 위한 노력의 일환으로 관계 마케팅(relationship marketing)이 대두되었다. 1980년대에 수익성을 바탕으로 고객을 장기간 유지하기 위한 연구로 시작된 관계 마케팅은 1990년대 들어 관심의 대상이 되었다.

관계 마케팅에 대한 정의는 학자마다 차이가 나지만, 공통적인 내용은 수요자와 공급자가 장기적 유대관계를 유지하고 강화할 때 상호이익이 증가한다는 것이다. 관계 마케팅의 성과를 인식하는 과정에서 가장 많이 활용되는 요인은 재방문의도, 재구매의도 및 지속적인 관계의 유지 등이다(배성일, 2012). 유영진(2000)은 외식업체를 대상으로 한 관계 마케팅 연구에서 구전, 재구매의도, 몰입을 성과요인으로 활용하였다.

(2) 관계 마케팅과 기존 마케팅의 비교

관계 마케팅이 대두되기 전의 마케팅의 목표는 대량생산과 대량판매 같은 규모의 경제를 통한 판매 극대화인 경우가 많았다. 결과적으로 고객을 단기적 거래의 대상으로 보았고, 동질적인 시장에 대한 시장 점유율을 확대하기 위해 일반적인 메시지 전달과 상품에 대

표 12-4 관계 마케팅의 정의

구분	정의
베리(Berry, 1983)	• 관계 마케팅을 최초 소개 • 고객관계를 수립하고 유지하며 강화하는 마케팅활동
듀이어와 쉬르(Dwyer & Schurr, Oh, 1987)	교환 창출을 위하여 마케팅 믹스를 투입하는 미시적 마케팅 영역을 확대하여 교환의 창출을 가능하게 하는 하부 구조의 정비를 목표로 하는 주요 수단
코틀러(Kotler, 2000)	고객, 공급자, 유통업자 간의 장기적이며 지속적인 관계를 유지하기 위하여 만족스러운 거래관계를 유지하기 위한 노력
설영미 · 최민섭(2014)	고객과 강한 유대를 형성, 유지 · 발전시키는 마케팅활동으로 장기간 이익 확보를 위해 고객과의 대화를 창조, 더욱 좋은 서비스를 제공하려는 장치

한 사후서비스에 집중했다. 이와 반대로 관계 마케팅은 고객과의 관계를 장기적으로 유지하여 수익성을 극대화하는 것을 목표로 한다. 즉, 고객생애가치 중에서 외식업체가 차지하는 비율인 고객 점유율을 높이기 위해 다양한 제품을 판매하는 범위의 경제를 추구하고, 쌍방향 커뮤니케이션을 통해 고객의 만족도와 재구매를 관리하는 것이다.

(3) 관계 마케팅의 효익

외식업체의 입장에서 관계 마케팅은 다음과 같은 장점을 제공한다.

- 첫째, 촉진비용을 줄일 수 있다. 장기적으로 고객과의 관계를 유지하여 수익성을 확보하므로 신규고객을 확보하기 위한 촉진비용이 감소하여 이익이 증대되는 효과가 있다.
- 둘째, 데이터베이스시스템을 이용하면서 고객과 외식업체에 추가적 효익이 발생한다. 고객에 대한 세부적 정보를 데이터베이스화하므로 초기비용이 들지만 일단 데이터베이스를 구축하면 추가비용은 거의 발생하지 않는다. 외식업체 측과 고객 측 양자에게 학습효과가 있어 고객은 기대가치에 대한 효익이 증가하고 외식업체는 관리비용이 감소한다.
- 셋째, 구전효과가 증가한다. 반복하여 구매하는 충성고객은 다른 고객에게 자신이 만족한 원인을 전파하므로 구전효과를 극대화될 수 있다.
- 넷째, 관계 마케팅의 간접적 효과로 직원의 이직률이 감소한다. 외부고객이 만족하면 내

표 12-5 관계 마케팅과 기존 마케팅 비교

구분	기존 마케팅	관계 마케팅
마케팅 목표	판매 극대화	장기적 관계를 유지할 동반자
고객 대상	단기적 거래 실적 대상	장기적인 고객생애가치 대상
의사소통	일반적 메시지 전달	쌍방향 커뮤니케이션(고객정보 중시)
경제적 지향성	규모의 경제(대량생산, 대량판매)	범위의 경제(다양한 제품 판매)
마케팅성과 측정의 지표	시장점유율(share of market)	고객점유율(share of customer)
시장 특성	동질적 시장	불특정 다수 고객 시장
차별화 관리에 초점	상품의 수리와 교체	고객의 만족도와 재구매

부고객인 직원의 애사심이 증가하기 때문이다. 이직률이 감소하면 장기근속직원의 서비스 역량이 상승하여 충성고객이 늘고 고객만족도가 지속적으로 상승한다.

2) 관계 마케팅 프로세스

효과적인 관계 마케팅을 위해서는 체계적인 실행이 중요하다. 이를 위해서는 먼저 올바른 고객을 유치하고, 그다음으로 고객관계 모니터링을 통한 서비스 유지와 서비스 실패에 대한 회복과 불평관리를 해야 한다. 마지막으로는 고객의 데이터베이스를 기반으로 하여 고객불평을 해소하고 우량고객을 지속적으로 유지·관리하기 위해 고객관계를 새롭게 정의하고 전략을 수립해야 한다.

(1) 관계 마케팅 실천 1단계: 고객 유치 단계

① 올바른 고객의 유치

외식업체가 장기적인 목표이익을 달성하려면 외식업체의 목적에 적합한 올바른 고객을 유치해야 한다. 올바른 고객(right customer)이란 ① 외식업체를 이용하면서 느낀 자신의 경험과 개선해야 할 아이디어 등을 제공하는 정보적 이익을 제공하는 고객이다. ② 외식업체를 반복적으로 이용함으로써 재무적 이익을 장기적으로 가져다줄 것으로 예상되는 고객이다.

② 고객 포트폴리오 관리

외식업체가 자신에게 적합한 고객을 유치하려면 목표 수익과 자원에 적합한지 여부를 알 수 있도록 고객 포트폴리오를 구성해야 한다. 프레더릭 F. 라이히헬드는 저서 《로열티 경영》에서 올바른 고객을 유치하기 위한 방법으로 다음 3가지를 제시하였다.

- 예측가능하고 충성스러운 고객(로열티가 높은 고객)
- 수익성 높은 고객(높은 구매력과 지불능력을 가진 고객)
- 자사에 적합한 고객

③ 올바르지 못한 고객 회피

프레더릭 F. 라이히헬드는 기업이 가장 유치하고 싶어 하는 고객이 최악의 고객인 경우가 되는 역선택(adverse selection)현상이 일어나는 이유를 설명하였다. 외식업체는 고객의 위험을 측정하거나 가격을 설정할 때, 평균에 근거해서 실제 위험과 비용에 대해 낙관적인 가정을 하지만 고객은 항상 자신에게 유리한 조건의 계약만을 추구하기 때문이다.

즉, 외식업체가 단기적 성장을 위해 적합하지 못한 고객을 유치하면 장기적으로 자사

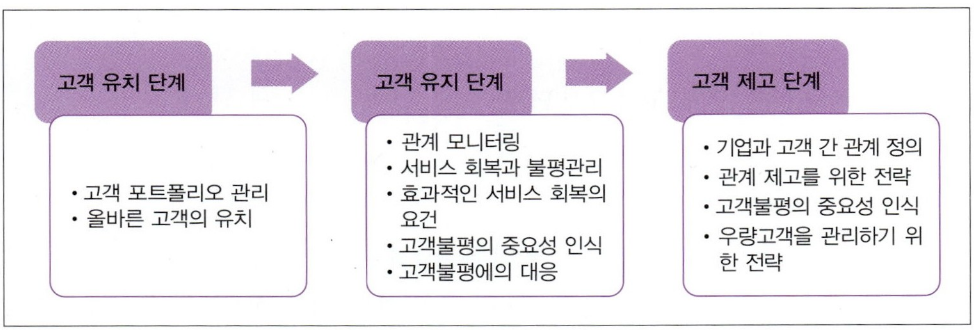

그림 12-7 관계 마케팅의 단계별 실행

에 적합한 고객관계를 구축하는 데 불리해진다. 예를 들어, 개업 초기에 고객을 유치하고자 할인을 해주면 낮은 가격을 선호하는 고객이 몰리게 된다. 이렇게 하면 향후 정상적인 가격으로 환원했을 때, 낮은 가격을 선호하는 고객들은 줄고 높은 가격을 지불할 고객은 방문하지 않는 위험에 처하게 된다.

외식업체의 입장에서 올바르지 못한 고객이란 다음과 같이 규정할 수 있다.

- 외식업체의 제품 및 서비스가 고객 본원적 욕구와 부합하지 않는 고객
- 외식업체가 제공하려는 가치의 성격과 스타일에 차이가 있어 상호 신뢰와 가치 공유가 이루어지지 않는 고객
- 외식업체와 고객이 제품과 서비스에 잘 부합하지만 지불능력과 지불용의가 없는 고객
- 서비스품질 하락과 전체 생산성을 감소시킬 것으로 예상되는 고객(공급 설비와 서비스 능력의 한계를 초과하는 가치를 제공하여 고객을 유치할 경우)
- 적절한 기술적 역량과 학습능력이 부족하여 서비스품질을 하락시킬 수 있는 고객(고객과 외식업체가 협력해야 하는 제품과 서비스의 경우)

(2) 관계 마케팅 실천 2단계: 고객 유지 단계

외식업체가 올바른 고객을 정의하고 유치한 후, 그들을 유지하기 위해서는 고객을 모니터링해야 한다. 그 후 모니터링 자료를 토대로 하여 서비스가 실패했을 때 서비스를 회복하기 위한 불평관리를 해야 한다.

① 관계 모니터링

선별하여 유치한 고객과 관계를 형성하고 유지하기 위한 기본적인 전략은 관계에 대한 품질을 모니터링하고 평가하는 것이다. 고객관계에 대한 모니터링은 설문조사, 정기적 전화조사, 대면조사, 트레일러콜(trailer calls), 불평 모니터링(complaint monitoring), 이탈고객조사(lost customer survey) 등으로 한다. 이렇게 고객과의 관계를 평가하여 기존 정보에 추가하고 갱신 및 평가하여 고객유지전략의 기초자료로 활용하게 된다.

② **서비스 회복과 불평관리**

고객에 대한 서비스 실패 발생 시 서비스를 회복하고 불평을 관리하는 것은 고객을 장기적으로 유지하기 위해 매우 중요한 일이다.

③ **효과적인 서비스 회복의 요건**

외식업체의 제품과 서비스는 이질성이 높고 인적 접촉이 많다. 따라서 접촉의 순간마다 고객이 불만족할 가능성이 얼마든지 내재되어 있다. 만약 고객이 불만족한 상황이 오더라도 회복 조치를 잘하면 오히려 고객이 더 만족하고 결과적으로 단골고객이 될 수 있는 시발점으로 만들 수 있다. 즉, 효과적인 서비스 회복은 고객-외식업체 간 관계를 위기에서 구하고 관계를 더욱 공고히 하는 계기가 된다. 외식업체는 항상 위기를 기회로 만들 수 있다는 마음가짐으로 창조적인 서비스 회복방법을 찾아야 한다.

서비스 접점에서 발생하는 서비스 실패와 그로 인한 고객불평은 외식업체에 내재된 위험이다. 효과적인 서비스 회복을 위해서는 고객과 외식업체 간의 관계를 명확히 하고, 고객불평을 적극적으로 해결하려는 자세를 가져야 한다.

④ **고객불평의 중요성 인식**

모든 외식업체의 목표는 제품과 서비스를 구매한 고객의 만족도를 높이는 것이다. 하지만 판매가 양적으로 증가하면 품질은 낮아질 가능성이 높다. 결과적으로 판매가 늘어나면 고객불평도 증가하므로 기왕 발생한 고객의 불평을 잘 처리하는 것이 중요해진다. 이러한

존 굿맨의 법칙

존 굿맨(John Goodman)이 1970년대에 발표한 내용으로, 고객불만율이 재방문율과 재구매율에 영향을 미친다는 사실을 의미한다. 어떤 고객이 특정 브랜드 매장을 문제없이 이용할 경우에는 10% 정도의 재방문율을 보인다. 그러나 불만을 말하러 온 손님에게 외식업체가 충분히 대응하면 고객의 65%가 매장을 재방문했고 재구매율에도 차이가 났다. 100달러 이상의 상품 구매자를 조사해본 결과, 상품에 대해 불만이 있었지만 불만을 정식으로 제기하지 않았던 고객의 재구매율은 9%였다. 하지만 불만을 제기하여 문제가 해결된 고객의 재구매율은 70%로 나타났고 문제가 신속하게 해결된 경우에는 재구매율이 82%까지 올라갔다.

자료: 김민주(2011). 시장의 흐름이 보이는 경제 법칙 101. 발췌 재구성.

고객불평은 오히려 고객의 충성도를 크게 올릴 수 있는 기회이기도 하다.

직원이 불만족한 고객에게 충분한 대응을 하면, 만족한 고객의 재방문률과 재구매율이 불만이 없는 고객보다 증가한다는 것이 바로 '존 굿맨(John Goodman)의 법칙'이다.

고객의 불평사항을 들어주고, 불평을 토로할 기회를 주는 것만으로도 이탈하는 고객은 크게 줄어든다. 그 밖에도 서비스의 문제점을 조기에 발견하고 고객의 부정적인 구전효과를 최소화하고 개선할 수 있는 유익한 정보를 수집할 수 있다.

⑤ 고객불평 대응

판매량이 증가하다 보면 점포의 역량을 넘는 조리와 판매를 처리해야 하고, 이 때문에 발생하는 고객불만이 고객불평의 원인이 될 수 있는데, 이를 '고객불평의 악순환(viscious circle of consumer complaint)'이라고 한다(그림 12-8).

외식업체는 이러한 악순환을 해결하고자 고객서비스부서에 대한 지원을 강화하고 있다. 고객서비스부서는 고객불평을 처리하여 불평고객을 충성고객으로 전환할 기회를 잡아야 한다.

(3) 관계 마케팅 실천 3단계: 관계 제고 단계

고객과의 관계를 제고하기 위한 다양한 내용을 살펴보면 다음과 같다.

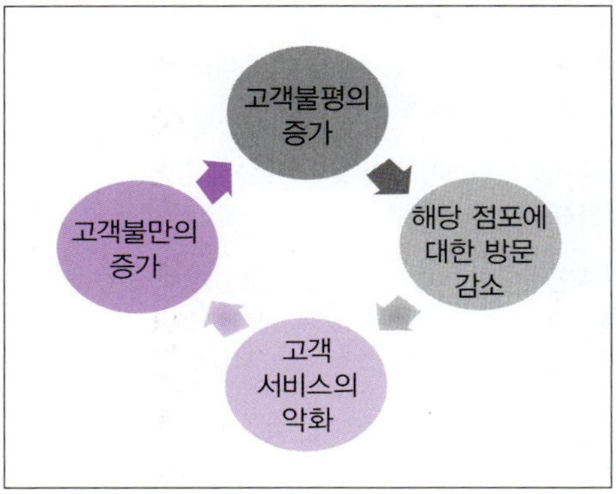

그림 12-8 고객불평의 악순환

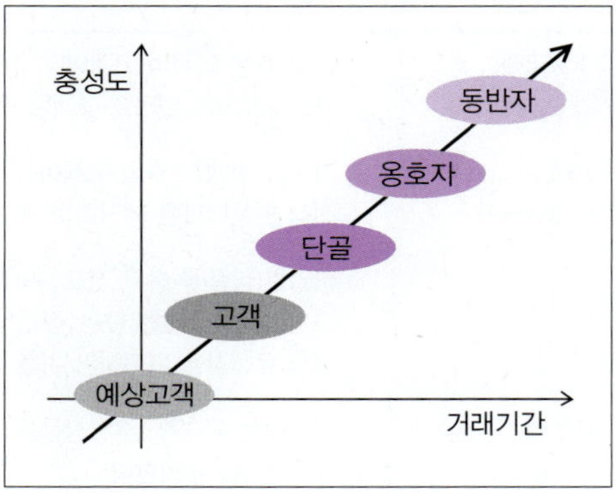

그림 12-9 고객충성도에 따른 5단계 고객

① **외식업체-고객관계의 5가지 단계**

외식업체는 고객과의 거래기간과 고객충성도에 따라 고객을 5단계로 구분할 수 있다. 외식업체의 고객은 거래기간과 충성도를 기준으로 예상고객, 고객, 단골고객, 옹호자, 동반자로 구분된다. 이를 살펴보면 예상고객보다 동반자 고객의 거래기간과 충성도가 높음을 알 수 있다(그림 12-9).

외식업체는 예상고객이 동반자가 되도록 만들기 위해 단계마다 고객전략을 사용해야 한다. 단계별 고객충성도에 따른 개별적 특성을 고려한 전략은 〈표 12-6〉과 같다.

② **관계 제고를 위한 여섯 가지 전략 개발**

관계 마케팅전략을 개발할 때는 〈표 12-7〉과 같은 기능을 수행할 수 있도록 설계해야 한다.

③ **고객 포트폴리오에 의한 우량고객관리**

많은 고객보다는 올바른 고객을 최적으로 구성한 고객 포트폴리오(customer portfolio)에 따라 유치·유지·관리하는 것이 중요하다. 20/80법칙에 따르면 외식업체에 많은 이익을 가져다주는 20%의 우량고객이 있는가 하면, 반면 외식업체에 손해를 입히는 고객이 존재한다. 올바른 우량고객을 확보하기 위해서는 다음 3가지 활동이 선행되어야 한다.

표 12-6 고객충성도에 따른 5단계 고객

고객 단계	전략
예상고객 (prospector)	거래 발생 이전의 고객이다. 상품 구입이 예상되거나 사전 정보를 수집하는 예상고객으로, 대면마케팅과 인터넷 마케팅 등을 통한 마케팅전략을 펼칠 수 있다.
고객 (customer)	거래가 발생한 후의 고객이다. 재구매동기를 부여하기 위한 할인쿠폰이나 마일리지 등 금전적 인센티브를 제공하여 지속적인 관계를 유지하기 위한 전략을 펼쳐야 한다.
단골 (client)	동일한 상품을 모두 점포 구매하거나, 동일한 점포에서 타 브랜드 상품을 구매하는 고객이다. 이들을 관리할 때는 접점상의 불만족을 최소화해야 하고 외식업체와 고객, 고객과 고객의 유대감을 유지하기 위한 장기적 관계를 구축하는 전략을 펼쳐야 한다.
옹호자 (advocater)	반복적인 구매를 넘어 상품을 다른 사람에게 권유하는 고객으로, 광고효과와 타사고객 및 이탈고객을 유인한다.
동반자 (partner)	외식업체와 고객이 융합된 형태의 고객으로, 외식업체의 의사 결정에 참여하고 이익의 목표를 공유한다.

표 12-7 관계 마케팅 개발을 위한 6가지 기능

기능	전략
사회적 강화 제공 (social reinforcement)	고객의 사회적 존경이나 소속 및 유대감에 대한 본원적 욕구를 강화하는 것으로, 예로는 고객에게 생일카드를 보내는 것 등이 있다.
재확신 유도 (reassurance)	외식업체가 고객과의 지속적인 관계를 유지할 의도가 있다는 것을 신뢰와 헌신과 관심 등으로 표현하여 고객의 재확신을 유도한다.
혜택 강화 제공 (benefit reinforcement)	서비스의 고객이익인 혜택을 강화함으로써 구매 시 만족도와 구매 후 불일치를 해소할 수 있다.
문제해결기능 수행 (problem solving)	일회성 판매 고객이 아닌 외식업체의 영원한 파트너로서의 고객을 만들기 위해서는 고객의 불만족과 그로 인한 불평에 대한 문제를 해결해주어야 한다.
맞춤서비스 제공 (service customization)	현대의 고객은 개인별로 차별화된 서비스를 공급받기를 원한다. 적합한 요구에 대한 맞춤서비스 제공은 고객만족도를 높여준다.
서비스 향상 촉진 설계 (service enhancement)	충성고객, 옹호자고객, 동반자고객에게는 고객별로 특별한 보상(extra rewards)을 제공하거나 특별한 방식으로 대우받게 하여 서비스 향상을 촉진하기 위한 설계를 해야 한다.

- **우량고객 선별기준 설정** 명확한 선별기준을 선택하기 위해서는 고객에 대한 양적 지표(매출액, 거래빈도 등)와 질적 지표(이익기여도, 고객증가기여도)에 대한 다양한 평가기준이 필요하다.
- **우량고객의 규모와 관리기간 단위 설정** 우량고객은 외식업체의 매출과 수익을 고려하여 크기를 정해야 한다. 규모의 크기가 작거나 지나치게 큰 규모의 우량고객은 관리효과가 적거나 관리비용이 많이 들어 수익성 감소의 원인이 된다. 관리기간은 외식업체와 고객 입장에서 적정한 거래를 고려하여 실효성 있는 수준으로 정해야 한다. 관리가 편리한 것만을 고려한다면 관리 목표 실현이 어려울 수 있다.
- **우량고객 차별적 보상 프로그램 설계** 우량고객의 관리 프로그램은 외식업체의 입장과 함께 고객의 입장을 우선하여 설계해야 한다. 효과적인 보상 프로그램은 고객이 가장 선호하는 혜택이다. 우량 고객의 효과적인 관리를 위해서는 고객이 선호하는 물리적·심리적 가치를 포함한 보상 프로그램을 설계하여야 한다.

④ 데이터베이스 마케팅

데이터베이스 마케팅이란 고객의 평생가치(Life Time Value: LTV)를 최대화하기 위해, 기존고객과 잠재고객을 이해하고, 기존고객을 장기적으로 유지하고 잠재고객을 유인하기 위해 외식업체의 기존고객 또는 잠재고객에 대한 자료를 데이터베이스화하는 마케팅이다. 여기서는 판매에 따른 고객의 지속적인 거래현황을 수집하여 전산시스템에 축적한 고객정보의 데이터베이스를 기반으로 고객과의 관계를 구축하고 마케팅전략을 수립·집행하게 된다.

표 12-8 데이터베이스 마케팅의 전략

고객 단계	전략
고객 활성화전략	축적된 고객의 거래 기록을 분석하고 구매량에 따라 인센티브를 제공하여 자사의 구매빈도를 높게 하는 고객전략
고객충성도 제고전략	고객전환장벽을 높여 고객의 이탈을 방지하기 위한 전략
고객 유지전략	고객이 필요에 대한 다양한 정보를 고객에게 제공함으로써 재구매를 유도하는 전략
교차 판매전략	상품을 구매한 고객에게 다른 상품을 함께 구매하도록 권유하거나 유도하는 전략
재활성화전략	데이터베이스로 수집한 잠재고객과 과거 이탈고객의 정보로 재활성화하는 전략

더 알아보기

고객서비스 회복방법

- **고객불평 모니터링** 고객불평을 통해 실패요인을 분석한다. 고객불평요인에 대한 수집 시에는 전화, 홈페이지, 고객센터, 소비자건의함, 수취인부담엽서 등 여러 가지 채널을 이용한다. 가장 효과적인 방법은 수집된 고객불평의 근본적인 원인을 분석하여 문제의 원천을 발견하고 제거하는 것이다.
- **신속한 현장불평 처리** 불평고객에 대한 처리는 또 다른 서비스이고, 서비스의 기본은 속도이다. 현장에서 즉시 해결했을 때, 고객의 만족도가 가장 높다. 서비스 회복에 대한 대응으로는 환불(refund), 교환(trading), 맞춤서비스(more customized service), 업그레이드 서비스(upgraded service)가 있다.
- **직원에 대한 권한 위임과 체계적인 교육·훈련** 불평고객에 대한 서비스를 신속히 해결하기 위해서는 체계적인 대응교육을 하고 직원에게 권한을 위임한다. 직원이 어떤 상황에서 빠르게 처리하지 못하고 책임을 전가하는 것은 서비스 실패에 대한 처리방법을 모르거나 의사를 결정할 수 있는 책임의 범위를 벗어나서이기 때문일 경우가 많다.
- **서비스 회복에 대한 직원 보상** 서비스 회복을 위해서는 체계적인 훈련과 권한 위임과 함께 이에 대한 평가와 보상이 필요하다. 서비스 회복을 권장하기 위해 인센티브시스템을 도입할 필요도 있다.

학습 요약

1 내부 마케팅이란 외부고객에게 서비스를 제공하는 직원에게 마케팅 철학과 기법을 적용할 필요성이 있음을 강조하는 개념이다. 직원을 대상으로 내부지향적 마케팅활동을 펼치는 것으로, 외식업체는 외부 마케팅을 실시하기 전에 내부 마케팅을 펼쳐 직원을 먼저 만족시킬 필요가 있다.

2 성공적인 내부 마케팅은 직원의 역할과 중요성을 인식하는 것부터 시작된다. 외식업체는 내부고객이 만족할 만한 제품을 개발해야 한다. 이러한 내부 마케팅이 성공하기 위해서는 직원의 갈등과 스트레스를 관리하며 업체에 적합한 직원을 선발할 수 있어야 한다. 또 교육과 훈련을 통해 직원들이 신속히 변화하는 시장에 대처할 수 있게 해야 하며, 성과에 대한 보상과 표창을 제공해야 한다. 또 보상과 더불어 직원에게 권한을 부여하여 업무를 자율적으로 처리할 수 있도록 해야 한다.

3 관계 마케팅과 기존 마케팅의 차이를 살펴보면, ① 기존 마케팅에서는 고객을 판매를 위한 존재로 생각하지만 관계 마케팅에서는 장기적 관계를 유지하여 자연스럽게 수익이 창출될 수 있게 하며 고객을 외식업체와 함께하는 동반자로 본다. ② 기존 마케팅에서는 커뮤니케이션의 방향이 매스미디어 등을 통한 메시지 전달방식이었다면, 관계 마케팅은 다양한 수단을 통한 쌍방향 소통을 강조한다. ③ 기존 마케팅에서는 규모의 경제를 지향했다면 관계 마케팅에서는 한 고객에게 다양한 제품을 판매하거나 거래를 장기간 유지하는 범위의 경제를 도모한다. ④ 관계 마케팅에서는 마케팅 성과 측정의 지표가 시장점유율(share of market)에서 고객점유율(share of customer)로 바뀐다. ⑤ 관계 마케팅에서는 차별화나 관리의 초점이 제품뿐만 아니라 고객으로 확산된다는 점이 기존 마케팅과의 차이점이다.

4 외식업체는 올바른 고객을 유치하도록 노력해야 하며 효과적인 고객관리를 위해 고객 포트폴리오를 활용해야 한다. 고객을 유치할 때는 그들과 장기적인 관계를 맺는다. 고객과 외식업체 모두에게 효익이 되는 올바른 고객을 선별하여 유치한다. 해로운 관계의 우려가 있는 불량고객과는 관계를 맺지 않아야 한다.

토의문제

1 외식업체의 내부 마케팅에서 직원의 역할에 대해 설명해보자.

2 기존 마케팅과 관계 마케팅의 차이를 자신의 조직 또는 주변의 사례를 들어 설명해보자.

3 외식업체와 고객과의 관계를 5단계로 나누어 특징을 설명해보자.

4 데이터베이스 마케팅으로 성공한 사례를 설명하고, 자신의 조직이나 관계된 조직에 적용시킬 수 있는 방안을 제시해보자.

13장

외식사업 인터넷 마케팅

학습목표

- 인터넷 마케팅의 개념을 설명한다.
- 인터넷의 특징이 외식업체의 인터넷 마케팅에 미치는 영향을 설명한다.
- 인터넷 마케팅의 중요성을 설명한다.
- 인터넷 마케팅을 분류하고 해당 분류에 따른 마케팅도구의 특징을 설명한다.
- 다양한 인터넷 마케팅도구의 활용법을 설명한다.

인터넷 마케팅이란 대중매체나 오프라인 공간에서 주로 이루어지던 외식업체들의 마케팅 활동이 인터넷이라는 온라인 공간에서 이루어지는 것을 말한다. 그런데 외식업체들의 동향을 살펴보면, 대행회사에 의뢰하여 블로그에 후기를 올리거나 페이스북 이벤트를 실시하는 정도가 인터넷 마케팅의 전부라고 생각하는 경우가 많다는 사실을 알게 된다.

과거 외식업체의 오프라인 마케팅이 주로 공급자가 전달하고자 하는 메시지를 일방적으로 소비자에게 푸시(push)하는 내용과 프로세스로 이루어졌던 것처럼, 오늘날 현장에서 이루어지고 있는 인터넷 마케팅을 보면 공간이 오프라인에서 온라인으로 변경되었다는 것밖에는 달라진 게 없어 보인다. 따라서 외식업체 경영자와 마케터는 인터넷 마케팅의 개념부터 명확하게 이해할 필요가 있다.

1 인터넷 마케팅의 개요

1) 인터넷 마케팅의 정의

21세기는 정보화시대이다. 정보화를 위한 기술의 발달은 모든 외식업체의 경영 패러다임을 바꾸어놓았다. 정보기술의 급격한 변화와 활용은 외식업체들에게 새로운 기회이자 위협이 되고 있다. 외식업체가 정보기술을 활용하는 데이터베이스 마케팅과 일대일 마케팅 같은 다양한 인터넷 마케팅을 구현할 수 있다면 경쟁력을 키울 기회가 될 것이다. 반면, 이러한 기회를 적절하게 활용하지 못하면 매우 위험한 상황에 처하게 될 것이다. 국내 외식시장에서 1~2위를 다투던 커피 브랜드와 피자 브랜드의 운명이 뒤바뀐 사례가 바로 이에 해당된다.

스타벅스와 도미노피자는 인터넷 마케팅의 중요성과 영향력을 미리 예상하고 국내외에서 정보기술에 대한 투자를 가장 적극적으로 한 외식업체이다. 결과적으로 해당 브랜드들은 업종 내의 치열한 경쟁에서 뛰어난 성과를 달성하여 시장 선도자의 위치에 우뚝 서게 되었다.

외식업체의 경영환경이 정보기술을 바탕으로 한 통합시스템의 단계로 접어들면서 최대 이슈로 떠오르고 있는 인터넷 마케팅을 좀 더 구체적으로 정의하면 다음과 같다.

인터넷 마케팅이란 '인터넷을 이용한 연결과 쌍방향커뮤니케이션을 바탕으로 제품과 서비스를 판매하고 고객관계를 창출·유지·발전시키는 활동'을 의미한다. 1990년대 정보통신기술의 진보와 월드와이드웹 이용자가 급증하면서, 소비시장의 인프라가 크게 변화하였고 이를 기반으로 인터넷 마케팅이 시작되었다. 정보의 디지털화, SNS와 같은 커뮤니케이션의 발전 등으로 외식업체들은 소비자의 개인정보를 확보함과 동시에 소비자 개개인에 대한 맞춤형 마케팅을 추진할 기회를 얻었다. 개별 소비자의 욕구와 가치를 정확하게 파악하고, 이에 적합한 전략을 통해 수익성을 극대화할 수 있게 된 것이다.

인터넷 마케팅은 외식업체의 마케팅 목적을 달성하기 위하여 온라인 네트워크, 컴퓨터와 쌍방향 미디어를 이용하여 신규고객을 창출하는 활동부터 시작해야 한다. 이어 인터넷공간에서의 다양한 활동과 기존고객과의 관계 유지, 관계 개선을 위해 모든 정보기술

그림 13-1 스타벅스와 도미노피자 앱

과 인터넷 공간에서의 활동을 이어가야 한다. 국내를 기준으로 살펴보면, 전자 카탈로그를 비롯하여 블로그, 카페, 카카오스토리, 페이스북, 인스타그램, 유튜브와 같은 SNS는 물론이고 홈페이지, 고객의 데이터베이스를 활용한 데이터베이스 마케팅, 데이터 간 연관관계를 분석하여 새로운 가치를 창출하기 위한 활동인 데이터마이닝이 이에 포함된다.

2) 인터넷 마케팅 환경의 특징

인터넷 마케팅은 단순히 오프라인에서 수행하던 활동을 온라인으로 공간만 바꾸어서 하는 마케팅활동이 아니다. 오프라인이라는 공간과 온라인이라는 공간의 특성에는 큰 차이가 있기 때문이다. 차이점을 좀 더 세부적으로 이해하기 위하여 최근의 인터넷 마케팅 환경 변화와 특징을 살펴보면 다음과 같다.

- 첫째, 사람들의 관심이 TV, 신문과 같은 대중 미디어나 외식업체의 홈페이지 등에서 블로그, 페이스북, 카카오스토리, 인스타그램, 유튜브와 같은 SNS로 옮겨가고 있다.
- 둘째, 외식업체들의 브랜드를 대중에게 알리려는 브랜드 커뮤니티가 오프라인에서 온라인 공간으로 이동 중이다. 온라인 공간이 일방적으로 보여주고 검색에 의존하던 형태에서 쌍방향 소통을 중심으로 하는 SNS로 이동하고 있다.
- 셋째, 온라인 공간에서의 마케팅활동은 오프라인 공간에서의 활동과 비교할 때, 중소외식업체나 소상공인도 낮은 비용으로 큰 기회를 만들 수 있다. 즉, 인터넷 마케팅을 이용하면 시간과 공간을 초월하여 많은 사람에게 쉽게 접근하고 그 내용을 확산시킬 수 있게 된다.
- 넷째, 이미지나 동영상 등을 이용하여 자신만의 차별화된 콘텐츠를 만들어 많은 사람의 관심과 인기를 얻을 수 있다. 이를 통해 짧은 시간에 엄청난 인지도 향상이 이루어지기도 한다.
- 다섯째, 인터넷 마케팅의 핵심적인 성공요인은 진정성과 지속성이다. 인터넷 마케팅은 정보를 생산하여 저장하는 형태의 블로그를 기반으로 하고 카카오시리즈, 페이스북, 유튜브, 인스타그램 등을 이용하여 정보를 유통시키는 형태로 하는 것이 효율적이다.

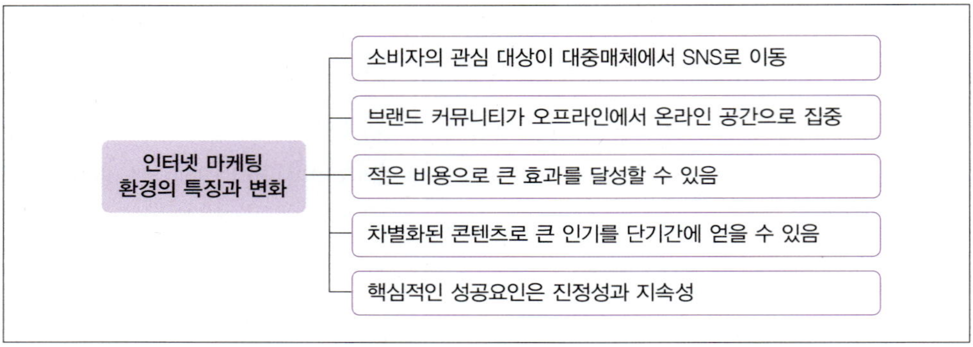

그림 13-2 인터넷 마케팅 환경의 특징과 변화

이처럼 급변하는 인터넷 환경에서 외식업체의 경영자와 마케터들이 관심을 가지고 활용해야 하는 인터넷 마케팅의 특징과 변화는 〈그림 13-2〉와 같다.

3) 인터넷 마케팅을 위한 시장 세분화와 목표고객

오프라인 마케팅과 같이 인터넷 마케팅에서도 시장을 세분화한 후에 목표고객을 설정하는 과정이 필요하다. 목표고객은 하나의 집단만을 선택할 수도 있지만 다양한 계층을 목표고객으로 선정해야 하는 경우도 있으므로 각 목표고객들이 주로 활동하는 인터넷 공간을 확인하는 작업과 해당 매체를 활용하는 현황을 확인해야 한다. 〈표 13-1〉은 인터넷 마케팅을 위하여 목표고객을 설정하고 고객별 활용매체와 주로 이용하는 인터넷매체에서 하는 활동을 파악하는 양식이다.

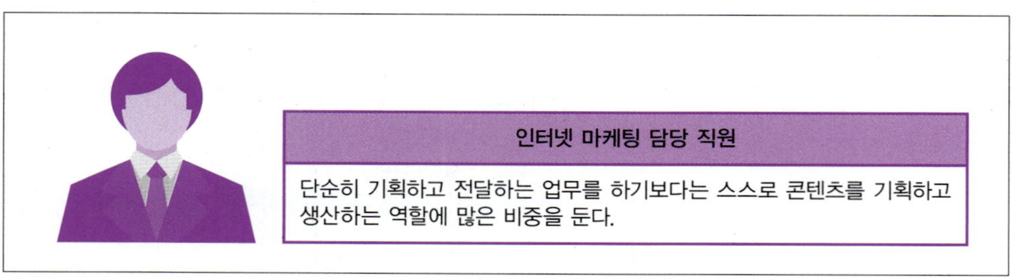

그림 13-3 인터넷 마케팅을 담당하는 마케터의 역할

표 13-1 인터넷 마케팅 목표고객별 활용 매체와 내용

목표고객	주요 활용 매체	주요 활동내용
평일 점심: 30~40대 주부	• 네이버 통합검색 • 네이버 블로그 • 네이버 카페 • 다음 카페	• 단순 맛집 검색 • 지역 맘 카페 검색과 의견 개진 • 차별화된 음식점에 대한 소극적인 포스팅
평일 저녁: 30대 직장인	• 네이버 통합검색 • 네이버 블로그 • 페이스북	• 단순 맛집 검색 • 차별화된 음식점에 대한 소극적인 포스팅 • 페이스북 체크인 등
주말 점심: 20대 연인	• 네이버 통합검색 • 네이버 블로그 • 페이스북 • 인스타그램 • 망고플레이트 등 앱	• 적극적인 맛집 검색 • 방문 음식점에 대한 적극적 포스팅 • 페이스북 체크인 등 • 인스타그램 검색 및 사진 올리기
주말 저녁: 30~50대 가족	• 네이버 통합검색 • 네이버 블로그 • 페이스북 • 인스타그램	• 적극적인 맛집 검색 • 차별화된 음식점에 대한 소극적 포스팅 • 페이스북 체크인 등 • 인스타그램 검색 및 사진 올리기

자료: 이상배(2013). 마키디어의 소셜 마케팅 정석. p.24 발췌 재구성.

인터넷 마케팅은 금전적 대가를 지불하고 매체를 사거나 파워블로거처럼 영향력 있는 사람의 콘텐츠를 구매하는 것이 아니라 외식업체 자체의 강력한 인터넷 공간 속의 매체와 영향력을 만들어가는 활동이다.

외식업체에서 인터넷 마케팅을 담당하는 마케터는 단순히 기획을 하고 내용을 전달하는 업무를 하기보다는 스스로 콘텐츠를 기획하고 생산하는 역할에 많은 비중을 두어야 한다. 즉 인터넷 마케팅에서는 외부의 자원을 활용하기보다는 내부의 자원을 활용할 수 있어야 한다. 이를 위해서는 최소 6개월에서 1년까지의 초기 투자기간이 필요하다. 적어도 1년 정도는 외식업체의 브랜드 이미지를 강력하게 구축하기 위한 준비기간이라고 보아야 한다.

4) 인터넷 마케팅 목표 설정

외식업체들의 마케팅목표는 오프라인 매체를 통해서 달성할 수 있는 부분과 온라인을 통해서 달성할 수 있는 부분으로 구분하여 설정할 필요가 있다.

외식업체의 마케터는 〈표 13-2〉과 같이 외식업체 차원의 마케팅목표를 중심으로 인터넷 마케팅 목표를 설정하고 이를 바탕으로 각각의 인터넷 매체별 목표고객을 감안한 세부목표를 설정해야 한다.

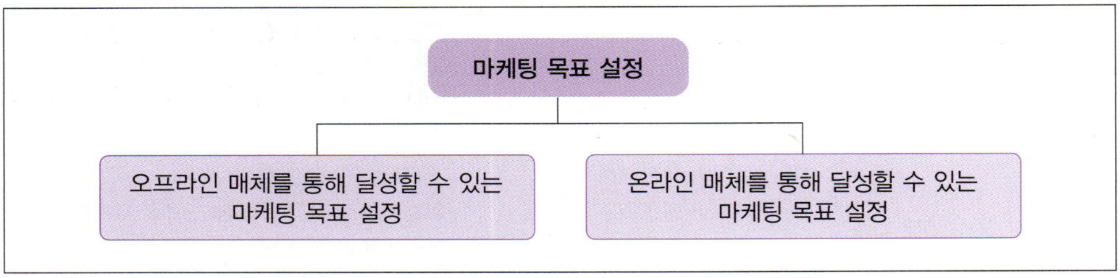

그림 13-4 마케팅 목표 설정

표 13-2 인터넷 마케팅 목표 설정방법

구분		목표고객과 내용
전사적 마케팅 목표	통합	• 자신의 음식점을 이용하는 고객의 평일과 주말의 점심, 저녁 고객 특성을 파악하고 목표고객을 설정한 후, 고객의 이용목적에 따른 선택속성을 감안하여 음식점의 차별화된 정체성, 가치 등을 명확히 확립 • 경영자는 물론이고 직원들이 음식점의 차별화된 가치를 어떻게 전달할 것인지를 계획하고 실천·평가하며 완성도를 높여나감
	오프라인	• 자신들이 설정한 차별화 요소가 고객들에게 어떻게 전달되고 있는지 고객경험관리 차원에서 모니터링하며 완성도를 높임 • 접점별로 5점 만점을 기준으로 목표점수를 설정하여 관리
	인터넷	매일·매주 SNS에서 이루어지는 바이럴과 포스팅을 모니터링하며 음식점에서 전달하고자 했던 요소들이 잘 전달되고 있는지, 수정하거나 보완할 점은 없는지 파악하고 SNS 채널에 맞는 전략과 전술을 계획·실천·평가
채널별 목표	블로그	기존고객(이웃) 및 잠재고객(맛집 검색 이용자)이 음식점의 정체성, 가치, 차별성을 인식하여 시험구매와 반복구매를 할 수 있도록 만드는 진정성 있는 소통하기 • 1일 모바일 검색 수: 300건 • 1일 고객들의 블로그 글 수: 2건 이상

(계속)

표 13-2 인터넷 마케팅 목표 설정방법(계속)

구분		목표고객과 내용
채널별 목표	페이스북	페이스북 친구들과 가망고객에게 음식점(개인 브랜딩)의 정체성, 가치, 차별성을 알릴 수 있도록 지속적으로 콘텐츠 업로드 • 1일 음식점에서 일어난 에피소드 글, 이미지 올리기 • 1일 블로그 글 링크하여 올리기 • 1일 인스타그램 이미지 2건 이상 링크하여 올리기 • 1일 페이스북 이웃 5명 이상 추가하기 • 1일 페이스북 지역 그룹에서 1건 이상의 지역정보 공유하기 • 음식점의 페이스북 페이지 개설 후 블로그, 인스타 글 링크하여 올리기 • 가까운 장소 찾기에서 점포와 브랜드가 상위에 노출되는지 확인하기
	카카오톡	• 매우 폐쇄적인 매체이기 때문에 충성고객을 만드는 목적으로 운영하며, 충성고객의 고객관계관리 기준을 수립 • 리스트업(list up)한 후, 별도의 이벤트 등을 통해 친구 수 늘려가기
	카카오스토리	친구 맺기 이벤트 등을 통한 친구 매월 100명(1일 3명) 이상 만들기
	인스타그램	• 점포와 브랜드가 적정한 검색 키워드에서 상위에 노출되는지 확인 • 음식점 관련 일상과 음식 사진 콘텐츠를 일 2회 이상 업로드 • 주요 공략 해시태그 선정 · 활용하기
	다이닝코드	• 다이닝코드에 자신의 음식점 등록 및 정확한 정보 여부를 음식점 가치 및 차별화성을 '다이닝 코드 평가 이벤트' 등을 통해 알리기 • 맛집 코드를 활용하여 주요 키워드를 확인하고, 다른 콘텐츠 등에 적용해보기 • 점포가 적정한 검색 키워드에서 상위에 노출되는지 확인하기
	핀터레스트	• 음식점 또는 경영자 계정에 음식점 브랜드 보드 만들기 • 이미지로 음식점을 찾는 이용자 또는 음식점과 관련된 이미지 정보를 찾는 이용자에게 음식점의 가치와 차별성을 제시하여 방문의도가 발생하도록 만들기 • 음식점을 소개하는 블로그 글 중에서 사진 품질이 좋은 글 링크하기

외식업체의 마케팅활동이 대중매체 중심의 오프라인에서 개인별, 커뮤니티 중심의 온라인으로 변화하고 있다. 다만 인터넷 커뮤니티 매체가 하루가 다르게 변화하고 새로운 프로그램들이 지속적으로 출시되어 외식업체들의 마케팅활동에 어려움이 커지고 있다.

특히 낮은 비용이 가장 큰 장점으로 언급되는 인터넷매체를 활용하는 마케팅이 오히려 더 높은 비용을 유발하는 경우도 많이 발생하고 있다. 예를 들면 블로그 상위 노출 경쟁이 뜨거워지자 포털의 제재가 증가하면서 파워블로거나 대행업체에 지불하는 비용이 높아지고 있는 것이다. 또 비용은 늘면서 오히려 효과는 떨어지는 비효율이 연출되기도 한다. 인터넷 마케팅은 누구나 할 수 있고, 비용도 적게 든다는 환상이 하나씩 사리지고 있는 것이다.

따라서 외식업체는 인터넷 마케팅을 잘 이해하고 지속적으로 변화하는 매체환경을 잘 활용하는 능력을 지속적으로 개발해야 한다. 그렇게 하기 위해서는 전사적 마케팅 목표를 오프라인 목표와 온라인 목표로 구분하고 세부적으로 블로그, 페이스북, 카카오스토리, 인스타그램 같은 매체별 특징에 따른 세부목표를 설정해야 한다.

2 인터넷 마케팅의 발전과정과 중요성

1) 인터넷 마케팅의 발전과정

전통적인 마케팅 커뮤니케이션 모형은 외식업체가 다수의 소비자에게 대중매체를 통해 일방적으로 특정 내용을 전달하는 것이었다. 외식업체가 불특정 다수의 잠재고객에게 마케팅활동을 펼치는 전통적 마케팅은 일대다 마케팅이다. 그런데 인터넷 마케팅은 다대다 마케팅을 넘어 데이터베이스에 구축된 개인정보를 바탕으로 한 일대일 마케팅으로 발전하고 있다.

전통적인 일대다 매스마케팅은 다양한 소비자의 욕구를 만족시킬 수 없기 때문에 이에 대한 대안으로 등장한 일대일, 즉 마이크로 마케팅(micro marketing)은 다양한 고객의 본원적 욕구인 니즈와 지역 및 고객의 성격에 따른 차별화된 마케팅을 요구하고 있다. 이와 같은 마케팅의 발전과정은 대중 마케팅(mass marketing), 표적 마케팅(target marketing), 일대일 마케팅(one to one marketing)으로 정리할 수 있다.

2) 인터넷 마케팅의 중요성

인터넷 마케팅이 주목받게 된 동기는 크게 경제적 동기와 기술적 동기로 나눌 수 있다. 경제적 동기는 인터넷이 시간과 공간을 초월하여 고객과 의사소통을 가능하게 해줌과 동시에 소요되는 비용이 매우 저렴하기 때문이다. 인터넷을 활용한 마케팅은 신문, TV, 잡지와 같은 일반적인 매체보다 비용이 매우 저렴하다.

기술적 동기는 인터넷 관련 기술이 발전하면서 기존에는 불가능했던 전략적 마케팅이 가능해졌기 때문이다. 이전에는 TV, 신문, 영화, 게임 등 각기 다른 미디어를 통해 개별적으로 전달되던 정보가 이제는 인터넷이라는 매체를 통해 통합적·포괄적으로 제공된다. 즉 인터넷을 통해 통합적으로 제공되는 기술의 가능성이 커지면서, 인터넷 마케팅을 활용해야 하는 동기를 제공하고 있다. 실제로 인터넷 마케팅은 인터넷기술의 발달 및 사용인구의 증가와 함께 발전하였고, 다음과 같은 다양한 환경적 변화에 의해 그 중요성이 더욱 커지고 있다.

- 첫째, 인터넷 이용자의 급격한 증가에 따른 변화이다. 인터넷기술과 인프라 확충은 인터넷 인구의 급격한 증가를 불러왔고, 이용자의 소비행동 역시 많은 변화를 겪고 있다.
- 둘째, 매체환경이 변화하고 있다. TV, 신문, 잡지와 같은 기존의 매체가 포화상태에 이르렀으며 매체의 개념 역시 일방향 의사소통에서 쌍방향 의사소통으로 변화하고 있다. 매체환경의 변화는 소비자의 변화에 부응할 수 있는 다양한 매체 출현과 정보기술 발달에 의해 가능해지고 있다.
- 셋째, 정보 이용에 대한 소비자의 태도 변화이다. 기존 소비자들은 외식업체의 일방적인 메시지를 그대로 받아들이는 수동적 정보 수용자에 불과하였으나, 인터넷과 같은 뉴미디어가 등장하면서 그들이 원하는 정보를 직접 검색하고 선택하여 상호작용하는 쌍방향성의 능동적인 입장을 가진 정보 탐색자로 변하였다.
- 넷째, 소비자의 구매행동이 변하고 있다. 소비자들은 단순히 유행을 선호하고 따르기보다는 개성을 강조한 다양하고 개별적인 제품과 서비스를 원하고 있다. 경제 발전에 따라 육체적·정신적 풍요로움이 함께하는 질적인 삶을 추구하는 경향이 강해져서 편리하고

다양하며 시간을 절약할 수 있는 구매행동을 하고 있는 것이다.

• 다섯째, 국내와 국외를 막론하고 모든 외식업체의 인터넷에 대한 관심이 증가하고 있다. 1인당 1대를 넘어선 컴퓨터, 테블릿, 스마트폰 보급과 인터넷망의 확충으로 인터넷 인구가 폭증하면서 인터넷 마케팅의 중요성은 더욱 커지고 있다. 외식업체들은 저렴하고 편리한 인터넷 마케팅에 관심을 쏟고 있다.

3 인터넷 마케팅의 분류

여기서는 앞서 살펴본 인터넷의 특징과 함께 인터넷 마케팅을 좀 더 체계적으로 이해하기 위해 기존의 마케팅도구와 차별화되는 인터넷 마케팅의 분류를 살펴보도록 한다.

1) 쌍방향 마케팅

과거 대중 마케팅에서는 대중매체를 통한 의사소통에 기반을 둔 거래를 강조하였다. 하지만 최근 중요성이 대두되고 있는 쌍방향 마케팅은 개별고객의 본원적 욕구에 맞는 제품 제안과 메시지를 강조하고 있다. 결과적으로 쌍방향 마케팅은 소비자들의 욕구가 세분화되고, 개별 소비자의 욕구를 만족시키려는 노력 없이는 외식업체의 지속적인 생존이 불가능하다는 의식에서 비롯되었다.

쌍방향 마케팅은 일반적으로 TV 홈쇼핑, 인터넷 커뮤니케이션 매체와 같은 쌍방향매체를 이용한 마케팅을 말한다. 소비자가 소비에만 참여하는 단계를 넘어 제품의 생산과 유통까지 참여하는 생산적 소비자, 즉 '프로슈머'의 등장에 맞추어 쌍방향 마케팅의 중요성은 더욱 커지고 있다. 예를 들어 외식업체들이 회사의 브랜드를 내건 홈페이지나 인터넷 카페를 개설하여 자사와 직접적인 관련이 있는 직원 및 가맹점주는 물론이고 일반 소비자를 대상으로 외식업체를 홍보하고 메뉴 개발 및 마케팅활동에까지 참여하도록 유도하

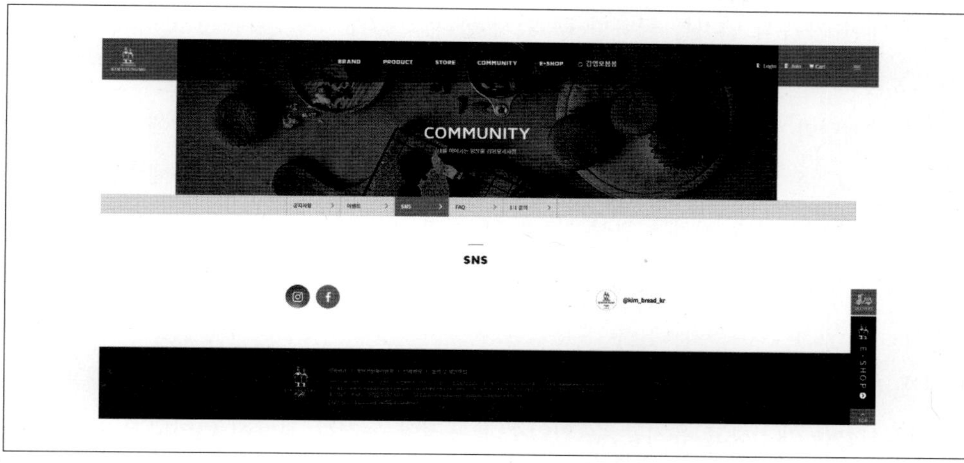

그림 13-5 김영모 과자점 홈페이지 쌍방향마케팅 사례

는 것이 대표적인 외식산업에서의 쌍방향 마케팅이다(그림 13-5).

2) 관계 마케팅

관계 마케팅이란 고객 등 이해관계자와 강한 유대관계를 형성, 이를 유지하며 발전시키는 마케팅활동으로 고객만족 극대화를 위한 경영이념으로 최근 관심을 끌고 있다. 이 마케팅은 기존의 판매 위주의 거래 지향적 개념에서 탈피하고, 장기적으로 고객과 경제·사회·기술적 유대관계를 강화함으로써 '나에 대한 고객의 의존도를 제고시키는 것'이다. 개별적 거래의 이익 극대화보다는 고객과의 호혜관계를 극대화하여 그들과 우호관계를 구축하면 이익은 저절로 수반된다는 생각에서 나온 개념이다.

기존의 마케팅은 주로 신규고객의 확보에 초점 맞춘 경우가 많았다. 그러나 신규고객을 창출하는 데는 많은 비용이 수반되는 것이 일반적이다. 즉, 서비스나 제품의 기술적 차이가 점점 줄어들면서 고객을 애호고객으로 만드는 데 많은 촉진비용, 유통비용, 서비스개발비용, 가격정책비용 등이 소요되게 된 것이다. 따라서 어느 정도의 시장점유율을 확보한 외식업체라면 신규고객 창출보다는 관계 마케팅을 통한 기존고객 유지가 중요한 마케팅전략이 된다. 이러한 관계 마케팅은 고객과의 계속적인 관계를 개발·유지하여 자사 서비스에 대한 가족적 인지를 공유할 수 있게 한다. 이렇게 하는 이유는 고객과 외식업체 간의 상호 호혜적 이익을 증대시켜나가기 위함이다.

관계 마케팅의 핵심은 바로 고객관계이다. 특히 서비스에선 고객 개개인에 대한 관심이 핵심이다. 고객을 군중의 일부가 아니라 특별한 개체로 보아 그들의 욕구에 맞게 서비스를 제공하여 만족감과 신뢰를 형성하고자 하는 것이다. 이와 같은 관계 마케팅의 특징을 살펴보면 다음과 같다.

- 첫째, 제품의 질보다는 고객과의 관계 질을 중시한다. 과거 고도성장시대에는 제품의 질만으로 시장을 개척하고 유지할 수 있었으나 품질의 동질화 경향이 나타나고 성장이 둔화되면서부터 고객과의 관계, 고객밀착도 등이 시장 유지 및 확대의 핵심이 되었다. 즉 제품관리나 판매 및 거래관리를 중심에서 고객서비스관리로 마케팅관리의 중심이 이동하고 있다.
- 둘째, 시장점유율이 아니라 고객점유율을 핵심으로 한다는 점이다. 시장점유율은 전체 시장에서 해당 제품의 매출액이 얼마인가를 나타내는 규모 중심의 척도인데, 고객점유율은 한 고객의 구입액 중 우리 회사의 각종 제품 구입 총액이 얼마인가를 나타내는 범위 중심의 척도이다. 이 개념에서는 시장 속 점유율이 아니라 고객 속의 점유율인 집중도가 중시된다. 즉, 고객과의 밀착관리를 통해 우리 회사 제품의 구입빈도, 구입액 비중을 높여가는 개별 마케팅전략이다.
- 셋째, 광고나 판촉 중심의 일방적인 커뮤니케이션이 아니라 인적판매 중심의 쌍방 커뮤니케이션 전략이다. 이 전략은 제품 중심의 일방적인 정보 제공이 아니라 고객의 인격을 존중하고 그들을 참가시켜 대화·호소하며, 그들을 진심으로 보호하고자 한다. 이 같은 고객관계 만족은 집중도의 심화를 낳고, 집중도의 심화는 새로운 고객의 창조를 낳는다.
- 넷째, 본사 중심의 대규모 전략이 아닌 지역 상권 중심의 유닛 전략이다. 앞으로는 본사 중심이나 전국 중심의 광범위한 전략보다는 지역 중심의 소규모 밀착전략이 더욱 위력을 발휘하게 될 것이다. 원거리가 아니라 근거리관계의 초점이 보다 명확하기 때문이다.

이러한 특징을 가지는 관계 마케팅을 위한 관계의 단계는 다음과 같이 나눌 수 있다.

- **기초(basic) 단계** 외식업체와 고객은 단순히 제품을 사고파는 행위만 한다.
- **대응(reactive) 단계** 외식업체가 제품을 판매한 후, 문제나 문의사항이 생겼을 때 고객이 외식업체에 연락을 취하도록 독려한다.
- **책임(accountable) 단계** 외식업체가 제품을 판매한 후, 고객의 제품 만족 여부를 체크한다. 즉, 피드백을 한다.
- **주도(proactive) 단계** 외식업체가 고객에게 수시로 연락하여 제안을 받는다.
- **파트너십(partnership) 단계** 외식업체가 지속적으로 고객과 함께 활동한다.

관계 마케팅은 인터넷의 발전과 더불어 최근에는 인터넷환경에 고객관계관리를 접목한 eCRM 형태로 진화하고 있다. 이에 대한 구체적인 내용은 인터넷 마케팅의 도구 부분에서 다루기로 한다.

3) 데이터베이스 마케팅

데이터베이스 마케팅(database marketing)이란 고객정보, 경쟁사정보, 산업정보 등 시장의 각종 1차적 데이터를 직접 수집·분석하여 그것을 바탕으로 마케팅전략을 수립하는 방법이다. 즉 어떤 고객이 무엇을 얼마나 자주 구매하는지, 어떤 고객이 어느 매장에서 어떤 유형의 제품을 구매하는지, 또 어느 고객층이 언제 재(再)구매나 대체구매를 할 것인지 등의 데이터를 가지고 그들의 성향을 분석하고, 향후 필요한 효율적인 마케팅전략을 수립하는 것이다. 이처럼 고객에 관한 데이터베이스를 구축·이용하면서 그들에게 필요한 제품을 판매하는 전략을 원투원(one to one) 마케팅이라고 한다.

이 같은 최신 마케팅기법은 컴퓨터시스템과 인터넷기술 발달에 큰 영향을 받게 되었다. 컴퓨터가 고객의 복잡한 데이터를 보다 저렴하고 신속하게 일괄 처리할 수 있게 되자, 고객의 구매 형태에 대한 데이터베이스가 신속하게 갖추어졌고, 이러한 데이터가 인터넷환경에서 시공간을 초월하여 활용됨으로써 보다 효과적인 마케팅전략 수립이 가능해진 것이다.

외식업체의 데이터베이스 마케팅을 위해서는 고객 데이터베이스의 구축이 필수이다. 데이터베이스는 일종의 데이터 창고로, 여기서 중요한 데이터를 꺼내기 쉽도록 잘 정리해둔 것이다. 이를 위해 정보의 입력과 출력 시 체계화가 중요한데, 이러한 데이터관리방법을 데이터베이스 관리시스템이라고 부른다. 필요한 정보를 짧은 시간에 꺼낼 수 있도록 데이터를 관리해주는 소프트웨어 시스템인 DBMS는 파일 속 서류와도 같다. 정리되지 않고 흐트러져 있는 서류는 그것을 찾아야 하는 효율성 측면뿐만 아니라 정보의 가치 면에서도 엄청난 손해를 만들어낸다. DBMS에 의해 지원되는 고객 데이터베이스는 고객마스터파일, 판매파일, 고객판정파일, 제품파일, 판촉파일 등으로 구성되어 있다.

이 파일들에는 고객의 특성, 그들의 과거 구입실적, 제품별 매출 실적 및 판촉활동의 성과 등 다양한 정보들이 축적되며, 이러한 정보들은 마케팅전략 수립을 위한 각종 분석의 기초자료로 제공된다. 또 분석을 통해 도출된 결과는 체계적으로 정리되어 시장세분화 또는 제품 차별화전략에 활용된다.

4) 표적 마케팅

표적 마케팅이란 소비자의 인구통계적 특성과 라이프스타일에 관한 정보를 활용하여 소비자의 욕구를 최대로 충족시키는 마케팅전략이다. 이를 위해 소비자를 가장 작은 단위로 나눈 후, 계층별로 소비자 특성에 관한 데이터를 수집해 마케팅계획을 세운다. 즉 표적 집단을 선정한 후 매우 정교한 마케팅활동을 펼치는 것이다.

표적 마케팅은 대부분의 소비자와 연결된 인터넷망을 이용한다. 이를 이용하면 일부 계층에 광고하기 위해 우편으로 광고 전단을 발송할 필요가 없고, 소비자에 대한 정확한 데이터를 수집·분석하여 선택적 마케팅을 할 수 있다. 인터넷 마케팅에서 시장이란 소비자 개개인의 다양한 요구와 밀접한 관계가 있으므로 시장의 상호작용성, 연계성을 갖는 기준으로 세분화할 수 있다. 정보를 기반으로 하는 인터넷 마케팅에서 시장을 세분화하는 목적은 더 많은 마케팅활동이 아니라 더 나은 마케팅활동이므로, 외식업체의 경쟁가능성과 특징을 고려하여 표적시장을 선택하는 것이 중요하다. 인터넷을 활용함으로써 외식업체는 세분시장의 기본 욕구에 맞도록 마케팅 프로그래밍을 조절하는 표적 마케팅을 하기가 수월해졌다.

4 인터넷으로 인한 기회와 위협

인터넷의 특징과 다양한 유형의 인터넷 마케팅은 외식업체의 마케터에게 활동영역에 대한 새로운 기회와 함께 위험을 가중시키기도 한다. 여기서는 이와 같은 기회와 위협요인을 자세히 살펴보기로 한다.

- 첫째, 인터넷은 외식업체에게 새로운 마켓플레이스(market place)를 제공한다. 외식업체들은 이제 소매상이나 도매상과 같은 일반적인 유통경로를 생략하고 인터넷을 통해 직접 판매와 서비스를 수행할 수 있다. 고객들은 외식업체의 앱, 블로그, 홈페이지를 이용하여 제품에 대한 정보를 탐색하고, 구매 및 구매 후 평가에 이르기까지 구매와 관련된 일련의 과정을 쉽게 처리할 수 있다. 온라인을 통한 제품이나 서비스의 구매는 소비자가 직접 제품을 확인할 수 없다는 단점이 있지만 시간과 비용을 절약할 수 있다는 장점이 있다. 외식업체 중에서도 신선설농탕은 이 같은 기회를 적절하게 활용한 대표적인 외식업체이다. 신선설농탕 점포에서 메뉴에 만족을 느낀 고객들이 구전한 효과에 의해 홈페이지에 접속하고, 이를 통한 설농탕과 김치 등이 판매가 증가하고 있는 것이다. 패밀리레스토랑들은 온라인 쇼핑몰업체와의 제휴를 통해 e-쿠폰 등을 판매함으로써 가격에 민감한 고객들을 유치하고 있다.
- 둘째, 인터넷은 고객을 대상으로 한 일대일 마케팅을 시행할 수 있는 최상의 공간으로 인식된다. 일대일 마케팅은 고객의 개별적인 신상정보를 취득함과 동시에 그들의 지속적인 구매활동을 구체적으로 파악해야 하므로 이를 실제로 실시하는 데 많은 비용이 수반된다. 하지만 인터넷과 정보기술을 활용하는 경우, 오프라인에서의 시행보다 비용의 절감될 뿐만 아니라 정보 수집 자체도 매우 수월하게 이루어질 수 있다. 외식업체는 웹사이트, 앱 등의 로그파일 분석을 통해 고객의 선호도와 구매패턴을 파악할 수 있고, 고객이 원하는 사항이나 불만사항에 개별적으로 반응하고 처리하는 시스템을 개발할 수 있다. 특히 이메일, 블로그, 모바일 홈페이지, 카페 등을 활용하여 고객에 대한 개별적인 응대비용을 혁신적으로 절감할 수 있다.

• 셋째, 인터넷은 개인은 물론이고 외식업체에게도 새롭고 다양한 의사소통 채널로 활용되고 있다. 외식업체는 인터넷을 고객과의 소통공간으로 활용할 수 있다. 인터넷 인구가 급격하게 증가하면서 의사소통 채널로서의 가치 역시 상승세를 보이고 있다. 외식업체는 홈페이지, 카페, 모바일 홈페이지, 블로그 등을 구축하여 자사의 제품이나 서비스에 대한 세부적인 정보를 고객에게 제공할 수 있다. 저렴한 비용으로 광고는 물론이고 이메일이나 채팅 등을 통해 고객과의 개별적인 의사소통도 가능해졌다. 다만 이와 같은 다양한 온라인 의사소통 채널은 외식업체에 반감을 가진 고객들이, 대중에게 외식업체의 문제점을 확산시키는 데도 활용됨으로써 위협요인으로 작용하기도 한다.

의사소통 채널을 넘어 네트워크 공간으로서의 인터넷 진화는 아직도 진행되고 있다. 원래 네트워크의 가치는 참여자가 많아지면 많아질수록 더 커지게 된다. 따라서 외식업체는 인터넷을 통하여 관련 구성원들과 다양한 관계를 맺음으로써 인터넷의 활용가치를 높일 수 있다.

지금까지 살펴본 인터넷에 의한 기회와 위협요인은 항상 양면성을 가지고 있다. 즉 인터넷은 그 특징을 이해하고 잘 활용하면 외식업체의 성장에 커다란 기회가 될 수 있는 반면, 자칫하면 위해요소로 인해 어려움에 봉착할 수도 있다.

5 인터넷 마케팅을 위한 매체의 이해

1) 소셜미디어의 개념

최근 뉴미디어로 급부상하고 있는 소셜미디어는 SNS(Social Network Service)를 포함하는 포괄적인 신개념의 미디어를 의미한다. 이는 개인의 사적 소통은 물론이고 비즈니스 커뮤니케이션에도 많은 변화를 일으키고 있다. 결과적으로 TV, 라디오, 신문, 전단지와 같은 전통적인 매체를 이용하는 광고와 홍보를 포함한 마케팅방식은 점진적으로 블로그, 카페, 페이스북, 인스타그램, 카카오스토리, 유튜브와 같은 소셜미디어 매체를 이용하는 방식으로 진화하고 있다(그림 13-6).

그림 13-6 다양한 SNS 매체 사례

2) 소셜미디어의 중요성과 특성

식업체의 마케팅 매체로서 비중이 늘고 있는 소셜미디어의 중요성과 특성을 살펴보면 다음과 같다.

(1) 다양한 종류와 지속적인 신규 서비스 출시

소셜미디어 매체의 종류는 무궁무진하며, 신규 서비스가 지속적으로 출시되고 있다. 지금 이 순간에 우리가 알고 있는 소셜미디어 매체의 종류는 매우 한정적일지 모른다. 소셜미디어 중에서 국내에서 가장 많이 활용하고 있는 매체는 바로 블로그이다. 하지만 페이스북이나 인스타그램 같은 외국계 소셜미디어서비스 사용자가 급증하면서, 시장의 판도

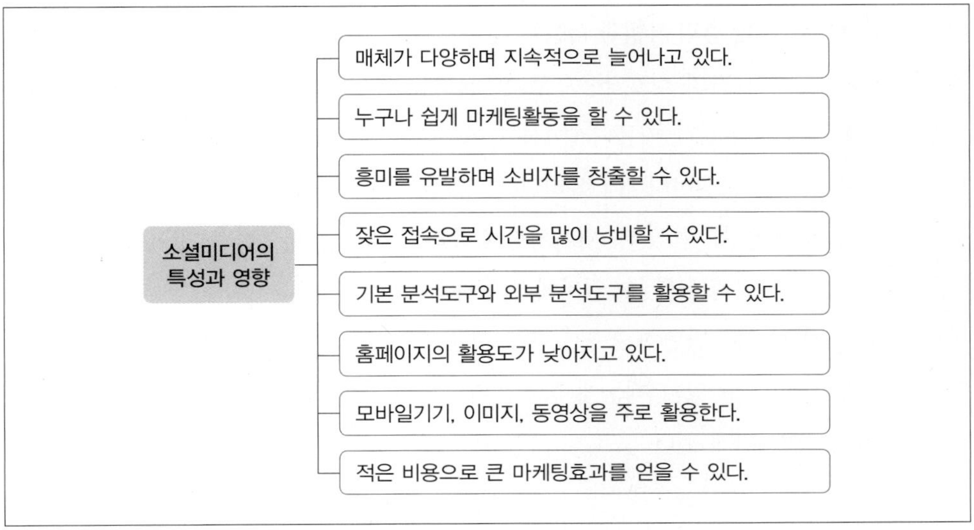

그림 13-7 소셜미디어의 특성과 영향력

가 변할 수 있다는 의견이 분분하다. SNS의 다양화는 서비스를 제공하는 외식업체의 상황이 어떻게 변하든 이용자 입장에서는 반가운 일이다. 단, 너무 많은 소셜미디어가 나타나면서 어떤 매체를 어떻게 이용해야 할지에 대한 외식업체의 고민이 커지고 있다. 1~2가지에 집중해야 할지, 아니면 모든 서비스를 두루 활용해야 할지에 대한 의사결정이 어려워진 것이다.

(2) 비용이 들지 않는 서비스

소셜미디어의 최대 장점은 무료라는 것이다. 프랜차이즈 본부와 가맹점들이 홍보를 비롯한 다양한 마케팅활동에 사용할 수 있는 모든 소셜미디어는, 사용하는 데 돈이 들지 않는다. TV, 라디오, 신문, 전단지와 같은 기존 매체에서는 소비자에 대한 영향력이 클수록 많은 비용을 지불해야 하는 데 비해, 소셜미디어 매체는 영향력의 정도와 관계없이 대부분이 무료로 제공된다. 다만 소비자에게 노출되는 수준에 따라 유료 서비스를 이용하도록 유도하는 정책은 존재하므로 노력보다 더 많은 효익을 얻기 위해 유료 서비스를 이용할 수 있다. 그러나 이러한 유료 서비스를 이용하지 않고 충분히 원하는 효과를 낼 수 있다는 측면에서 대개 무료라고 이야기한다.

(3) 상호작용으로 인한 흥미 유발과 사용자 창출

소셜미디어는 당사자 간의 상호작용으로 흥미를 유발하여 소비자를 창출해낸다. 소셜미디어의 최대 장점은 실시간 커뮤니케이션이 이루어진다는 점이다. 외식업체가 글이나 이미지 또는 동영상을 소셜미디어에 올리면, 그 순간 친구나 이웃으로 등록되어 있는 사람들이 즉시 그 내용을 볼 수 있다. 과거처럼 컴퓨터로 내용을 확인하는 것이 아니라, 모바일에서 바로 미디어에 접근할 수 있기에 가능해진 일이다. 또한 사람들이 직접적으로 공들여 글을 쓰지 않고도 간단한 조작으로 의사표시를 할 수 있고, 이모티콘 등을 통해 다양한 감정을 표시할 수 있기 때문에 상호간에 흥미를 유발하고 재미를 배가시키는 작용이 지속적으로 일어나게 된다.

(4) 잦은 접속으로 인한 시간 낭비

소셜미디어는 많은 장점을 가졌음에도 불구하고, 자칫 이용자의 시간을 낭비하게 만들 수 있다. 즉, 소셜미디어로 얻게 되는 마케팅효과보다 그것을 관리하는 데 투자하는 시간적 비용이 더 클 수 있다. 스마트폰이 대중화되면서 그간 컴퓨터에서 이용하던 소셜미디어를 모바일 환경에서 사용하게 되었다.

이제 사람들은 여유만 나면 소셜미디어에 접속하여 그 속에서 다양한 커뮤니케이션 활동을 펼친다. 과거 지하철에서 사람들이 주로 신문을 보았다면 요즘에는 대부분 스마트폰을 살펴본다. 따라서 외식업체는 소셜미디어를 통합적으로 활용할 방법을 강구해야 한다. 예를 들어 네이버 블로그에 글을 올리면서 트위터와 페이스북에 동시에 글이 올라가도록 연동시킬 수도 있고, 인스타그램에 이미지를 올리면서 페이스북에도 이미지가 올라가게끔 연동해둘 수도 있다. 여러 개의 소셜미디어를 동시에 사용할 수 있는 Hootsuite 같은 앱을 사용하는 것도 좋은 대안이다.

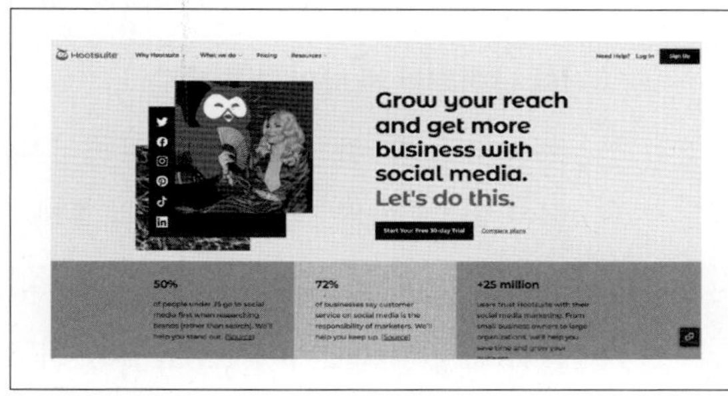

그림 13-8 SNS를 통합 관리할 수 있는 Hootsuite 홈페이지

(5) 기본 분석도구와 외부 분석도구의 사용

소셜미디어는 기본적인 분석도구를 포함하고 있으며, 이외에도 외부 분석 툴을 사용하여 마케팅효과를 측정할 수 있다. 예를 들어 페이스북의 '페이지 관리자' 앱을 활용하면 다양한 인사이트를 확인할 수 있다(그림 13-9).

이외에도 외부의 다양한 분석 툴을 이용할 수 있다. (주)아임굿에서 운영하는 블로그 차트 사이트에서는 네이버 블로그 주소를 넣으면 주간차트, 테마차트 등의 다양한 랭킹 서비스를 제공하고 있다(그림 13-10).

그림 13-9 인스타그램 분석 도구

그림 13-10 블로그 차트

그림 13-11 버즈피드 홈페이지

(6) 낮아지는 홈페이지 활용도

소셜미디어를 활용하다 보면 홈페이지의 활용도가 자꾸 떨어진다. 굳이 홈페이지를 만들어야 하는 시대는 끝났다. 물론 홈페이지가 완전히 필요없어졌다는 것은 아니다. 그만큼 동적인 소셜미디어로 인해 홈페이지의 효용성이 줄고 있다는 뜻이다. 외식업체의 홈페이지 방문자와 소셜미디어 방문자를 비교해도 이러한 결과는 쉽게 드러난다. 소비자의 입장에서 외식업체 홈페이지를 방문한 경험이 있는지 생각해보자. 소셜미디어에서 자주 만나는 브랜드라도 굳이 홈페이지를 방문한 경험은 거의 없을 것이다.

매달 수천만 명이 방문하는 버즈피드(그림 13-11)의 CEO 페레티는 "스마트폰 같은 모바일기기가 계속 확산되는 상황에서 자체 홈페이지는 큰 의미가 없다."라고 말한 바 있다. 그가 이렇게 말한 이유는 간단하다. 지속적으로 성장하는 소셜미디어를 이용해서 자신들이 생산한 콘텐츠를 배포하는 활동이 갈수록 중요해지고 있다는 뜻이다.

다만 홈페이지의 활용도가 떨어진다고 해서 홈페이지 자체를 만들지 않거나 관리를 소홀히 하라는 의미는 아니다. 홈페이지가 정보의 창고 역할을 하고 이 창고에 저장된 콘텐츠를 소셜미디어 매체를 활용하여 배포하고 유통시킨다면 콘텐츠 보고의 역할을 충분히 할 수 있다. 예를 들어, 도미노피자 홈페이지는 단순히 광고나 홍보를 위한 목적보다는 소셜미디어와의 연계성을 고려하여 제작된 대표적인 사례이다. 여기에는 한눈에 들어오는 콘텐츠로의 접근성을 위해 단순하게 구성했다는 점, 그리고 콘텐츠 창고로서의 역할에 충실해야 한다는 점이 잘 반영되어 있다(그림 13-12).

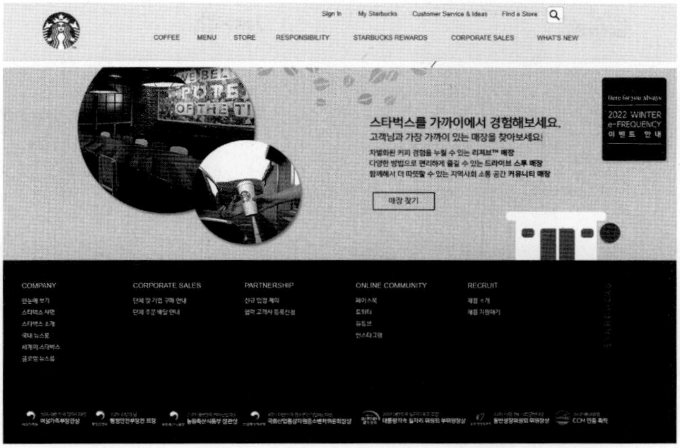

그림 13-12 소셜미디어 시대를 고려한 홈페이지 구성 사례

(7) 모바일기기, 이미지, 동영상 활용

소셜미디어는 컴퓨터보다는 스마트폰에서 확인하며, 글보다는 이미지와 동영상을 활용하게 된다. 최근 국내에서 가장 각광받고 있는 소셜미디어 매체인 인스타그램, 핀터레스트, 폴라 등 소위 이미지 소셜미디어로 유명한 이들의 인기가 급상승하는 이유는 간단하다(그림 13-13). 사람들은 글보다 이미지나 동영상에 더 큰 매력을 느끼기 때문이다. 또 스마트폰의 카메라 성능이 좋아지면서 사람들이 언제 어디서든 사진을 찍고, 찍은 사진을 소셜미디어에 쉽게 올릴 수 있는 모바일 환경이 갖추어졌다는 점도 큰 의미가 있다.

외식업체 직원은 언제 어디서든 자신의 모바일기기를 이용하여 점포나 음식의 이미지와 동영상을 쉽게 소셜미디어에 올릴 수 있다. 이미지를 올릴 때는 간단한 해시태그만으로도 상당한 구전효과를 얻을 수 있다.

(8) 적은 비용과 큰 마케팅효과

소셜미디어는 낮은 비용으로 높은 마케팅효과를 얻을 수 있다. 스타벅스와 도미노피자는 새로운 메뉴가 출시되면 소셜미디어를 이용하여 이벤트를 실시한다. 소셜미디어를 이용한 이벤트는 생각보다 큰 효과를 발휘한다. 예를 들어 최근 도미노피자가 페이스북에서 실

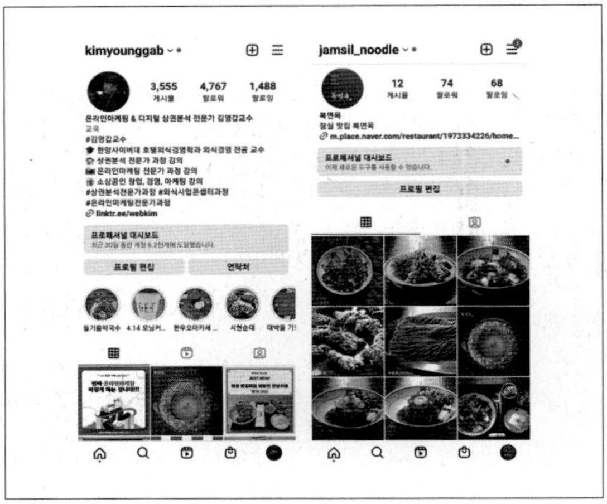

그림 13-13 인스타그램 활용 사례

그림 13-14 도미노피자의 페이스북 이벤트 사례

시한 '오늘 하루만' 이벤트는 3일만에 42만 명이 조회하고, 2만 4,000명 이상이 '좋아요'를 눌렀으며 1,071명이 공유하는 등 큰 효과를 거두었다(그림 13-14). 이외에도 많은 프랜차이즈 외식업체가 소셜미디어를 이용한 마케팅활동을 통해 투자 대비 높은 효익을 얻고 있다.

이마케터에 따르면, 미국 외식업체들은 대부분의 광고비를 소셜미디어에 집행하고 있다. 심지어 광고비의 2/3를 페이스북 하나에 집행하는 외식업체도 많다고 한다. 그들은 미국에서 "당분간 소셜미디어 마케팅의 대부분은 페이스북에서 이루어질 것"으로 진단한다. 소셜미디어가 무료로 누구나 쉽게 마케팅에 활용할 수 있는 매체로 부각되는 것은 사실이지만, 실제로 많은 사용자가 활용하는 매체로 부각되면서 외식업체들은 더 큰 효과를 내고자 광고비를 투자하는 데 주저하지 않고 있다.

국내에서도 이와 같은 현상이 현실화되었다. 많은 외식업체가 소셜미디어를 이용한 마케팅에 상당한 예산을 투입하고 관심을 기울이고 있는 것이 사실이다. 문제는 효과성과 효율성이다. 단순히 인터넷 마케팅 대행사에 홍보와 광고를 맞기기에 앞서, 소셜미디어의 특성과 가치를 잘 이해하고 활용능력을 키우는 노력이 선행되어야 한다.

6 인터넷 마케팅도구

인터넷에서 사용되는 마케팅도구들은 SNS를 중심으로 하여 블로그, 페이스북, 인스타그램, 카카오패밀리, 홈페이지, 카페, 트위터, 배너광고, eCRM 등 매우 다양하다. 특히 네이버의 다양한 채널 활용은 외식업체의 매출과 직결되는 핵심요소이다. 여기서는 이러한 도구를 어떻게 활용해야 외식업체의 마케팅목표를 달성할 수 있을지에 관해 자세히 알아보도록 한다.

인터넷을 이용하여 마케팅을 할 때는 가장 먼저 마케팅 목표를 설정해야 한다. 다만 목표는 채널별로 달라야 한다. 네이버, 페이스북, 카카오톡, 카카오스토리, 인스타그램, 유튜브 등의 SNS 서비스는 사용자도 다르고 프로그램의 성격도 달라서 획일적으로 접근하면 매우 비효율적일 가능성이 높다. 따라서 각각의 특징을 살펴보고 인터넷에서 마케팅을 위해 어떻게 활용하는 것이 좋을지 고민해야 한다.

1) 네이버 활용

(1) 네이버 스마트플레이스

네이버 스마트플레이스는 사업주가 네이버에 업체를 효과적으로 홍보할 수 있도록 도와주는 서비스이다. 외식업체를 운영하고 있다면 스마트플레이스가 어떤 서비스이고 왜 필요한지 알고 스마트플레이스를 자신의 사업에 어떻게 활용할지 알아야 한다. 또 등록된 자신의 스마트플레이스가 네이버에서 어떻게 서비스되는지 확인할 수 있어야 한다.

스마트플레이스는 사업장이나 사무실을 개설한 사업주라면 누구나 이용할 수 있지만, 누구나 같은 효과를 얻을 수 있는 것은 아니다. 스마트플레이스의 특성을 잘 알아야 자신만의 효율적인 네이버 활용방안을 도출해낼 수 있다.

이 서비스를 잘 활용하는 첫 번째 방법은 외식업체에 대한 스마트플레이스 등록을 최대한 구체적으로, 고객의 욕구에 부합하는 콘텐츠로 올리는 것이다. 스마트플레이스에 업체정보를 등록하면 네이버의 통합검색, 지도서비스, 플레이스, 내비게이션 등에 노출되는

데 이 모든 내용이 외식업체가 스마트플레이스에 등록한 정보로 제공되기 때문이다.

그림 13-15 네이버 스마트플레이스

표 13-3 네이버 스마트 플레이스 입력 정보 우수 사례

구분	내용
업체명 한글	인투 동성로점
업체명 영문	
업종	양식
사업자등록증	
업체사진 (점포와 메뉴 사진)	

(계속)

표 13-3 네이버 스마트 플레이스 입력 정보 우수 사례(계속)

점포 상세설명 (2000자)	인투는 이런 식당입니다. 1. 30년 넘은 음식점입니다. 1992년 영업한 이래 지금까지 운영해오고 있습니다. 양식당이 30년 넘은 집은 대구에서 손에 꼽힙니다. 오래된 것이 자랑이 아니라 시대가 바뀌고 환경이 바껴가는 세상속에서 노력하는 식당이기에 가능하지 않았을까요? 물론 행운도 있었겠죠. 그런 행운을 고객님들과 함께 나누고 싶습니다. 많이 찾아 주십시오. 2. 지중해식 음식점입니다. 이태리식, 프랑스식, 스페인식 음식점은 들어봤지만, 지중해식 음식점은 생소하실 겁니다. 저와 제 동생은 청년시절 여행을 많이 다녔습니다. 장사하는 동안에도 일년에 한번씩은 유럽여행을 다녀오기도 했습니다. 유럽에서 맛있게 먹었던 각 나라의 음식들이 지중해 연안을 낀 나라들이었습니다. 양식을 좋아하고 배우고 싶었습니다. 그래서 인투에서 직원으로 시작했고 가게까지 인수받았습니다. 사장이 되고 나서 지중해 연안을 둘러싼 유럽에서 맛있게 먹었던 그 경험을 공유하고 소개시켜주고 싶었습니다. 인투를 통해 고객님들과 소통하고 싶습니다. 3. 초심을 지키고자 노력하는 음식점입니다. 20대 젊은날 시작한 가게를 40대가 넘어서도 초심의 마음으로 장사하려고 노력합니다. 그날 만들 소스를 준비하기 위해 출근길에 오토바이를 타고 시장에 직접 가서 장을 봐서 준비를 합니다. 형제 둘이서만 운영하던 식당이 직원도 늘었지만, 여전히 같이 요리와 서빙을 합니다. 나이가 들어감에 아픈 곳도 많아지고 체력도 예전만 못하지만, 마음은 변함없이 초심을 지키려고 합니다. 늘 노력하는 인투가 되도록 노력하겠습니다. 4. 9년동안 블루리본 음식점입니다. 블루리본이라는 한국 최초의 국내 맛집 가이드에서 9년 동안 스티커를 받았습니다. 지방에 블루리본 서베이가 시작한게 2014년부터입니다. 그때부터 블루리본 스티커를 받아왔습니다. 맛이라는 것이 객관적이고 일반화 시킬 수 없지만 많은 고객님들이 찾아와주시고, 또 맛있다고 말씀도 많이 해주십니다. 100명이 와서 100명 모두가 맛있는 식당은 불가능하지만 100명 중 한 분이라도 더 만족하고 돌아갈 수 있게 노력하고 있습니다. 맛있게 만들어서 더 열심히 채찍질하라는 표창장(?)같아서 더욱더 노력하고자 합니다. 자랑이 자만이 되지 않도록 열심히 하는 식당이 되도록 하겠습니다. 5. 특별한 음식을 판매하는 평범한 식당입니다. 저와 제동생은 유럽여행 중 시골의 한 식당에서 먹었던 음식과 그때 경험을 아직도 기억하고 있습니다. 약 20년전 먹었던 음식이었기에 특별했지만, 그 나라에서는 몇백년 동안 먹어왔던 일상의 메뉴였을 겁니다. 저희 가게의 외관과 인테리어도 유럽에서 심심치 않게 볼 수 있는 평범한 집일텐데, 그런 집이 대구의 도심에 자리해 있기에 이국적으로 보일 것입니다. 영국 런던에서 홍대 포차가 영국인에겐 이국적이겠지만, 우리에겐 익숙한 것처럼 인투를 레스토랑이라고 말하지 않는 이유가 그것입니다. 늘 고객님 곁에 편안하고 친근한 식당으로 남고 싶습니다. 모자라고 부족한 점을 채우려고 인투를 운영하면서 하루하루 살다보니 어느덧 시간이 이렇게 흘렀습니다. 돌이켜 보니 좋은 날이 올꺼라 하루하루 버틴게 아니라 그 하루 하루 자체가 좋은 날이 었던거 같습니다. 인투를 찾아주시는 모든 고객님들 모두모두 좋은 하루 되세요!! today is good day!!

(계속)

표 13-3 네이버 스마트 플레이스 입력 정보 우수 사례(계속)

<table>
<tr><td>대표 키워드(5개)</td><td>자신의 상권에서 플레이스에 노출시키고 싶은 상권 키워드, 업종 키워드, 메뉴 키워드 중심으로 입력하기</td></tr>
<tr><td>전화번호</td><td>053-421-3965</td></tr>
<tr><td>주소</td><td>대구 중구 동성로4길 95</td></tr>
<tr><td>위치</td><td>반월당역 10번 출구에서 730m</td></tr>
<tr><td>찾아오는 길 설명(400자)</td><td>동성로 스파크(관람차)에서 국채보상공원 방향으로 내려오시다 보면 작은 사거리가 있습니다. 작은 사거리에서 교동(대구역) 방향으로 내려오시면 이국적인 잔디 마당의 집이 있습니다. 그 집이 지중해음식점 인투입니다!!</td></tr>
<tr><td>1인당 평균 가격</td><td></td></tr>
<tr><td>메뉴판 사진</td><td>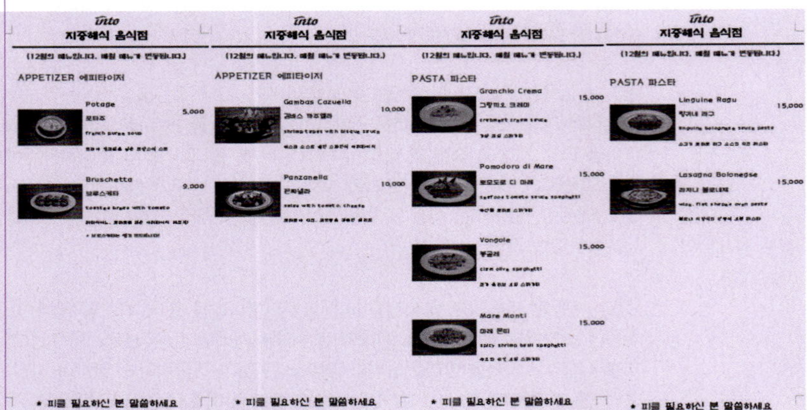
</td></tr>
<tr><td>메뉴</td><td>메뉴명, 가격, 메뉴 설명, 메뉴 사진, 추천 메뉴 여부

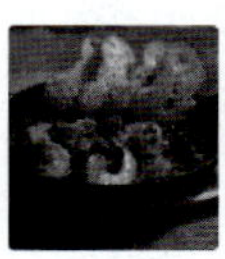
감바스 까주엘라 대표
올리브오일과 비스크소스로 감칠맛을 살린 새우 스페인식 타파스
10,000원

라자냐 대표
판 모양의 파스타면 사이사이에 볼로네제 소스와 크림소스를 겹겹이 쌓아 ...
15,000원

그랑끼오 크레마 대표
게를 이용하여 만든 비스크 크림 소스 스파게티
15,000원

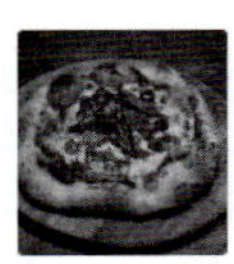
피자 마르게리타 대표
이탈리아를 상징하는 토마토와 바질, 모짜렐라로 맛을 낸 피자
15,000원

뽀모도로 디 마레 대표
나폴리식 해산물 토마토 스파게티
15,000원

빠에야 무르시아 대표
해산물과 고기,야채를 브라운 소스로 만든 스페인 무르시아식 라이스요리
15,000원</td></tr>
</table>

(계속)

표 13-3 네이버 스마트 플레이스 입력 정보 우수 사례(계속)

부가정보	포장, 배달, 무선 인터넷, 남/녀 화장실 구분
업체 테마	분위기: 아늑한, 아담한, 분위기 있는, 분위기 좋은, 유럽풍 인기 토픽: 라자냐, 피자, 리조또, 파스타, 이탈리안 레스토랑 찾는 목적: 나들이, 재방문, 데이트, 코스요리
방문자 리뷰	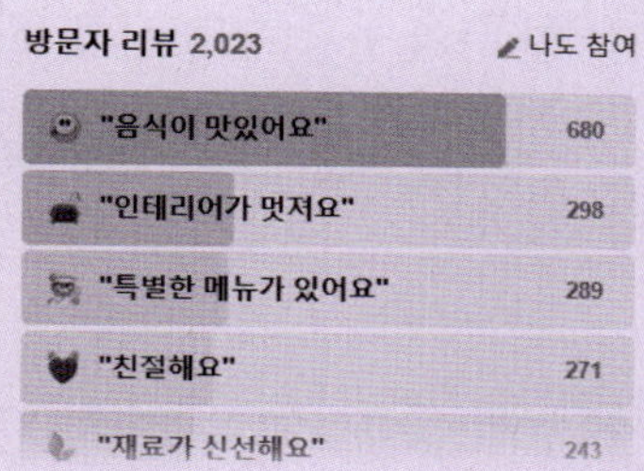
운영 중인 홈페이지, SNS 등	블로그: https://blog.naver.com/allen2828 인스타그램: https://www.instagram.com/into._.1992 스마트 스토어: https://smartstore.naver.com/into-1992 카카오톡 채널:
휴무일	없음
영업시간	영업시간: 12:00~21:00 브레이크 타임: 15:00~17:00 라스트 오더: 20:00

(2) 네이버 플레이스

네이버 플레이스는 네이버의 모바일 최적화 서비스로 모바일에서 검색하는 이용자들이 보다 쉽고 편리하게 외식업체를 찾을 수 있도록 지원해준다(예: 홍대 맛집, 강남역 맛집, 지역 + 맛집의 대표 키워드).

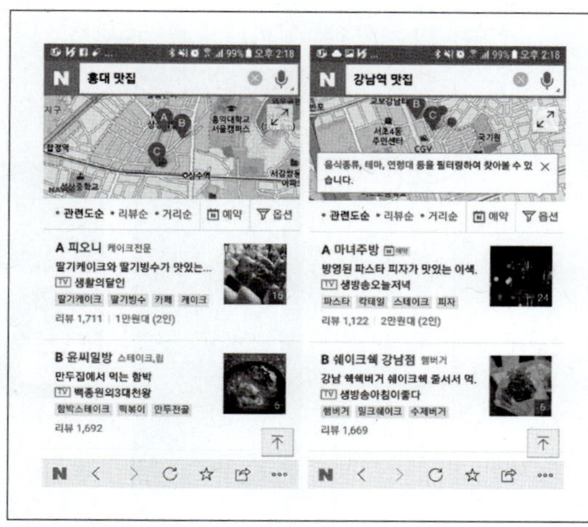

그림 13-16 네이버 플레이스 지도로 보기

현재 네이버 모바일 앱에서 '강남역 맛집'과 같은 키워드로 검색을 했을 때, 플레이스 영역에 플레이스 광고 2개 업체와 5개의 업체가 함께 노출되고, 더 보기를 통해 순차적으로 다른 음식점이 노출된다. 플레이스의 상위 노출 여부는 이용자의 검색어와 음식점의 연관성, 네이버 활용도(예약, 이벤트, 리뷰, 네이버 블로그, 카페, 지식인, 뉴스 등 업체명이 노출되는 콘텐츠의 양과 질)의 수준에 달려 있다. 예를 들어 같은 조건이라면 '지역 + 맛집(지역 + 주메뉴)'과 연관된 매장 키워드의 조회 수 + 검색과 연관된 콘텐츠 적합성 + 스마트플레이스 활용도 + 블로그 + 카페 + 지식인 등의 활동 등이 상위 노출 변수로 작용할 수 있다.

(3) 네이버 예약

네이버는 대한민국의 약 50~70%가 이용할 만큼 검색시장을 독과점 하고 있다. 즉 많은 소비자가 이용하고 있기에 외식업체는 이를 적극 활용할 수밖에 없다. 검색에서 점포가 상위에 노출되어야 소비자의 방문가능성이 높아지기 때문이다. 그래서 외식업체는 적극적으로 네이버 스마트플레이스에 자기 점포를 등록한다. 등록 후에는 네이버 플레이스 등 다양한 서비스에서 상위에 노출되도록 노력한다. 그러한 노력 중 한 가지가 바로 '네이버 예약' 시스템을 사용하는 것이다. 네이버 플레이스를 이용하여 고객관리와 결제를 가능하게 하는 서비스가 바로 '네이버 예약'으로, 이 기능을 활용하기 위해서는 네이버 스마트플레이스에 접속하면 된다(그림 13-17).

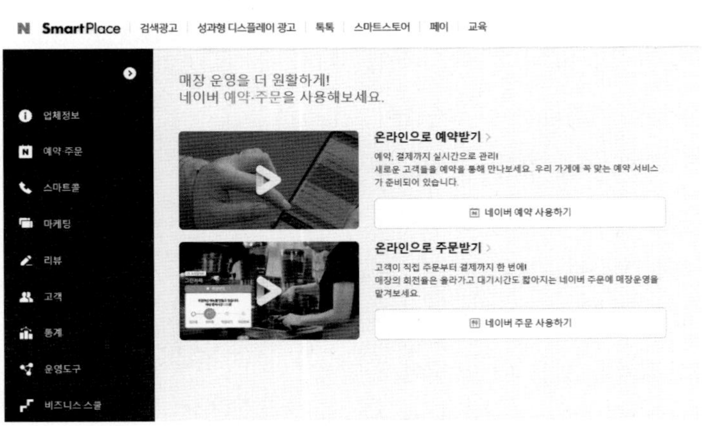

그림 13-17 네이버 스마트플레이스 예약 화면

이렇게 하면 고객은 네이버 아이디 하나만으로 번거로운 가입 절차를 거치지 않고 다양한 분야의 예약부터 결제까지 한 번에 처리할 수 있다. 이 서비스는 모든 예약을 관리할 수 있다는 편의성 때문에 향후 확대될 가능성이 높아 보인다. 외식업체 입장에서는 별도의 비용을 들이지 않고도 제품 및 고객관리를 실시간으로 할 수 있으며, 온라인에서 고객의 예약 방문을 유도하고 고객서비스를 사전에 준비할 수 있다는 장점이 있다.

(4) modoo!

네이버의 modoo!는 네이버에서 무료로 제공하는 모바일 홈페이지 서비스이다. 이 서비스를 사용하면 플레이스 영역에 노출되는 항목이 많아진다. 고객들이 보는 화면에 더 많은 정보가 공개되므로 소비자들로부터 더 좋은 평가를 받을 수 있다.

이를 활용하면 다른 회사의 서버에서 홈페이지를 운영하는 경우보다 사이트가 상위에 노출될 확률이 높아진다고 알려져 있다. 네이버에서 무료로 제공하는 해당 서비스를 이용하여 홈페이지를 개설하면 빠르고 간편할 뿐만 아니라, 네이버에서의 활동지수가 높아지는 일거양득의 효과를 얻을 수 있다.

(5) 네이버 블로그

블로그는 누구나 쉽게 만들어 상업적인 글이든 비상업적인 글이든 관심 있는 내용을 자유롭게 올릴 수 있는 웹사이트이다. 네이버와 같은 포털에서는 많은 사람이 검색기능을

그림 13-18 네이버 모바일 홈페이지 서비스 modoo!

이용하여 쉽게 접할 수 있는 구조로 제공된다. 최근에는 블로그가 대중화되면서 대안언론의 자리를 굳혀가고 있다. 초기에는 주로 일방적인 전달에 국한되었지만 최근에는 커뮤니티의 기능을 하는 수준으로 발전하였다. 특히 일상적인 이야기를 하던 공간에서 전문성이 강화된 공간으로 변모하고 있다.

그림 13-19 뉴욕삼합 현병욱대표의 네이버 블로그 사례

블로그가 마케팅도구로 인식되기 시작한 것은 그리 오래되지 않았다. 초장기에는 전문성 있는 콘텐츠를 지속적으로 올려 방문자가 많은 파워블로거들을 마케팅활동에 활용하는 수준이었다. 하지만 블로거가 늘고 블로그의 콘텐츠 생산량도 기하급수적으로 많아지면서 누구나 마케팅활동에 참여하는 시대가 되었다. 약간의 노력만 기울이면 누구나 블로거가 되어 인터넷에서 마케팅활동을 할 수 있다. 블로그마케팅의 대중화시대가 열린 것이다.

인터넷을 이용한 마케팅에서 블로그는 콘텐츠를 생산하고 보관하여 언제든 고객들과 커뮤니케이션할 수 있는 공장과 창고의 역할을 한다. 블로그의 내용은 흥미로우면서도 전문성을 띠는 진정성 있는 콘텐츠로 하는 것이 좋다. 따라서 가능하면 하루도 거르지 않고 글을 쓰는 것이 유리하다. 종종 마케팅대행사나 디자인회사에 블로깅과 관리를 맡기는 사례가 있는데, 그런 경우 블로그의 생명이 오래가기 힘들다. 블로그는 미적 디자인이 아니라 실용성이 더 중요하다. 외식업체의 직원들이 조직의 일상을 편하게 전달하면서 고객에게 호감을 주는 콘텐츠가 가장 이상적일지도 모른다.

(6) 네이버 검색광고

검색광고 영역은 네이버에서 광고비를 받아 운영되는 채널로, 최근 들어 파워링크 영역의 노출 순위가 높아지고 있다(그림 13-20). 이는 경매 형식으로 판매되어 입찰가에 의한 노출방식으로 운영되는데 자칫 경쟁이 과열되면 업체 간 상호 불이익이 발생할 수도 있다.

그림 13-20 네이버 광고

하지만 컴퓨터상에서는 연관검색어 영역 다음으로 가장 상단에 노출되므로 노출 공략이 불가피한 상황이다.

파워링크 영역을 활용할 때는 적정수준의 입찰가를 설정하여 공략 키워드를 효율적으로 선별하는 것이 중요하며, 이 역시 단순 상위 노출이 아닌 고객에게 어필가능한 문안 설정과 이동된 랜딩페이지의 콘텐츠가 고객 관점에서 '얼마나 매력적인가?'라는 문제를 간과해서는 안 된다.

(7) 네이버 커뮤니티 카페

외식업체가 위치한 지역을 대표하는 네이버 카페 또는 우리 매장의 업종과 관련된 카페 커뮤니티(그림 13-21)를 잘 활용하면, 블로그나 파워링크처럼 일반적인 검색어에 의한 유입보다 더 큰 효과를 볼 수 있는 채널이 된다. 해당 지역 또는 업종, 공통의 관심사를 가진 사람들이 모인 네이버 커뮤니티 채널은 회원 수와 소통, 즉 게시글이 많은 곳일수록 활성화된 곳이라고 볼 수 있다.

반응속도 또한 빠르고 음식점을 나타내는 콘텐츠와 카페 회원들과 소통 등에서 반응이 좋다면, 실제 구매 전환이 높은 고객들이 집약되어 있는 곳이므로 외식업체 입장에서는 효율적인 인터넷 마케팅 채널이라고 볼 수 있다. 물론 본인이 직접 검색한 키워드에 따

그림 13-21 네이버 카페 수지사랑

라 콘텐츠가 노출되지는 않으므로 바로 구매로 이루어지는 고객이 되지는 않겠지만 잠재고객을 확보하고 가망고객으로 전환하는 역할을 충분히 할 수 있다. 카페 커뮤니티에서도 고객에게 어필할 만한 차별화된 콘텐츠를 공유한다면, 오히려 일반 검색 영역보다 더 많은 고객에게 어필을 한 번에 할 수 있다. 이는 검색어 또는 상권, 지역이 크게 활성화되어 있지 않거나 여행이나 시즌성 고객이 많은 경우, 주거 지역 고객들을 공략하기 위한 방법으로 가장 유용하다.

2) 페이스북

2004년에 하버드대학교에 재학 중이던 마크 주커버그(Mark Zuckerberg)가 19살의 나이에 기숙사에서 사이트를 개설하면서 창업한 사이트이다. 초기에는 하버드 재학생만 이용할 수 있도록 제한되어 있었지만 현재 세계인이 이용하는 사이트로 발전하였다.

페이스북은 인터넷에서 인맥을 형성하고 교류할 수 있는 대표적인 SNS이다. 세계적으로 가장 성공한 SNS 서비스로 누구나 쉽고 간편하게 회원 가입할 수 있다. 특히 '친구 맺기'를 통해 다른 사람들과 인터넷에서 만나 다양한 관심사와 정보를 교환하고, 자료를 공유할 수 있다는 장점 때문에 급속히 성장하였다.

페이스북은 누구나 쉽게 글을 올릴 수 있는 뉴스피드부터, 페이지, 그룹 등을 보강하면서 사용자를 넓히고 있다. 또 상업적 활용도를 높이기 위한 다양한 업그레이드가 이루어지면서 최근에는 검색기능까지 보강하여 향후 귀추가 주목되고 있다.

페이스북은 외식업체들이 마케팅에 활용할 수 있는 다양한 기능을 제공한다. 대표적인 기능은 이벤트로, 이 기능을 사용하면 특정인을 지정하여 일정과 내용을 전달하고 이벤트에 초대할 수 있다. 하지만 이를 너무 직접적인 마케팅도구로 사용하면 친구관계가 끊길 가능성이 높으므로 지양해야 한다. 페이스북은 블로그와 마찬가지로 콘텐츠를 생산하고 공유하는 데 사용할 수도 있지만, 가능하면 블로그에서 생성된 차별화된 정보의 유통채널로 활용해야 효과가 좋다. 다만 체크인이나 기타 소소한 기능으로 인맥을 형성·관리하는 일도 지속적으로 해야 한다.

그림 13-22 교촌치킨의 페이스북 활용 사례

3) 카카오비즈니스

전 국민이 사용하는 카카오톡에서 고객을 찾고, 관계를 맺고, 관계를 강화하는 마케팅이 가능하게 만들겠다는 목표로 카카오가 개발한 비즈니스 도구이다. 외식업체 경영자가 카카오비즈니스를 시작하려면 카카오비즈니스 통합회원에 가입하면 된다.

회원가입을 한 후, 외식업체가 가장 먼저 활용할 수 있는 대표적인 서비스는 카카오톡 채널이다. 카카오톡 채널은 무료로 만드는 카카오톡 안의 비즈니스 홈페이지라고 생각하면 된다. 나의 비즈니스 정보와 브랜드 소식, 프로모션, 공지 등의 콘텐츠를 모아 고객에게 한눈에 보여줄 수 있다.

브랜드 소식을 전할 때는 사진, 동영상, 카드뷰 등 다양한 형태로 발행 가능한 포스트를 활용할 수 있다. 메시지 기능을 이용하면 고객들에게 필요한 정보와 혜택을 가장 확실하게 전달할 수 있다. 예를 들면, 실시간 알림이나 공지, 이벤트, 할인쿠폰 등을 카카오톡 메시지로 발송할 수 있다. 특히 화면을 꽉 채운 와이드형 메시지를 사용하면 주목도를 높이고 정교한 타켓팅으로 고객들의 적극적인 반응을 끌어낼 수 있다.

남녀노소 모두가 사용하는 카카오톡 1:1 채팅을 이용하면 문의, 예약, 상담을 진행하기 편하다. 그리고 채팅 가능 시간 설정, 채팅 목록 관리, 메모 등 편리한 기능이 있으며, 자

그림 13-23 카카오비즈니스

주 묻고 답하는 내용은 자동응답으로 설정할 수 있다. 뿐만 아니라 스마트 채팅을 이용해서 버튼 클릭만으로 빠른 응답이 가능하고, 고객들이 자주 묻는 질문에 빠르게 응답하고 다양한 정보를 쉽게 안내할 수 있는 장점이 있다.

더욱 큰 장점은 항상 PC 앞에 앉아 있지 않아도 언제 어디서든 카카오톡 채널을 관리할 수 있다. 관리자 앱으로 간단한 포스트를 작성하고 고객과의 1:1 채팅도 실시간으로 답하며, 매일 사용하는 카카오톡에서도 채널의 기본 정보, 탭 설정 등을 변경가능하고 간편하게 포스트를 작성하고 수정할 수 있다.

만약 사업자가 국세청 신고 기준 연매출 10억 원 이하의 개인 또는 법인사업자라면 '카카오 소신상인 지원'에 신청하여 다양한 혜택을 받을 수 있다. '소신상인'은 작은 규모로만 불리우는 '소상공인'이라는 이름 대신, 이미 각자의 소신을 가지고 행동하며 비즈니스를 운영하는 전국의 상인들을 존중하는 카카오만의 관점이다. 카카오는 소신상인들이 소신을 더욱 더 힘차게 펼쳐 나갈 수 있도록 응원하기 위해 다음과 같은 지원 프로그램을 개발하여 제공하고 있다.

- 전국의 자영업자와 소상공인들이 카카오톡 채널로 단골을 확보하고 마케팅을 펼칠 수 있도록 채널 메시지 발송 비용 지원
- 선착순 1만 명에게 선물 증정

4) 인스타그램

인스타그램(Instagram)에서의 커뮤니케이션은 글보다 사진과 동영상을 중심으로 이루어진다. 인스타그램에 올리는 사진에는 다양한 필터효과를 적용할 수 있다. 특히 모바일기기에 나타나는 직사각형의 사진과 달리, 폴라로이드 모양(정사각형)으로 사진을 올릴 수

있다는 차별성이 있다. 인스타그램은 사진 찍기, 올리기, 글쓰기 등의 모든 작업을 스마트폰으로만 할 수 있다. 회원 가입 역시 스마트폰에서만 가능하며 컴퓨터에서는 단순한 보기만 가능하다(그림 13-24).

모든 SNS가 지속적으로 다른 서비스 기능을 벤치마킹하고 업데이트하면서 사진의 공유기능을 매우 정교하게 만들고 있기 때문에 인스타그램의 강점이 갈수록 줄어들지도 모른다. 하지만 인스타그램처럼 사진 공유에 특화된 SNS는 여전히 높은 인기를 구가하고 있다. 따라서 사진으로 자기 브랜드를 알리는 것이 훨씬 효율적이라고 생각하는 외식업체라면, 인스타그램을 사용해보길 추천한다.

그림 13-24 호랑이굴 인스타그램 활용 사례

이상의 SNS 외에도 포스퀘어, 씨온 등 다양한 서비스가 지속적으로 출시되고 있다. SNS 홍수라고 해도 과언이 아닐 정도다. 이에 따라 향후 인터넷 마케팅을 위해 더 많은 서비스를 익히고 활용해야 할지 모른다. 다만 모든 서비스를 활용하겠다는 욕심은 버리는 것이 좋다. 자신의 상황에 가장 적합한 매체를 찾고 그 매체의 특성을 잘 활용하기 위한 효율적 접근이 필요하다. 예를 들어 블로그는 콘텐츠의 생성과 보관을 담당하고, 페이스북은 콘텐츠를 유통하는 역할을 한다고 가정할 때, 인터넷 마케터는 블로그와 페이스북을 동시에 활용할 수 있어야 한다.

5) 인터넷 광고

소비자들은 인터넷 서핑을 하며 다양한 유형의 인터넷 광고를 접하게 된다. 주로 배너광고로 대표되던 인터넷 광고는, 포털사이트의 발전과 진화에 따라 다양한 형태로 표출되고 있다. 이에 따라 인터넷공간이 마켓플레이스로 정착되면서 인터넷 광고를 위한 마케터들의 노력은 한층 더 가열되는 실정이다.

인터넷 홈페이지가 만들어지던 초창기에는, 자사의 홈페이지를 이용한 광고와 배너광고 및 키워드 검색을 제공하는 포털사이트에 키워드를 등록하는 것만으로도 충분한 광고효과를 얻을 수 있었다. 하지만 최근에는 지식인, 블로그, 모바일 홈페이지, 카페, 뉴스, 배너광고 등 더욱 다양한 인터넷 광고가 활성화되었다. 이 같은 인터넷 광고의 특징을 살펴보면 다음과 같다.

- 시간적·공간적 제약이 없다.
- 쌍방향 커뮤니케이션이 가능하다.
- 데이터베이스와 연계가 가능하다.
- 즉각적 구매 유도가 가능하다.
- 자유로운 스폰서십이 가능하다.
- 광고효과 측정이 쉽고 편리하다.
- 광고의 신속한 갱신이 가능하다.

다만, 인터넷 광고는 다음과 같은 문제점도 내포하고 있다.

- 공신력이 낮다. 온라인 광고는 소비자들이 광고 자체의 신빙성에 의문을 갖는 경우가 많다.
- 온라인 광고가 홍수를 이루면서 소비자들이 혼란을 겪고 있다. 너무 많은 정보로 인해 특정 광고에 집중할 가능성이 매우 낮다.
- 광고가 지속적으로 업데이트되지 않는 경우가 많다. 홈페이지는 정기적인 관리가 필요하다.
- 배너번아웃(banner burn-out)현상이 일어날 수 있다. 한 번 클릭한 광고는 다시 클릭될 확률이 매우 낮아, 고객이 광고의 존재는 알지만 광고의 주체에 대해서는 기억하지 못할 확률이 높다. 이에 따라 광고효과가 떨어질 수 있다.

이 같은 문제점에도 불구하고 인터넷이 대중화되면서 월드와이드웹이라는 가상공간을 활용한 광고가 급격하게 늘고 있다. 초기의 인터넷 검색포털인 네이버, 야후 등에서 시작된 인터넷 광고는 점차 인기 있는 사이트를 중심으로 확산되었고 인터넷 신문 및 방송의 등장과 함께 광고 유치를 위한 경쟁이 가속화되고 있다. 초기에는 주로 배너 광고, 버튼형 광고, 텍스트링크형 광고, 삽입형 광고, 협찬 광고, 기사형 광고 등이 주를 이루었다면 최근에는 더욱 다양한 형태로 진화하고 있다.

6) 이메일

인터넷 사용자들이 인터넷에 접속해서 가장 먼저 하는 일이 무엇일까? 아마도 대부분 이메일을 가장 먼저 확인할 것이다. 이메일은 인터넷에서 가장 대중화된 커뮤니케이션 프로그램이다. 외식업체들은 이것을 이용하여 일대일 메시지를 보내거나, 메일링 리스트가 확보된 경우 다수의 사용자에게 일시에 메시지를 보내기도 한다. 다만 이러한 메시지는 소비자가 원하지 않는 스팸 메시지와 혼합되며 정보의 홍수를 이루어 소비자들이 수신하지 않는 경우도 늘고 있다.

이메일 마케팅은 외식업체들에게 가장 주목받는 마케팅전략 중 하나가 되었다. 이메일은 다른 매체에 비해 비용이 저렴하면서도 고객으로부터의 높은 응답률을 얻어낼 수 있고, 이를 통한 수익 창출효과도 매우 높기 때문이다. 또 새로운 고객을 획득하고 유지하거나, 새 제품을 알리거나, 고객충성도를 높이는 데도 매우 효과적이다.

다만 이러한 추세에 따라 이메일 수가 폭증하면서 새로운 문제가 야기되고 있다. 한 고객이 살펴볼 수 있는 이메일의 수가 매우 제한적인 데 비해, 수신되는 이메일의 수는 하루 수백 통에 이르기 때문이다. 이러한 정보의 홍수 속에서 고객의 주의(attention)를 이끌어내려는 경쟁이 치열해지면서, 외식업체들은 2가지 문제에 직면하게 되었다. 첫째는 지속적으로 높은 반응률을 유지해야 한다는 것이고, 둘째는 고객과의 효과적인 의사소통 통로를 지속적으로 유지해야 한다는 것이다.

어떻게 하면 이메일 마케팅을 효과적으로 할 수 있을까? 이는 외식업체의 마케터에게 주어진 가장 큰 과제이다. 마케터가 이메일 마케팅을 효과적으로 하기 위해서는 우선 고객으로부터 미리 발송을 허락받는 것이 기본일 것이다. 하지만 앞으로는 이러한 허락만으로는 고객의 주의를 효과적으로 이끌어내기는 힘들다.

이메일 마케팅에서 중시해야 할 요소를 살펴보면 다음과 같다.

- 첫째, 최초 마케팅이 중요하다. 비록 그들이 이메일을 허락했다고 하지만, 실제로 메일을 받아보기 전까지는 완전히 허락한 것이 아니다. 따라서 처음으로 이메일을 보낼 때 어떤 내용을 보내느냐에 따라 고객이 앞으로의 수신 여부를 결정할 것이란 사실을 염두에 두어야 한다. 또 이로부터 몇 개월 간은 이메일에 담을 내용을 신중히 결정해야 한다. 고객이 언제든 이메일 수신을 거부할 수 있기 때문이다. 이렇게 시간이 어느 정도 지나면 고객들로부터 약간의 신뢰를 얻을 수 있다.
- 둘째, 일관성(consistency)이 있어야 한다. 일반적으로 고객은 온라인과 오프라인상의 광고, 배너, 기사 등을 보고 사이트에 접속하는 경우가 많다. 이러한 점을 고려할 때 온라인과 오프라인의 모든 매체에 노출된 자사의 사이트 성격과 이메일의 성격이 어느 정도 일관성을 유지해야 한다.
- 셋째, 유용해야 한다. 이메일에는 사이트에서 벌어지는 새로운 내용이 체계적으로 담겨 있어야 한다. 내용이 많을 때는 고객의 관점에서 중요한 정도에 따라 순서를 분류하고 보여줄 수도 있어야 한다. 이렇게 하는 것은 고객이 사이트를 직접 방문하지 않고도 그곳에서 어떤 일이 벌어지고 있는지를 알 수 있게 하기 위함이며, 그들이 좀 더 자세한 내용을 알고 싶을 때만 사이트에 방문하도록 만들기 위해서이다. 물론 자사의 트래픽을 고려하여 관심을 최대한 불러일으키게 만들어야 할 것이다.
- 넷째, 일대일 마케팅이 이루어져야 한다. 자사의 사이트에 방문하는 회원의 수가 늘고, 어느 정도 성장한 외식업체라면 웹로그 분석을 통한 데이터베이스 마케팅도 염두에 두어야 한다. 즉 고객의 이메일에 대한 반응률, 구매 패턴, 네비게이션 패턴, 연령별 데이터 등의 로그분석을 통해 회원별로 다른 내용의 이메일을 보낼 수 있다.

이메일 마케팅은 비용이 저렴하고 편리하다는 장점이 있는 반면, 회사의 이미지를 급격히 실추시킬 수 있는 도구가 될 수도 있음을 명심해야 한다. 이메일 한 통은 단순한 메시지가 아니라, 외식업체가 고객에게 전달하는 모든 생각을 담고 있다는 사실을 항상 염두

더 알아보기

바이러스 마케팅

바이러스 마케팅(virus marketing, 바이럴 마케팅)은 네티즌들이 메일이나 다른 전파가능한 매체를 통해 자발적으로 어떤 외식업체나 외식업체의 제품 및 서비스를 홍보할 수 있게 제작하여 널리 퍼지도록 만드는 마케팅기법을 말한다. 컴퓨터 바이러스처럼 확산된다고 해서 이러한 이름이 붙었다. 이 마케팅은 2000년대 말부터 확산되면서 새로운 인터넷 광고기법으로 주목받기 시작했는데, 외식업체가 직접 홍보를 하지 않고 소비자의 메일을 통해 전해지는 광고라는 점에서 기존의 광고와 차별화된다.

이 마케팅은 입소문 마케팅과 비슷하지만 전파하는 방식에 차이가 있다. 입소문 마케팅은 정보 제공자를 중심으로 메시지가 확산되지만, 바이러스 마케팅은 정보 수용자를 중심으로 퍼져나간다. 따라서 외식업체는 유행이나 풍조와 같은 현실의 흐름을 따르면서 네티즌의 취향에 맞는 엽기적인 내용이나 재미있고 신선한 내용의 웹 애니메이션을 제작하여 인터넷에 무료로 게재하며 그 사이에 외식업체 이름이나 제품을 슬쩍 끼워넣는 방식으로 간접적인 광고를 한다. 네티즌은 해당 애니메이션이 재미있으면 이메일을 통해 다른 네티즌에게 전달하고, 이러한 과정이 반복되면서 어느새 화제가 되어 자연스럽게 마케팅효과가 나타나는 것이다.

이 마케팅은 웹 애니메이션 기술을 바탕으로 이루어지는데, 이러한 애니메이션은 파일 크기가 작아 거의 실시간으로 재생이 가능하며, 관련 프로그램만 있으면 누구나 쉽게 제작할 수 있고, 기존의 텔레비전이나 영화 등의 광고보다 훨씬 비용이 저렴하기 때문에 빠른 속도로 확산되고 있다.

자료: 독일국립도서관 홈페이지

에 두도록 한다. 따라서 자사 홈페이지의 내용 변화나 고객 개개인의 변화를 끊임없이 살피고, 이에 따라 끊임없이 변화하는 마케팅전략을 짜야 성공할 수 있을 것이다.

7) 온라인 커뮤니티

인터넷에는 카페, 블로그, 트위터, 채팅서비스 등 하루가 다르게 다양한 온라인 커뮤니티가 생겨나고 있다. 온라인 커뮤니티란 인터넷을 통해 공통의 관심사와 목표를 가지고 함께 모여 상호작용하는 개인이나 단체들의 집단으로, 그들은 제품에 대한 소비경험을 주고받기도 한다. 원래 소비자는 외식업체가 제공하는 정보보다는 대중매체의 기사를 더 중시하고, 대중매체 기사보다는 같은 소비자의 경험을 더 중시하고 신뢰하는 경향이 있다. 따라서 온라인을 통한 소비자 간 구전효과는 브랜드 이미지와 제품 판매에 지대한 영향을 미치게 된다.

외식업체들이 자사의 제품이나 서비스를 알리고 브랜드 이미지를 높이기 위해 온라인 커뮤니티를 활용하기 시작하면서, 커뮤니티가 온라인 마케팅의 대표 수단으로 대두되고 있다. 커뮤니티 마케팅은 말 그대로 커뮤니티를 이용해서 개인이나 외식업체의 마케팅을 하는 것이다. 이는 외식업체 입장에서 카페나 블로그, 미니홈피 등을 활용하는 경우와, 개인이 카페 또는 블로그 및 미니홈피 등을 만들어서 비영리 또는 영리 형태로 운영하며 광고나 홍보 등을 유치하는 것을 포함한다. 최근에는 블로그마케팅 분야를 비롯해서 다양한 형태로 확대되는 추세이다. 일반적으로 커뮤니티 마케팅이 이루어지는 대상은 다음과 같다.

- **포털커뮤니티** 네이버, 다음 같은 카페에서 만들어진 커뮤니티로 대개 비영리 형태로 운영된다.
- **오픈커뮤니티** 디시인사이드, 웃긴대학, 자동차 동호회 등 자체 사이트를 커뮤니티 형태로 운영하며 영리의 형태로도 이용할 수 있다.
- **외식업체형 커뮤니티** 대형 외식업체 등에서 자사 사이트에 고객서비스를 위한 서비스사이트를 개설하여 운영하는 경우가 이에 해당된다. 웹진도 포함하는 개념이다.
- **포털 블로그** 네이버 블로그, 미니홈피 등 포털에 소속된 블로그가 이에 속한다. 또한 상업적 이용이 불가능하기는 하지만 파워블로그 등을 유치하여 이들에게 혜택을 조금씩 주고 있다.
- **오픈 블로그** 티스토리 등 자체 블로그를 개설하고, 다양한 스킨을 적용한 후 구글 광고 등을 붙여 운영한다.

이처럼 다양한 형태로 운영되는 커뮤니티를 이용한 마케팅전략에는 다음과 같은 장점이 있다.

- 최소의 비용으로 최대의 효과를 얻을 수 있다.
- 해당 분야의 최고 마니아들을 집중적으로 타기팅(targeting)할 수 있다.
- 이벤트 등을 실시하면 수많은 글과 댓글이 생성되어 많은 소비자가 유인된다.
- 신뢰도 높은 커뮤니티는 효과를 배가시켜 트래픽 상승효과도 얻을 수 있다.
- 차후 시너지효과를 얻을 수 있으며 사용자의 거부감이 적다.

기존 매체보다 많은 장점이 있는 인터넷 커뮤니티 마케팅은 외식업체보다는 카페 운영자나 커뮤니티 운영자, 사업가, 창업 희망자 등의 개인이 주체가 되는 경우가 많다. 외식업체에서도 자신들이 주체가 되기보다는 소비자로부터 신뢰성이 높은 개인을 활용하기도 한다. 다만 개인이 주체가 될 경우, 외식업체의 의도와는 다르게 커뮤니티가 형성될 가능성을 배제할 수 없기 때문에 외식업체의 마케팅·홍보·광고 담당자가 주체가 되어 커뮤니티 마케팅을 실행하기도 한다.

이처럼 개인이나 외식업체가 주체가 되는 경우에는 마케팅 성과에 한계가 있을 수 있다는 점 때문에, 최근에는 커뮤니티 마케팅을 전문으로 하는 온라인 광고대행사나 동호회 연합클럽 등이 이를 대행하기도 한다.

이쯤에서 다양한 주체에 의해 여러 가지 형식으로 이루어지는 커뮤니티 마케팅을 효과적으로 실행하는 방법을 살펴보도록 하자. 우선 개인이 활용할 수 있는 커뮤니티 마케팅의 경우에는 다음과 같은 순서로 실행하는 것이 좋다.

- **1단계** 포털에 카페 및 블로그를 개설하여 회원 수를 확보하고 이를 활성화한다.
- **2단계** 활성화로 회원이 어느 정도 확보되면 사업 전환을 검토하고 유사업체와 접촉한다.
- **3단계** 오픈커뮤니티로 전환하거나 포털에서 마케팅 노하우를 터득한다.

외식업체에서 활용할 수 있는 효과적인 커뮤니티 마케팅은 다음과 같다.

- 외식업체가 자체적으로 커뮤니티 사이트를 운영한다.
- 대행사를 통하거나 자체적으로 포털에 카페, 블로그, 미니홈피를 운영한다.

• 유사 분야 커뮤니티에 광고 배너 등을 통한 커뮤니티 마케팅을 시행한다.

광고대행사에서 실시하는 커뮤니티 마케팅은 다음과 같은 순서로 운영하는 것이 효과적이다.

• **1단계** 외식업체의 커뮤니티 활성화를 위해 카페나 블로그를 생성하고 운영한다.
• **2단계** 분야별로 활성화된 커뮤니티를 대상으로 해당 광고를 대행한다.
• **3단계** 동호회 연합모임이나 시숍클럽 등을 활용하여 다양한 동호회 광고를 대행한다.

커뮤니티 마케팅의 효과를 얻으려면 성공적인 운영이 뒷받침되어야 한다. 성공적인 커뮤니티를 만들기 위해서는 디시인사이드, 웃긴대학, 장미가족의 태그교실 등과 같은 국내 대표 커뮤니티 운영 노하우를 습득해두는 것이 좋다. 일반적으로 네이버, 다음, 오픈커뮤니티 중 어떤 곳이 목표 달성에 적합한지 결정한 후 키워드와 동호회명을 선정하고, 핵심 콘텐츠를 구축하고, 대문 꾸미기와 메뉴 구성방법 등에 대한 차별화된 접근을 취해야 한다. 앞에서 예로 든 커뮤니티는 회원 모집을 위한 홍보 노하우, 회원관리방법, 정기 오프라인 모임 개최, 적절한 이벤트로 웃음과 재미를 더하고 콘텐츠를 반드시 자체적으로 만들고 있다.

커뮤니티는 회원들이 즐길 수 있는 공간이 되어야 한다. 즐거움이 없는 곳은 아무도 찾지 않을 것이기 때문이다. 회원들에게 재미를 제공하기 위해서는 다양한 번개와 정모, 계절마다 실시하는 엠티, 디지털 인맥을 통한 평생 친구 만들기, 동호회에서 사업 파트너 만들기 등의 다양하고 즐거운 요소를 포함시켜야 한다.

이외에도 커뮤니티 마케팅의 노하우를 좀 더 체계적으로 습득하기 위해 다음과 같은 활동을 할 수 있다.

• 국내 대표 인터넷동호회 시숍들이 생각하는 커뮤니티 마케팅 노하우를 알아본다.
• 국내외를 막론하고 대표적으로 성공한 커뮤니티 마케팅 사례를 연구한다.
• 커뮤니티를 직접 만들어 정보를 공유하면서 커뮤니티 마케팅을 실현한다.
• 자신의 커뮤니티 및 사업에 대한 SWOT분석을 하고 이를 연구한다.

- 국내 대표 커뮤니티(G마켓, 옥션 등) 사이트를 분석한다.
- 포털카페나 블로그에서 광고 및 마케팅에 대한 가능성을 분석한다.
- 검색, 키워드, 네이버 지식인 등을 통해 커뮤니티 마케팅을 분석한다.

7 고객관계관리

고객관계관리(Custmor Relationship Management: CRM)는 고객에 대한 넓고 깊이 있는 정보를 기초로 하여 각 고객에 적합하면서도 차별적인 제품 또는 서비스를 제공하여 고객과의 관계를 지속적으로 강화해나가는 혁신적인 마케팅활동이다. 원래 오프라인을 기반으로 이루어졌던 마케팅도구이지만 고객의 온라인활동이 늘고, 고객활동 및 고객정보의 데이터베이스 축적이 간편해지면서 인터넷을 바탕으로 한 고객관계관리가 등장하게 되었다. 고객관계관리는 고객정보를 세분화하여 신규고객 획득, 우수고객 유지, 고객가치 증진, 잠재고객 활성화, 평생고객화와 같은 과정을 거쳐 고객을 적극적으로 관리·유인하며 고객의 가치를 극대화시키는 방향으로 마케팅을 실시한다.

외식업체가 장기적 관점에서 기존 사업의 성과를 높이기 위해서는 3가지 부문에서 효율을 높여야 한다. 첫 번째는 고객 수 증가, 두 번째는 고객평생가치(LTV-Lifetime Value: LTV) 증대, 세 번째는 고객 확보 또는 유지를 위한 비용을 감소시키는 것이다.

특히 고객평생가치는 '고객의 거래건수 × 고객의 객단가(매출액 ÷ 거래건수) × 고객의 거래기간'으로 산정되므로 고객 1인당 고객평생가치를 높이기 위해서는 교차판매(cross selling), 추가판매(upselling), 고객 유지의 3가지 핵심활동을 해야 한다. 인터넷상의 고객관계관리를 의미하는 eCRM은, 고객에 대한 이해와 접근방식은 일반적인 고객관계관리와 동일하나, 고객정보의 획득 및 커뮤니케이션 방법에는 차이가 있다. eCRM의 생명은 결국 고객으로부터 취득하는 데이터이다. 가치 있는 데이터를 만들기 위해서는 정보를 지속적으로 필터링하고 보완 및 리뉴얼해야 한다.

1) 버거킹의 고객관계관리 사례

"고객이라고 다 같은 고객이 아니다."라는 말이 있다. 충성고객이 있는가 하면 체리피커(cherry picker)같이 혜택만 받고 떠나는 일회성 고객도 많다. 최근 고객관계관리의 중요성이 대두되면서 외식업체들은 충성고객에게만 혜택을 주려는 노력을 하고 있다. 신규고객 유치를 위한 투자보다 기존고객에 대한 투자가 훨씬 효과적·효율적임을 많은 연구에서 입증했기 때문이다.

실제로 충성고객을 찾아내려는 외식업체의 노력은 상상을 초월한다(그림 13-25). 2009년 미국에서 버거킹이 진행했던 페이스북 캠페인 'Whopper Sacrifice'는 대표적인 충성고객 검색 사례이다. 이 캠페인은 "페이스북 계정을 보유한 사용자가 친구 10명과 관계를 끊으면 와퍼를 공짜로 먹을 수 있는 쿠폰을 제공한다."는 내용으로 진행되었다. 이는 '친구보다 버거킹이 중요한가?'라는 이슈를 제시함과 동시에 진정한 충성고객을 찾는 데 일조한 것으로 평가받았다.

노르웨이의 버거킹도 비슷한 유형의 충성고객 찾기 이벤트를 실시한 적 있다. 이들은 2013년 12월에 진정한 충성고객을 가려내고자 약 3만 8,000명의 페이스북 친구를 대상으로 'Whopper Sellout' 캠페인을 실시하였다. 이 캠페인은 "자신이 가짜 팬임을 인정하면 페이스북 친구 삭제와 동시에 경쟁사 브랜드인 맥도날드의 '빅맥' 공짜 쿠폰을 제공한다."는 내용으로 진행되었다. 이를 통해 약 3만 명의 가짜 친구가 삭제되었고 8,400명가량의 진짜 충성고객이 드러났다. 캠페인을 통해 그들은 많은 친구를 잃었지만, 페이스북 인게이지먼트(페이스북 콘텐츠가 이용자와의 상호작용을 얼마나 잘하고 있는지 판단하는 지표) 수치가 캠페인 전보다 무려 5배 상승하였다.

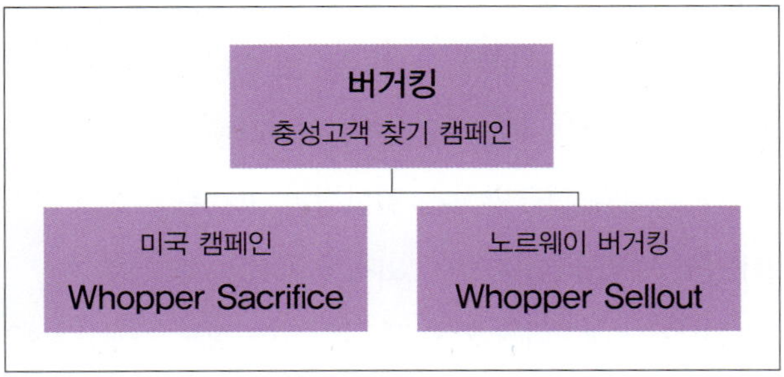

그림 13-25 버거킹의 충성고객 찾기 이벤트 사례

2) 스타벅스의 고객관계관리 사례

스타벅스의 2021년 감사보고서에서 손익계산서의 '판매비와 관리비' 계정과목을 살펴보면, 그들의 마케팅전략을 한눈에 볼 수 있다. 〈표 13-4〉의 세부 지출항목을 보면, 그들은 광고선전비는 23백만 원, 판촉비만 약 180억 원에 이르는 것을 알 수 있다.

대부분의 기업에서 브랜드 인지도 제고와 신규고객 창출을 위해 광고선전비에 더 많은 지출을 하는 것과 비교할 때, 스타벅스는 오로지 판매촉진에만 집중하고 있다. 다수의 가망고객보다 소수의 기존고객을 관리하는 데 집중하는 게 훨씬 효과적이라는 판단하에 이러한 마케팅전략을 실시하고 있는 것이다. 이들은 기존고객을 관리하고자 다음과 같은 체계를 도입하고 있다.

표 13-4 스타벅스의 판매비와 관리비(2021년)

구분	당기(천원)
급여	278,349,002
퇴직급여	26,093,066
복리후생비	74,531,297
교육훈련비	2,501,268
여비교통비	3,335,541
차량유지비	368,309
통신비	2,542,303
세금과공과	2,228,545
보험료	1,217,256
지급수수료	232,603,167
임차료	199,866,067
소모품비	19,654,535
행사비	1,279,572
수선비	18,540,414
수도광열비	21,172,398
감가상각비	60,686,538
사용권자산상각비	80,771,962
무형자산상각비	9,455,370
접대비	257,247
판촉비	**18,003,338**
도서인쇄비	226,685
경상연구개발비	269,163
회의비	44,492
운반비	702,496
광고선전비	**23,489**
합계	1,054,723,520

(1) 스타벅스 카드로 회원 가입 유도

기존고객을 식별하고 관리하는 가장 좋은 방법은 회원으로 등록하게 하고, 그들의 거래내역을 차곡차곡 쌓아 관리하는 것이다. 다음의 〈그림 13-26〉은 스타벅스 카드에 대해 자세히 설명한 것이다.

(2) 리워드와 회원등급제로 반복구매 유도

스타벅스는 스타벅스 카드를 이용하여 회원으로 가입한 고객들을 '마이 스타벅스 리워드'를 통하여 지속적으로 관리한다(그림 13-27).

스타벅스의 고객은 홈페이지나 앱에 카드를 등록하고 회원이 되면 '마이 스타벅스 리워드'라는 혜택을 받을 수 있게 된다. 이 리워드는 음료를 마실 때마다 별이 쌓이면서 소소하지만 다양한 혜택이 주어지는데, 그러한 혜택은 회원 등급과도 연결된다.

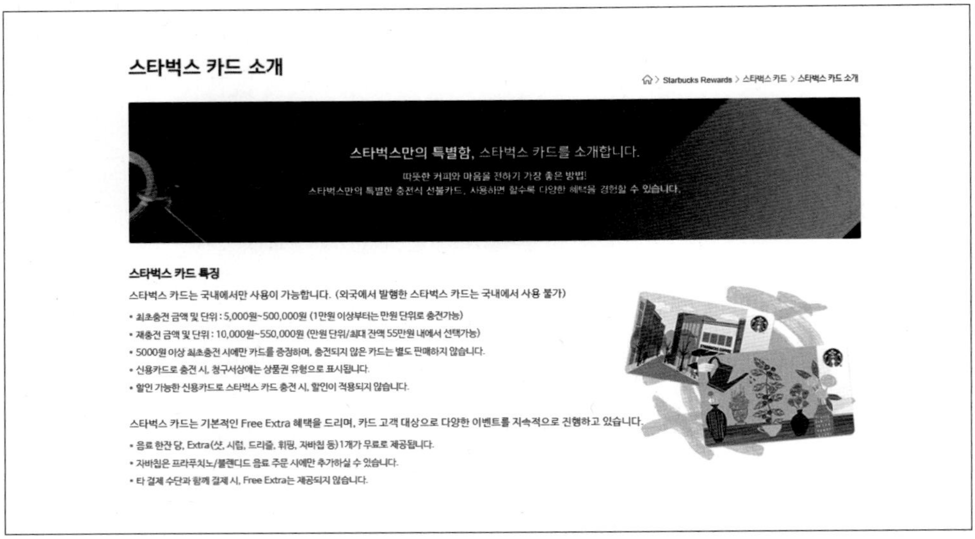

그림 13-26 스타벅스 카드 안내

그림 13-27 스타벅스 리워드 안내

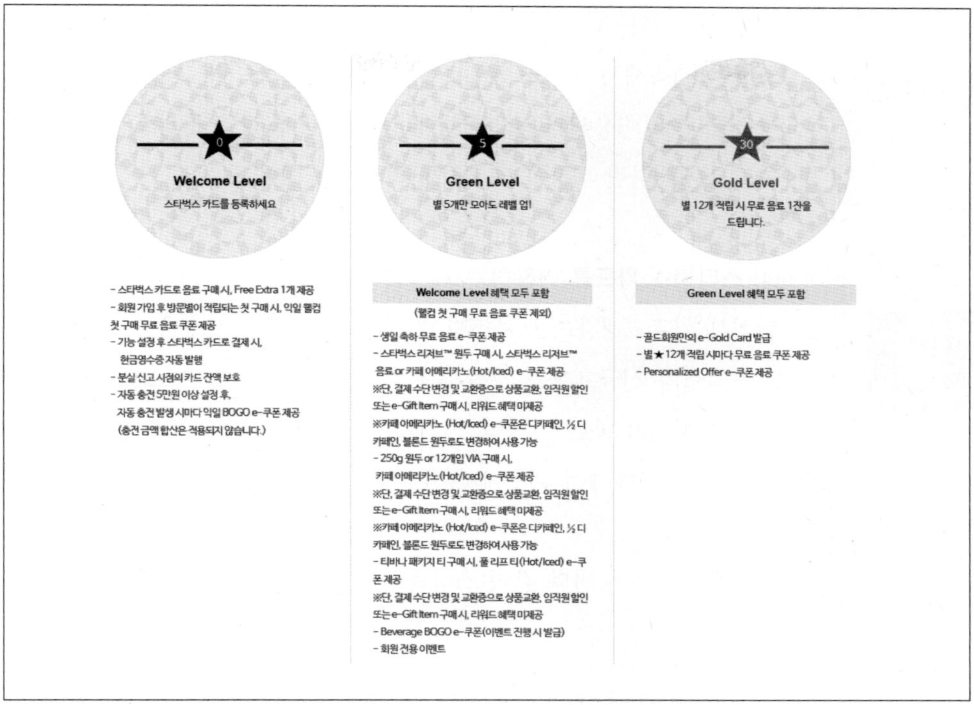

그림 13-28 스타벅스 회원등급에 따른 혜택 안내

회원 등급은 구매를 하고 영수증이 발행될 때마다 별이 하나씩 쌓이며 높아진다. 가령 별 5개가 모이면 그린 레벨로 업그레이드되고, 그에 따라 혜택도 많아진다. 이는 기존고객의 반복 구매를 유도하면서 그들에게 지속적인 혜택을 받고 있다는 인식을 심어주기에 탁월한 전략이다. 스타벅스와 게임을 하면서 자신의 레벨을 올린다는 착각이 들게 하기도 한다(그림 13-28).

(3) 스마트폰 앱을 이용한 지속적인 소통

스타벅스 회원이 되고 스마트폰에 앱을 설치하면, 이후의 소통은 대부분 앱을 통해 이루어진다(그림 13-29). 쿠폰, 카드 충전, e-프리퀀시는 물론이고 리워드관리나 카드를 선물할 수도 있다. 최근에는 사이렌 오더라는 스마트주문시스템을 세계 최초로 국내에 도입한 바 있다. 이 기능을 이용하면 앱으로 자신만의 메뉴를 만들고 미리 결제한 후 매장에 방문하

그림 **13-29** 스타벅스 사이렌오더 앱 메인 페이지

여 즉시 음료를 받을 수 있다. 이러한 서비스는 한 번 충성고객이 된 사람들을 계속해서 충성고객으로 머무르게 만들어준다. 회원이 되어 스타벅스를 주로 이용해왔던 고객이 갑자기 다른 커피 전문점으로 전환하기 위해서는 커다란 비용을 지불해야 하기 때문이다.

(4) 스타벅스 카드를 이용하는 기존고객이 신규고객을 창출

충실한 기존고객관리로 충성도가 높아진 고객들은 누가 시키지 않아도 스타벅스의 신규고객을 창출하는 데 스스로 공헌한다. 그러한 역할을 하는 매개체가 바로 '스타벅스 카드 e-gift'이다. 이들은 온라인에서 손쉽게 카드를 구매하여 지인에게 선물함으로써 신규고객을 생성하게 된다(그림 13-30).

이제껏 살펴본 바와 같이 스타벅스는 대부분의 마케팅과 관련 비용을

그림 **13-30** 스타벅스 e-Gift Card 안내

기존고객에 집중시키고 있다. 이들이야말로 고객관계관리, 일대일 마케팅, 데이터베이스 마케팅을 가장 충실히 실현하고 그 효과성과 효율성을 가장 잘 입증해주고 있는 기업임에 틀림없다.

3) 도미노피자의 고객관계관리 사례

도미노피자는 미국에서 피자업계의 정보기술(IT) 전쟁에 불을 지핀 기업이다. 'IT 혁신'이 도미노피자의 핵심 경쟁력으로 자리 잡으면서 파파존스와 피자헛도 모바일과 SNS를 통한 인터넷 판매에 많은 투자를 하고 있는 것으로 알려지고 있다.

미국 도미노피자의 이 같은 혁신은 국내에도 그대로 재현되고 있다. 최근 5년 사이 두 배의 성장을 기록하고 있는 그들은, 2012년에는 매출 1,351억 원으로 전년 대비 20%의 성장을 이룬 데 이어 2013년에도 매출 1,591억 원으로 전년 대비 18%의 성장을 하였다. 2016

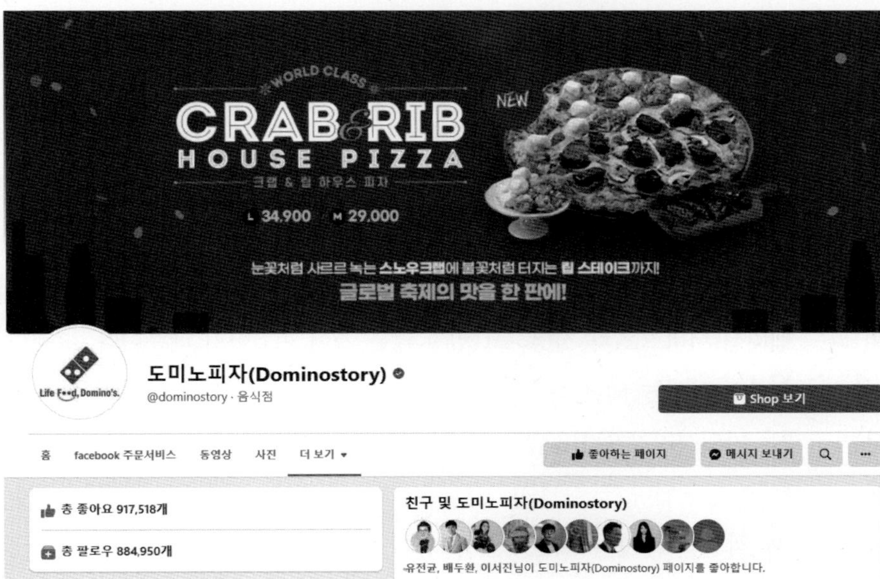

그림 13-31 도미노피자의 페이스북 팬 현황

그림 13-32 도미노 피자의 페이스북 페이지 이벤트 사례

년에는 매출 2,103억 원, 영업이익 261억 원을 달성하였다. 전년 대비 매출은 1,954억 원에서 7.6% 증가했으며, 영업이익은 228억 원에서 14.5% 늘어났다. 이 같은 성과는 국내 최다의 페이스북 팬인 73만 명의 힘으로부터 이루어진 것이라 볼 수 있다. 도미노피자의 페이스북에는 거의 하루도 빠짐없이 시대적 이슈를 결합한 다양한 제품 소개와 이벤트 등이 올라와 모든 소비자의 관심을 집중시키는 효과를 거두고 있다(그림 13-31).

지난 5월 30일에 실시한 무료시식 체험단 모집 이벤트에서는 3,793명이 '좋아요'를 클릭하였고 댓글이 4,229개 달렸으며, 콘텐츠를 공유한 인원도 2,071명에 이르렀다(그림 13-32).

4) 기타 고객관리 사례

지금까지 버거킹의 충성고객을 찾는 이벤트를 비롯하여 스타벅스의 충성고객관리 시스템, 도미노피자의 IT 혁신을 통한 시장점유율 확대 등에 관해 살펴보았다. 이 같은 다양한 노력은 결과적으로 고객을 관리하고 만족시킴으로써 충성고객으로 만들기 위한 CRM(Customer Relationship Management)의 일환이라 할 수 있는데, 이를 당장 자사에 적용하기에는 어려움이 있을 수 있다. 대부분의 매장에서 고객관리의 가장 기초적인 수단이 되는 멤버십 서비스조차 시행하고 있지 않은 것이 현실이기 때문이다. 고객의 입장에서는 이미 가지고 있는 멤버십 카드가 너무 많아 휴대 및 관리가 어렵고, 매장의 입장에서는 고객을 가입시키기가 어려워 누가 얼마나 자주 와서 얼마의 금액을 적립하는지 현실적으로 따져보기 어렵다.

하지만 이러한 걱정을 한 번에 해결해줄 수 있는 방법이 생겼다. 도도포인트, 단골플러스와 같은 포인트적립서비스를 이용하는 것이다(그림 13-33).

외식업체는 이 같은 매장관리 프로그램을 이용하여 고객에게 이벤트나 신제품 공지 등을 편리하게 할 수 있고, 고객관리기능을 통해 단골고객을 파악하고 재방문을 유도할 수 있다. 이처럼 고객관리를 위해서는 고객의 데이터를 확보하는 것이 우선순위가 되어야 하는데, 이왕이면 이러한 서비스를 도입하여 고객관리를 편리하게 시작하는 것이 좋다.

다만 여기서 다시 한 번 상기해야 할 것이 있다. 앞에서 사례로 소개한 모든 외식업체는 차별화된 최고의 제품과 서비스로 경쟁력을 충분히 확보한 이후에 고객관계관리를 위한 시스템 구축과 활용에 전념했다는 점이다. 그들은 지속적으로 고객의 변화하는 욕구에 부합하는 신제품을 출시하면서, 인터넷 마케팅을 고객과 커뮤니케이션 하는 매개체로 활용하고 있음을 잊지 말아야 한다.

그림 13-33 도도포인트 및 단골플러스 앱의 포인트적립서비스 사례

학습
요약

1 인터넷 마케팅이란 인터넷을 이용한 연결과 쌍방향커뮤니케이션을 바탕으로 제품과 서비스를 판매하고 고객관계를 창출·유지·발전시키는 활동이다.

2 인터넷 마케팅 환경의 특징은 다음과 같다.

- 사람들의 관심이 대중미디어에서 SNS로 옮겨가고 있다.
- 브랜드 커뮤니티가 오프라인에서 온라인 공간으로 집중되고 있다.
- 온라인 공간에서의 마케팅활동을 통해 낮은 비용으로 큰 기회를 만들 수 있다.
- 이미지나 동영상 등을 이용하여 많은 사람의 관심을 얻고 인기를 끌 수 있다.
- 인터넷 마케팅의 핵심적 성공요인은 진정성과 지속성이다.

3 외식업체에서 인터넷 마케팅을 담당하는 마케터는 단순히 기획하고 내용을 전달하는 업무보다는, 스스로 콘텐츠를 기획하고 생산하는 역할에 많은 비중을 두어야 한다.

4 인터넷 마케팅은 누구나 할 수 있으며 비용도 적게 든다는 환상이 사라지고 있다. 따라서 인터넷 마케팅을 이해하고 계속해서 변화하는 매체의 환경을 잘 활용하는 능력을 지속적으로 강화시켜야 한다. 그러기 위해서는 전사적 마케팅 목표를 오프라인 목표와 온라인 목표로 구분하고 세부적으로는 블로그, 페이스북, 카카오스토리, 인스타그램 같은 매체별 특징에 따른 세부목표를 설정해야 한다.

5 전통적인 일대다 매스 마케팅은 다양한 소비자의 욕구를 만족시킬 수 없다. 이에 대한 대안으로 등장한 것이 바로 일대일, 즉 마이크로 마케팅(Micro Marketing)이다. 이 마케팅은 다양하고 개성이 강한 고객의 본원적 욕구(니즈)에 따른 지역 및 고객 성격별 마케팅을 요구한다. 이 같은 마케팅의 발전과정은 대중 마케팅(Mass Marketing), 표적 마케팅(Target Marketing), 일대일 마케팅(One to One Marketing)으로 정리할 수 있다.

6 인터넷 마케팅을 좀 더 체계적으로 이해하기 위하여 기존의 마케팅도구와 차별화되는 인터넷 마케팅의 유형은 ① 쌍방향 마케팅, ② 관계 마케팅, ③ 데이터베이스 마케팅, ④ 표적 마케팅으로 구분할 수 있다.

7 소셜미디어는 개인의 사적 소통은 물론이고 비즈니스상의 커뮤니케이션에도 많은 변화를 일으키고 있다. 결과적으로 TV, 라디오, 신문, 전단지와 같은 전통적인 매체를 이용하는 광고와 홍보를 포함한 마케팅방식은 점진적으로 블로그, 카페, 페이스북, 인스타그램, 핀터레스트, 카카오스토리와 같은 소셜미디어 매체를 이용하는 방식으로 진화하고 있다.

8 소셜미디어의 특징은 다음과 같다.

- 첫째, 매체는 무궁무진하며 지속적으로 신규 서비스가 출시되고 있다.
- 둘째, 최대 장점은 무료이다.
- 셋째, 당사자 간 상호작용으로 흥미를 유발하여 소비자를 창출해준다.
- 넷째, 많은 장점에도 불구하고 자칫 사용자의 많은 시간을 낭비하게 만들 수 있다.
- 다섯째, 기본적인 분석도구를 포함하며, 외부 분석툴을 사용하여 마케팅효과를 측정할 수 있다.
- 여섯째, 소셜미디어를 활용하다 보면, 홈페이지의 활용도가 떨어진다.
- 일곱째, PC보다는 스마트폰에서 글보다는 이미지와 동영상을 활용해야 한다.
- 여덟째, 낮은 비용으로 큰 마케팅효과를 얻을 수 있다.

9 인터넷에서 사용되는 마케팅도구들은 SNS를 중심으로 블로그, 페이스북, 인스타그램, 카카오패밀리, 홈페이지, 카페, 트위터, 배너광고, eCRM 등 매우 다양하다. 특히 네이버의 다양한 채널에 대한 활용은 외식업체의 매출과 직결되는 핵심요소이므로 ① 네이버 스마트플레이스, ② 네이버 플레이스, ③ 네이버 예약, ④ modoo! 모바일 홈페이지, ⑤ 네이버 블로그, ⑥ 네이버 포스트, ⑦ 네이버 폴라, ⑧ 네이버 검색광고, ⑨ 네이버 커뮤니티 카페 등의 활용능력을 극대화해야 한다.

토의문제

1 국내외 외식업체 중에서 성공적인 인터넷 마케팅 사례를 찾아 내용을 정리해보자.

2 가장 활발하게 이용되며 효과적인 외식업체의 인터넷 마케팅도구는 무엇인지 찾아보고, 그것이 가장 효과적인 이유를 설명해보자.

3 외식업체의 인터넷 마케팅을 대행하는 인터넷사이트를 3개 이상 찾아보고, 해당 사이트들의 특징과 효용성을 설명해보자.

4 eCRM이 가장 성공적으로 활용되고 있는 외식업체를 찾아 그 내용을 체계적으로 정리해보자.

5 향후 외식업체가 달성해야 할 성공적인 eCRM전략을 제시해보자.

6 국내 외식업체의 커뮤니티를 이용한 마케팅 사례를 2가지 이상 조사하고, 운영방법과 마케팅효과 등을 확인해보자.

강도원, 박종원, 안운석, 장형섭, 조춘봉, 최동준(2008). 서비스 마케팅 이론과 사례. 대진.

고재윤, 송학준, 우주리(2007). 외식동기를 통한 패밀리 레스토랑 여성고객시장 세분화 전략에 관한 연구. 외식경영연구, 10(1), 71-89.

금융감독원 전자공시시스템(2016). 업체별 2014, 2015년 손익계산서.

김동훈·안광호·유창조(2003). 촉진관리. 학현사.

김민주(2011). 시장의 흐름이 보이는 경제 법칙 101. 위즈덤하우스.

김성혜, 김미정, 김현주, 송영옥(2013). 초등학교 급식용 김치 메뉴 개발 및 평가. 김치의 과학과 기술, 16(0), 1-9.

김수도, 이윤정, 윤성민, 조환규(2016). 레시피 연결망에서 요리 난이도 및 유사성 분석. 한국콘텐츠학회논문지, 16(8), 160-168.

김연성 외(2002). 서비스 경영-전략, 시스템, 사례. 법문사.

김영갑(2008). 가격수준, 소비자지각 및 구매의도간의 구조적 관계: 외식메뉴를 중심으로. 외식경영연구, 11(4), 247-266.

김영갑, 김문호(2011). 미스터리쇼핑. 교문사.

김영갑, 김문호, 홍종숙, 김선희, 박상복(2011). 외식창업론. 교문사.

김영갑, 홍종숙(2009). Q방법론에 의한 패밀리 레스토랑 소비자의 세분화 연구. 외식경영연구, 12(5), 229-248.

김영갑, 홍종숙, 김문호, 한정숙, 김선희, 박상복(2009). 외식마케팅. 교문사.

김은미, 서상희, 곽창근, 이은정, 위승희(2013). 국내인과 미국인 대상 기호도 조사를 통한 불고기의 표준 레시피 설정에 관한 연구. 한국식품조리과학회지, 29(5), 463-468.

김인화(2012). 레스토랑 디자인 구성요소가 디자인 수행도에 미치는 영향에 관한 연구.

김재문(2000). e-비즈니스 모델에 맞는 eCRM구축, 실행 가이드. 거름출판사.

김형준, 곽성호(2000). 외식산업의 고객 관계 마케팅전략방안에 관한 연구. 외식경영연구, 3(3), 66-85.

놀부(2016). 감사보고서.

라피 모하메드 저, 최경남 역(2006). 가격결정의 기술. 지식노마드.

Michael O' Mahony, Hye Seong Lee(2005). 목적에 맞는 관능검사 방법의 이해. 식품과학과산업, 38(1), 8-14.

박문경, 김재철(2007). 서비스품질 속성 IPA 분석을 활용한 테마 레스토랑 입지별 LSM 전략수립. 대한영양사협회 학술지, 13(3), 277-294.

배성일(2012). 외식소비자의 개인정보를 이용한 마케팅요인이 관계품질과 관계성과에 미치는 영향 연구. 외식경영연구, 15(5), 119-138.

신형철, 나정기(2015). 외식업체 관계 마케팅과 재방문의도 간 관계연구. 외식경영학회, 18(5), 83-102.

아오키 준 저, 한양심 역(2006). 프라이싱. 한스미디어.

안관영, 배중남(2013). 외식업체 근로자의 내부 마케팅과 식품안전분위기의 관계 및 고용형태의 조절 효과. 대한안전 경영과학회, 15(2), 151-159.

원앤원(2016). 감사보고서.

유광민(2013). 서비스 스케이프 개념의 확장. 관광연구논총, 25(1), pp.125-143.

유영진(2000). 외식업체의 관계 마케팅 활동이 관계의 질과 성과에 미치는 영향에 관한연구. 세종대학교 대학원 박사학위논문.

윤천성(2009). 고객중심 서비스 경영. 무역경영사.

이상배(2013). 마키디어의 소셜마케팅 정석. 이지스퍼블리싱.

이순철(1998). 서비스 기업의 경영전략. 삼성경제연구소.

이승익, 고재윤(2009). 레스토랑 식공간 연출과 메뉴품질이 소비자의 내적반응과 외적행동에 미치는 영향. 외식경영연구.

21세기외식정보연구소(2000). 외식용어해설. 백산출판사.

이영희(2009). 서울시지역 외식산업 프랜차이즈 1호점의 공간입지분석. 대한지리학회지, 44(4), 535-543.

이유재 외(2007). 고객가치를 경영하라. 21세기북스.

이유재(2009). 서비스 마케팅. 학현사.

이유재, 안광호(2011). 서비스마케팅 & 매니지먼트. 집현재.

이정실(2002). 외식 고객의 상황에 따른 레스토랑 업종 및 업태 선택차이. 관광·레저연구, 14(1), 51-67.

이정실(2006). AHP를 이용한 호텔 레스토랑 선택속성의 우선순위 분석. 관광연구, 21(3), 81-95.

장정빈(2009). 리마커블 서비스. 올림.

전병길, 고동우(2002). 레스토랑 디자인 요소로서 물리적 환경의 기능.

J. E. Fitzsimmons, M. J. Fitzsimmons 저, 서비스경영연구회 역(2009). Service Management. 한국맥그로힐.

James A. F, Mona J. F(2009). 글로벌 시대의 서비스 경영, 5/E. 한국맥그로힐.

조제도(2016. 4). 외식사업콘셉터과정 2기 최종발표자료.

조춘봉, 김영갑, 김선희(2008). 레스토랑 메뉴경영론. 대왕사.

최성용 외(2006). 서비스 경영론. 삼영사.

P. Kotler, G. Armstrong 저, 안광호·유창조·전승우 역(2015). Philip Kotler의 마케팅원리. 시그마프레스.

P. Kotler, K. L. Keller 저, 윤훈연 역(1999). 마케팅관리론. (주)피어슨에듀케이션코리아.

한국식품과학회(2004). 식품과학기술대사전. 광일문화사.

홍상필, 김영호, 이남혁, 허영욱(2013). 양념 소갈비의 조리과정에서의 물리화학적 특성 평가. 한국식생활문화학회지, 28(1), 78-88.

홍성태(2012). 모든 비즈니스는 브랜딩이다. 쌤앤파커스.

Adrian, P, Pennie, F(1999). Developing a segmented service strategy: improving measurement in relationship marketing. Journal ofMarketing Management, 15(8), 797-818.

Berry, L(1983). Relationship Marketing in Emerging Perspectives on Service Marketing.

Berry, L. L. & Parasuraman, A(1991). Marketing Services: Competing through Quality, Newyork: The Free Press.

Bitner(1992). Servciescapes: The impact of physical surroundings on customers and employees.

Bitner, M. J(1992). Servciescapes: The impact of physical surroundings on customers and employees. Journal of Marketing. 56, April, 60.

Definition,Synthesis and Extension. Journal of ServicesMarketing, 14(6): 449-462.

Dwyer F. R, Schurr, Paul H and Sejo Oh(1987). Developing Buyer?Seller Relationships, Journal of Maketing, 51, 11-27.

James A. F. & Mona J. F(2007). Service Management: Operations, Strategy, Information Technology, 6/E. McGraw-Hill.

Oke, A, Oke M. I(2010). Communicationchannels, innovation tasks and NPD project outcomes in innovation-driven horizontal networks. Journal of Operations Management, 28: 442-445.

P. Kotler(2000). Marketing Management. upper saddle river. prenticehall.

Rafiq, M, Ahmed, P. K(2000). Advances inthe Internal Marketing Concept.

Varey, R. J, Lewis, B. R(1999). A Broadened Conception of Internal Marketing. EuropeanJournal of Marketing, 33(9-10). 926-944.

교촌치킨 홈페이지 http://www.kyochon.com

네이버카페 수지사랑 http://cafe.naver.com/sujilove/127116

더반찬 홈페이지 http://www.thebanchan.co.kr

도미노피자 홈페이지 http://www.dominos.co.kr/index.do

독일국립도서관 홈페이지 http://portal.dnb.de

디너브로커 홈페이지 http://www.dinnerbroker.com

망고플레이트 홈페이지 https://www.mangoforbiz.com

맥도날드(필리핀) 홈페이지 https://mcdonalds.com.ph/content/page/national_breakfast_day_2017

맥도날드 홈페이지 http://www.mcdonalds.co.kr

메뉴판닷컴 홈페이지 http://menupan.com

밸런스버거 홈페이지 http://www.valanceburgers.co.kr

버거킹 홈페이지 http://www.burgerking.co.kr

본도시락 홈페이지 http://www.bonif.co.kr/bonDosirak/home

부엉이돈가스 홈페이지 http://www.owlscutlet.co.kr

BC카드 홈페이지 http://www.bccard.com

삼성경제연구소 http://www.seri.org

서면 어쭈 인스타그램 https://www.instagram.com/uhzzu/서면어쭈

성심당 홈페이지 http://www.sungsimdang.co.kr

세븐스프링스 홈페이지 http://www.sevensprings.co.kr

순번이 페이스북 페이지 www.facebook.com/soonbuny

스타벅스코리아 홈페이지 http://www.istarbucks.co.kr

Syrup 앱 http://www.syrup.co.kr

신선설농탕 홈페이지 http://www.kood.co.kr

어쭈 백신성 대표 블로그 http://blog.naver.com/b2203

원할머니 보쌈족발 홈페이지 http://bossam.co.kr

인스타그램 https://www.instagram.com

전국맛집 TOP 1000 홈페이지 http://mtop1000.com

중소기업청 상권정보시스템 http://sg.sbiz.or.kr

치폴레 홈페이지 https://www.chick-fil-a.com

카카오 홈페이지 http://www.kakao.com/services/39

KFC 홈페이지 http://www.kfckorea.com

팔도 블로그 http://paldofoodblog.com

핀터레스트 https://www.pinterest.com

찾아보기

가격 57

기타

저자 소개

김영갑

한양사이버대학교 호텔조리외식경영학과 교수
한양사이버대학교 대학원 외식프랜차이즈MBA 주임교수
사단법인 일자리창출진흥원 원장
소상공인시장진흥공단 2016년 가상창업체험서비스 시범사업 자문교수
(사)한국프랜차이즈협회 한국프랜차이즈대상 심사위원
한국직업능력개발원 민간자격 공인 조사연구 위원
고용노동부 직업능력개발훈련 사업 심사평가 위원
농림축산식품부 외식산업경기전망지수 산출 자문교수
글로벌 외식 및 한식산업조사 자문위원
전남 광주 우수외식업지구 경영컨설팅 자문위원
외식 프랜차이즈 매거진 칼럼니스트(월간 호텔&레스토랑, 창업&프랜차이즈, 식품저널)

저서 및 논문

저서 외식프랜차이즈 사업론(2022), 실전 주방관리론(2022), 카페창업론(2021), 외식사업창업론(2021), 주방관리론(2018), 외식사업 마케팅(2017), 외식서비스경영론(2014), 창업성공을 위한 상권분석론(2014), 외식메뉴관리론(2011), 미스터리 쇼핑(2011), 외식마케팅(2009) 외 다수

논문 상권분석 방법론을 이용한 외식창업 사례연구(2015), 국내 주요 상권정보시스템의 개요 및 비교(2015), 외식프랜차이즈 기업의 경영이념에 관한 연구(2015), 외식업체의 미스터리 쇼핑을 위한 평가척도 개발(2014), 레스토랑에서 소비자가 지각하는 가격인지차원의 타당성 검증(2014) 외 다수

블로그 및 페이스북(문의, 관련 정보, 보고서 양식 등)

김영갑 교수의 상권분석, 외식마케팅, 프랜차이즈경영 블로그
http://blog.naver.com/webkim

페이스북
https://www.facebook.com/webkim2